워런버핏 전설의 투자자

워런 버핏

전설의 투자자

Warren Buffett Investor and Entrepreneur

기업가 정신으로 읽는
버핏의 성공 공식

토드 A. 핑클 지음 · 김동규 옮김

거인의 정원

일러두기

- 이 책에서 소개되는 정보는 원서가 출간된 2022년을 기준으로 작성되었습니다.

- 국내에 출간된 도서명의 경우 국내 출간명을 따랐습니다. 또한 기업명의 경우 국립국어원 외래어 표기법을 따랐으나 더 많이 통용되는 명칭이 있을 경우 그를 따랐습니다.

- 회계 용어는 국제회계기준에 따른 한국어 표기법을 따르되 일부 용어의 경우 실무나 대중적 으로 더 자주 사용되는 용어로 표기하였습니다.

이 책을 쓰는 동안 사랑과 격려를 아끼지 않은
아내 패티 리빙스턴에게 감사드린다.
내 인생에 영향을 준 모든 스승, 특히 워런 버핏에게
이 책을 바친다.

서문

내가 워런 버핏을 처음 만났을 때의 일이다. 누군가 그에게 버크셔 해서웨이의 회장 겸 CEO가 되지 않았다면 무슨 일을 했을 것 같으냐고 물어보았다. 버핏은 주저 없이 교사가 되었을 것이라고 대답했다. 이유를 묻는 말에 그는 이렇게 답했다.

"제 인생에 크나큰 영향을 미쳤던 선생님이 너무나 많았기 때문입니다."

30년 넘게 대학교에서 교수로 일해온 나는 역사상 가장 성공적인 기업가이자 투자자인 한 사람을 세상 사람들에게 소개하고자 한다. 나는 네브래스카주 오마하에서 자랐고, 오마하센트럴고등학교에 다녔다. 버핏의 자녀와 그의 첫 번째 부인 수지, 그리고 그의 아버지 하워드가 다녔던 바로 그 고등학교다. 버핏의 아들 피터도 나와 같은 고등학교에 다녔다. 그는 나보다 두 살 더 많았지만, 나는 피터와 그의 친구들과 함께 자주 점심을 먹을 기회가 있었다. 나는 운 좋게도 워런 버핏과 친분을 맺을 수 있었고, 그 이야기를 이 책에서 나누고자 한다. 대공황 이후 최악의 금융위기가 찾아왔던 2008년, 나는 J.P. 모건 이후 가장 현명한 기업가인 그에 관해 가능한 많은 것을 알아보기로 마음먹었다.

이 책은 워런 버핏을 성공으로 이끌었던 행동 비결을 탐구한다. 나는 그가 성공한 과정을 시간 순서대로 이야기할 것이다. 이를 위해 버핏, 찰리 멍거(그리고 그에게 영향을 미친 다른 사람들), 오마하, 금융, 투자, 기업가 정신, 그리고 다른 요소 등에 관한 나의 지식을 결합했다. 이 책은 우리의 개인적 삶과 금융 생활에 도움이 되는 다양한 주제를 다루지만, 특히 기업가 정신이 버핏의 삶에 얼마나 큰 변화를 초래했는지를 중점적으로 살펴본다.

이 책은 버핏의 삶과 그의 투자 철학에 관한 정보(1차 및 2차 자료를 모두 포괄한다)를 엮은 것이다. 여기에는 다양한 사람들과의 인터뷰, 개인적 진술, 수수 서한, 여러 책, 그리고 나의 해석 등이 포함된다.

나는 제자들과 함께 버핏을 여섯 차례 찾아가 만났다. 그리고 학교로 돌아와서는 버핏에게서 배운 가장 중요한 교훈이 무엇이냐고 학생들에게 물었다. 놀랍게도 학생들은 항상 그의 업적이나 투자 성과 등이 아니라 그의 가치관을 높이 보았다.

버핏은 어린 시절에 대공황을 겪었고 어른이 되어서는 세계에서 가장 큰 부자가 되었다. 사람들은 그를 일컬어 역사상 가장 성공한 투자자라고 한다. 이 책은 그가 이런 칭호를 얻을 수 있었던 비결과 그 성공의 열쇠를 우리 삶에 어떻게 적용할 수 있는지를 탐구한다. 먼저 버핏이 어린 시절부터 그의 가족과 두 명의 중요한 멘토인 벤저민 그레이엄Benjamin Graham과 필립 피셔Philip Fisher로부터 어떤 영향을 받았는지를 살펴본다. 그런 다음 초등학교부터 고등학교 시절까지 그가 발휘했던 기업가적 모험의 여정을 따라가 보고, 대학 시절과 이후 기업가로서 버핏이 자신의 투자회사를 설립한 과정을 짚어볼 것이다.

3장은 버핏의 파트너인 찰리 멍거Charlie Munger에 관한 이야기다. 그의 탁월함과 재치는 가히 '오마하의 현인'에 필적할 만하다. 투자를 대하는 멍거의 신선한 관점과 엄청난 지적 호기심은 버핏이 버크셔해서웨이의 사업 철학을 바꾸는 데 큰 역할을 했다. 이후 세 개의 장에서는 버핏의 투자 방법론(안전마진, 핵심 요소, 가치평가, 그리고 투자자 권고 사항)을 다룬다.

7장은 버핏이 모든 투자자의 성공에 가장 중요한 요소라고 생각하는 행동 편향behavioral biases(합리적 판단을 방해하는 심리 및 인지적 오류)

에 대해 이야기한다. 이 장에서는 몇 가지 편향을 정의하고 그에 따른 예를 제시한 다음, 이를 극복하는 방법을 소개한다.

이어지는 8장과 9장에서는 버크셔해서웨이의 역사를 살펴본다. 10장은 버핏이 저지른 투자 실수에 관한 이야기이다. 11장에서 버핏의 성공 비결과 가치관, 행복관, 자선 활동을 살펴보고, 12장에서는 한 사람의 인간으로서 버핏을 조망해본다. 워런 버핏과 같은 방에 있는 것은 어떤 느낌일까? 그것은 내가 오마하에서 수업을 진행한 경험을 바탕으로 한다. 12장에서 독자 여러분은 마치 버핏과 마주 앉아 직접 Q&A 시간에 참여한 느낌을 받을 것이다.

마지막으로 13장에서는 금융 서비스 기술(핀테크), 암호화폐, 비트코인 및 기타 디지털 화폐 분야 등 오늘날 투자 세계에서 벌어지는 최신 근황을 소개한다. 이런 주제는 버크셔해서웨이가 앞으로 나아갈 방향을 미리 보여주는 측면도 있다.

내가 이 책을 쓰기까지 지난 세월을 되돌아보면, 버핏에 대한 책을 쓴 서사(그 자체도 드물지만) 중에 그가 투자를 얼마나 소중히 여기는지, 또 이를 위해 그가 철저히 지키는 단계적 전략이 있다는 사실을 구체적으로 설명한 사람이 극히 드물다는 사실을 깨달았다. 나의 목표는 일반인에게 버핏이 하는 것처럼 기업의 가치를 평가하는 법을 알려주는 것이다. 이 목표가 달성된다면 독자 여러분은 자신의 투자 결정에 이를 참고할 수 있을 것이다.

그뿐만 아니라 지금까지 버핏을 다룬 책 중에 행동 편향을 탐구한 책은 거의 없다. 이 책에서는 행동 편향이 무엇인지, 그리고 그것들이 버핏이 내린 투자 결정에 어떤 영향을 미쳤는지 등을 살펴본다. 구체적으로 버핏이 저질렀던 투자 실수와 함께 그 원인이 바로 이런 행동 편향에 있음을 살펴볼 것이다. 이를 통해 우리도 이런 실수로부터 뭔가 배울 점이 있을 것이다.

이 책의 궁극적인 목표는 독자 여러분에게 버핏의 삶과 그가 성공에 이르기까지 수행해온 다양한 일들을 알려주는 것이다. 부디 이 책이 여러분에게 즐거움과 유익을 선사할 수 있기를 바란다.

감사의 글

나는 기회가 있을 때마다 친구들에게 책을 쓰지 말라고 한다. 책을 쓰는 것은 생각보다 훨씬 더 번거로운 과정이다. 그러나 나는 워런 버핏이라는 주제를 사랑했고, 이 책을 쓰면서 내 인생이 바뀌었다. 여러 사람으로부터 받은 지원과 지도가 없었다면 이 책은 불가능했을 것이다. 가장 먼저 만날 기회를 준 워런 버핏에게 감사드린다. 당신은 진정으로 영감을 주는 사람이다. 아울러 그의 딸 수지 버핏에게도 인터뷰할 기회를 준 것과 버핏 가족에 대해 많은 것을 알 수 있는 기회를 준 것에 감사드린다. 이 책을 위해 인터뷰 시간을 할애해준 브룩스스포츠의 최고경영자 짐 웨버와 인디애나대학교 도널드 쿠랏코 교수에게도 감사드린다.

오마하 출신의 사촌 스티브 노그가 아니었다면 내가 워런 버핏을

11

만날 기회는 없었을 것이다. 2007년, 스티브는 워런 버핏이 오마하에 있는 그의 집에 하루 동안 머물며 수업을 진행할 교수를 모집한다는 소식을 전해주었다. 나는 즉시 지원했고, 곧바로 낙방했지만, 포기하지 않고 끈질기게 연락을 취한 끝에 워런 버핏과 친분을 맺을 수 있었다. 이 책을 쓰면서 스티브와 더욱 친밀한 관계를 맺게 된 것에 대해 매우 감사히 생각한다.

곤자가대학교의 기업가 정신 교수직을 후원해준 마크 피곳과 그의 가족에게 감사드린다. 마크의 지원이 없었다면 이 책은 결코 존재할 수 없었을 것이다. 아울러 워런 버핏을 연구할 기회를 준 학장 케네스 앤더슨 박사에게도 감사드린다.

출판 과정 내내 길잡이 역할을 해준 컬럼비아대학교 출판부의 브라이언 스미스와 마일스 톰슨에게 감사드린다. 그들 덕분에 클라이드힐 출판사의 클라우디아 로우와 그레그 쇼라는 훌륭한 편집자를 만날 수 있었고, 두 사람 모두 이 책을 만드는 데 결정적인 공헌을 했다. 그들은 모두 정력적인 작가로 나에게 큰 도움을 주었다.

책을 만들고 수정하는 과정에 도움을 준 사람들에게도 감사드린다. 그중에서도 재무분석가 매트 카우플러와 찰스 피시킨은 가장 먼저 언급해야 할 이름이다. 나는 매트와 찰스가 먼저 나서서 도와준 덕분에 책을 출판하는 이 길고 힘든 과정을 헤쳐갈 수 있었다. 매트는 행동 편향에 관한 내용을 추가하라고 권해주었고, 그렇게 해서 버핏의 실수에 관한 장이 따로 만들어지게 되었다. 그들은 끊임없이 나에게 사안을 더 깊게 파고들도록 압박했다. 해리슨초등학교 3학년 때부터 친구였고, 오마하센트럴고등학교에서도 같은 반 친구였던 찰스는 언제나 나를 뒤에서 든든히 지지해주었다. 그는 전체 초안을 두 번이나 검토하며 편집 과정 내내 길잡이가 되어주었다.

책을 쓰고 검토하는 여러 단계에서 도움을 준 여러 교수님도 잊을 수 없다. 캐슬린 앨런, 라인홀드(리니) 램, 릭 주버, 톰 오브라이언, 켄트 히크먼, 마크 슈레이더, 폴 불러, 버드 반스에게 감사드린다. 수많은 책을 출간한 경험을 바탕으로 긍정적인 피드백과 지도를 아끼지 않은 앤드류 토마스 교수께도 감사드린다.

금융업계 여러분께도 감사하고 싶다. 파운더스캐피털매니지먼트의 팻 테리온은 내가 버핏에 관한 논문과 이 책을 쓰는 몇 년 동안 귀중한 안내자 역할을 해주었다. 미드캐피털매니지먼트의 애덤 미드는 이 책을 검토한 후 귀중한 통찰을 제공해주었다. 메릴린치의 존 셰인은 버핏과 관련된 최근 동향 자료를 보내주고 있다. 미지막으로 자비를 들여 버크셔해서웨이 연례 총회에 세 그룹의 학생을 인솔해준 레이크사이드컴퍼니의 존 헤밍슨에게 감사를 전한다. 이 책이 만들어지기까지 시간을 내어 도와주신 모든 분께 감사드린다.

이 책이 출판되기까지 나를 도와준 또 다른 사람들로 에반 콘래드, 켄 월터스, 브래드 피터슨, 마크 블루멘탈 등도 빼놓을 수 없다. 지난 몇 년 동안 이 책의 구상 단계에서부터 도움을 준 이전 대학의 조교들에게도 감사드린다. 휴 트란, 호세 로페스, 조셉 사이렌, 그레그 싱클레어, 헌터 프리빌휴글렛은 모두 이 책의 편집과 연구 과정에 소중한 공헌을 했다. 특히 현재 박사 과정에 있는 헌터는 책의 수정 작업을 위해 큰 수고를 해주었다. 당신이 한 모든 일에 감사드린다.

여러 차례나 함께 주주총회에 참석해준 나의 동생 데이비드 핑클 박사와 고등학교 시절부터의 친구 리처드 쿠시렉에게도 감사드린다. 특히 리처드의 가족은 버핏과 오랜 친분을 유지해온 덕분에 버핏에 관해 다른 사람들이 알 수 없는 면을 알려주기도 했다. 데이비드와 리처드, 그리고 나는 전 세계에서 온 사람들 틈에 밤새 줄서 있다가 강연장 무대 바로 앞까지 달려가곤 했다.

나를 믿어주고 내 삶에 긍정적인 영향을 준 모든 분께 감사드린다. 오늘의 내가 있기까지는 수많은 교수님, 선생님, 코치님, 팀 동료, 상사, 동료, 학생, 친구들의 도움이 있었다.

무엇보다 이 책을 쓰는 동안 나를 참아준 가족에게 감사를 전한다. 특히 아내 패티, 구십 세 되신 어머니 바버라, 나에게 노력의 가치를 가르쳐준 아버지 메이너드, 나의 세 형제 부부인 스콧과 카렌, 데이비드와 주디, 테리와 수, 나의 양아들 조 리조와 그의 아내 에밀리, 그리고 손자 벤저민과 엘리야, 그리고 마지막으로 나의 처남 키스와 처제 낸시 리빙스턴이다.

아내는 내가 며칠이나 사무실에 틀어박혀 보이지 않다가 나타날 때마다 "언제 끝낼 거예요?"라고 묻곤 했다. 무려 14년 동안 그러기를 반복했다! 자, 이제 드디어 그 일을 마쳤다.

차례

1부

Warren
Buffett

어린시절

1장

워런 버핏의 배경

평판을 쌓는 데는 20년이 걸리지만, 무너지는 것은 5분이면 족하다. 이 점을 명심한
다면 분명히 행동이 달라질 것이다.[1]

_ 워런 버핏

나는 기업가 정신Entrepreneurship 과목의 첫 수업 시간에 항상 화이트보드에 문이 열린 냉장고를 그린다. 그런 다음 학생들에게 "이게 뭡니까?"라고 물어본다. 물론 제대로 대답하는 학생은 극히 드물다. 아마 내 그림 솜씨가 썩 뛰어나지 않은 탓일 것이다. 이어서 나는 학생들에게 냉장고에 대해 뭔가 알아차린 것이 있느냐고 물어본다. 이번에도 정확히 알아맞히는 학생은 거의 없다.

나는 "냉장고가 비어 있다"라고 말해준다.

기업가는 배가 고프다. 그들의 냉장고는 늘 비어 있다. 나는 학생들에게 그런 배고픔을 느끼는 법을 가르쳐줄 수는 없다. 배고픔을 느끼는 기업가의 자질을 갖고 있느냐, 아니냐는 어디까지나 학생들 자신의 몫이다. 그러나 첫 강의가 끝나고 나면 항상 소수의 학생이 나를 찾아온다. 그들은 대개 열정과 아이디어가 넘친다. 그중에는 이미 어엿한 기업가도 있다. 내가 그들에게 동기를 부여하기 위해 해야 할 일은 아무것도 없다. 그러나 배고픔이 반드시 성공을 보장하는 것은 아니다.

학기가 끝날 무렵이 되면 또 다른 소수의 학생이 기업가가 되겠다고 결심한다. 그러나 내가 가장 놀라고 가슴 아픈 일은 기업가가 될 자질이 아예 없는 학생들을 볼 때다. 나는 그들이 졸업하고 5년이나 10년이 지난 후에야 사회에 나가서 어떻게 지냈는지 듣게 된다. 그들 중에는 내가 한 말이 큰 동기부여가 되었다면서 선생님을 잘 만나는 것이 중요하다고 말하기도 했다. 워런 버핏도 남을 가르치는 것을 좋아하는 것은 사실이다. 그는 자신이 금융과 투자에 뛰어들지 않았다면 교사가 되었을지도 모른다고 종종 말했다.

억만장자인 그의 입에서 나온 말이라고는 믿기 어렵다고 생각하는 사람도 있을 것이다. 그러나 워런 버핏은 원래 상식과 고정관념을 깨는 것으로 유명하다. 그가 거둔 상상을 초월하는 성공과 겸손한 성격은 수십 년 동안 전 세계 사람들을 매료시켰다. 버크셔해서웨이의 최고경영자CEO이자 회장인 워런 버핏은 20세기 후반과 21세기 초반의 J.P. 모건이라 할 만한 인물이다. 그가 죽을 때까지 자선단체에 기부할 금액은 모두 1,000억 달러가 넘을 것이다. 그가 간직한 신비로운 면 중 하나는 어떻게 그토록 부유하고 현명한 사람이 한편으로는 그렇게 겸손하고, 온화하고, 관대할 수 있는가 하는 점이다.

버핏은 세계적인 위기에도 용기와 지혜, 자제력을 발휘하는 모습을 몇 차례나 보여주었다. 전 세계가 대공황의 충격에 휩싸였을 때도 버핏의 말에는 침착함과 합리성, 그리고 정직함이 묻어나왔다. 물론 1987년 주식시장 붕괴, 걸프 전쟁, 2000년대의 기술기업 거품, 그리고 9·11 테러와 같은 여러 재난을 거치면서도 그의 이성적인 판단과 발언은 결코 흐트러짐이 없었다.

나는 교육자의 심장을 지닌 금융가가 대학생과 교수를 오마하로 초대해 그들에게 개인적, 재정적 교훈을 주려는 모습을 보고 버핏이 과연 어떤 인물인지 알게 되었다. 나는 곧바로 그 프로그램을 신청했지만 불합격했다. 그러나 포기하지 않고 계속 연락을 취한 끝에 결국 워런 버핏과 친분을 맺을 수 있었다. 내가 그에게 관심을 기울이는 이유 중에는 나의 개인적인 과거사도 한몫한다. 나는 네브래스카의 오마하에서 자랐고, 버핏의 자녀들과 그의 첫 부인

수지, 그리고 그의 아버지가 다녔던 오마하센트럴고등학교에 다녔다. 버핏의 아들 피터와 나는 학교 식당에서 함께 점심을 먹고 지낸 사이였다. 그때 나는 피터의 아버지가 부자라는 사실을 전혀 눈치채지 못했다.

2008년에 글로벌 금융위기만 몰아닥치지 않았다면 그것은 과거의 흥미로운 추억거리로 남아 있었을 것이다. 1930년대 대공황 이후 최악의 금융위기가 이어지는 동안, 나는 J.P. 모건 이래 가장 현명한 기업가라고 생각했던 사람에 대해 가능한 많은 것을 알아보기로 마음먹었다. 내가 기업가 정신 교수로서 품은 열정과 버핏 가족에 매료된 마음 사이에 연관성이 있다는 것을 깨달았던 것도 바로 그즈음이었다. 다른 사람이 어떻게 생각하든, 내 마음속에 워런 버핏은 예나 지금이나 훌륭한 '기업가'다.

기업가의 가장 일반적인 정의는 이윤을 위해 자기 사업을 일으키는 사람이다. 그러나 기업가만의 독특한 성격과 그들이 사업을 대하는 방식을 이해하는 데는 다양한 뉘앙스와 접근방식이 존재한다. 버핏은 투자회사를 차린 후 자기만의 독특한 사업 수완을 발휘해 세계에서 가장 존경받는 회사로 성장시켰다는 점에서 기업가의 전형이라고 할 만한 인물이다. 그의 투자 경력과 버크셔해서웨이를 경영해온 과정에는 기업가 정신의 독특한 특징이 나타나며, 이것은 모두 어린 시절부터 기업가적 도전에 매진했던 마음의 산물이다.

버핏의 인생에서 가장 흥미로운 면은 그가 어려서부터 자기 사업을 일구고자 열망했다는 사실이다. 버핏은 이미 여섯 살 때부터 다양한 사업을 통해 돈을 벌었다. 그리고 스물여섯 살이 되었을 때 이미 (오늘날의 화폐 가치로) 백만장자의 반열에 올라섰다. 그가 버크 셔해서웨이를 인수하던 1964년 당시, 비록 비즈니스 업계 이외의 사람은 그의 이름을 몰랐지만, 그는 이미 큰 성공을 거둔 인물이었다. 물론 큰 성공을 거둔 이후에 열기가 서서히 식어가는 창업자도 많다. 그러나 당시부터 지금까지 S&P500 주가지수(배당금 기준)가 3만 209% 증가한 데 비해, 버핏의 회사는 시가총액이 무려 364만 1,613%나 증가했다.[2] 버크셔해서웨이의 주가는 1964년부터 2021 년까지 S&P500보다 매년 평균 10.4%포인트씩 능가해왔다.

버핏이 이룩한 재정적 업적을 기록한 책은 많고, 많은 사람이 그의 철학과 스타일을 모방하기도 했지만 이 책은 버핏의 기업가 정신과 그의 배경, 그리고 멘토들이 그의 놀라운 성공에 어떤 영향을 미쳤는지의 관점으로 바라본다.

어린 시절의 이야기는 그의 남다른 겸손함과 집념을 잘 보여준다. 버핏은 1951년에 컬럼비아대학교에서 석사학위를 취득하면서 그의 멘토인 벤저민 그레이엄이 가이코(GEICO, Government Employees Insurance Company, 공무원보험회사)의 지분 50%를 매입하여 이사회 의장이 되었다는 사실을 알게 되었다. 가이코에 대해 더 알고 싶었던 버핏은 1월 어느 토요일에 뉴욕에서 워싱턴 D.C.까지 찾아갔다. 그는 무작정 본사 문을 두드렸고 결국 관리인은 그를 들여보내 줄 수밖에 없었다. 버핏은 6층에서 당시 사장의 보좌관이었던 로리머 '데이비' 데이비슨Lorimer 'Davy' Davidson이라는 임원을 만났다. 지금이라면 그 임원은 즉시 보안 요원을 불러 버핏을 건물 밖으로 내보냈을 것이 틀림없다. 그러나 버핏은 아마도 자신을 그레이엄의 학생이라고 소개했을 것이고, 데이비슨은 사실상 상사인 그레이엄이 소유한 회사 지분을 떠올리며 눈앞에 서 있는 야심 찬 젊은이의 질문을 반갑게 여겼을 것이라고 상상할 수 있다. 어쨌든 그이야기는 버핏의 추진력과 행동력을 보여주는 전형적인 사례다. 그날 버핏은 데이비슨과 5시간이나 이야기를 나눌 수 있었다.

데이비슨은 보험업계에서 돈을 버는 방법은 두 가지라고 설명했다. 첫 번째는 보험 납입금이고, 두 번째는 납입금을 운용한 결과인 투자 수익이다(이른바 '유동자금'이라는 개념으로 6장에서 자세히 설명한다). 데이비슨은 가이코가 직접 마케팅이라는 고유한 판매 방식으로 대리인을 통해 판매하는 경쟁사들에 비해 10~25%의 비용 우위를 누리고 있다는 점도 알려주었다. 당시 대리인 판매 방식은 보험업계의 관행으로 단단히 정착되어 다른 회사들은 도저히 이를 포기할 수 없었다. 버핏은 데이비슨과의 만남을 계기로 과거 어느 때보다 가이코 주식에 더 깊은 관심을 가지게 되었다.[3] 그는 데이비슨(나중에 가이코의 CEO가 된다)과 대화를 나눈 그 5시간 동안 대학 생활 전체에서 얻은 것보다 더 많은 것을 배웠다고 말했다.

나는 이 이야기에서 버핏의 기업가적 갈망을 보았다. 한 사업가의 성공 비결을 설명하려고 어린 시절에 가판대를 차려 레모네이드를 팔았던 사연까지 들먹이는 것은 이제 진부한 이야기가 되었다. 그러나 버핏의 경우라면 그럴 만한 충분한 이유가 있다. 그는 여섯 살 때 이미 기업가로서의 활력과 의욕, 독립심을 충분히 보여주었다. 물론 여기에는 당시의 사회적 분위기도 중요한 역할을 했다. 버핏은 집집마다 돌아다니며 팔 수 있는 것은 무엇이든 파는 아이들이 흔했던 대공황 시기에 어린 시절을 보냈다. 그는 껌을 팔았다.

"나는 다섯 개의 칸으로 나뉜 작은 초록색 쟁반을 가지고 있었다. 아마 에디 이모가 준 것으로 기억한다. 그 쟁반에는 주시프루츠, 스피어민트, 더블민트 등 다섯 종류의 껌이 들어 있었다. 나는 할아버지로부터 껌을 몇 통 사서 이웃집을 돌아다니면서 팔았다. 저녁 시간에는 늘 껌을 팔러 다녔다. 어떤 여자분이 주시프루츠 한 개만 살 수 없느냐고 말했던 것이 기억난다. 나는 다섯 개들이 한 통 단위로만 판다고 대답했다. 다시 말해 나는 나만의 판매 원칙을 지켰다는 뜻이다."[4]

버핏은 껌 한 통을 팔면 2센트 정도 이윤이 남았다고 기억한다. 한 개만 팔아도 되겠다는 유혹이 들었으나, 어린 버핏은 그 유혹을 이겨냈다. 껌 한 통을 풀어서 한 개를 팔면 4개가 남는데, 그 4개가 다 팔리지 않을 위험이 있었기 때문이다.[5]

생각이 거기에까지 미치는 여섯 살 아이는 그리 많지 않을 것이다. 버핏은 그만큼 남다른 구석이 있었다. 껌 다음으로 그는 코카콜라에 도전했다. 버핏이 코카콜라를 팔아야겠다고 생각한 것은 주유소에서 병뚜껑을 모은 경험이 바탕이 되었다. 그가 모은 8,000개의 뚜껑은 대부분 코카콜라 병에서 나온 것이었다. 그는 그때부터 할아버지 가게에서 코카콜라 여섯 병이 든 상자를 25센트에 산

후 집집마다 다니며 한 병당 5센트에 판매하여 20%의 수익을 올리는 사업을 시작했다.[6] 그는 두 경쟁 신문사의 3개의 배달 노선을 동시에 소화하기도 하였다. 그는 이렇게 말했다.

"나는 혼자 일하면서 내가 생각하고 싶은 것을 생각하는 시간이 좋았다. 방에 앉아 있을 때도 생각할 수 있고, 자전거를 타며 물건을 배달하는 동안에도 생각할 수 있었다."[7]

어린 시절

워런 버핏의 가정 배경과 어린 시절의 경험은 그의 가치관과 태도를 결정하는 바탕이 되었다. 그의 기업가 정신은 선대로부터 물려받은 정신적 자산이었다. 미국에서 그의 가족사는 1600년대에 프랑스에서 이주해온 그의 7대 선조가 뉴욕주 롱아일랜드에 정착해서 농부가 되었던 시절로 거슬러 올라간다. 그로부터 200년이 지나 그의 증조부 시드니 호만 버핏Sidney Homan Buffett은 고단한 농사일과 빈약한 수입에서 벗어나기 위해 큰 열망을 품고 서쪽 네브래스카로 이주했고, 오마하 시내에 식료품점을 열었다. 버핏 가족은 이미 1860년대에도 사업에 관한 조언을 아끼지 않던 이들이었다. 시드니의 부친은 그에게 다음과 같은 조언이 담긴 편지를 보냈다.

"어떤 거래를 하든 시간은 꼭 지켜야 한다. 시간을 어기는 사람과는 거래하기 무척 어렵다는 것을 알게 될 거다. (중략) 돈보다는 신용을 쌓는 것이 더 낫다. (중략) 사업을 할 때는 지나친 이득을 취하려고 하면 안 된다. 부자가 되려고 너무 서두르지 마라. (중략) 그저 사는 데 딱 맞는 만큼 벌고, 죽음 앞에서도 당당한 삶을 살면 된다."[8]

시드니는 1870년에 에블린 케첨Evelyn Ketchum과 결혼하여 6명의 아이를 낳았다. 그중 어니스트Ernest와 프랭크Frank는 부모가 운영하는 식료품점 일을 도왔다. 1877년에 태어난 어니스트는 1898년에 헨리에타 듀발Henrietta Duval과 결혼했다. 부부는 아들 넷과 딸 하나를 낳았는데, 클라렌스Clarence, 조지George, 프레드Fred, 하워드Howard 그리고 앨리스Alice였다. 앞으로 지구상에서 가장 큰 부자의 할아버지가 될 어니스트는 직원들에게 많은 것을 요구하는 사람이었지만, 그 자신도 매우 열심히 일했다. 그러면서 미래에 오마하의 현인이 갖추게 될 성품의 바탕이 되는 금전적 격언을 많이 남겼다. 그는 손자 워런에게 "버는 것을 다 써버리지 마라", "빚지지 마라"[9] 등의 조언을 자주 했다.

버핏 가족은 교육의 가치를 신봉하는 검소한 사람들이었다. 특히 어니스트는 더욱 그러했다. 1893년에서 1897년까지 지속된 미국의 경제 불황으로 인해 그는 중학교(8학년)를 그만두고 식료품점에서 일해야 했다.[10]

어니스트는 딸 앨리스를 포함해 모든 자녀에게 대학을 졸업해야 한다고 생각했다. 아이들은 모두 아버지의 뜻을 따랐고, 특히 딸 앨리스에게 이것은 당시로서는 보기 드문 기회였다.

육체노동

어니스트 버핏은 직원들과 마찬가지로 가족도 엄하게 대했다.

워런 버핏은 네브래스카의 혹독한 겨울에도 트럭에서 짐을 내려 선반에 쌓고, 전시 배급 식량을 관리하며, 버핏앤드선즈Buffett & Sons 가게 앞 보도의 눈을 치우는 등 할아버지 일을 도왔다. 어니스트는 그에게 하루 12시간 일한 대가로 2달러를 주었다(시급으로 따지면 약 17센트이며, 현재 화폐 가치로는 2.65달러에 해당한다). 젊은 버핏이 앞으로 무슨 일을 하든 육체노동이 필요 없는 자기 사업을 하고 싶다는 결심을 확고히 한 것도 바로 이 시기였다.[11]

찰리 멍거가 "그 시절에는 토요일에 최저임금이라는 개념이 없었다"[12]라고 말했는데, 그 당시에는 아동 노동 규제법도 없었다. 사회보장제도는 낯선 개념이었고, 어니스트는 그것이 자립을 저해한다면서 아주 싫어했다. 어니스트는 버핏과 그의 친구 존 페스칼John Pescal, 그리고 나중에 버핏의 오른팔이 되는 찰리 멍거까지 뼈 빠지게 일을 시켜놓고는 그들에게 주는 일당 2달러에서 사회보장제도 부담금으로 각각 2센트가 넘는 돈을 제하기까지 했다.

버핏은 그 당시를 회상하며 할아버지가 준 중요한 교훈을 다음과 같이 말했다.

"최악의 일은 할아버지가 나와 친구 존 페스칼에게 삽으로 눈을 치우라고 했을 때였다. 그때는 정말 임청난 눈보라가 몰이쳐서 가게 앞에 축축한 눈이 1피트(30센티미터)나 쌓인 상황이었다. 우리는 손님이 주차해놓은 앞마당은 물론, 가게 뒤 골목길과 하역장, 그리고 6대의 트럭이 들어 있던 차고 옆에 쌓인 눈을 모두 삽으로 퍼내야만 했다. 우리는 약 5시간 동안 그야말로 끊임없이 삽질만 했다. 나중에는 손을 펴지 못할 지경이었다. 눈을 다 치운 다음 할아버지에게 갔다. 그러자 할아버지가 말씀하셨다. '가만 보자. 너희들에게 얼마를 줘야 할까? 10센트는 너무 적고 1달러는 너무 많은 것 같은데!' 그 순간을 절대로 잊지 못한다. 존과 나는 어이가 없다는 듯 서로를 쳐다봤다."[13]

그들은 너무 놀라 심장이 멎는 줄 알았다. 심지어 어니스트는 그들에게 주는 돈을 서로 나눠 가져야 한다고 말했다. 버핏은 그 순간 매우 중요한 교훈을 얻었다고 말한다. "거래할 때는 항상 어떤 조건인지 먼저 파악해야 한다."[14]

20세기 초만 해도 오마하는 소수의 저명한 가문이 좌우하는 곳이었고, 버핏 가문은 그들에 포함되지 않았다. 공립학교에 다니며 형들이 입던 옷을 물려받아야 했던 하워드는 뼈저리게 소외감을 느꼈다. 하워드는 선택권이 주어지자마자 그곳을 탈출해 링컨에 있는 네브래스카대학교에 진학해서 언론학을 전공했다. 학교 신문인 〈데일리네브래스칸Daily Nebraskan〉의 편집장으로 활동하던 하워드는 레일라 스탈Leila Stahl이라는 똑똑한 젊은 여성과 함께 일했고, 두 사람은 1925년에 결혼했다. 2년 후 부부는 오마하로 돌아왔고, 그곳에서 세 자녀를 낳았다. 그들이 바로 도리스(Doris, 1928년생)와 워런(Warren, 1930년생), 로버타(Roberta, 1934년생)이다. 하워드가 처음한 일은 보험 판매 업무였다. 그러다가 1929년에 주식시장이 폭락하기 2년 전, 그는 유니언스테이트뱅크에서 주식 중개인이 되기로 마음먹었다. 하워드는 60세라는 젊은 나이에 세상을 떠났지만, 일찌감치 정계에 뛰어들어 공화당 하원의원으로 4선을 지냈다. 버핏

가문은 점점 세상을 향해 기지개를 켜고 있었다.

버핏과 대공황

워런 버핏의 어린 시절에 가장 큰 영향을 미친 사건은 대공황이었다. 1929년 9월 3일, 다우존스 산업평균지수는 381.17로 정점을 기록했다. 11월이 되자 시장은 220.39로 폭락했는데, 무려 42%의 하락이었다. 그러나 충격은 아직 끝난 것이 아니었다. 비록 주가는 1930년 초까지 상당 부분 회복되어 4월 17일에는 294.07에 이르기도 했지만, 결국 1932년 7월 8일에는 41.22까지 바닥을 치고 말았다. 시가총액이 무려 89%나 사라진 셈이었다. 이로써 졸지에 수백만 명을 가난에 빠뜨리고 오늘날까지 세계와 역사를 뒤흔든 경제 대공황이 일어났다. 워런 버핏은 이런 경제적 혼란이 한창이던 1930년 8월 30일에 태어났다.

이듬해 워런이 첫돌을 맞이한 지 이틀 후, 그의 아버지는 직장에서 해고되었다. 하워드는 주식 중개업뿐만 아니라 그동안 모아둔 저축액도 모두 잃어버렸다(시장 붕괴 이후 4,000개가 넘는 은행이 파산했다). 하워드는 아버지의 식료품점에서 다시 일해도 되느냐고 물었지만, 어니스트는 그를 고용할 형편이 아니었다. 그 대신 아들과 손자가 먹을 음식을 외상으로 제공했다.

하워드는 불굴의 의지를 발휘하여 직접 주식 중개업을 시작했고, 지방채와 각종 기반 산업 주식, 그리고 그가 안전하다고 생각하는 다른 증권들을 팔았다. 사업은 번창했고, 회사는 천천히 돈을 벌기 시작했다. 그렇다고 모든 일이 순조로웠던 것은 아니었다. 버핏 가족이 겪던 재정적 스트레스는 워런의 어머니 레일라가 자녀들에게 폭언을 일삼는 방식으로 가장 먼저 나타나기 시작했다(나중에 워런의 누나 도리스 버핏은 어머니가 진단만 받지 않았을 뿐 조울증을 앓았다고 생각했다).[15] 비슷한 시기에 하워드는 심장 질환 진단을 받았는데, 이는 가정에 큰 타격이었다. 나중에 워런과 그의 형제는 아침에 어머니의 목소리만 들어도 그날 하루가 어떻게 돌아갈지 알 수 있었다고 말했다.[16] 레일라의 할머니와 어머니에게도 정신 질환 병력이 있었다.[17] 레일라의 어머니 스텔라는 신경쇠약과 우울증을 앓았고, 그 때문에 자녀들이 집안일을 돌봐야 했다. 그녀의 여동생은 자살로 생을 마감했고,[18] 할머니도 결국 정신 병원에서 세상을 떴다.

어린 시절에 닥친 이런 역경이 워런 버핏에게 어떤 영향을 주었는지는 충분히 짐작할 만하다. 그는 다시는 가난을 감내하고만 있지 않기로 결심했다. 그는 다른 사람 밑에서 일하기보다는 자신의 사업을 일으키기로 결심했다. 그는 30세가 될 때까지 백만장자가 되겠다고 다짐했다. 그리고 그 결심을 4년이나 앞당겨 달성했다.

버핏은 말년에 이르러 애정어린 어조로 부모님을 회상했다. 그들은 흥미로운 주제에 대해 이야기를 나누고 그를 제대로 된 학교에 보낼 정도로 현명한 사람들이었다. 한편으로 버핏은 자신의 인생에 운도 작용했음을 인정했다. "나는 적당한 시간과 장소에서 태어났습니다. 말하자면 날 때부터 출생 복권ovarian lottery에 당첨된 셈입니다.[19] 생각해보세요. 이렇게 좋은 세상이 어디 있습니까. 1930년대에 미국에서 태어날 확률은 50 대 1밖에 안 됩니다. 아마 다른 나라에서 태어났더라면 운명이 사뭇 달랐겠지요. 그러니 미국에서 태어난 덕분에 저는 태어날 때부터 복권에 당첨된 셈입니다."[20]

어린 시절의 기업가적 도전

워런 버핏의 열 살 생일에 아버지는 그를 뉴욕으로 데리고 갔다. 버핏은 세 가지 이유로 미국의 금융 중심지에 관심을 기울였다. 그는 스콧스탬프앤드코인컴퍼니, 라이오넬기차회사, 그리고 뉴욕증권거래소를 보고 싶었다. 증권거래소 식당의 풍경과 거기에서 느끼는 자본의 위력은 어린 그의 마음에 깊이 각인되었다. 버핏은 그로부터 수십 년이 흐른 후 당시를 이렇게 회상했다.

> "우리는 그곳에서 앳 몰At Mol이라는 네덜란드인과 증권거래소의 한 회원, 그리고 매우 인상적인 외모의 남성과 점심을 같이 했다. 식사를 마치자 어떤 남성이 여러 가지 담뱃잎이 담긴 쟁반을 들고 왔다. 몰 씨가 원하는 잎을 고르자 그가 시가를 한 대 말아주었다. 그때 나는 '바로 이거야'라는 생각이 들었다. 여기보다 더 좋은 곳은 상상할 수도 없었다. (돈이 있으면) 독립적인 인간이 될 수 있다. 그러면 인생에서 원하는 것은 무엇이든 할 수 있다. 내가 가장 하고 싶은 일은 내 사업을 운영하는 것이었다."[21]

독서광이었던 버핏은 제목에 '투자'나 '금융'이라는 단어가 들어가거나 그런 내용을 암시하는 책이라면 무엇이든 관심을 기울였다.

그가 가장 좋아한 책은 《백만장자가 되는 1,000가지 비밀One Thousand Ways to Make $1,000》이었다.[22] 그는 열 살 때 이미 돈을 버는 일이라면 안 해본 것이 없었다. 그는 지금의 네브래스카오마하대학교에서 축구 경기가 열릴 때면 땅콩과 팝콘을 팔았다. 그는 쾌활한 목소리로 이렇게 외치며 숫자에 능한 솜씨를 마음껏 자랑했다. "땅콩과 팝콘이요. 5센트, 니켈, 10센트 절반, 25센트의 5분의 1 다 받아요. 땅콩, 팝콘 있어요!"[23]

버핏이 경기장에서 판매한 것보다 더 짭짤한 수익을 거둔 일은 골프 사업이었다. 그는 인근 골프 코스를 거닐며 덤불 밑에서 잃어버린 골프공을 주워 깨끗이 씻은 다음 12개 들이 한 박스를 6달러에 다시 팔았다. 나중에 경찰이 이를 눈치채고 골프장에서 그를 내쫓았다. 그러나 하워드와 레일라는 경찰로부터 이 사실을 전해 듣고도 전혀 신경 쓰지 않았다. 그들은 이 일을 그저 아들의 조숙함과 야망을 보여주는 또 하나의 사례라고 생각했다. 워런의 여자 형제들은 이를 다르게 보았다. 그들이 보기에 워런은 무슨 행동을 해도 부모님이 암묵적으로 승인해주는 것 같았고, 그래서 선을 넘은 듯한 이번 일에도 어떤 처벌도 받지 않았다고 생각했다.[24]

골프 사업 소동에도 어린 워런 버핏은 전혀 기죽지 않았다. 미래 오마하의 현인이 될 이 아이는 아직 도박을 하기에는 너무 어렸음에도 악사르벤(네브래스카를 거꾸로 'Aksarben'으로 쓴 이름) 경마장과 콜로세움에 가서 버려진 티켓을 살피며 혹시 돈이 될 만한 것이 있는지 확인했다. 버핏은 나중에 당시 일을 즐겁게 회상했다.

"그게 바로 '마권 줍기'라는 겁니다. 경마 시즌이 시작되면 경마라고는 영화로 본 게 전부인 사람들이 잔뜩 모여듭니다. 그들은 오로지

1등만 상금을 탄다고 생각해서 자기 말이 2위나 3위를 차지해도 전혀 돈이 되지 않는다고 생각합니다. 그래서 자기 자리를 쉽게 뜨고 마권도 집어던져 버립니다. 또 하나 큰돈을 벌 기회는 이른바 '이의 제기'가 들어와 우승마 결정이 뒤바뀔 때입니다. 그런데 그때쯤 되면 이미 마권을 버린 사람들이 많아요. 우리는 그저 그들이 버린 마권을 줍기만 하면 되는 겁니다."[25]

당시 버핏은 이미 지식(혹은 다른 사람의 무지)을 이용해 재정적 이익을 얻었다. 그는 자신의 수학적인 재능과 경주마 관련 정보 수집벽을 이용해 일종의 경마 예상표를 만들어 팔기도 했다. 그는 스테이블 보이 셀렉션(Stable-Boy Selection, 마부 추천표)이라는 이름을 붙인 다음 공식적으로 발행되는 블루시트Blue Sheet 가격보다 조금 더 싼 25센트에 팔았다.[26]

이런 사업은 모두 빠른 계산 능력과 임기응변이 필요한 일이었다. 지금도 버핏은 손익을 계산할 때 컴퓨터나 계산기를 사용하지 않는다.

최초의 주식 및 부동산 투자

워런 버핏은 열한 살이 되던 1942년에 처음으로 주식을 샀다. 주당 38.25달러에 시티즈서비스 3주(아마도 경마장 사업에서 벌어들인 돈 114.75달러를 모두 투자한 것 같다)를 매입했다. 이후 수가는 27달러로 바닥을 친 다음 40달러까지 올랐다. 그래서 주식을 팔았지만, 그 후에 다시 주당 200달러까지 치솟는 것을 지켜봐야만 했다.[27] 투자에서 인내가 중요하다는 것을 배운 경험이었다. 이후 77년 동안 주식시장이 보여준 성과는 버핏이 미국 주식 투자를 얼마나 긍정적으로 보고 있는지를 알려주는 사례이다. 그 당시 어린 소년의 투자는 오늘날 60만 달러 이상의 가치에 달한다.[28]

버핏이 열두 살 되던 해에 평소 늘 정치와 공적 사안에 관심이 많았던 하워드 버핏이 하원의원에 당선되면서 가족이 모두 워싱턴 D.C.로 이사하게 되었다. 미래의 금융가는 오마하의 친구들이 그리웠지만 워싱턴 D.C.에서도 기업가로서의 활약을 이어갔고, 그의 사업은 계속해서 번창했다. 그는 〈워싱턴포스트〉를 배달하며 매달 175달러를 벌었고, 1944년에 국세청IRS에 처음으로 세금 신고서를 제출하면서 자전거 비용 35달러를 사업 비용으로 공제했다.[29] 그는 열다섯 살이 되던 해[30] 네브래스카의 농지 40에이커를 1,200달러[31]에 사들인 다음 임대했다. 9학년이 될 무렵 그가 소유한 자산 총액은 현재 가치로 1만 4,275달러에 달했다.

———————————————— 고교 시절의 기업가 버핏

워런 버핏은 어린 시절에도 이미 돈을 번다는 것 자체에서 얻는 기쁨보다 기업가 정신을 발휘하는 데서 오는 열정이 더 컸다. 그는 한 사업에서 성공을 거둘 때마다 그다음 사업에 대한 열망이 더욱 커졌다. 버핏은 워싱턴 D.C.의 우드로윌슨고등학교에서 만난 친구 돈 댈리Don Daly와 함께 중고 핀볼 게임 기계를 25달러(원래 가격은

300달러)에 사서 이발소에 설치하는 사업을 시작했다.[32] 그들은 한 게임당 5센트의 요금을 매겼고 수익금은 이발소 주인과 50 대 50으로 나누었다. 두 10대 소년이 윌슨코인운영기계회사라고 명명한 이 사업은 여러 가게에 총 7대의 기계를 설치하여 매주 50달러의 수익을 올리는 규모로 빠르게 성장했다. 그들은 1947년에 그 사업을 한 퇴역 군인에게 1,200달러에 매각했다.[33] 그들은 또 폐차장에서 1928년식 롤스로이스를 350달러에 사서 직접 수리한 후 하루 35달러에 임대하는 사업도 시작했다.[34]

버핏은 열여섯 살에 고등학교를 졸업했다. 그의 졸업 성적은 350명 중에서 16등이었고,[35] 다양한 사업을 통해 이미 6,000달러 (2022년 기준 7만 6,366달러)를 번 상태였다. 그의 고등학교 졸업앨범 사진에는 '수학을 좋아하고, 장래 희망은 주식중개인'이라는 설명이 달려 있었다.[36] 졸업앨범 편집자들은 분명히 미래를 정확하게 내다본 셈이다. 그러나 그들은 그 예측이 얼마나 정확하게 이뤄질지 짐작조차 못 했을 것이 분명하다. 2022년 3월 기준, 버핏의 개인 순자산은 1,260억 달러다(2016년에서 2021년까지 버크셔해서웨이의 재무제표는 부록 1-3을, 2022년 3월 기준 버크셔해서웨이가 소유한 기업 목록은 표 1.1을 참조하라).

표 1.1 2022년 3월 기준 버크셔해서웨이 소유 기업 목록

1. 애크미브릭컴퍼니	32. 홈서비스 오브 아메리카
2. 벤브릿지보석상	33. IMC 인터내셔널 금속가공 회사
3. 벤저민무어앤드컴퍼니	34. 인터내셔널 데어리퀸 주식회사
4. 버크셔해서웨이 오토모티브	35. 존스 맨빌
5. 버크셔해서웨이 다이렉트보험회사(THREE)	36. 조던스 퍼니처
6. 버크셔해서웨이 에너지 회사	37. 저스틴 브랜드
7. 버크셔해서웨이 가드 보험회사	38. 크래프트하인즈
8. 버크셔해서웨이 홈스테이트 회사	39. 라슨-줄
9. 버크셔해서웨이 스페셜티보험	40. 리퀴드파워 스페셜티프로덕트(LSPI)
10. 바이버크 비즈니스보험	41. 루이스모터사이클앤레저
11. BNSF 철도	42. 루브리졸 주식회사
12. 보트US	43. 마몬홀딩스 주식회사
13. 보르샤임 파인주얼리	44. 맥클레인 컴퍼니
14. 브룩스	45. 메드프로 그룹
15. 비즈니스 와이어	46. 미텍 주식회사
16. 센트럴스테이트 인뎀니티 컴퍼니	47. MLMIC 보험회사
17. 차터 브로커리지	48. 내셔널인뎀니티 컴퍼니
18. 클레이톤홈즈	49. 네브래스카퍼니처마트
19. CORT 비즈니스 서비스	50. 넷젯
20. CTB 주식회사	51. 오리엔탈트레이딩 컴퍼니
21. 듀라셀	52. 팸퍼드셰프
22. 페크하이머 브라더스 컴퍼니	53. 프리시전캐스트파츠 그룹
23. 플라이톤세이프티	54. RC와일리 홈퍼니싱
24. 포레스트 리버	55. 리치라인 그룹
25. 프룻오브더룸 컴퍼니	56. 스콧페처컴퍼니
26. 가란 주식회사	57. 시즈캔디스
27. 게이트웨이 보험회사	58. 쇼인더스트리즈
28. 가이코 자동차보험	59. 스타퍼니처
29. 제너럴 리	60. TTI 주식회사
30. 헬츠버그 다이아몬드	61. 미국 배상책임보험그룹(USLI)
31. H.H. 브라운슈 그룹	62. XTRA 코퍼레이션

출처: 버크셔해서웨이 자회사 명단(https://www.berkshirehathaway.com/subs/sublinks.html)

어린 시절부터 워런 버핏이 거둔 이런 눈부신 성공을 이야기하는 이유는 자라난 환경과 가족이 한 사람의 인생에 지대한 영향을 미친다는 사실을 그도 알고 있었음을 보여주기 위해서다. 아울러 그의 성공 스토리를 바라보는 나의 개인적인 관점을 공유하기 위해서다. 앞서 언급했듯이 나 역시 오마하에서 자랐고 내가 다닌 오마하센트럴고등학교는 버핏의 아버지 하워드와 버핏의 첫 번째 부인 수잔 톰슨 버핏, 그리고 버핏의 세 자녀 수지, 하워드, 피터의 모교이기도 하다. 버핏의 전설적인 오른팔이자 사업 파트너인 찰리 멍거도 1941년에 오마하센트럴고등학교를 졸업했다(찰리 멍거와 그가 워런 버핏에 미친 영향에 관해서는 3장에서 더 자세히 살펴볼 것이다).

네브래스카주에서 가장 큰 도시인 오마하는 중서부의 문화와 가치를 대표하는 곳이다. 130만 명에 이르는 주민들은 늘 열심히 일하고 겸손하게 살려고 노력한다. 오늘날 오마하센트럴고등학교 재학생 수는 약 2,500명 정도다. 내가 다니던 1970년대 후반에 그 학교는 도시 주민 누구에게나 열려 있었다. 그런 만큼 문화적, 인종적 다양성을 갖추고 있었는데 흑인, 히스패닉, 유대인, 아시아계 미국인, 그리고 북미 원주민 학생들로 북적였다. 오늘날 오마하센트럴고등학교는 소수 인종 학생 비중이 60%에 달한다.

내가 다니던 시절의 오마하센트럴고등학교는 건물이 오래되어 마루가 삐걱거렸다. 안마당의 문은 제대로 닫히지도 않았고, 겨울에는 대초원의 차가운 공기가 실내로 불어 들어왔다. 학교는 4층

건물이었고, 여학생과 남학생이 사용하는 계단이 따로 있었다. 화장실은 좁고 사생활을 전혀 지켜주지 못했으며, 담배 연기로 가득 차 있는 경우가 많았다.

피터 버핏

내가 오마하센트럴고등학교에 들어갔을 때 버핏의 막내아들 피터(혹은 피트라고 불렸다) 버핏은 졸업반이었다. 나를 포함해 그와 함께 점심을 먹던 친구들은 장차 이 도시에서 가장 유명한 지식인이 될 사람들이었다. 전국 성적 3등 이상을 꾸준히 기록하는 오마하센트럴고등학교 수학팀 멤버도 있었고, 그중에는 하버드, MIT, 시카고대학에 진학한 학생도 있었다. 그중 한 명은 나중에 실리콘밸리에서 상장회사를 2개나 운영했다. 우수한 수학 실력은 오마하센트럴고등학교 문화에서 매우 중요한 부분이었다. 그러나 나는 피트의 가족 배경이나 그의 아버지 재산에 대해서는 전혀 아는 바가 없었다. 다른 학생들도 마찬가지였다.

워런 버핏은 금융업계에서와 마찬가지로 지역 사회에서도 남의 눈에 띄지 않게 조용히 지냈다. 심지어 그의 자녀들조차 아버지가 투자업계에서 그토록 놀라운 성공을 거두고 있다는 사실을 몰랐다. 그는 매일 저녁 일을 마치고 집에 와서 아이들과 함께 저녁을 먹었다. 아이들에게 그는 여느 아빠와 다름없었다.

오늘날 피터는 작가와 자선사업가, 그리고 에미상을 수상한 음악가이자 작곡가로 활약하고 있다. 그가 쓴 《피터 버핏의 12가지 성공 원칙 Life is what you make it》이라는 책은 〈뉴욕타임스〉 베스트셀러가 되었는데, 그는 어린 시절에 있었던 일에 대해 질문받는 경우가 많다. 세계에서 가장 큰 부자의 아들로 오마하에서 자란 경험은 그의 인생에 어떤 영향을 미쳤을까? 2011년, 한 인터뷰에서 피터는 자신이 자란 지역 사회에 대해 이렇게 말했다.

"나는 다행히 그리 시끄럽지 않은 곳에서 자랐습니다. 주의가 산만해질 일이 별로 없었어요. 멋지게 보이려면 이렇게 하라느니, 또는 뭐 때문에 저렇게 하라느니 하는 식으로 간섭하는 사람이 없었습니다. 방송에서도 말했지만, 어린 시절 배운 단순함과 정직함(아버지가 돈이 많았다는 사실이 아니라)은 우리가 너무 어려서 아버지가 부자인 줄을 전혀 몰랐기 때문에 가능한 일이었습니다. 몇 블록 떨어진 곳에 할머니와 할아버지가 사셨습니다. 우리는 어머니가 다녔던 학교에 갔고, 어머니를 가르쳤던 바로 그 선생님에게 배웠습니다. 이런 모든 요소가 어우러져 안전한 환경이 조성되었던 것 같습니다. 흔히 음악가와 예술가는 역경을 견디며 어려운 시절을 보냈다고 말합니다. 나는 그 말에 동의하지 않습니다. 물론 그런 환경에서 곡을 쓸 소재를 찾을 수 있겠지요. 나는 주의가 산만해질 일이 없었으니(음악을 만들 수 있었고), 아버지도 바로 그것 때문에 계속 오마하에서 사셨다고 생각합니다. 아버지는 나름의 예술에 집중할 수 있으셨던 거지요. 나는 다른 사람에게는 매우 지루할 수도 있는 환경이야말로 사실은 위대한 아이디어가 태어날 산실이 될 수 있다고 생각합니다."[37]

1955년부터 1971년까지 오마하에는 세계 최대 규모의 가축 거래소가 있었다. 1884년에 7,000두의 소로 개장했으며, 1940년대 후반까지 770만 두를 수용하는 규모로 확대되었다. 1999년에 가축장은 폐쇄되었지만, 가축 거래소의 건물은 지금도 남아 있다. 오늘날 이 도시는 보이스타운(아동 및 청소년 복지센터)의 본거지이자 대학야구 월드시리즈가 열리는 곳으로 유명하다. 버크셔해서웨이 외에도 아플락(보험 및 금융업), 유니언퍼시픽(미국 최대 철도 회사), 피터키위트선즈(건설업), 뮤추얼오브오마하(보험 및 금융업), TD아메리트레이드(금융업), 그린플레인스 재생에너지, 웨너엔터프라이즈(교통 및 물류업), 발몽인더스트리즈(제조업) 등 포춘 500대 및 1,000대 기업에 속하는 여러 회사가 이곳에 있다.

오마하의 보건의료와 버크셔의 자선사업

나의 관점에서, 고향인 오마하에서 특히 눈에 띄는 것은 보건의료가 지역에서 담당하는 역할과 자선사업과 맺고 있는 관계다. 나는 2009년과 2011년, 2017년에 각각 세 그룹의 학생들과 네 명의 교수를 데리고 오마하에 가서 워런 버핏을 만났다. 그때마다 나는 그들에게 오마하센트럴고등학교와 워런 버핏의 집, 버크셔해서웨이의 본사를 견학시켜 주었다. 그러나 그들이 가장 큰 인상을 받았던 것은 시내 중심가에 자리한 의료 복합단지를 둘러봤을 때였다. 크레이턴대학교와 네브래스카대학교 의료센터(주로 메드센터라고 한다)에는 모두 의과대학과 약학대학이 있다. 2018년에는 크레이턴대학교에 치과대학이 새로 개설되었다. 더구나 오마하에는 간호대학이 6개나 있는 것으로도 유명하다. 오마하는 이런 교육기관을 통해 미국 최고의 의료 단지로 자리매김하고 있다.

그중에서도 프레드앤드파멜라버핏암센터라는 거대한 신축 건물을 빼놓을 수 없다. 워런의 사촌이자 버크셔해서웨이의 초기 투자자이기도 한 프레드 버핏은 25년 전에 신장암으로 사망했다. 그가 세상을 뜬 후, 프레드의 미망인은 암센터 신축 모금에 나섰고, 3억 7,000만 달러에 달하는 기금을 모집했다.

이 지역의 유명한 사업가인 딕 홀랜드Dick Holland는 버핏의 초기 투자자로 수백만 달러를 벌었다. 그는 버크셔해서웨이와 관련된 자금 중 최소 10억 달러가 오마하의 발전을 위해 기부되었거나 앞으로 그럴 예정이라고 말했다. 홀랜드는 이미 오마하 시내에 자리한 9,000만 달러짜리 홀랜드공연예술센터의 가장 큰 기부자가 되었다. 그 외에도 버크셔의 초기 투자자 중 수익을 네브래스카주의 여러 기관에 투자한 이들로는 칼과 조이스 매멀Carl and Joyce Mammel 부부, 빌과 루스 스콧Bill and Ruth Scott 부부, 리와 윌라 시먼Lee and willa Seemann 부부, 댄 모넨Dan Monen, 존과 제니스 클리어리John and Janice Cleary 부부, 릴랜드와 도로시 올슨Leland and Dorothy Olson 부부, 스탠리와 도로시 트룰센Stanley and Dorothy Truhlsen 부부, 도널드와 밀드레드 토프 오트머Donald and Mildred Topp Othmer 부부 등이 있다. 그들의 기부금은 경영대학, 링컨의 학교 건물, 오마하의 의료 연구 및 교육 시설, 오마하센트럴고등학교의 축구 경기장 등 다양한 프로젝트에 사용되었다.[38]

지금까지 워런 버핏이 역사상 가장 성공한 기업가가 되는 데 큰 영향을 미친 개인적 배경과 주변 환경 요소를 살펴보았다. 그의 성격과 가치관이 그의 가문에 흐르는 기업가적 전통에 따라 형성되었음은 의심의 여지가 없다. 그의 외조부는 인쇄소를 운영했고, 어니스트 버핏은 식료품점을 차렸다. 사람들은 워런 버핏을 생각할 때 얼핏 떠오르는 겸손하고 검소한 성품 때문에 그의 역동적인 측면을 간과할 때가 많다. 그러나 그는 인생의 비전을 뚜렷하게 수립하고 불굴의 의지로 그것을 추구했다. 아울러 그는 모든 기업가에게서 발견되는 성격적 특징을 똑같이 보여주기도 했다.

기업가들의 공통된 특징은 강한 성취욕으로 일을 추진하고, 남을 탓하기보다는 자신의 실수를 기꺼이 인정한다. 그들은 위험을 감수하며 모호한 상황에 관대함을 보여주지만, 어떤 모험에서 성공할 확률이 얼마나 되는지 날카롭게 파악하는 실용적 감각을 지닌 사람들이다. 즉, 그들은 무모하지 않다. 그들은 대부분 독립성이 강하고, 자신감이 확고하며, 고집스러울 정도의 낙관주의를 지니고 있다. 그들은 처음 한두 번 실패하더라도 인내심을 발휘할 줄 알고, 언제나 문제를 창의적으로 해결하려고 한다. 그들은 항상 에너지가 넘치며 자신의 지략에 대한 자부심이 대단하다. 그들은 거의 예외 없이 팀을 구축하는 사람들이다.

무엇보다 기업가는 남이 가는 길을 무작정 따르지 않는다. 그들은 군중, 즉 대중과 반대 방향으로 가기를 마다하지 않는다. 그들은 바로 거기서 혁신을 찾아낸다. 이것은 버핏과 그의 파트너 찰리 멍거가 끊임없이 강조하는 지향점이다. 기업가는 다른 사람이 정한 방향이나 신호를 수동적으로 따를 것이 아니라 끊임없이 스스로 생각해야 성공할 수 있다는 것이다.

당신은 기업가가 될 수 있는가?

나는 지금까지 기업가 정신 수업을 진행해온 것이나 오마하에서 보낸 학창 시절 내내 그의 자녀들과 함께 지낸 것을 생각하면, 학자로서 경력의 상당 부분을 워런 버핏을 연구하는 데 할애해왔다고 해도 과언이 아니다. 그런 내가 앞에서 열거한 기업가적 성격 외에 모든 기업가에게서 관찰한 한 가지 특징이 있다면 그것은 굶주림이다. 요컨대 기업가는 누구나 배가 고프다! 그들은 돈과 성공, 독립에 굶주려 있다. 그들은 모두 지나칠 정도로 목표를 추구하려는 배고픔에 허덕인다.

그들 중에는 선대로부터 기업가 정신을 물려받은 사람이 많다. 워런 버핏의 경우, 할아버지의 식료품점에서 잠깐 일해본 경험(어린 워런이 육체노동이 필요 없는 삶을 살겠다고 결심하는 계기가 되었다)과 할아버지가 몸소 보여준 자립과 독립 정신에서 영감을 얻었음이 틀림없다.

워런 버핏의 오랜 파트너 찰리 멍거도 아주 어린 나이부터 사업을 시작했다. 이렇게 도전정신이 강하고 의욕이 넘치는 이들을 지칭하는 용어가 있다. 그들은 아무리 많은 것을 성취해도 여전히 새로운 아이디어에 관심을 놓지 않고, 늘 새로운 사업에 굶주려 있다. 우리는 그런 사람을 '연쇄 창업가'라고 부른다.

어떤 조직이든 기업이 될 수 있고(예를 들어 기업, 소기업, 가족기업, 프랜차이즈, 소셜 벤처, 고속 성장 기업 등), 모든 조직은 기업가적 사고방식의 특징인 창의성이 필요하다. 그러나 버핏이 어린 시절에 보여주었던 것처럼 거의 모든 기업가는 다른 조직에 들어가서 일하기보다 자기 사업을 하려고 한다.

남녀 모두 기업가 정신을 발휘하게 되는 동기는 대개 비슷하지만, 완전히 똑같지는 않다. 남성의 경우는 주로 독립과 돈을 향한 열망이 그 역할을 한다. 예로부터 경영의 상층부로 올라갈 기회가 제한된 여성의 경우 가장 큰 동기는 직업 만족도를 극대화하는 것이며, 돈은 4번째 동기로 나타난다. 남녀 모두 기업가 정신이 살아 있는 사람들은 성공에 대한 끝없는 굶주림과 에너지를 보여준다는 점에서 젊음은 기업가가 갖춰야 할 필수 요건이 아닌가 하는 생각이 들기도 한다. 그러나 반드시 그런 것만은 아니다.

기업가가 되기에 적당한 나이는 몇 살일까?

자기 사업을 시작하는 데는 나이 제한도, 가장 좋은 시기도 없다. 물론 젊은이라면 위험이나 모호한 상황에 대처하기가 상대적으로 쉬울 수는 있다. 다음의 예시에서 볼 수 있듯이 기업가들이 회사를 차린 연령대는 천차만별이다.

- 페이스북: 마크 저커버그(공동창업자, 20세)

- 애플: 스티브 잡스(공동창업자, 21세)

- 테슬라, 페이팔, 뉴럴링크, 오픈AI, Zip2: 일론 머스크(24세부
  터 창업자 또는 공동창업자)

- 나이키: 필 나이트(공동창업자, 26세)

- 구글: 세르게이 브린과 래리 페이지(공동창업자, 각각 27세와 28세)

- 스팽스: 사라 블레이클리(창업자, 27세)

- 로빈후드: 블래디미어 테네브와 바이주 바트(공동창업자, 각각
  27세와 28세)

- 메릴린치: 찰스 메릴(공동창업자, 28세)

- 알리바바: 마윈(공동창업자, 31세)

- 아마존: 제프 베이조스(창업자, 31세)

- 트위터: 잭 도시(창업자, 32세)

- 어반 원: 캐시 휴즈(창업자, 33세)

- 찰스슈왑코퍼레이션: 찰스 슈왑(창업자, 34세)

- 아팔루사 매니지먼트: 데이비드 테퍼(창업자, 35세)

- IBM: 토머스 왓슨과 찰스 플린트(공동창업자, 각각 36세와 60세)

- 포드 자동차회사: 헨리 포드(창업자, 40세)

- 월마트: 샘 월튼(창업자, 40세)

- 홈디포: 버니 마커스(공동창업자, 50세)

- 이트레이드: 빌 포터(공동창업자, 54세)

- 켄터키프라이드치킨KFC: 할란 샌더스(창업자, 62세)

마윈보다 실패를 인내로 이겨내는 능력이 더 뛰어난 사람은 없을 것이다. 그는 오늘날 세계적으로 유명한 억만장자가 되기까지 수많은 장애물을 극복해야만 했다. 먼저 영어를 배우려는 단 한 가지 목적을 위해 고향 항저우에서 9년이나 외국인을 상대로 관광 가이드 일을 하며 지냈다. 그는 열두 살이나 열세 살 때 그 일을 시작했는데, 27킬로미터나 되는 거리를 비가 오나 눈이 오나 자전거로 출퇴근했다. 그는 중요한 초등학교 시험에 두 번 떨어졌고, 중학교 시험에도 세 번이나 낙방했다. 청년 시절 그는 항저우에 처음으로 문을 연 KFC 매장에 지원한 24명 중 한 명이었고, 딱 한 명 낙방한 사람이 바로 그였다. 그 후로도 수십 번이나 일자리에 지원하고, 또 떨어졌다. 마윈은 대학 입학시험에도 떨어졌지만, 그래도 굴하지 않고 계속 도전했고 결국 입학했다. 그럼에도 그는 여전히 일해야 했다. 마윈은 하버드대학교 경영대학원에 열 번이나 지원했으나 끝내 합격하지 못했다. 하지만 결국 그는 오늘날 수십억 달러에 달하는 자산가가 되었다.[39]

가장 크게 성공한 기업가들이 한 일

• 신규 벤처 참여
• 창업 경험 축적
• 조언을 구할 곳을 파악(인맥 구축)
• 특정 사업 분야에서 기술을 습득
• 자기 사업의 수익성 확보에 주력
• 끊임없이 독서와 학습에 매진

- 창의적이고, 지략이 풍부하며, 똑똑한 사람을 많이 만나 그들의 노하우를 자기 것으로 만듦
- 직원을 잘 대우해줌(수익 공유 등)
- 자신의 약점을 잘 파악함(예컨대 버핏은 자신이 잘 아는 산업에만 투자하는 것으로 유명하다. 그것은 곧 자기가 모든 것을 다 잘 알지는 못한다는 사실을 인정하는 것이다.)

성공적인 기업가가 되려면 무엇을 해야 할까?
- 다양한 기술을 보유한 사람들과 인맥을 구축한다.
- 멘토를 찾는다.
- 교육을 추구한다. 사업 실패의 원인은 주로 경험과 지식의 부족에서 오는 경우가 많다. 그렇다고 반드시 경영학 석사 학위 MBA를 따야 하는 것은 아니지만, 마케팅 협상, 회계, 재무 등의 과목을 듣는 것은 분명히 도움이 된다.
- 마케팅, 재무, 운영 분야에서 업무 경험을 쌓는다.
- 벤처 창업에 적극적으로 참여하고 실수로부터 배운다.

기업가가 되려는 동기

기업가가 되고자 하는 열망은 내면의 야망에서 비롯될 수도 있고, 이혼이나 해고, 심지어 전염병 등과 같은 예상치 못한 외부 사건에 의해 촉발될 수도 있다. 혹은 그저 우연히 기회를 발견하여 그에 따르는 위험을 계산해봐야겠다는 마음이 들 수도 있다.

나는 학생들에게 이렇게 조언한다. 정말로 기업가가 되고 싶다

면 관심 있는 산업 분야에 이미 정통한 사람을 찾아 그와 함께 일을 시작하라는 것이다. 그동안 최대한 지식을 습득해야 한다. 끊임없이 질문하고 틈새시장을 찾아야 한다. 그리고 꾸준히 돈을 저축하여 때가 되면 자기 사업을 시작할 준비를 해야 한다.

심지어 마음속으로 나는 기업가가 될 사람이 아니라고 생각하더라도, 살다 보면 기업가 외에 다른 선택의 여지가 없는 순간이 찾아올 수도 있다. 예를 들어 코로나19 팬데믹이 발생했을 때, 실업률이 대공황 이래로 가장 급격하게 상승했다. 그러자 수백만 명의 사람들이 기존의 선택지와 각자의 가치를 재평가했고, 그 결과 좀 더 독립적인 업무 형태인 긱경제(gig economy, 필요에 따라 기업이 단기 계약이나 임시직의 형태로 운영하는 사업방식_옮긴이)에 뛰어들어 기업가의 길을 개척하는 사람들이 속속 출현했다. 우버 택시 운전, 블로그 작성, 독립 컨설팅 사업, 온라인 개인 교습, 인터넷 통신판매, 온라인 사업 운영, 오디오북 녹음, 애완동물 돌보기, 집 보기 대행 서비스 등이 그런 예다. 그러나 독립적인 부업 수준의 사업을 기업가 정신으로 발전시키기 위해서는 좀 더 확신에 찬 자기 동기가 필요하다. 아무리 여러분이 기업가가 아니라고 하더라도, 모든 정황을 살펴볼 때 21세기에 살아남기 위해서는 누구나 기업가처럼 생각하고 행동할 필요가 있다.

2장

어린 시절, 대학,
투자회사

인간의 행동을 규정하는 가장 중요한 법칙이 하나 있다. 우리가 그 법칙을 따르는 한 곤란에 처할 일이 거의 없다. 사실 그 법칙을 지키기만 한다면 우리는 수많은 친구를 얻고 끝없는 행복을 누릴 수 있다. 반대로 그것을 어기면 바로 그 순간부터 끝없는 문제에 휘말리게 된다. 그 법칙은 바로 언제나 다른 사람을 소중하게 대하라는 것이다. 존 듀이는 중요한 사람이 되고 싶다는 것이야말로 인간의 가장 근본적인 욕구라고 말했고, 윌리엄 제임스는 '인간 본성의 가장 기본적인 원리는 남에게 인정받고자 하는 마음'이라고 했다.[1]

_ 데일 카네기

효과적인 대화와 인간관계

어린 시절 워런 버핏은 대인 관계에 아주 서툴렀다. 그는 이 문제를 해결하고자 성공한 사람들로부터 가능한 많이 배우려고 노력했다. 그에게 가장 큰 영향을 미친 인물은 오늘날 자기계발 도서의 전설이라고 할 《데일 카네기 인간관계론How to Win Friends and Influence People》(1936년 출간)의 작가 데일 카네기Dale Carnegie이다.

영업 기술과 대중 연설 분야의 전문가인 카네기는 다른 사람에게 그런 기술을 가르치는 것으로 자기만의 독특한 사업 분야를 개척했다. 버핏은 고등학교 시절 카네기의 원칙을 실천했다. 버핏의 가까운 친구인 앨리스 슈뢰더Alice Shroeder는 그에 대해 이렇게 말했다. "고등학교 시절에 그는 몇 명의 친구를 사귀었고, 우드로월슨 골프팀에 들어갔으며, 아주 인기가 있었다고는 할 수 없지만 적어도 남에게 미움을 사지는 않았다. 그는 데일 카네기의 가르침을 따르며 타고난 재치를 연마했다. 무엇보다 데일 카네기의 책을 탐독하며 호소력 있게 말하는 법을 터득했고, 그 덕분에 영업 기술이 몰라보게 달라졌다."[2] 이런 자질은 이후 버핏의 생애 전반에 걸쳐 큰 도움이 되었다.

그는 데일 카네기의 대중 연설 강의를 듣는 데 100달러를 쓴 것이 자신이 내린 최고의 결정이었다는 말을 자주 했다. 당시 그는 스물한 살로 대학원을 갓 졸업하고 아버지의 투자회사에서 증권중개인으로 일하고 있었다. 그는 네브래스카오마하대학교에서 투자 관련 과목을 가르치기도 했다. 버핏이 가르쳤던 학생들의 평균 나이는 젊은 교수보다 두 배나 더 많았다.

버핏의 사무실 벽에는 대학이나 경영대학 졸업장을 찾아볼 수는 없지만, 카네기 수업의 수료증은 걸려 있다. 다음은 버핏이 그토록 중요하게 여겼던 카네기의 원칙들이다. 모두 카네기의 책에 있는 내용을 그대로 옮긴 것이다.[3]

다른 사람의 호감을 사라

1. 비판과 비난, 불평을 삼가라.
2. 정직하고 성실하게 감사를 표하라.
3. 사람들의 간절한 욕구를 불러일으켜라.
4. 상대방에게 진심으로 관심을 기울여라.
5. 미소를 지어라.
6. 사람의 이름을 기억하라. 그것은 당사자에게 그 무엇보다 기분 좋고 중요한 말이다.
7. 경청하라. 사람들이 자기 이야기를 하도록 만들어라.
8. 상대방의 관심사를 중심으로 대화하라.
9. 상대방이 소중한 존재라고 느끼게 하라. 단, 진심으로 해야 한다.

다른 사람을 내 생각으로 끌어들여라

1. 논쟁을 가장 잘 활용하는 방법은 그것을 피하는 것뿐이다.
2. 상대방의 견해를 존중하라. '당신이 틀렸다'라는 말은 절대 금물이다.

3. 내가 틀렸다면 신속하고 분명하게 인정하라.

4. 호감을 살 만한 말로 시작하라.

5. 상대방이 내 말에 곧바로 '예'라고 답할 수 있도록 유도하라.

6. 상대방이 더 많이 말하게 하라.

7. 상대방이 자신의 생각이라고 느끼도록 유도하라.

8. 상대방의 관점에서 상황을 보도록 진심으로 노력하라.

9. 상대방의 생각과 욕구에 공감하라.

10. 한 차원 높은 동기에 호소하라.

11. 내 생각을 극적으로 표현하라.

12. 도전을 불러일으켜라.

리더가 돼라

1. 먼저 칭찬과 정직한 감사를 전하라.

2. 사람들의 실수는 간접적으로 일깨워주기만 하라.

3. 다른 사람을 비난하기 전에 먼저 자신의 실수를 언급하라.

4. 직접 지시하기보다는 질문을 사용하라.

5. 상대방의 체면을 세워주어라.

6. 사소한 일은 물론, 모든 일에 칭찬을 아끼지 마라. 진심을 담아 아낌없이 칭찬하라.

7. 다른 사람을 높이 평가하여 그에 걸맞게 살아가도록 하라.

8. 격려를 사용하라. 잘못은 쉽게 바로잡을 수 있다고 알려주라.

9. 내가 제안한 일을 기꺼이 하려는 마음을 불러일으켜라.

다음은 버핏이 카네기의 책에서 얻은 교훈 중 그의 인생과 일에 적용한 것들이다.

"벤저민 프랭클린은 젊은 시절에는 재치가 없었지만, 나중에는 주프랑스 미국 대사가 될 정도로 외교와 대인 관계에 통달한 사람이 되었다. 그가 성공한 비결은 무엇이었을까? 그는 이렇게 결심했다. '나는 결코 다른 사람을 험담하지 않을 것이다. 내가 아는 모든 사람에 대해 오직 좋은 말만 할 것이다.'[4]

바보는 누구나 비판과 비난, 불평을 늘어놓을 수 있고, 실제로 모든 바보가 그렇게 한다. 그러나 남을 이해하고 용서하기 위해서는 참된 인격과 자제력이 필요하다.[5]

힘없는 사람을 대하는 태도에서 위대한 사람은 그 진가를 드러낸다 (카네기는 이 말조차 토머스 칼라일 Thomas Carlyle이 먼저 한 것이라고 밝혔다).[6]

나의 큰 자산은 사람들에게 열정을 불러일으키는 능력이며, 한 사람의 재능을 최고로 발휘하게 만드는 것은 바로 감사와 격려라고 생각한다. 윗사람이 던지는 비난만큼 한 사람의 야망을 죽이는 것도 없다. 나는 절대로 그 누구도 비난하지 않는다. 나는 사람들에게 일할 동기를 부여하는 것이 가능하다고 믿는다. 그래서 나는 항상 남의 흠을 잡기보다는 칭찬하려고 한다. 나는 마음에 드는 점이 보일 때마다 칭찬을 아끼지 않는다(카네기는 이 말도 자기가 아니라 찰스 슈왑이 먼저 한 말이라고 했다).[7]

이 세상에서 다른 사람에게 영향을 미치는 유일한 방법은 그들이 원하는 것에 관해 말하고, 그것을 얻는 방법을 보여주는 것뿐이다.[8]

오스트리아 빈의 유명한 심리학자 알프레드 아들러 Alfred Adler는 《다시 일어서는 용기 | What Life Should Mean to You》라는 책에서 다음과 같이 말한다. '주변 사람에게 관심이 없는 사람은 인생에서 가장 큰 어려움을 겪고 다른 사람에게 큰 상처를 주는 사람이다. 인간사의 모든 실패는 바로 그런 사람에게서 비롯된다.'[9]

찰스 슈왑은 그의 미소가 백만 달러의 가치가 있다고 말했다. 그는 진실을 간파하고 있었음에 틀림없다. 슈왑의 매력적인 성품과 다른 사람의 호감을 사는 능력이야말로 그가 놀라운 성공을 거둔 비결이다. 그중에서도 다른 사람의 기분을 가장 좋게 해주는 요소는 그의 매혹적인 미소였다. 행동은 말보다 더 크게 외치고 미소는 '나는 당신을 보면 기분이 좋고, 당신을 좋아합니다. 만나서 반갑습니다'라는 메시지를 던져준다."[10]

───────────────────────────── 버핏과 고등교육

버핏은 대학 진학을 원하지 않았다.[11] 그는 책만 읽어도 그 정도 지식은 충분히 얻을 수 있다고 생각했고, 언제나 사업에서 직접 경험하는 편이 강의실에 앉아 있는 것보다 더 큰 가치가 있다고 믿었다. 버핏은 자신의 이런 신념을 다른 사람에게도 그대로 적용했다. 예를 들어 버크셔해서웨이가 오마하의 보르샤임 Borshelms 보석상을 인수할 때 그 회사의 최고경영자는 대학 학위가 없었지만 교체하지 않았다. 2009년 11월, 내가 26명의 학생과 함께 버핏을 방문했

을 때도 그의 견해는 변하지 않았다. 그는 학생들에게 이렇게 말했다. "정확한 연구명은 기억나지 않지만 IQ, 학점, 최종 학력 등의 요소와 사업 성공의 상관관계를 연구한 논문이 있었습니다. 그 연구의 결과를 보면 언제 사업을 시작했느냐가 성공에 가장 큰 영향을 미치는 요소임을 알 수 있어요. 성공을 판가름하는 가장 결정적인 요소는 바로 경험입니다."

아이비리그에서 네브래스카대학교까지

버핏은 아버지의 압력에 못 이겨 펜실베이니아대학교 와튼경영대학에 진학했다. 당시 그는 겨우 열일곱 살이었지만, 학교에 들어가자마자 교수들이 자기보다 더 모른다고 불평했다. 그 말은 청소년기에 흔히 보이는 치기가 아니었다. 버핏의 룸메이트 중 한 명은 그가 단 15분만 공부하고도 A학점을 따는 것을 보고 깜짝 놀랐다고 말했다.

젊은 버핏의 가장 큰 불만은 이론에만 치우친 학계의 속성이었다. 나중에 동료 학생들은 그가 어린 시절 기업가 정신을 발휘한 경험을 바탕으로 수업 중에도 서슴없이 교수의 말에 반박했다고 회상했다. 버핏은 와튼에서 1년을 보낸 후 아버지에게 학교를 그만두고 직접 사업을 시작하겠다고 말했다. 그러나 이번에도 버핏은 아버지의 고집을 꺾지 못하고 와튼에서 1년을 더 다니기로 했다. 1년 후에 버핏은 네브래스카링컨대학교(네브래스카대학교 링컨 캠퍼스)로 편입했고, 3학년 말에는 경영학 학사 학위에 필요한 학점을 모두 채울 수 있었다. 그때가 열아홉 살이었다. 겉치레를 중시하지 않는 그의 취향은 사람의 성품에 가장 큰 영향을 미치는 교육 분야에서도 분명하게 드러났다.

버핏은 네브래스카로 돌아온 후 인생에서 경험이 가장 중요하다는 믿음을 즉시 실행에 옮겼다. 그는 교육 과정 전체를 이수하면서도 〈링컨 저널Lincoln Journal〉의 유통 책임자로 일하며 50명이 넘는 직원과 신문 배급망을 관리했다.

──────────────────────── 버핏과 벤저민 그레이엄

버핏은 학계에 반감을 품고 있었음에도 학부를 졸업한 뒤 하버드대학원에 지원했다. 그러나 결과는 낙방이었다. 하버드의 면접관은 버핏에게 본격적인 사업 경험을 좀 더 쌓으라고 조언했다.

낙담한 버핏은 독학으로 공부했다. 독서광이었던 그는 주로 투자 방법론에 관한 책을 깊게 읽었다. 특히 벤저민 그레이엄의《현명한 투자자The Intelligent Investor》(1949년 출간)에 매우 깊은 인상을 받은 버핏은 당시 뉴욕 컬럼비아대학교 경영대학원에서 교수로 있던 그레이엄에게 가르침을 받기로 결심했다. 버핏은 훗날《현명한 투자자》야말로 지금껏 나온 투자 관련 도서 중 가장 중요한 책이라고 말했다. 그는 우리가 찾아갈 때마다 학생들에게 그 말을 반복했다. 그러나 하버드대학원에 낙방했던 그해 여름에 버핏이 푹 빠져 있던 책은 그레이엄이 컬럼비아대학교 동료 교수인 데이비드 도드David Dodd와 함께 쓴《증권분석Security Analysis》이었다.

버핏은 컬럼비아 경영대학원의 교과 과정표를 샅샅이 뒤져 그들의 이름을 찾아낸 뒤 곧바로 서신을 보냈다. 지금이라면 뻔뻔하거나 심지어 무례하게 여겨질 수도 있는 내용이었다. "친애하는 도드 교수님, 저는 여러분이 이미 세상을 뜨신 줄로만 알고 있었는데, 살아계실 뿐만 아니라 컬럼비아대학교의 교수라는 것을 이제야 알았습니다. 선생님들 밑에서 배울 수 있기를 간절히 원합니다." 그로서는 오랜 세월이 지난 지금 그때 일을 회상하면 슬그머니 웃음이 나올지도 모른다.[12] 그러나 어쨌든 버핏은 석사과정에 입학할 수 있었다.

버핏은 1950년 가을에 뉴욕에서 생활비가 가장 적게 드는 곳으로 이사했다(안타깝게도 입학 신청을 늦게 하는 바람에 학교에서 제공하는 주택에 들어갈 수 없었다). 그는 뉴욕 펜역에서 멀지 않은 웨스트 34번가에 YMCA가 운영하는 슬론하우스에서 지냈다. YMCA 회원비는 하루 10센트였고, 방 한 칸 임대료가 별도로 하루에 1달러였다.[13] 그는 그레이엄 밑에서 1년간 공부한 후 1951년에 졸업했다.

벤저민 그레이엄의 배경

런던에서 태어난 그레이엄의 원래 이름은 벤저민 그로스바움 Benjamin Grossbaum이었다. 그레이엄 가족은 그가 아직 갓난아기였던 1895년에 뉴욕으로 이주했다. 그는 20세가 될 무렵 반유대주의의 공격을 피하고자 유대인식 이름을 바꿨다. 그레이엄의 아버지는 그가 여덟 살이었던 1903년에 세상을 떠났고, 어머니는 1907년에 불어닥친 주식시장 공황으로 재산을 대부분 잃고 말았다.

그레이엄이 어린 시절에 겪은 정신적 충격은 평생 그를 따라다녔다. 다른 선택의 여지가 없다고 생각한 그는 학업에 모든 에너지를 쏟아부었다. 그는 컬럼비아대학교에서 장학금을 받았고, 스무 살에 동급생 중 2위 성적으로 졸업했다. 그레이엄은 학교를 떠나기 전에 수학, 철학, 영어 세 학과에서 교수직을 제안받았다. 그는 모두 사양하고 월스트리트에 진출했다.

월스트리트에서의 출발은 초라했다. 그는 뉴버거헨더슨앤드로브Newburger, Henderson & Loeb라는 회사에 사환으로 취직하여 채권과 주식 가격을 공지하는 일을 했다. 급여는 고작 주급 12달러였다. 그러나 그는 빠른 승진을 거듭했다. 그레이엄은 스물여섯 살에 연구 보고서를 작성하는 위치에 올랐고, 얼마 안 가 파트너가 되어 60만 달러의 연봉을 받기에 이르렀다.[14] 2022년 화폐 가치로 환산하면 무려 960만 달러에 달하는 금액이었다.

그레이엄, 기업가가 되다

그로부터 7년 후 서른두 살이 된 그레이엄은 제롬 뉴먼Jerome Newman과 동업으로 직접 투자회사를 차렸다. 그가 처음으로 기업가로서의 발걸음을 내디딘 그레이엄-뉴먼 주식회사는 그에게 큰 보상을 안겨주었다. 그 회사의 자산 가치는 연평균 17.4%씩 증가하여 시장 대비 5.5%포인트의 높은 성장률을 보였다. 그레이엄은 회사를 운영하면서도 컬럼비아대학교에서 학생들을 가르쳤고(교수 월급은 학교에 기부금으로 내놓았다), 그의 동료이자 조교수인 데이비드 도드와 함께 책을 집필했다. 그 결과, 1934년에 세상에 나온 《증권분석》은 오늘날까지도 투자 분야에서 가장 영향력이 큰 책이라는 데 이견이 없다.

그레이엄-뉴먼 주식회사는 두 차례의 세계대전을 겪으면서도 가까스로 살아남았으나, 대공황이라는 직격탄을 맞아 자산 가치의 70%를 잃었다. 그런 재정적 불안을 경험하면서 그레이엄이 투자를 대하는 태도는 신중한 방향으로 바뀌게 되었다. 그는 두 가지 원칙을 지켰다. 1) 매입 가격이 순자산 가치의 3분의 2 미만일 때만 기업을 인수한다. 2) 주가수익비율PER이 낮은 주식만 산다는 것이었다.[15] 오늘날 이것은 안전마진을 지키는 투자 방식으로 알려져 있다. 요컨대 그레이엄은 그 어떤 정성적인 특성보다 기업의 재무 성과를 더 중요시했다.

버핏과 그레이엄의 컬럼비아 시절

버핏은 그레이엄과 도드가 1950년에 선발한 20명의 학생 중 한 명이었다. 그는 동급생 중에서 가장 나이가 어렸음에도 그레이엄의 애제자가 되었다. 그 저명한 교수로부터 유일하게 A+ 학점을 받은 학생이 바로 그였다. 그 스승에 그 제자라고, 두 사람 모두 독립적인 사업가 기질을 타고난 사람이었다. 버핏은 인생의 멘토를 만나는 것이 얼마나 소중한 일인지 잘 알았고, 그레이엄은 재능 있는 학생을 반겼다. 그레이엄은 버핏에게 깊은 인상을 남겼고, 버핏은 훗날 그를 본받아 자신도 다른 학생들의 멘토가 되었다.

버핏은 그레이엄의 문하에 있는 동안 《증권분석》과 《현명한 투자자》를 깊게 공부했다. 특히 그는 《현명한 투자자》의 8장과 20장을 투자에 관한 역사상 최고의 해설이라고 말한다. 이 책의 후반부에서도 그 두 장을 자세히 설명할 것이다. 버핏은 1951년에 컬럼비아대학교에서 경제학 석사학위를 취득했다.

버핏의 월스트리트 시절

버핏은 졸업하자마자 스승이 설립한 회사에 입사를 지원했다. 심지어 그는 보수도 받지 않고 일하겠다고 했다. 그러나 그레이엄은 그를 채용하지 않았다. 그레이엄은 당시 월스트리트에서 환영받지 못하던 유대인만 고용하는 편이었다. 결국 버핏은 오마하로 돌아와 1951년부터 1954년까지 아버지의 투자회사에서 주식 중개인으로 일했다.

버핏이 카네기의 대중 연설 강의를 수강하고, 네브래스카오마하대학교에서 투자 과목을 가르친 것도 이 시기였다. 하지만 그레이엄과도 연락의 끈을 놓지 않고 전문적인 투자 조언을 듣는 등 꾸준히 인맥을 키워나갔다(버핏은 금융계에서 성공 가도를 달리면서도 가르치는 일에 대한 열정을 잃은 적이 없었다. 그는 뉴욕에 살 때도 교외의 한 공립학교에서 성인 대상 투자 과목을 가르쳤고, 오마하로 돌아가서도 1970년대까지 크레이턴대학교에서 무료 강좌를 진행했다).[16]

그레이엄-뉴먼 주식회사
1954년, 그레이엄은 마침내 자신의 스타 제자를 회사에 맞아들였다. 버핏은 스물네 살의 나이에 연봉 1만 2,000달러를 벌게 되었다(현재 가치로 12만 6,500달러다). 무엇보다 그는 여전히 배움을 멈추지 않았다. 그레이엄은 버핏에게 차익거래arbitrage가 무엇인지를 가르쳤다. 차익거래는 자산을 동시에 사고파는 방법으로 자산의 가격 차이를 이용해 투자자가 이익을 얻을 수 있는 기법이다. 투자자 제이슨 페르난도Jason Fernando는 인베스토피디어Investopedia라는 웹사이트에서 차익거래를 다음과 같이 설명한다.

> "차익거래란 동일한 자산을 서로 다른 시장에서 동시에 매수하고 매도하여 자산의 상장 가격에서 발생하는 미세한 차이를 이용해 이익을 얻는 것을 말한다. 그것은 동일하거나 유사한 금융상품이 시장이나 유형에 따라 단기적으로 가격이 변하는 현상을 이용하는 것이다. 차익거래의 간단한 예를 생각해보자. X사의 주식은 뉴욕증권거래소NYSE와 런던증권거래소LSE에 모두 상장되어 각각 20달러와 20.05달러에 거래되고 있다. 따라서 누구든 그 주식을 뉴욕증권거래소에서 사서 곧바로 런던증권거래소에서 팔면 주당 5센트의 이익을 남길 수 있다. 그 사람은 뉴욕증권거래소의 전문 거래인이 보유한 X사의 주식이 소진되거나, 뉴욕증권거래소나 런던증권거래소 거래인들이 가격을 조정하여 차익거래의 기회가 사라질 때까지 이 방식을 계속 이용할 수 있다."[17]

버핏은 그레이엄-뉴먼에서 오래 근무하지 않았다. 버핏이 스물다섯 살이 되었을 때, 그레이엄은 은퇴를 선언하며 자신의 오랜 제자에게 차석 파트너 자리를 내주었다(공동 창업자 제롬 뉴먼의 아들 미키가 아버지를 대신해 수석 파트너가 되었다). 그 회사의 자산 규모는 비록 크지는 않았지만(약 700만 달러로, 현재 가치로 약 7,500만 달러 정도였다), 그 정도면 높이 평가될 만했다. 워런 버핏은 아직 서른도 되지 않은 나이에 인생의 중요한 결정을 눈앞에 두게 되었다. 2012년에 버핏은 당시를 이렇게 회상했다. "그것은 충격적인 결정이었습니다. 평소 우상으로 여겼던 분의 자리에 올라설 기회를 얻게 된 것이었습니다. 나는 심지어 첫째 아들의 이름을 하워드 그레이엄 버핏이라고 지었을 정도니까요(하워드는 아버지 이름이다). 그러나 한편으로는 고향 오마하로 돌아가고 싶은 마음도 있었습니다. 아마 한 달 정도는 매일 아침 그레이엄에게 퇴사를 통보해야겠다고 생각하며 출근했을 겁니다. 그러나 막상 입이 떨어지지 않았습니다."[18]

그레이엄은 1956년에 회사의 문을 닫으면서 61세의 나이로 은퇴했다. 버핏은 12만 7,000달러, 현재 가치로 약 130만 달러를 가지고 오마하로 돌아왔다. 은퇴해도 될 정도로 충분한 돈이었다. 버핏은 자신이 '세계 8대 불가사의' 중 하나라고 부르는 복리를 이용할 계획이었다. 복리를 통한 이익은 이자와 배당금, 또는 그 두 가지가 원금과 누적 이자에 모두 적용되어 자산 가치가 증가하는 것을 말한다. 훗날 버핏은 〈포브스〉와의 인터뷰에서 이렇게 말했다. "오마하로 돌아가서 대학 강의를 좀 들으면서 책을 많이 읽어야겠다고 생각했습니다. 그러니까 은퇴 계획을 세운 셈이었어요! 1년 생활비는 1만 2,000달러면 되는데 내가 가진 돈이 12만 7,000달러니 그 정도면 충분하다고 생각했어요. 그래서 아내에게 말했지요. 복리 이자면 부자가 될 수 있다고요."[19]

필립 A. 피셔

버핏의 인생에 첫 번째로 큰 영향을 미친 인물이 벤저민 그레이엄이었다면, 두 번째는 필립 아서 피셔Philip Arthur Fisher였다. 그가 쓴 《위대한 기업에 투자하라Common Stocks and Uncommon Profits and Other Writings》 (1958년 출간)는 투자 관련 도서 중 최초로 〈뉴욕타임스〉 베스트셀러가 된 것으로 유명하다. 피셔의 방식을 한마디로 표현하면 우량 기업을 저평가된 가격에 사서 영원히 보유하라는 것이다. 그의 연구의 핵심은 업계 평균을 능가하는 속도로 수익과 매출을 성장시키는 능력을 가진 회사를 찾는 것이었다.[20]

피셔는 장기적으로 보면 주식시장은 항상 투자자에게 유리하게 움직인다고 강조했다. 이런 보수적인 투자관은 그레이엄의 이론과 완벽히 부합하는 것이었으므로 버핏이 피셔의 영향을 받은 것은 당연한 일이었다. 그레이엄이 기업의 계량적 성과에 치우쳤다면, 피셔가 말하는 '스커틀벗 방법scuttlebutt methodology'은 기본적으로 정성적인 성격을 띠고 있었다. 즉 투자하려는 회사의 정보를 다양한 출처를 통해 직접 수집하는 것이다. 예를 들어 버핏이 2016년에 애플에 투자할 때는 손자들과 그 친구들이 하루 종일 아이폰을 손에서 놓지 않는 모습이 눈에 띄었을 것이다. 심지어 아이들을 디저트 가게에 데려다 놔도 그들은 바로 옆에 앉아 있으면서도 대화는

커닝 핸드폰으로 메시지를 주고받았다.

스커틀벗 방법을 지지하는 또 한 명의 인물은 피델리티인베스트먼트의 유명한 투자자 피터 린치Peter Lynch다. 린치는 명백한 진실을 보는 눈이 있었다. 그는 소매점에 사람들이 길게 줄 선 것을 보고 투자 기회를 발견하곤 했다. 그렇게 투자한 대표적인 예가 던킨도너츠였다. 던킨도너츠에 긴 줄이 늘어선 것을 본 그는 시내 곳곳을 돌아다니며 던킨도너츠 가게가 보일 때마다 들어가 보았다. 그 결과, 고객들이 그곳의 커피를 매우 좋아한다는 것을 알게 되었다. 그리고 이 회사가 전국 체인으로 성장할 잠재력이 충분하다고 확신했다. 그의 최종 투자 수익은 원금의 10배에서 15배에 달했다.

린치도 틀림없이 가족과 함께 인근 쇼핑몰에 갈 때마다 아내와 아이들이 그곳을 얼마나 좋아하는지 직접 본 후 투자해야겠다고 생각했을 것이다. 이것은 린치가 구사한 여러 투자 기법 중 하나였지만, 어쨌든 꽤 효과적인 것이 틀림없었다. 여기서 핵심은 아무리 훌륭한 투자 기회가 있어도 평범한 사람의 눈에는 잘 보이지 않는 경우가 많다는 것이다.

기업가의 교육

공교육 제도를 신뢰했던 버핏 가족과 달리, 피셔의 부모는 최소한 아동 교육만큼은 공립학교를 전혀 믿지 않았다. 1907년 샌프란시스코에서 태어난 필립 피셔는 초등학교 과정까지 개인 교습을 받았다. 그는 열여섯 살이 되던 1923년에 명문 고교인 로웰을 졸업한 후(버핏과 같은 나이였다) UC 버클리에 입학했다.[21]

피셔는 나중에 스탠퍼드대학교로 편입하여 동 대학원에 진학했다. 그러나 스물한 살에 학교를 중퇴하고 샌프란시스코의 앵글로-런던파리국립은행에서 증권 분석가로 일을 시작했다. 그리고 1931년에 세계 대공황으로 증권업계가 완전히 무너진 상황에서 피셔앤드컴퍼니[22]라는 투자자문 회사를 차렸다. 당시 스물네 살이었던 그는 99세의 나이로 은퇴할 때까지 그 회사를 경영했다.

피셔는 함께 일할 사람을 매우 까다로운 기준으로 선별했다. 그의 경영 철학은 최고의 인재를 뽑은 후 한 번 맡긴 일에는 전혀 관여하지 않는다는 것이었다.

기업가적 성격

버핏의 경영 철학 중 상당 부분은 피셔의 고용 방식을 기초로 했다. 버크셔해서웨이는 어떤 회사에 투자할 때 주로 80%의 지분을 사들이고 나머지 20%만 기존 경영진의 몫으로 남기는 방식을 채택했다. 20% 정도면 경영진이 회사를 수익성 있게 운영하면서도 상당한 자율성을 행사하기에 부족함이 없었다. 매달 재무제표financial statements를 요구하는 것 외에 사실상 버핏의 소유권이 드러나는 대목은 아무것도 없었다. 4장에서 버크셔해서웨이가 전례 없는 재무적 성과를 거두는 바탕이 된 피셔의 투자 규칙을 자세히 살펴볼 것이다.

우연히 기업가가 된 버핏

1956년에 그레이엄이 투자회사를 폐업한 후, 버핏은 자신의 다음 진로를 신중하게 고민했다. 그는 월스트리트의 수상쩍은 움직임이 마음에 들지 않았다. 그가 보기에 그들은 고객의 이익을 최우선으로 생각하지 않는 것 같았다.[23] 반면 오마하의 문화는 전혀 달랐다. 버핏은 오마하 사람들의 공동체 의식과 여유 있는 태도, 그리고 뿌리 깊은 인간관계가 좋았다. 버핏의 조부모 네 분은 물론, 삼촌과 고모 중에도 아직 오마하에 살고 있는 분이 있었다. 오마하는 뉴욕, 보스턴, 그리고 샌프란시스코 등 금융 중심지에서 오가는 숨 막히는 소음, 즉 의심쩍은 정보와는 전혀 상관없는 동네였다. 그런 도시와 비교하면 오마하는 매우 안정적인 곳으로 느껴졌다. 게다가 버핏에게는 하워드와 수지라는 두 자녀가 있었고, 작은 도시가 아이들을 키우기에 더 좋다고 느껴졌다.

그래서 버핏은 고향 오마하로 돌아왔고, 과거 그의 가족이 운영하던 식료품점 근처인 언더우드가 5202번지 주택을 월 175달러에 임대했다. 버핏은 그 시절을 이렇게 회상했다.

> "투자회사를 차릴 생각은 물론, 직업을 구할 계획도 없었습니다. 물론 나 혼자 사업을 운영할 수 있을지를 걱정한 것은 전혀 아니었어요. 어쨌든 다른 사람에게 증권 파는 일은 다시 할 생각이 없었습니다. 그런데 어느 날 우연히 친척을 포함해 7명이 내가 주식 중개업무를 해봤으니 자금을 어디에 투자하면 좋을지 알려달라고 말했습니

다. 그래서 대답하길, 다시 주식 중개업을 하지는 않겠지만, 벤앤드제리(미국의 아이스크림 회사 _ 옮긴이)처럼 동업으로 회사를 차릴 생각은 있으니 관심 있는 사람은 합류해도 된다고 했지요. 그랬더니 장인과 대학 시절 친구, 그의 어머니, 고모 앨리스, 여동생, 처남, 그리고 내 변호사가 모두 서명했습니다. 나도 그 회사에 100달러를 투자했지요. 그렇게 완전히 우연한 기회에 시작한 겁니다.

그렇게 회사를 시작하고 그 7명과 저녁 식사를 함께했습니다. 장소는 분명히 오마하클럽(오락, 식사, 숙박 등의 기능을 갖춘 것으로 유명했던 사교 시설)이었을 겁니다. 나는 49센트짜리 장부를 한 권 샀고, 그들은 각자 수표를 끊어왔지요. 그들에게서 돈을 받기 전에 반쪽짜리 서류를 한 장씩 건네줬습니다. 나는 그것이 기본 규칙이며, 회사 설립에 필요한 법적 서류가 2페이지에서 4페이지 정도 있다고 말했습니다. 내용을 다 알려드릴 것이고 그리 예상을 벗어나는 경우도 없을 테니 걱정할 필요 없다는 말도 덧붙였습니다.

이후 모금 활동을 하지 않았지만, 일면식도 없는 사람들로부터 자금이 모여들기 시작했습니다. 한편 뉴욕에서는 그레이엄-뉴먼의 청산 작업이 진행되고 있었습니다. 버몬트의 한 대학교 총장이던 호머 도지 **Homer Dodge**가 그레이엄의 회사에 투자한 적이 있었는데, 그가 그레이엄에게 이제 자기 돈은 어떻게 투자하면 좋겠느냐고 물었던 모양입니다. 그레이엄이 답하길, 내 밑에서 일하던 젊은이가 있으니 거기 가서 물어보라고 했다는 겁니다. 그래서 도지는 차를 몰고 오마하까지 와서 내가 살던 셋집을 방문했습니다. 당시 나는 스물다섯 살이었지만, 외모는 열일곱 살처럼 보였고, 행동은 열두 살 같았지요. 그는 나에게 지금 무슨 일을 하고 있냐고 물었습니다. 그래서 여기서 가족과 함께 사업을 하고 있으며, 원한다면 당신도 함께할 수 있다고 말했습니다.

당시에는 미처 몰랐지만 스물다섯 살은 내 인생의 전환점이었습니다. 나중에 꽤 큰 규모의 회사로 성장할 버크셔해서웨이의 기점이니 스스로 인생을 바꾸고 있었던 셈이지요. 무섭지는 않았습니다. 내가 좋아하는 일을 할 뿐이었으니까요. 그건 지금도 마찬가지입니다.'' [24]

회사 설립: 1956년부터 1969년까지

버핏은 스물다섯 살이 된 1956년에 버핏파트너십유한회사를 설립했다. 그는 제너럴파트너General Partner, GP (무한책임파트너)가 되었고, 그와 함께 시작한 7명의 리미티드파트너Limited Partner, LP (유한책임파트너)는 나중에 개별 파트너십으로 분리되었다. 그중 첫 번째 파트너십은 초기 7명의 가족과 친구가 포함된 버핏어소시에이츠Buffett Associates Ltd였다.

버핏의 투자금은 단돈 100달러였고 다른 사람들이 낸 돈을 모두 합한 자본금은 10만 5,000달러였다. 그의 첫 번째 외부 투자자가 바로 버몬트주 노스필드의 노리치대학교 총장이자 물리학 교수인 호너 도지였다. 그레이엄으로부터 버핏이 어떤 사람인지 들었던 도지는 무려 2,400킬로미터를 달려와 가정의 저축액 12만 달러를 투자했다. 1983년 도지가 사망할 당시 그의 투자금은 수천만 달러로 불어나 있었다. [25]

버핏은 나중에 네덜란드 양식의 3층짜리 주택을 3만 1,500달러에 샀고, 지금도 여전히 그 집에서 살고 있다. 번화가인 파남스트리트에 인접해 현재 시가로 100만 달러가 넘는 그 집은 지하실에 핸드볼 코트까지 갖추고 있다. 사실 버핏은 사무실도, 비서도, 계산기도 없이 위층 침실 옆에 있는 작은 거실에서 업무를 봤다.[26]

리미티드파트너는 각자 투자금에 대해 연간 6%의 수익을 벌었다. 아울러 초과 이익 발생분에 대해서는 그들이 75%를 가져가고 나머지 25%는 버핏의 몫으로 돌아갔다. 1957년부터 1961년까지 이 파트너십이 기록한 수익은 251%였던 데 비해 같은 기간 다우지수의 성적은 고작 75%였다.[27]

버핏은 1958년까지 다섯 개의 파트너십을 맺었다. 그리고 2년 후에는 일곱 개로 늘어나 총자산이 700만 달러(그중 그의 투자 원금은 100만 달러였다)에 달했다. 이 시기에 버핏은 파트너들에게 연례 서신을 보내기 시작했다. 서신에는 기금의 성과, 현재 투자 환경, 그리고 당해 연도에 자신이 했던 모든 일이 담겨 있었다. 사실 젊은 버핏이 취한 방식은 제너럴파트너(버핏)가 자기 돈을 걸고 리미티드파트너가 참여하는 오늘날의 헤지펀드 모델과 정확히 일치한다. 그와 나머지 파트너의 이해관계는 일치했다. 그가 돈을 벌면 다른 사람도 함께 돈을 버는 구조였다.

그러나 오늘날의 헤지펀드와 달리 버핏은 자산 수집에만 몰두하지는 않았다. 그는 운용하는 자금 규모를 작게 유지했고, 그 덕분에 전문 분야에 효율적으로 투자할 수 있었다. 이것은 성공한 기업가라면 누구나 보여주는 특징이기도 하다. 반대로 이런 이해관계 구조를 보면 버핏이 어떤 기업을 투자 대상으로 찾는지 알 수 있다. 경영자는 과연 기업 소유주처럼 생각하고 행동하는가, 아니면 경영자와 기업 소유주의 목적이 서로 다른가?

아메리칸 익스프레스 주식 매입

1963년, 버핏은 파트너십을 통해 아메리칸 익스프레스에 투자하여 2,000만 달러의 수익을 거뒀다. 그 신용카드 회사는 최근 투자한 얼라이드 크루드 베지터블 오일이라는 회사가 사기 사건에 휘말리는 바람에 5,800만 달러의 영업 손실을 떠안은 상태였다. 얼라이드 크루드의 경영자인 앤서니 드 안젤리스^{Anthony De Angelis}는 샐러드 오일 용기의 내용물을 위조했다. 거대한 드럼통에 실제 샐러드 오일은 윗부분에만 조금 담겨 있고 나머지는 물이었다. 이 사건으로 드 안젤리스는 징역 7년형을 선고받았고, 얼라이드의 3대 투자자 중 하나였던 아메리칸 익스프레스의 주가가 50% 이상 폭락했다.

바로 여기서 버핏은 필립 피셔의 스커틀벗^{Scuttlebutt}(가십을 의미하며 공식 문서나 재무제표가 아닌 기업과 관계된 여러 이해관계자의 정보를 수집하는 방법론_ 옮긴이) 방법을 통해 기회를 엿보았다. 사람들은 이런 상황에서도 식당에서 식사할 때 아메리칸 익스프레스 카드를 사용했을까? 버핏은 실제로 외식을 해보고 그렇다는 것을 확인했다. 백화점을 둘러봐도 마찬가지였다. 쇼핑객들은 여전히 아메리칸 익스프레스 카드로 결제하고 있었다. 은행은 어땠을까? 여행객들은 여전히 아메리칸 익스프레스 여행자 수표로 결제하고 있을까? 확실히 그랬다. 길거리에서 파악한 지식으로 자신감을 얻는 버핏은 파트너십 자산의 무려 25%를 아메리칸 익스프레스에 투자했다. 이후 2년 동안 아메리칸 익스프레스의 주가는 두 배로 올랐고, 그는 투자자들에게 2,000만 달러의 수익을 안겨주었다. [28]

버크셔해서웨이 인수: 1962~1964년

1962년에 버핏은 드디어 위층 침실에서 벗어나 집에서 4분 거리, 오마하 시내에서 조금 더 멀리 떨어진 키윗 빌딩에 사무실을 마련했다. 그곳에서 매사추세츠주에 있는 버크셔해서웨이라는 직물업체의 주식을 사기 시작했다.

2년 만에 버핏은 버크셔해서웨이 지분의 7%를 소유하게 되었다. 같은 해인 1964년, 버크셔해서웨이의 경영진은 주당 11.5달러에 버핏의 지분을 되사겠다고 제안했다. 버핏은 동의했다. 그러나 2주 후에 도착한 서류에는 주가가 합의된 금액보다 12.5센트 낮은 11.375달러로 기록되어 있었다.

화가 난 버핏은 마음을 바꿔 그 회사를 통째로 사버렸다. 1965년 말까지 그는 버크셔해서웨이를 완전히 장악했고 회사 주가는 18달러까지 올랐다. [29] 아울러 버핏은 평소 존경하던 투자자 로렌스 티시Laurence Tisch로부터 '나도 참여하겠소'라는 쪽지와 함께 버핏의 파트너십에 출자금으로 보내온 30만 달러를 받았다. 티시가 운영하던 로우스코퍼레이션Loews Corporation은 이후에도 승승장구하며 엄청난 성공을 거두었다. 그는 버핏을 일컬어 현시대의 가장 뛰어난 투자자라고 말했다. [30]

1966년에 이르러 버핏은 파트너십 자본의 25%를 들여 버크셔해서웨이를 인수함으로써 그 회사의 회장이 되었다. 그는 나중에 홧김에 그 회사를 산 것이 그가 투자에서 저지른 가장 큰 실수였다고 인정했다. 결국 그는 버크셔해서웨이가 기업으로서 실패하는 바람에 현재 화폐 가치로 수십억 달러의 손실을 보게 된다.

표 2.1 버핏파트너십유한회사 재무 성과(1957년부터 1968년까지)

연도	다우존스 산업지수평균 + 배당*	버핏파트너십유한회사**	리미티드파트너***
1957	-8.4%	10.4%	9.3%
1958	38.5%	40.9%	32.2%
1959	20.0%	25.9%	20.9%
1960	-6.2%	22.8%	18.6%
1961	22.4%	45.9%	35.9%
1962	-7.6%	13.9%	11.9%
1963	20.6%	38.7%	30.5%
1964	18.7%	27.8%	22.3%
1965	14.2%	47.2%	36.9%
1966	-15.6%	20.4%	16.8%
1967	19.0%	35.9%	28.4%
1968	7.7%	58.8%	45.6%
연평균 성장률	9.1%	31.6%	25.3%

출처: 1969년 1월 22일자 버핏파트너십유한회사 연례 서신

* 당해 연도 내내 다우지수 기업 주식을 소유했을 때 얻게 될 연중 주가 변동과 배당금의 합계를 기준으로 삼았다. 이 표는 버핏파트너십유한회사의 전체 운영 기간을 망라한다.

** 1957년부터 1961년까지에 해당하는 수치는 유한회사의 전기 운용 수익 총액에서 비용을 지출한 후 각 파트너에 대한 분배금이나 제너럴파트너 할당금을 지급하기 전 금액을 기준으로 삼았다.

*** 1957년부터 1961년까지에 해당하는 수치는 앞 열에 기록된 유한회사의 결과에서 현재 유한회사 계약에 기초하여 매월 리미티드파트너에게 돌아가는 분배금을 제외한 후 제너럴파트너에게 할당된 금액을 계산한 결과다.

그의 오랜 파트너인 찰리 멍거는 버핏이 아마도 인수 결정을 내리기 5일 전에 아버지가 세상을 떠난 것 때문에 판단이 흐려진 것이 아닌가 하고 생각했다. 그러나 버핏은 회사명만큼은 이후에도 변함없이 유지했다.

좋은 거래는 숨은 보석과도 같다. 버핏은 그런 보석을 찾기가 점점 어려워지자 1969년에 자신의 투자회사를 청산하고 자산 전부를 버크셔해서웨이의 주식으로 이전했다. 그는 파트너들의 지분을 돌려준 뒤 버크셔해서웨이를 지주회사로 삼아 다른 회사와 투자 자산을 매입하기 시작했다.

다우존스산업평균지수의 연평균 수익 성장률이 9.1%인 데비해 같은 기간 버핏파트너십은 31.6%씩 성장했다(표 2.1 참조).[31] 1969년까지 버핏파트너십의 자산 규모는 1억 달러로 불어났고, 그중 2,500만 달러가 버핏의 몫이었다.[32]

3장

찰리 멍거

내가 평생 지켜본 바 현명한 사람은 언제나 책을 읽었다. 그것도 아주 광범위한 주제에 대해서 말이다. 워런이 얼마나 책을 많이 읽는지 알면 누구라도 놀랄 것이다. 그것은 나도 마찬가지다. 아이들이 나에게 팔다리가 달린 책이라고 놀릴 정도다.[1]

_ 찰리 멍거

버핏과 멍거

워런 버핏 정도의 뛰어난 기업가 옆에는 항상 훌륭한 조력자가 있다. 그리고 그런 역할은 주로 가족이나 친구, 동료가 맡는 것이 보통이다. 그런데 버핏의 경우는 그와 함께 버크셔해서웨이를 대표하는 부회장 찰리 멍거가 바로 그런 인물이다. 투자자들은 멍거를 카리스마와 재치를 갖추고, 벤저민 프랭클린Benjamin Franklin 식의 간결한 격언으로 솔직담백한 지혜를 전하는 인물로 기억한다. 버핏은 멍거에 대해 다음과 같이 말한다(약간은 농담조로).

> "'파트너 선택'에 관해 저 자신에게 조언하고 싶은 말이 있습니다. 이 문제는 아주 신중하게 고민해야 합니다. 우선 나보다 더 똑똑하고 현명한 사람을 찾아야 합니다. 그런 사람을 찾았다면 그에게 자신의 뛰어난 재능을 자랑하지 말라고 부탁해야 합니다. 그래야 그의 생각과 조언을 통해 수많은 성취를 누릴 수 있습니다. 큰 실수를 한 후에야 뒤늦게 비판하거나 불평을 늘어놓는 사람은 절대 안 됩니다. 아울러 자기 돈을 걸고도 쥐꼬리만 한 급여로 일하기를 마다하지 않을 정도로 아량이 넓은 사람이 필요합니다. 마지막으로 사업이라는 길고 긴 여정을 동반하려면 곁에 있는 것만으로도 즐거운 사람이 필요합니다. 이상은 매우 훌륭한 조언입니다(나는 이 셀프테스트에서 A학점보다 낮은 점수를 받은 적이 없습니다). 사실 나는 1959년부터 이 조언을 아주 맹종하다시피 했습니다. 그리고 모든 면에서 제 기준에 부합하는 파트너는 오직 찰리뿐이었습니다."[2]

여섯 살 터울의 두 사람은 모두 오마하 토박이다. 그들 집안은 수세대 전부터 네브래스카에 뿌리를 내리고 살았다. 두 사람 모두 십 대 시절에 오마하 시내에 있던 버핏 할아버지의 식료품점에서 일했다. 그러나 금융계의 이 두 명사는 같은 도시에서 자라며 비슷한 경험을 했음에도 1959년에 한 만찬 모임에서 처음 만나기 전까지는 사업상 서로 연결된 적이 없었다. 그때는 두 사람 모두 사업적으로 상당히 성공한 상태였고, 만나자마자 상대방이 세상 모든 일에 왕성한 호기심을 지닌 독서광이라는 사실을 알아보았다.

당시만 해도 비교적 작은 도시였던 오마하에서 두 사람이 서로 처음 만난 사이라는 사실은 모두를 놀라게 하기에 충분했다. 버핏의 회사를 통해 투자하는 오마하 사람들은 그를 보면 자신들이 알고 있던 변호사 찰리 멍거가 떠오른다고 계속 말했다. 반대로 멍거를 알고 있던 사람들은 그를 보면 버핏이 생각난다고 말했다. 물론 버핏은 멍거 가족에 대해 들어본 적이 있었다. 찰리의 할아버지는 시어도어 루스벨트Theodore Roosevelt 대통령이 지명한 연방 판사였고, 아버지는 지역의 유명 변호사였다. 그리고 두 사람을 모두 알고 있는 사람들이 마련한 그 모임에서 스물아홉 살의 버핏과 서른여섯 살의 멍거는 특유의 입담으로 대화를 주도했다. 버핏은 그때를 이렇게 회상했다. "멍거는 자기가 한 농담에 배를 쥐고 웃고 있었습니다. 저 역시 똑같은 성격으로 유명했기에 세상에 둘도 없는 사람을 만난 것 같았습니다. 앞으로 친하게 지내고 싶다고 생각했지요."[3]

그들의 재치 있고 현명한 성품은 이후 60년 이상 지속되는 우정의 기초가 되었다. 그런 성격은 지식을 이용해 투자하는 그들의 방법에도 분명히 도움이 되었다. 물론 멍거가 버핏의 생각을 비판하는 악역을 맡은 경우가 많았지만, 두 사람은 협력한 지 60년이 넘도록 진짜 논쟁은 한 번도 없었다고 말한다. 오히려 멍거의 날카로운 질문은 버핏이 실제로 투자하기 전에 세부 사항을 더욱 꼼꼼히 짚어보는 데 큰 도움이 되었다. 이 방식의 가장 큰 이점은 자신도 모르게 투자 결정에 영향을 미쳐 결과를 그르칠 수 있는 행동 편향을 미리 찾아낼 수 있다는 것이다(이 주제는 7장에서 더 자세히 살펴보기로 한다).

그러나 이 두 사람이 대중 앞에 나설 때는 그런 모습을 좀처럼 찾아볼 수 없다. 버핏과 멍거는 연례 주주총회가 열릴 때면 무대 위에 함께 앉아 몇 시간이나 청중이 던지는 질문에 대답하곤 한다. 버핏은 버크셔해서웨이의 재무 상황에서 금융계의 세계적인 추세에 이르는 광범위한 질문에 자세하게 답변하는 데 비해, 멍거는 주로 짧은 답변을 담당한다. 그는 날카로운 통찰을 던지거나 완벽한 타이밍에 표정도 바꾸지 않고 농담을 던지는 것으로 유명하다. 두 사람은 매우 성공적이면서도 재미있는 팀워크를 연출한다.

멍거의 배경

멍거가 투자계의 정점에 설 수 있었던 것은 비교적 유복한 가정 환경에서 고등교육을 받은 것이 큰 도움이 되었다. 그럼에도 대공황에 따른 극심한 사회적, 역사적 빈곤은 젊은 멍거의 가슴에 지울 수 없는 상처를 남겼다. 그 결과, 그는 교육이야말로 가난을 피하는 유일한 방패라고 생각하여 이를 갈망하게 되었다. 결국 그가 금융계의 최고 엘리트가 될 수 있었던 것은 교육 덕분이었다.

2017년에 멍거는 한 인터뷰에서 이렇게 말했다.

> "대공황 시절을 생생하게 기억하는 극소수의 사람으로서 지금 생각해보면 당시의 경험은 나에게 큰 도움이 되었습니다. 그때는 정말 돈을 갖고 있는 사람이 아무도 없었을 정도로 매우 어려운 시절이었습니다. 심지어 부자들조차 돈이 없었습니다. 집 앞에는 언제나 먹을 것을 구걸하는 사람들로 가득했습니다."[4]

찰스 토머스 멍거Charles Thomas Munger는 1924년 새해 첫날, 하버드 대학교 출신의 변호사 알프레드 멍거Alfred Munge의 아들로 오마하에서 태어났다. 알프레드는 플로렌스 '투디' 멍거Florence 'Toody' Munger(결혼 전의 성은 러셀Russell이었다)와 찰리, 메리Mary, 캐롤Carol이라는 세 자녀를 둔 유복한 가정을 꾸렸다.

당시 찰리의 할아버지 토머스 찰스 멍거Thomas Charles Munger는 네브래스카에서 수십 년간 모범적인 변호사로 일해온 덕분에 아들과 손자에게까지 길을 열어주었다. 자수성가했지만, 그는 어린 시절 교사이던 부모로부터 겨우 5센트를 받아 가족이 먹을 고기를 사야 했을 정도로 가난했다. 멍거는 할아버지를 이렇게 기억했다.

"할아버지는 그 돈으로 정육점에 가서 남들은 아무도 먹지 않는 부위를 샀다고 합니다. 교사셨던 증조부모님은 그렇게 사셨던 겁니다. 할아버지는 어린 시절의 그 괴로운 기억 때문에 반드시 가난에서 벗어나 다시는 그 시절로 돌아가지 않겠노라 결심하셨다고 해요. 그리고 그 결심을 실천하셨습니다. 그분은 에이브러햄 링컨이 그랬던 것처럼 변호사 사무실에서 일하면서도 꾸준히 공부했습니다. 학비가 없어 대학을 중도에 포기했지만, 공부를 멈추지 않았다고 합니다. 아주 똑똑한 분이었으므로 그리 어려운 일은 아니었다고 합니다."[5]

찰리 멍거는 특히 교육 면에서만큼은 할아버지의 추진력을 상당 부분 물려받았고, 그 자신도 이 점을 대단히 자랑스러워했다.

"할아버지는 매우 극단적인 분이었어요. 무지에서 벗어나고자 최선을 다했고, 가족을 돌보는 것을 최고의 의무로 여겼습니다. 아울러 근본적으로 종교적인 분이었으므로, 할아버지에게는 그것이 일종의 종교적 의무였을 것입니다. 할아버지는 진심으로 이성을 도덕적 의무로 여기고 그것을 실천했으며, 그렇게 믿지 않는 사람을 경멸했습니다."[6]

대공황 시절의 학교 교육

대공황 시절에도 찰리 멍거의 아버지는 법률사무소를 계속 운영하며 가족을 부양했고, 어머니는 자녀들에게 변함없이 독서를 권했다. 어린 멍거는 열심히 책을 읽었다. 특히 위인들의 전기에 매료되었다. 멍거는 학생 시절부터 햄스터를 길러 다른 아이들이 가진 물건과 바꾸기도 했다. 어린 시절부터 시작한 이런 사업과 협상술은 결국 햄스터가 감당할 수 없을 정도로 많아지면서 끝나고 말았다. 집안에 35마리나 되는 햄스터가 돌아다니자 어머니가 나서서 그만두라고 할 수밖에 없었다.

멍거가 오마하센트럴고등학교를 졸업한 1941년도는 그의 말마따나 세계 대공황이 '제2차 세계대전이라는 뜻하지 않은 케인스식 사건으로 해결된' 때였다. 젊은 멍거는 작은 키에도 불구하고 고등학교에서 4년간 보병 장교 훈련을 이수한 뒤 소위가 되었다. 그는 이렇게 말했다. "나는 성장이 늦은 탓에 키가 160센티미터 정도였으므로 누가 봐도 늠름한 군인은 아니었을 겁니다."[7]

대학교와 제2차 세계대전

멍거는 내심 스탠퍼드대학교에 가기를 원했지만, 돈 걱정을 하던 아버지는 지역 대학교에 진학하기를 원했다.[8] 그러나 그들은 모두 야심만만한 사람이었으므로 적어도 네브래스카대학교보다는 좀 더 명문 대학교에 간다는 데 마음이 모아졌다. 그렇다면 중서부

지역에서 선택지는 단 한 곳, 미시간대학교뿐이었다. 멍거는 그 상황을 이렇게 말했다. "그 상황에서 아버지에게 '싫어요, 스탠퍼드에 보내주세요'라고 할 수 있었겠습니까. 그럴 수 없었어요. 나는 결국 미시간대학교로 갔습니다. 하지만 지금까지 한 번도 그 선택을 후회한 적이 없습니다."[9]

멍거는 미시간대학교에서 수학을 전공했고 물리학을 부전공으로 공부했다. 그러나 대학교를 다닌 지 2년 만에 미국이 제2차 세계대전에 참전하면서 그는 육군의 지시로 앨버커키 뉴멕시코대학교로 옮겨 과학과 공학을 공부한 다음, 다시 패서디나의 캘리포니아공과대학교Caltech에서 미 육군항공대의 기상학자 과정을 밟았다. 그리고 전쟁이 끝날 무렵 몇 년간 알래스카 놈Nome에서 기상학자로 복무했다. 그는 그곳에 복무하는 동안 낸시 허긴스Nancy Huggins를 만나 결혼했다. 그리고 1946년에 전역했다.[10]

어린 시절의 찰리 멍거는 선생님들에게 똑똑하면서도 잘난 체하는 학생으로 비쳤다. 그의 이런 면은 군 복무 중에도 그대로 드러났다. 그는 누구에게나 자기 생각을 거침없이 말했다. 시시한 일을 할 생각이 없었고, 특히 자기보다 똑똑하지 않은 사람으로부터 지시받기를 싫어했으며, 자신의 감정을 거리낌 없이 드러내곤 했다. 그는 이렇게 말했다. "내가 상관들을 탐탁지 않게 여긴다는 것은 그들도 알고 있었습니다. 물론 나는 마음을 숨기려고 노력했지만, 그들은 다 알고 있었어요. 나는 심각한 문제를 일으킨 적이 없지만, 내가 그들을 바보라고 생각한다는 게 뻔히 보였을 겁니다. 도대체 하사관을 좋아할 사람이 누가 있겠습니까? 그래도 군 생활은 무사히 지나갔습니다. 그들이 시비를 걸 수 없도록 맡은 일만큼은 말끔히 끝냈거든요. 그렇다고 엄청난 성공을 거둘 환경은 아니었습니다."[11]

하버드 법대

찰리 멍거는 학사과정을 정식으로 마치지는 않았지만, 제대군인원호법 혜택을 통해 하버드 법대에 입학할 수 있었다. 학교 당국은 당연히 학사학위도 없는 찰리의 입학을 꺼렸지만, 멍거 가문과 친분이 있던 전 법대 학장의 추천으로 입학할 수 있었다. 그의 추천은 충분히 보람 있는 일이었다. 멍거는 1948년에 하버드 법대를 우등으로 졸업했기 때문이다. 당시 그는 스물네 살이었다.

멍거가 법대에 진학한 것은 자연스러운 진로였다. 할아버지와 아버지의 직업을 이어받는다는 점뿐만 아니라, 다른 회사에 취직하는 것보다 법조계에 진출하는 편이 더 큰 도전과 독립성을 누릴 수 있는 일로 보였기 때문이었다. 그는 이렇게 말했다. "큰 조직에 들어가 밑바닥에서 시작하는 것이 내키지 않았습니다. 그것은 나의 타고난 반골 기질과 맞지 않는 길이었습니다. 나는 다른 사람을 바보로 여기면 그들이 금방 알아챈다는 것을 알았습니다. 그런 태도로 대기업에서 성공하기란 매우 어려운 일이었겠지요."[12]

그 시대에 찰리 멍거의 이런 태도는 주변 사람들의 눈에 세태에 순응하지 않는 것으로 보였을 것이다. 그러나 지금 와서 생각해보면 멍거의 반골 기질은 그의 기업가 정신이 때가 되어 드러난 것일 가능성이 크다.

멍거 부부는 어린 아들 테디Teddy와 함께 캘리포니아로 이사했다. 멍거는 법대를 졸업하고 오마하에 남아 아버지의 법률사무소에서 일하는 대신, 캘리포니아주 변호사 시험에 합격한 후 라이트앤드개릿Wright & Garrett에서 변호사로 일을 시작했다. 그는 검소하고 근면했으며, 항상 돈을 벌어 가족을 부양해야 한다고 생각했다. "다른 방도가 없었습니다. 결혼하자마자 아이를 많이 낳았거든요. 스스로를 다그칠 수밖에 없었습니다."[13]

1950년대에 들어서면서 찰리 멍거는 수입이 더 많이 필요하다고 느꼈다. 위자료도 그 이유 중 하나였다. 멍거는 1953년 낸시 허긴스와 이혼하면서 패서디나에 있는 집을 낸시에게 주었다. 멍거는 변호사 일을 시작한 후 13년 동안 벌어들인 총수입이 약 35만 달러 정도였다. 이 정도면 꽤 많은 수입이었지만, 그는 변호사 일이 슬슬 지겨워지던 참이었다. 멍거는 고객이 설립한 회사에 투자하는 데 관심을 갖게 되었다. "나는 부자들에게 송장을 보내고 돈을 달라고 하기가 싫었습니다. 그것이 품위 없는 일로 여겨졌습니다. 스스로 돈을 벌고 싶었습니다. 그것이 더 편하다거나 사회적 위신이 선다고 생각해서가 아니라 그저 독립을 원했습니다."[14]

멍거의 이성이 새로운 진로를 구상하고 있었지만, 하필 그 시기에 개인적으로도 변화가 있었다. 1956년에 그는 낸시 배리 보스윅Nancy Barry Borthwick이라는 여성을 만났다. 낸시는 로스앤젤레스 출신으로 1945년에 스탠퍼드대학교 경제학과를 졸업했다. 그녀도 한 번 결혼했었고, 윌리엄William과 데이비드David라는 두 아이가 있었다. 낸시는 사람들을 돌보는 일을 좋아했고 많은 기관에서 근무하며 성과를 내기도 했다. 그녀는 겸손하고, 조용하며, 잘난체하지 않는 성품이었다.

멍거와 낸시는 처음 만난 그 해에 결혼했다. 1950년대 말부터 멍거는 변호사 일은 계속 하면서 주식시장과 고객들의 전자 사업에 투자하기 시작했다.

그는 1962년이 되어서야 본격적으로 기업가로 나섰다. 일단 한번 시작하자 멍거는 자기만의 스타일을 멋지게 뽐냈다. 그는 멍거, 톨스앤드힐스Munger, Tolles & Hills (이후 멍거, 톨스앤드올슨유한책임회사 Munger, Tolles & Olson LLP로 바뀐다)라는 부동산 법률회사를 설립했고, 같은 해 로스앤젤레스에서는 오랜 포커 친구이자 투자자인 잭 휠러와 함께 휠러, 멍거앤드컴퍼니Wheeler, Munger and Company라는 투자회사를 설립했다. 그 투자회사는 캘리포니아의 지역 증권거래소였던 퍼시픽코스트증권거래소의 회원권을 한 석 매입했고, 멍거는 4년 만에 400만 달러를 벌었다.

그들의 투자 전략은 버핏과 비슷했다. 그들은 차익거래와 담배꽁초, 기업 인수 등에 집중했다. '담배꽁초 투자' 방식이란 아직 수익을 낼 여지가 남은 주식을 싼값에 사들이는 것을 말한다. 이것은 그레이엄과 버핏, 멍거가 모두 즐겨 쓰는 방식이었다.

다만 멍거와 다른 사람의 차이점은 그가 강력한 경영진과 경쟁 우위(해자)를 보유한 양질의 기업을 선호했다는 점이었다. 그는 기업에 더 많은 자본을 투자하지는 않지만, 현금 유동성은 극대화하고자 한다는 점을 강조했다. 이것은 나중에 그가 버크셔해서웨이에서 실천한 시즈캔디스See's Candies 전략과 비슷한 방식으로, 이 장의 뒤에서 설명할 것이다.

3년 후, 멍거는 법률사무소 일을 그만두고(비록 때때로 법률회사와 상의하기도 했지만) 투자 관리에만 전념했다. 그는 소수의 증권에만 투자하는 방식으로 오랫동안 뛰어난 성과를 거두었다(표 3.1). 멍거는 부동산 개발업자인 프랭클린 오티스 부스Franklin "Otis" Booth와 파트너십을 맺었고, 나중에 그 두 사람은 버크셔해서웨이의 투자자가 되었다.

멍거가 손대는 것마다 모두 금으로 바뀐 것은 아니었다. 1973년에는 주식시장에 이른바 조정 장세가 찾아오는 바람에 회사는 32%의 투자 손실을 봤다. 그리고 이듬해인 1974년에도 31%의 손해가 발생했다. 그러나 멍거는 굴하지 않았고, 1975년에는 소액 투자 펀드에서 연평균 73.2%의 수익을 냈다. 버핏은 1962년부터 1975년까지 멍거파트너십의 평균 수익이 다우지수(표 3.1)보다 약 15포인트 더 높다는 사실을 눈여겨보았다.[15]

표 3.1 멍거파트너십과 다우존스 및 S&P500의 성과 비교

연도	멍거파트너십	다우존스	S&P500
1962	30.1%	-7.6%	-8.8%
1963	71.7%	20.6%	22.6%
1964	49.7%	18.7%	16.4%
1965	8.4%	14.2%	12.4%
1966	12.4%	-15.8%	-10.0%
1967	56.2%	19.0%	23.8%
1968	40.4%	7.7%	10.8%
1969	28.3%	-11.6%	-8.2%
1970	-0.1%	8.7%	3.6%
1971	25.4%	9.8%	14.2%
1972	8.3%	18.2%	18.8%
1973	-31.9%	-13.1%	-14.3%
1974	-31.5%	-23.1%	-25.9%
1975	73.2%	44.4%	37.0%
총수익	**1,156.7%**	**96.2%**	**102.6%**
연평균 수익	**19.8%**	**4.9%**	**5.2%**

두 기업가가 충돌하다

구두 약속 파트너

멍거의 투자 초기인 1959년, 멍거는 아버지의 장례식에 참석하기 위해 오마하를 방문했을 때 버핏을 만났다. 그들은 만찬에서 만나 인사를 나눈 후 금세 친구가 되었고, 멍거가 캘리포니아의 법률

사무소로 돌아온 뒤에도 두 사람은 계속 연락을 주고받았다. 그들은 매주 몇 시간이나 전화로 투자 기회를 논의했다. 그러는 사이에도 멍거는 자신이 숙고한 내용을 담은 장문의 편지를 보내곤 했다. 버핏과 멍거는 그 어떤 문서 합의도 없이 사실상 사업 파트너가 되었다. 여기서 중요한 것은 그 시기였다. 버핏으로서는 오랜 멘토인 벤저민 그레이엄이 투자에서 막 은퇴한 터라 그의 부재를 뼈저리게 느끼던 참이었다. 바로 이럴 때 나타난 멍거는 새로운 말 상대가 되어주었고, 비록 투자관은 자신과 약간 달랐지만 버핏이 보기에 그의 정직하고, 현실적이며, 왕성한 호기심과 관습에 얽매이지 않는 성격은 그레이엄을 떠올리기에 충분했다.

멍거의 솔직한 성격은 버크셔해서웨이 방직 공장을 인수하기로 한 결정을 멍거가 어떻게 평가했는지만 봐도 잘 알 수 있다. "버핏은 벤저민 그레이엄으로부터 아무리 형편없는 기업이라도 실제 가치보다 더 싼 값에 사야 한다고 배웠다. 뉴잉글랜드의 방직 공장보다 더 형편없는 기업은 아마 상상하기 어려울 것이다. 버핏이 완전히 망해가는 기업을 인수하다니, 애초에 발을 들여놓지 말았어야 했다고 생각하지만 어쨌든 인수 가격이 워낙 저렴했으므로 청산 가치만으로도 충분히 수익을 올릴 수 있었다."[16]

그러나 그레이엄이 오로지 저가 매수에만 집중하는 가치투자 value investing 방식을 엄격하게 준수했다면, 멍거 방식의 핵심은 담배꽁초 투자를 피하고 이미 경영 상황이 양호해서 추가 감독이 거의 필요 없는 회사를 선호했다는 점이었다. 멍거는 버핏에게 버크셔해서웨이가 기존에 소유하고 있던 부실 주식을 모두 수익성 있는 회사로 바꾸든지, 매각하든지 어떤 식으로든 처리하라고 조언했다. 그것은 결코 사소한 변화가 아니었다. 그레이엄은 버핏에게 엄청난 영향을 미쳤고, 그 결과는 큰 성과로 돌아왔다. 버핏에 따르면 멍거 방식으로 전환한 것이야말로 '찰리 정신이 위력을 발휘한' 증거였다. 그는 "찰리 덕분에 시야가 넓어졌다"라고 말했다.[17]

멍거가 버핏에 미친 영향

담배꽁초 전략 폐기

버핏이 시즈캔디스, 블루칩스탬프, 가이코, 코카콜라, 질레트 등 이미 안정적인 입지를 확보한 기업을 눈여겨보게 한 사람은 바로 멍거였다. 그러는 한편 멍거는 버크셔해서웨이가 운영하던 직물 공장이 1970년부터 노후화로 쇠락하는 과정을 지켜보며 버핏과 그의 파트너들에게 이른바 레몬으로 레모네이드를 만들어내는 최고의 전략을 조언했다. "그 상황에서 앞으로 나아가는 유일한 방법은 쇠락하는 이 직물 제조업에서 최대한 많은 돈을 끌어내 이 회사에 지불한 (버핏의) 돈보다 더 많은 자금을 마련한 다음, 그 돈으로 다른 회사를 사는 것뿐이었습니다. 이것은 매우 간접적인 방법일 뿐이며, 지금이라면 그 누구에게도 추천하지 않을 것입니다. 우리의 멍청한 방법이 운 좋게 성공했지만, 이 방법을 따라 할 필요는 없습니다."[18]

멍거는 버핏과 팀을 구성하여 멋지게 성공했음에도 자신의 역할에 대해서는 늘 겸손한 태도를 유지했다. 그는 당시를 이렇게 회상했다. "워런은 벤저민 그레이엄 밑에서 일하면서 많은 돈을 번 덕분에 일종의 고정관념이 있었던 것이 사실입니다. 그토록 훌륭한 성과를 거둔 방식을 바꾸기란 여간 어려운 일이 아닙니다. 그러나 찰리 멍거가 없었더라도 버핏은 지금과 별반 다르지 않는 성과를 거두었을 것입니다."[19]

그러나 시즈캔디스가 버크셔해서웨이의 가장 중요한 투자이며, 그 회사에 투자할 생각을 맨 처음 한 사람이 바로 멍거라는 사실은 변함이 없다. 비록 그 당시 버핏은 그리 큰 확신이 없었지만 말이다. 버핏은 그런 경험에서 다음과 같은 교훈을 얻었다고 말한다.

"나의 잘못된 신중함 때문에 엄청난 인수 기회를 놓칠 뻔했습니다. 그러나 다행히도 우리가 2,500만 달러에 입찰한 제안을 매도자 측이 수용했습니다. 지금까지 시즈가 벌어들인 수익은 세전 기준 19억 달러이며, 그렇게 성장하기까지 추가로 투자한 금액은 불과 4,000만 달러 정도입니다. 따라서 버크셔해서웨이가 시즈에서 번 막대한 자금은 다른 기업을 인수하는 데 큰 도움이 되었고, 그 기업들은 다시 상당한 분배 이익을 창출했습니다(토끼를 길러 새끼를 낳아 번식하는 과정입니다). 아울러 시즈에 대한 투자 성과를 지켜보면서 강력한 브랜드의 가치에 눈을 떴고, 그 덕분에 수익성 있는 많은 기업에 투자할 수 있게 되었습니다. 사업에서 매우 중요한 것을 배운 셈입니다."[20]

버크셔해서웨이 정식 합류

1978년에 멍거는 버핏과 정식으로 제휴하여 버크셔해서웨이의 부회장이 되었다. 그리고 계속해서 그 직책을 맡았다. 버핏과 멍거의 협력관계는 1959년에 오마하의 한 만찬 모임에서 처음 만난 이후 세월의 시험대를 거쳐왔다. 두 사람 모두 유머 감각과 지적 호기심을 갖추고 있었다. 그들의 사례는 어떤 기업이든 성공하려면 파트너를 잘 만나는 것이 중요하다는 점을 보여준다. 리더들의 차이점은 서로를 보완해줄 때 특히 가치를 발휘한다. 버핏은 농담조로 이렇게 말한 적이 있다. "의견이 서로 다를 때면 찰리는 결론조로 이렇게 말하곤 했습니다. '워런, 다시 생각해보면 내 말에 동의하게 될 걸세. 자네는 똑똑하고 내 말은 맞기 때문이지.'"[21]

버크셔해서웨이 연례 회의에 참석한 주주들은 두 사람이 이런 농담을 주고받는 것을 들을 때가 많다. 멍거가 먼저 농담을 던지면 버핏은 지혜롭게 뒷수습을 한다. 두 사람 모두 90대에 접어들었고 (찰리 멍거는 2023년 세상을 떴다), 그들이 세상을 떠나고 나면 이런 농담도 사라질 것임을 알고 있다. 그러나 살아있는 동안은 현재에 집중할 뿐이다. 멍거는 이렇게 말한다. "우리는 그저 지금까지 성공해온 방식대로 계속할 뿐입니다. 그리고 그것이 더 이상 유효하지 않거나 그럴 기미가 보일 때는 언제든지 그만둘 겁니다. 우리 주주총회는 앞으로도 계속 이런 식으로 진행하기엔 다소 과할 만큼 장난스러움이 묻어난다고 생각합니다. 뭐, 그저 지금은 제가 익살꾼 역할을 맡고 있을 뿐이에요."[22]

"투자는 깔고 앉는 것이다"

멍거는 독학으로 익힌 다양한 분야의 지식을 투자에 적용하는 것으로 유명하다. 그도 버핏처럼 전통적인 경영 교육이 편협하다는 문제를 안고 있다고 생각한다. 그래서 그는 화학, 물리학, 심리학 등 다양한 분야에서 얻은 아이디어를 투자에 적극적으로 활용한다. 멍거와 버핏 두 사람 모두 학계에서 통용되는 그럴싸한 공식들을 믿지 않으며, 꼭 그런 공식을 알아야만 투자자로 성공하는 것은 더더욱 아니라고 생각한다. 멍거는 자신의 성공은 주로 광범위한 독서에서 얻은 통찰력 덕분이라고 믿는다.

멍거식 투자법의 공식 명칭은 '집중투자focus investing'라고 한다. 그러나 그는 '투자는 깔고 앉는 것이다Sit on Your Ass Investing'라는 더 멋진 이름을 붙였다. 2000년 버크셔해서웨이 주주총회에서 멍거는 자신의 투자 방식을 다음과 같이 설명했다.

> "나는 현명한 투자는 모두 가치투자라고 생각합니다. 어쨌든 기업에 투자할 때는 실제로 치르는 가격보다 획득하는 가치가 더 커야 합니다. 그러니 투자란 곧 가치를 판단하는 과정입니다. 그러나 인수가보다 더 큰 가치를 얻는 방법은 하나만 있는 것이 아닙니다. 투자의 세계는 필터로 걸러낼 수 있습니다. 주식을 금고에 40년씩이니 넣어두기만 하면 될 만큼 훌륭한 주식은 아니지만 저평가된 주식에 투자하고 있다면 당신은 계속해서 다른 걸 찾아다녀야 합니다. 그래서 주가

가 내가 생각하는 실제 가치에 가까워지면 그것을 팔고 또 다른 주식을 찾아 나서는 겁니다. 따라서 이 방식은 적극적인 투자라고 볼 수 있습니다. 반면 훌륭한 소수의 기업을 찾았다면 미래를 정확히 예측할 수 있다는 확신으로 언제까지라도 깔고 앉아 있을 수 있습니다. 그래서 가치투자에 능숙해지는 것은 아주 좋은 일입니다."[23]

버핏과 멍거는 포트폴리오를 분산해야 한다는 아주 기초적인 투자 원칙에 대해서도 비판적인 태도를 보인다. 그들은 유행을 근거로 미래를 예측하기보다는 자신의 기준에 부합하고 경영 상태가 양호한 소수의 기업에 보유 자본을 거의 모두 투자한다. 멍거는 이렇게 말한다. "사람들은 항상 누군가로부터 미래 전망을 듣기를 원합니다. 고대의 왕들은 양의 내장을 보고 미래를 알아맞히는 관리를 따로 두기도 했습니다. 미래를 아는 척하는 사람들이 활개 치는 시장은 늘 있었습니다. 지금도 소위 미래를 예측하는 사람들의 말을 듣는 것은 옛날에 왕들이 양의 내장을 보고 미래를 점치는 관리를 둔 것만큼이나 미친 짓입니다."[24]

단순성

가치투자란 한마디로 저평가된 자산에 투자한 뒤 끈기 있게 기다리는 것이라고 간단하게 설명할 수 있다. 그러나 이것을 실천하는 데는 실로 부단한 노력이 필요하다. 버핏과 멍거가 실천한 방법은 모든 과정을 단순하게 만들고 이를 고수하는 것이다. 그들은 이 원칙을 버크셔해서웨이 경영에도 똑같이 적용하여 회사가 관료주의에 빠지지 않도록 했다. 지금도 오마하 본사에 근무하는 직원 수는 25명뿐이다. 버크셔해서웨이가 보유한 종목 중 애플 하나의 비중만 해도 회사 규모로는 50%, 시가총액 기준으로는 무려 25%를 차지한다. 버크셔해서웨이가 보유한 주식은 40개가 넘지만, 그중 상위 5개 종목이 차지하는 비중이 전체 포트폴리오에서 75%가 넘는다.

그뿐만이 아니다. 그들은 비록 62개 기업을 인수하여 직원 수만 총 36만 명에 달하지만, 버크셔해서웨이 산하의 모든 회사는 경영의 자율성을 보장한다. 이렇게 함으로써 멍거와 버핏은 그들이 가장 잘하는 일, 즉 자본 할당에 집중할 수 있다. 두 사람은 수십억 달러 규모의 기업 인수 계약을 아주 간결한 계약서로 단 하루 만에 해치우는 것으로 유명하다.

아무리 멍거가 수학에 특출한 재능이 있다고 해도 그들의 투자에는 복잡한 알고리즘과 정교한 모델을 전혀 찾아볼 수 없다. 멍거는 이렇게 말한다. "워런이나 나나 투자에 고상한 수학적 기법을 동원한 적은 전혀 없습니다. 그 점은 버핏의 스승인 벤저민 그레이엄도 마찬가지입니다. 내가 사용한 것이라고는 덧셈, 곱셈 같은 아주 간단한 산수가 전부입니다. 평생 일하면서 미적분을 사용해본 적이 없습니다."[25]

멍거는 이어서 이렇게 말한다. "단순성이라는 원칙을 지켜서 실패했던 적은 한 번도 없습니다. 물론 실수할 때도 있었지만, 단순성을 고수함으로써 실수한 것은 아니었습니다. 그동안 버크셔해서웨이가 훌륭한 성과를 올릴 수 있었던 가장 큰 강점이 있다면 거만한 관료주의에 빠지지 않았다는 사실입니다. 우리는 아주 뛰어난 인재들에게 권한을 부여하고 무슨 일이든 신속하게 결정하도록 노력했습니다."[26]

멍거는 소수의 우량기업으로만 투자 포트폴리오를 꾸릴 수 있었던 비결은 바로 위험을 집중하는 데 있었다고 강조한다. "오늘날 우리는 버크셔해서웨이는 물론이고 〈데일리저널Daily Journal〉 같은 회사에서도 평균 이상의 성과를 꾸준히 유지하고 있습니다. 그렇다면 그 이유는 무엇인가 하는 질문이 생길 수밖에 없지요. 대답은 간단합니다. 우리는 가능한 한 일을 덜어냈습니다. 우리는 똑똑한 젊은이를 뽑아놓기만 하면 그들이 통조림 수프와 항공기, 공공산업 등에 두루 능통하리라는 환상을 품은 적이 없습니다. 우리는 그런 생각은 꿈도 꾼 적이 없습니다."[27]

잉여현금과 자사주 매입

멍거와 버핏은 군중심리에 휩쓸려 투자하지 않기 위해 그야말로 안간힘을 썼다. 그러면서도 마음에 드는 기회가 생기면 얼마든지 신속하게 행동할 준비가 되어 있었다. 멍거는 그들의 사고방식을 특유의 솔직한 스타일로 설명한다. "우리라고 기회를 알아차리는 특별한 비결이 있는 것은 아닙니다. 우리는 그저 남는 돈이 풍족하다면 무엇을 할 수 있는지 현명하게 결정하려고 노력할 뿐입니다. 그런데 우리는 항상 돈이 남아둡니다. 항상 남는 돈으로 할 수 있는 현명한 일을 찾습니다. 그리고 그런 일을 찾으면 반드시 행동합니다. 아무리 찾아도 그런 일이 보이지 않는다면 현금을 차

곡차곡 쌓아둡니다. 그렇게 하지 않을 이유가 없지 않습니까?"[28]

이 정도의 자제력을 발휘하기 위해 꼭 필요한 일은 기대 수준을 낮추는 것이다. 아마도 버크셔해서웨이의 모토가 있다면 '천천히, 안정적으로'일 것이다. 그러나 멍거는 이것을 좀 더 익살스럽게 표현했다. "나는 전문 투자자라면 다른 상황보다 기대치를 조금 낮춰야 한다고 생각합니다. 노인이 되면 아무래도 이십 대 시절처럼 왕성한 성생활을 기대하면 안 되듯이 말입니다."[29]

버핏은 아마 버크셔해서웨이 주식조차 저평가되었다고 판단되면 어김없이 다시 사들일 것이다. "당연히 그렇게 할 것입니다. 예컨대 무능력한 친척 3명과 함께 파트너십을 맺었는데 그중 한 명이 돈이 필요하다면, 출자금으로 그가 가진 주식을 사들이지 않겠습니까? 그것은 아무런 문제가 없는 일입니다. 그러나 이런 관행이 남용되는 사례도 분명히 있습니다. 그 배경에 주식 가치를 떠받치려는 동기가 있음은 굳이 말하지 않아도 분명하지요. 그것은 자사주 매입 기법이 부적절하게 사용되는 사례라고 생각합니다."[30]

한편 멍거는 자신처럼 주식시장에 뛰어들어 거래를 시작하려는 사람들의 마음을 충분히 이해하면서도 초보자를 향해 다음과 같이 단호하게 경고한다. "오늘날에는 주식시장에 뛰어들어 트레이딩하는 법을 알려준다는 사람들이 널린 세상이 되었지만, 제 생각에 그런 풍조는 젊은이들에게 헤로인을 시작하라고 유혹하는 것과 크게 다를 바가 없다고 생각합니다. 정말 어리석은 일입니다."[31]

심리학과 멘털 모델

멍거가 사용하는 전술 중에 엄격한 지적 훈련 없이 성과를 올릴 수 있는 것은 하나도 없다. 멍거와 버핏 모두 매일 최소 500페이지가 넘는 정보를 읽는 것으로 유명하다. 그들은 그렇게 습득한 지식을 투자에 적용한다. 단, 결코 즉흥적으로 하지 않는다. 멍거는 특히 인간의 사고 과정에 내재한 결함은 언제든 잘못된 결정으로 이어질 수 있다는 멘털 모델을 강조한다. 그의 이런 생각은 심리학자 로버트 치알디니Robert Cialdini가 쓴 《설득의 심리학》이라는 책에 가장 잘 나타나 있다. 멍거는 1995년에 하버드대학교에서 했던 "인간 오판의 심리학"이라는 유명한 연설에서 그 책을 인용한 바 있다.[32] 멍거는 그 연설에서 판단의 사각지대를 초래해 곤경에 빠지게 되는 편견이 어떤 것인지를 소개했다.[33]

그중 하나가 시기심과 질투에서 오는 편견이다. 멍거와 버핏은 세상을 움직이는 것은 탐욕이 아니라 시기심이라는 데 동의한다. 그리고 이것은 잘못된 의사결정을 낳는다. 현실적 혹은 잠재적 희소성으로 인한 편견, 또는 거의 손에 들어왔으나 아직 소유하지 않은 어떤 것을 잃어버릴지도 모른다는 두려움 등을 일컫는 박탈적 과잉반응 증후군deprival super-reaction syndrome[34]은 오늘날 투자업계에서 흔히 볼 수 있는 현상이다. 예를 들어 당신이 하루 종일 매수를 고민하며 지켜보던 주식을 트레이더들이 계속 끌어올리는 경우가 있다. 그러다 장 마감 무렵이 되면, 트레이더들은 가격을 위아래로 크게 흔들어 놓는다. 그리고 당신은 무언가 기회를 놓치고 있다는 박탈감을 느끼게 된다. 이런 편견에 대해서는 7장에서 더 자세히 다룰 것이다.

멍거는 기업가로서의 왕성한 의욕에도 불구하고, 명석한 두뇌로 한 방을 노리기보다는 실수를 피하여 단점을 최소화하는 것을 투자와 인생 전반의 기본적인 원칙으로 삼았다. 그의 이론에 따르면 아무리 똑똑한 사람이라도 반드시 약점이 있을 수밖에 없고, 그런 약점을 드러내는 행동을 자주 할수록 결국 불운에 빠질 수밖에 없다.[35]

롤라팔루자

멍거는 투자자가 올바른 멘털 모델을 정립하고 어떤 인지 편향이 발생할 수 있는지 파악한 다음에는 이른바 롤라팔루자 효과Lollapalooza Effect가 언제 발생할지 정확히 알아차릴 때까지 엄격한 훈련을 거쳐야 한다고 말한다. '2개에서 4개 정도의 추진력이 투자를 한 방향으로 이끌어가는' 시점이 그때다.[36] 멍거가 1995년에 하버드대학교에서 인간의 심리와 오판을 주제로 강연하면서 처음 사용한 용어인 롤라팔루자 효과란 한 사람의 여러 성향과 멘털 모델이 합쳐져 어떤 행동을 취하게 되는 현상을 말한다.[37]

따라서 롤라팔루자 효과는 어떤 행동을 초래하는 매우 강력한 동인이 될 수 있다. 그 결과가 긍정적이든 부정적이든 말이다. 대표적인 예로 가치투자 웹사이트 구루포커스GuruFocus가 공개 경매를 설명한 내용을 들 수 있다. "경매에 참가하는 사람들의 동기는 호혜성(경매에 초대받았으니 사야겠다)과 일관성(경매를 좋아한다고 계속 말해왔으니 이번에도 사야 한다), 몰입 성향(이미 입찰했으니 끝까지 승부를 봐야겠다),

사회적 증거(주변에서 모두 하니까 나도 하는 게 좋을 것 같다) 등이 있다."[38]

멍거는 심리학 덕분에 편견의 존재를 알 수는 있지만, 이런 편견이 현실에 구체적으로 어떻게 작용하고 구현되는지 이해하는 데는 별로 도움이 되지 않는다고 말한다. 물론 그것을 파악할 정도로 통제된 실험 환경을 확보하기 쉽지 않은 것도 중요한 원인 중 하나일 것이다.[39] 그러나 버핏이 이미 버크셔해서웨이의 지분 7%를 확보한 시점에서 그 회사를 인수한 것 자체가 일종의 행동 편향, 즉 몰입 성향을 보여주는 예라고 할 수 있다. 더구나 멍거는 그 시기에 버핏의 부친이 세상을 떠난 일도 그의 판단에 영향을 미쳤을 것이 분명하다고 생각한다.

한편, 롤라팔루자 효과를 이용하여 버크셔해서웨이에 버금가는 성공을 거둘 수도 있지만, 판단을 잘못하면 참담한 결과가 빚어질 수도 있다. 우리는 투자자들이 군중심리에 휩싸여 시장의 비합리성을 맹종할 때 어떤 일이 일어나는지를 이미 목격한 바 있다. 2007년부터 2009년까지 이어진 세계 금융위기가 대표적인 예다. 이런 군중심리는 투자자에게 최악의 적이라고 할 수 있다. 다른 사람들은 모두 팔고 있는데 나까지 그 대열에 합류하면 결국 엄청난 손해를 볼 수밖에 없다. 다들 팔고 있다면 오히려 나는 사야 한다. 그러면 주식을 저렴한 가격에 살 수 있다. 그러므로 투자하기 전에 다양한 심리 요인으로 시장이 비이성적으로 반응하고 있는지 생각해보는 것이 좋다.[40]

롤라팔루자 효과는 비록 부정적인 의미로 인식될 때도 있지만, 물론 유익한 경우도 있다. 멍거는 술을 끊기 위해 알코올중독자협회AA에 가입한 사람을 예로 들었다. 거기에 모인 사람은 누구나 술을 끊으려는 열망으로 가득하기에 이 경우는 군중심리가 효과를 발휘할 가능성이 크다. 멍거는 알코올중독자협회는 인간 심리를 아주 현명하게 이용하는 시스템이라고 보았다.[41]

멍거의 성공 비결

멍거와 버핏은 돈이 되는 순간을 재빠르게 인식하고 행동에 옮기는 능력이 성공의 비결이라고 생각한다. 그리고 이런 능력은 단순히 손익을 분석하는 것뿐만 아니라 해결책이 나올 때까지 몇 시간이고 읽고 생각하고 대화를 나누는 등의 깊은 노력에서 나온 것이라고 믿는다. 실제로 멍거는 버크셔해서웨이에서 맡은 자신의 역할을 아인슈타인의 동료 학자에 비유하며 다음과 같이 말한다.

"사실 사람은 누구나 극도로 고립되지 않은 환경에서 더 큰 성과를 냅니다. 만약 아인슈타인이 완전히 고립된 환경에서 일했다면 그토록 엄청난 업적을 달성하지는 못했을 것입니다. 그는 동료 학자들과 많이 만날 필요는 없었지만, 그래도 어느 정도 교류는 필요했습니다."[42]

멍거가 생각하는 성공하는 사람들의 습관은 다음과 같다.

1 | 학습을 멈추지 않는다

"지혜를 얻는 것은 인간의 마땅한 의무다. 이 명제는 매우 중요한 결론으로 이어진다. 즉, 우리는 평생 학습에 푹 빠져 살아야 하며, 그렇지 않으면 뛰어난 성과를 거둘 수 없다. 기존의 지식에 안주해서는 큰 성공을 기대할 수 없다.[43]

가장 똑똑하지도 않고 심지어 가장 부지런하지도 않지만, 오로지 학습에 몰두한 덕분에 자수성가하는 사람을 자주 볼 수 있다. 그들은 매일 아침 일어날 때보다 밤에 잠자리에 들 때마다 조금씩 더 똑똑해진다. 특히 앞으로 살아갈 날이 많은 젊은이에게 학습은 더욱 도움이 된다.[44]

나는 전문화야말로 거의 모든 사람에게 통용되는 보편적인 전략이라고 생각한다. 항문외과와 치과를 겸하는 의사에게 진료받겠다는 사람은 아무도 없을 것이다. 그러므로 아주 협소한 분야에서 전문성을 확보하는 것은 성공에 이르는 가장 통상적인 방법이라고 할 수 있다. 그러나 워런과 나는 그렇게 하지 않았다."[45]

2 | 내가 원하는 대로 행동하라

"원하는 것을 얻기 위해서는 그에 상응하는 노력을 기울이는 것이 가장 확실한 방법이다. 너무나 당연한 말이다. 이것을 황금률이라고 한다. 내가 원하는 것을 얻으려면 그에 상응하는 무언가를 세상에 공헌해야 한다."[46]

3 | 내 역량의 한계를 파악하라

멍거는 가능한 많이 배우는 것 못지않게 자신이 아는 지식의 한계를 아는 것도 중요하다고 강조한다. 그 한계를 넘어서면 안 된다.

"자신의 한계를 아는 것은 매우 중요하다. 사실 한계를 모른다면 자신의 역량을 제대로 파악했다고 볼 수도 없다. 자신의 역량을 잘 모른다는 것은 곧 역량이 부족하다는 뜻이므로, 앞으로 끔찍한 실수를 저지를 가능성이 크다. 우리는 항상 자신이 이룩한 성과를 다른 사람이 성취한 것들과 비교해서 측정해야 하고, 자기 망상에 빠지지 않고 이성적으로 판단하기 위해 끊임없이 노력해야 한다. 그러나 내가 평생 살펴본 결과, 자신의 역량을 이성적으로 파악하는 능력은 대개 타고나는 것으로 보인다. 나나 워런 같은 사람은 천성적으로 그런 성향이 있는 편이다. 물론 그동안 부단한 학습으로 축적된 것도 사실이다. 그러나 우리는 원래부터 분수를 지키며 사는 성향을 타고난 것 같다."[47]

4 | 살아남아라

"나는 배신감에 좌절한 채 시간을 허비하는 사람이 아니다. 그런 일이 일어나면 그저 겸허히 받아들이고 적응하려 했고, 배신감이 뇌리에 떠오를 때는 재빨리 떨쳐내려고 노력했다. 나는 피해의식에 사로잡히는 것을 좋아하지 않는다. 나는 그런 사고방식은 인간으로 살아가는 데 아무런 도움이 되지 않는다고 생각한다. 나는 피해자가 아니다. 거꾸로 생각하는 편이 좋다. 나는 살아남은 사람이다."[48]

5 | 자신이 무슨 일을 하는지 이해하라

"물론 나는 자신의 한계를 아는 사람이 그렇지 않은 사람보다 더 좋다. 나는 하워드 애먼슨Howard Ahmanson을 통해 세상을 살아가는 데 필요한 아주 중요한 교훈을 배웠다. 그것은 바로 자신을 과대평가하는 사람을 절대 과소평가해서는 안 된다는 것이다. 자신을 과대평가하는 사람은 일을 그르칠 때가 많다. 그리고 그 결과는 세상에 큰 불행을 초래한다. 그러나 나는 그런 상황에도 적응하는 법을 배웠다. 어쩔 수 없다. 앞으로도 그런 일은 벌어질 것이다. 그러나 나는 우연히 한몫 크게 잡으리라는 망상에 빠져 사는 그런 사람들 틈에 끼고 싶지 않다. 나는 신중한 사람이 좋다. 미시경제학 개념이나 손익률 같은 구체적인 내용도 중요하다. 사실 심리학과 경제학의 여러 개념이 상호작용하기 때문에 두 가지 분야를 모두 잘 파악하지 않으면 바보가 될 수밖에 없다고 생각한다."[49]

6 | 믿을 만한 사람이 돼라

"신뢰를 잃어버린 사람은 다른 면은 볼 것도 없이 큰 낭패에 빠질 수밖에 없다. 그러므로 자신이 약속한 말은 반드시 지켜야 한다. 게으르고 믿을 수 없는 사람이라는 평을 들어서는 결코 안 된다.[50]
신뢰의 그물망으로 촘촘하게 연결된 사회는 신속히 움직일 수 있다. 믿을 수 있는 사람들이 그에 합당하게 서로 신뢰하는 한, 번거로운 절차는 필요 없다. 예컨대 세계 최고의 병원이라 불리는 메이오 클리닉의 수술실이 바로 그렇다."[51]

7 │ 다양한 분야에서 중요한 개념을 학습하라

"배운 것을 무턱대고 암기만 하려는 학생들이 있다. 그런 학생은 공부는 물론, 사회에 나와서도 성공하기 힘들다. 머릿속에 체계적인 모델을 세워놓고 삶에서 배운 것을 하나하나 채워 넣어야 한다. 그렇다면 모델이란 무엇일까? 우선 가장 중요한 규칙은 여러 개의 모델을 마련해야 한다는 것이다. 모델이 한두 개뿐이라면 현실을 그 모델에 맞춰 왜곡하거나 최소한 그렇게 할 수 있다고 생각하는 것이 인간의 심리적 본능이기 때문이다. '가진 도구가 망치뿐인 사람의 눈에는 모든 문제가 못으로 보인다'라는 오랜 격언처럼 말이다. 이런 사고방식으로 세상을 살다가는 그야말로 참담한 결과가 초래된다. 우리는 여러 가지 모델을 지니고 있어야 한다. 세상의 모든 지혜를 한 가지 협소한 분야의 지식만으로 찾을 수는 없기 때문이다. 대학에서 시를 가르치는 교수들이 대체로 세상일에 어두운 이유가 바로 여기에 있다. 그들의 머릿속에는 모델이 그리 많지 않다. 진정한 지혜는 머릿속에 여러 지식 분야의 모델을 두루 갖춰두었을 때 비로소 발휘된다."[52]

8 │ 묵묵히 파도를 헤쳐 나가라

"조류가 우리에게 유리할 때도 있고 불리할 때도 있다. 그러나 우리는 이 게임을 아주 오랫동안 할 것이기 때문에 조류를 예측하는 데 크게 신경 쓰지 않는다."[53]

9 │ 절대로 자기 연민에 빠지지 마라

"자기 연민이 계속되면 편집증에 가까워진다. 당신이 자기 연민에 빠져드는 것을 발견할 때마다, 나쁜 예이긴 하지만 만약 아이가 암으로 생명을 잃었다고 해보자. 그럴 때 아무리 자기 연민에 빠져봤자 달라지는 것은 아무것도 없다. 오히려 자기 연민에 빠지지 않으면 다른 사람, 아니 모든 사람에 비해 유리한 점이 있다. 모든 사람이 자기 연민에 빠지는 상황에서 오직 나만은 자신을 단련할 수 있기 때문이다."[54]

멍거는 자기 연민에 빠진 사람은 편견에 사로잡힐 가능성도 크다고 생각한다. 이것이야말로 나쁜 결정을 내리기 쉬운 마음 상태다.

"(그런 상태에서는) 무의식적으로 이기심이 발동하여 모든 어리석은 결론을 합리화하게 된다. 그것은 매우 잘못된 사고방식이며, 바보가 아니라면 누구나 그런 상태에서 벗어나야 한다. 아울러 그런 이기적인 편향은 다른 사람도 모두 지니고 있다고 봐야 한다. 그런 생각을 제대로 떨쳐내는 사람은 거의 없기 때문이다. 한편, 이기적인 행동을 전혀 하지 않는 것 또한 어리석은 일이다. 인생에는 끔찍하고 무시무시하며 불공평한 역경이 반드시 찾아오기 때문이다. 나는 에픽테토스Epictetus(고대 그리스 로마의 스토아학파 철학자_ 옮긴이)의 태도가 가장 바람직하다고 생각한다. 그는 인생에서 만나는 모든 불운은 행동을 바로잡고 무언가를 배울 기회이며, 우리의 의무는 자기 연민에 빠지지 않고 끔찍한 불운을 건설적인 방향으로 이용하는 것이라고 생각했다. 이것이야말로 바람직한 삶의 태도다."[55]

10 │ 다른 사람과 비교하지 말고 자신만의 재능을 살려라

"항상 나를 찾아와 이렇게 말하는 젊은이들이 있다. '법을 전공하고 있는데 별로 마음에 들지 않습니다. 억만장자가 되고 싶습니다. 어떻게 하면 좋을까요?' 그럴 때마다 나는 이렇게 대답한다. '이야기를 하나 해드릴게요. 어떤 젊은이가 모차르트를 찾아가 교향곡을 작곡하고 싶다고 말했습니다. 그랬더니 모차르트가 지금 몇 살이냐고 물었지요. 젊은이는 스물두 살이라고 대답했습니다. 모차르트는 교향곡을 작곡하기에는 너무 어리다고 했습니다. 그러자 젊은이가 당신은 열 살 때 교향곡을 작곡하지 않았느냐고 되물었어요. 이에 모차르트가 '맞습니다. 하지만 나는 다른 사람을 찾아다니며 어떻게 하면 좋으냐고 묻지는 않았습니다' 하고 대답했습니다."[56]

11 │ 실수를 기회로 삼아라

"인생을 살다 보면 실수를 저질렀을 때 큰 대가를 치르지 않고 극복하는 것이 중요할 때가 있다. 당연히 우리도 그런 적이 있다. 버크셔해서웨이의 기반이 된 회사들을 생각해보라. 몰락한 백화점, 뉴잉글랜드의 망해가는 섬유회사, 한물간 상품권 회사 등이었다. 그런 회사를 통해 버크셔해서웨이가 나왔다. 우리는 그런 회사를 아주 싼값에 사들인 덕분에 지는 패를 멋지게 되살려낸 셈이나. 물론 우리가 성공한 비결은 기존의 방식에 안주하지 않고 더 나은 사업에 진출한 덕분이다. 우리는 어려운 일을 잘 해내는 재주가 있었던 것이 아l다. 오히려 어려운 일을 피하고, 쉬운 일을 찾아내는 것이 우리의 특기였다."[57]

멍거는 공개적으로 발언할 기회가 있을 때마다 가정 교육을 통해 정립된 자신의 가치관을 이야기하곤 한다. 특히 시간을 지키되 목적과 의도에 따라서는 적절한 순간에 신속하게 움직일 줄도 알아야 한다고 믿는다.

"인내심이 기회를 만나면 가장 좋은 결과를 얻을 수 있다. 나의 할아버지는 기회란 흔하지 않으므로 평소 철저히 준비해야 그런 기회가 왔을 때 대처할 수 있다고 가르쳤다. 버크셔해서웨이가 바로 그 대표적인 예다. 우리가 기회를 포착했을 때 버크셔해서웨이가 얼마나 신속하게 움직였는지 알면 누구라도 놀랄 것이다. 머뭇거리면 안 된다. 비단 사업뿐만이 아니라 인생의 모든 면에서도 마찬가지다. 예컨대 결혼에서도 적당한 배우자를 만나면 머뭇거려서는 안 된다. 그 순간이 행복한 인생을 가꿀 유일한 기회일지도 모른다. 행동해야 할 순간에 머뭇거리는 사람이 너무 많다. 주식시장이 폭락하는 것은 자연스러운 현상이다. 나쁜 시장을 피할 수 있는 시스템은 없다. 시장의 타이밍을 맞추려고 노력하지 않는 한 할 수 없는 일인데, 이는 매우 어리석은 일이다. 기적을 바라지 말고 꾸준히 저축하는 보수적 투자 방법만이 유일한 길이다."[58]

멍거가 이런 가치관을 고수하지 않았다면 버크셔해서웨이는 수십 년 동안 안정과 성공을 누리지 못했을 것이다.

2022년 기준 멍거가 보유한 재산은 약 24억 달러에 달한다. 그의 재산은 회사 지분의 약 1.4%에 해당하는 버크셔해서웨이 클래스 A 주식 1만 5,181주가 대부분을 차지한다. 멍거가 버크셔해서웨이에서 받는 연봉 10만 달러는 지난 30년 동안 거의 변함이 없었다. 그가 롤모델로 삼았던 앤드루 카네기Andrew Carnegie와 코넬리어스 밴더빌트Cornelius Vanderbilt도 회사 주식에서 나오는 배당금으로 살았다는 점에서 그와 비슷했다. 업계 거물이었던 그들은 이렇게 사는 것을 자랑으로 여겼다.

임원 보수에 대한 멍거의 생각

"회사의 지분으로 부자가 된 사람이 회사의 경영 상황은 물론, 회사의 청산이나 계속 경영 여부를 결정할 권한을 가지고 있다면 그는 매우 유리한 지위를 확보한 셈이다. 나는 그런 상황에서 추가로 회사에서 돈을 가져가면 안 된다고 생각한다."[59]

버핏의 재산이 자신보다 훨씬 더 많은 이유를 묻는 질문에도 멍거는 사실만 담담하게 말하는 특유의 화법으로 이렇게 대답했다. "그가 저보다 먼저 시작했습니다. 아마 저보다 조금 더 똑똑하기도 할 것입니다. 그리고 더 열심히 일합니다. 그 외에는 잘 모르겠습니다. 알베르트 아인슈타인은 왜 나보다 가난했다고 생각하시나요?"[60]

—————————————————————— **자선 활동**

멍거는 버핏이 주도하는 기빙플레지Giving Pledge에 참여하지 않는 것으로 유명하다. 기빙플레지란 미국 최고의 부자들이 살아있는 동안 재산의 절반을 자선단체에 기부하기로 약속하는 운동을 말한다. 그는 자신이 이미 재산의 상당 부분을 자녀에게 상속했으므로 그 자체로 이미 이 모임의 원칙을 위배했기 때문이라고 이유를 설명했다. 멍거는 주요 자선단체들의 '어리석고 바보 같은 행태'를 싫어하며, 차라리 코스트코처럼 앞선 노동 정책을 추진하는 자본주의적 방식을 선호하는 편이라고 스스럼없이 밝혔다. [61]

사회 환원

그러나 멍거는 지금까지 교육기관에 막대한 금액을 기부했다. 미시간대학교 로스쿨과 법학 연구부, 변호사 클럽, 펠로우십, 기숙사 등에 총 1억 6,000만 달러가 넘는 돈을 기부했다. 아울러 그의 아내와 딸의 모교인 스탠퍼드대학교에도 거액을 쾌척했다. 2004년에 멍거는 대학원생 주거 시설 조성과 도서관 건물 보수, 그리고 경영학 교수 지원을 위해 4,350만 달러에 달하는 버크셔해서웨이 클래스 A 주식 500주를 학교에 기부했다. [62]

멍거 가족은 로스앤젤레스의 말버러중고등학교, 패서디나의 폴리테크닉스쿨, 그리고 아들 찰스가 다녔던 캘리포니아대학교 샌타바버라UCSB 이론물리학과 등에도 기부했다. [63, 64, 65] 2016년에 멍거는 UCSB가 최첨단 기숙사를 건설하는 데 2억 달러를 내놓았다.[66] 2018년 말에는 캘리포니아 가비오타 해안에 자리한 1,800에 이커 규모의 라스바라스 목장을 7,000만 달러에 매입한 뒤 UCSB에 기증했다.[67]

언제나 독립적으로 사고하며 살아온 멍거는 이런 일도 자신이 직접 관여하는 편을 좋아한다. 최근에는 기부 활동을 더 활발히 펼치고 있다. 로스앤젤레스 착한 사마리아인 병원의 회장인 그는 2018년에 이 병원에 2,100만 달러를 기부했다.[68] 아울러 로스앤젤레스 YMCA와 헌팅턴 도서관에도 거액을 기부했다.[69]

이 모든 활동 역시 버크셔해서웨이의 놀라운 성장이 있었기에 가능한 일이었다.

2부

Warren
Buffett

버핏의
성공 비결

4장

버크셔해서웨이의
가치투자 철학

주식시장을 가득 채운 사람들은 모든 것의 가격을 알지만, 그중 어느 것의 가치도 모른다.[1]

_ 필립 피셔

앞에서 언급했듯이 워런 버핏의 초기 투자 방식은 "부실 기업을 좋은 가격에 산다"라는 벤저민 그레이엄의 영향을 크게 받은 것이었다.[2] 이후 버핏은 찰리 멍거와 함께 일하고 필립 피셔의 투자 철학을 배우면서 기존의 방식보다 훨씬 더 좋고 장기적인 "우량 회사를 적당한 가격에 산다"[3]라는 투자 전략을 받아들였다. 5장에서는 버핏과 멍거가 이른바 현금흐름할인 모델 DCF, Discounted Cash Flow (같은 값이라면 지금의 돈은 활용성과 확실성 측면에서 미래의 돈보다 가치가 높다. 따라서 기업이 앞으로 벌어들일 돈을 현재 가치로 할인해 기업의 가치를 구하는 방법_옮긴이)을 통해 회사의 내재가치를 평가하는 객관적 기준을 개발한 과정을 자세히 설명할 것이다. 그러나 여기서는 먼저 독창적이면서도 다소 일차원적이었던 버핏의 투자 방식을 확장하는 데 멍거가 얼마나 큰 영향을 미쳤는지 조금 더 이야기해보자.

투자 전략이라는 관점에서 멍거가 이 투자회사에 가장 크게 공헌한 점은 피셔의 투자 철학을 철저히 고수했다는 점이었다. 그는 장부에만 매달리지 않고 다방면으로 기업에 관한 정성적 정보를 수집하는 이른바 스커틀벗 방법을 확립했다(자세한 내용은 이어서 소개할 것이다).

1978년에 멍거가 버크셔해서웨이의 부회장이 된 후로 버핏은 피셔와 그레이엄의 방법을 결합함으로써 질적, 양적 방법을 모두 동원하여 삼재적 투자 기회를 평가하기 시작했다.

이 장에서는 우선 피셔의 투자 철학에서 시작하여 버핏과 멍거가 좋은 투자로 여기는 기준이 무엇인지 살펴보기로 한다. 이 방법이 결국 지난 반세기 동안 버크셔해서웨이가 역사적인 투자 성과를 거두는 바탕이었기 때문이다.

피셔 투자법의 영향

스커틀벗 방법의 실제

피셔는 기업에 관한 지식을 직접적인 경험을 통해 얻어야 한다고 주장한 사람으로 유명하다. 즉, 객관적인 수치뿐만 아니라 그 기업의 소비자, 경쟁자, 컨설턴트, 관리자, 과거 직원 그리고 협력 업체 등과 나눈 대화도 정보를 얻는 아주 유용한 방법이라는 것이다. 그 모든 정보는 전체 퍼즐을 이루는 조각이 될 수 있으나, 각각을 따로 떼어놓아서는 아무 소용이 없다. 예컨대 과거 그 회사에서 일해본 사람을 통해 기업의 약점에 대한 유용한 정보를 얻을 수 있다. 그러나 그들은 회사에 대한 불만으로 편향된 시각을 갖고 있을 수도 있다. 투자자로서는 과거 직원의 관점을 참고하되 소비자나 관리자 등 다른 사람들의 말도 함께 듣고 종합적으로 판단해야 혹시 모를 편향을 피할 수 있다.

그러나 장밋빛 전망에 눈이 어두워진 투자자에게는 전 직원들이 내놓은 정보가 일종의 해독제 역할을 할 수 있다.[4] 여러 정보원으로부터 수집한 정보는 서로 모순될 가능성이 크다는 점을 알아야 한다. 너무나 당연한 일이다. 현명한 판단을 내리려면 사안을 다양한 관점으로 바라볼 줄 알아야 한다. 그러나 한 기업을 다양한 관점으로 파악하고자 한다면 모든 정보가 서로 일치할 것이라고 기대해서는 안 된다.

어떤 인적 정보도 완전히 객관적일 수는 없다. 결국 가능한 사람을 많이 만나볼 수밖에 없다. 투자를 검토하는 사람은 소비자나 과거 직원 등 외부인의 의견을 들은 다음에는 회사 내부의 책임 있는 사람을 만나봐야 한다. 그들은 공장 견학을 안내하고 재무제표를 보충 설명해줄 것이다. 모두 스커틀벗에 포함되는 내용이다.[5]

버핏은 파트너십 초기에 아메리칸 익스프레스를 인수할 때 2장에서 설명했던 스커틀벗 방법을 사용한 바 있다.

자신의 고유 역량을 벗어나지 마라

피셔 방식 중 또 하나 중요한 부분은 투자자가 자신의 전공 분야를 벗어나지 말아야 한다는 점이다. 즉 자신이 잘 아는 분야의 기업에 투자해야 "좋은 공이 들어올 때를 알고 타격할 수 있다"라는 것이다. 사실 버핏이 오랫동안 마이크로소프트와 아마존 같은 기술기업을 외면한 이유도 바로 이 때문이었다. 그리고 2019년에 그 회사의 공동 최고투자책임자 중 한 명이 추천한 후에야 비로소 투자에 나섰다(9장에서 더 자세히 살펴보기로 한다).

버핏은 화려한 첨단 기술기업보다는 강력한 브랜드와 인지도를 바탕으로 잘 팔리는 제품을 생산하는 전통적인 회사[6], 예컨대 코카콜라, 실레트, 시즈캔디스 같은 종목에 투자해야 한다고 생각한다. 첨단 기술기업의 성공에 도박을 걸기보다는 이런 기업에 투자하는 것이 훨씬 더 안전하다는 것이다. 오랫동안 성공해온 기업은 앞으로도 상당 기간 성공을 이어갈 가능성이 크다. 특히 기술 분야와 상관없는 회사일수록 비교적 진부화의 위험에 노출되지 않는다. 버핏이 애플과 아마존에 투자할 때 이미 이들은 전통기업의 반열에 올라선 상태였으므로 그것은 어떤 면에서도 스타트업 투자라고 볼 수 없었다. 멍거는 "우리는 스타트업 기업에 투자하지 않습니다"라고 분명히 말했다.[7] 버핏은 투자와 추측은 분명히 다르다고 말했다.[8]

분산투자는 과대평가되었다

피셔는 다수의 그저 그런 회사에 투자하기보다는 소수의 우량 종목을 사서 오래 보유하라고 조언했다. 마찬가지로 버핏 역시 분산투자를 만능으로 여기는 오늘날의 풍조는 분명히 부풀려진 것이라고 믿는다. 버핏은 어떤 주식이 저평가되었다고 판단하면 과감하게 투자하면 된다고 말한다. 오로지 분산투자를 실천하기 위해 이것저것 다 사들이는 것은 의미 없는 행동이다.

경영 상태를 확인하라

피셔는 기업 문화를 중시했다. 특히 주주들에게 허심탄회하고 정직한 태도를 보이는 회사를 높이 평가했다. 그는 그런 기준을 바탕으로 스커틀벗 방법을 실천했다. 뒤에서 좀 더 설명하겠지만, 버핏과 멍거 역시 기업의 가치를 평가할 때 경영 상태를 가장 중요한 부분으로 여겼다.

투자한 다음에는 무기한 보유하라

피셔가 장기 투자 관점을 취한 것은 우량기업의 가치가 시간이 지남에 따라 증가하기 때문만은 아니었다. 그의 전략은 자본이득세를 최소화하려는 목적도 포함하고 있었다. 자본이득세는 두 가지 종류가 있다. 하나는 단기적으로 보유 기간이 1년 미만인 자산을 매각할 때 발생하는 세금이다. 반면 1년 이상 보유한 자산을 매각할 때는 장기 자본이득세가 발생한다. 장기 자본이득에 대한 세율이 경상소득과 단기 자본이득에 대한 세율보다 낮은 이유는 정부가 투자자로 하여금 기업에 투자한 돈을 장기적으로 보유하여 성장과 안정을 유지하도록 유도하기 때문이다.

피셔의 투자법은 한마디로 세금을 최소화하여 투자 금액을 극대화한다는 전략이다. 그는 이렇게 말했다. "보통주를 제대로만 매입할 수 있다면 사실상 그 주식을 되팔 일은 거의 없다."[9] 마지막으로 피셔는 주식을 매입할 때 주식시장의 전체 동향은 무시해도 좋다고 강조했고, 버크셔해서웨이는 이 말을 거의 공리에 버금가는 가르침으로 삼았다.

가치투자의 핵심: 이해

앞에서 여러 차례 언급했듯이 버핏은 그 자신을 위해서든 자산관리 담당자를 판단하는 기준으로든 경영학 학위를 별로 중요하게 생각하지 않았다. 심지어 경영학 자체를 노골적으로 비판한 적도 있었다. 버핏의 이런 반감은 그가 평소 경영대학원의 전형적인 사고방식인 효율적 시장 가설EMH, Efficient Market Hypothesis을 혐오한 데도 어느 정도 원인이 있었다. 그것은 기업을 좋은 가격에 인수하는 일이 애초에 불가능하다고 규정하는 이론이었다. 이 가설에 따르면 주식 가격은 그 정의상 공정한 시장 가치에 해당한다. 그러므로 시장을 이기는 일은 불가능하며, 어쩌다 투자자가 시장을 이긴다고 해도 그것은 오로지 우연히 일어난 일일 뿐이다.[10]

이것은 '실제' 가치보다 싼 가격에 거래되는, 즉 저평가된 회사를 찾을 수 있다는 버핏의 믿음과 정면으로 배치되는 내용이다. 버핏과 멍거가 하는 일이 바로 이 '실제' 가치를 판단하는 것이며, 이런 개념은 바로 버핏의 스승인 벤저민 그레이엄의 가르침에서 온 것이었다. 그레이엄은 투자자가 할 일은 어떤 주식이 내재가치에 비해 매우 높게 혹은 낮게 평가되었는지를 알아내는 것이라고 주장했다. 시장의 흐름을 따르는 것은 이 방식을 정면으로 거스르는 것이다. 그레이엄은 투자자는 항상 정보를 직접 조사함으로써 잘못된 정보에 영향받지 말아야 한다고 말했다.

그레이엄은 자신의 가치투자 철학을 이렇게 설명했다. "가치투자는 이론이 아니라 철학에 더 가깝다. 1단계, 2단계, 3단계 같은 것은 존재하지 않는다. 훈련된 투자자는 군중을 따르기보다는 내재가치보다 더 싼 가격에 거래되는 주식을 찾은 다음 시장이 그 차이를 알아채고 바로잡을 때까지 기다린다."[11]

2008년에 버핏은 버크셔해서웨이 주주총회에서 가치투자 개념을 이렇게 설명했다. "나는 주식시장의 향후 동향은 전혀 모릅니다. 나는 그런 것에 신경 써본 적이 한 번도 없습니다. 그저 내가 살 정도로 가격이 내려가는 주식이 있나 지켜볼 뿐입니다. 지금보다 주가가 훨씬 더 내려가서 좋은 주식을 더 많이 살 수 있으면 좋겠습니다."[12]

버핏은 30년이 넘도록 똑같은 메시지를 설파해왔다. 예를 들어 1987년에 버핏은 버크셔해서웨이 주주에게 보낸 연례 서한에서 이렇게 말했다.

"그러나 우리는 무도회에 참석한 신데렐라가 들었던 것과 같은 경고에 귀를 기울여야 합니다. 그렇지 않으면 모든 것이 호박과 쥐로 변해버릴 것입니다. 그것은 바로 미스터 마켓(벤저민 그레이엄이 시장을 비유한 표현_옮긴이)이 우리에게 가르침을 주는 것이 아니라, 우리가 시장을 이용해야 한다는 것입니다. 우리에게 쓸모 있는 것은 시장의 주머니 사정이지, 그의 지혜가 아닙니다. 어느 날 그가 바보처럼 약점을 보인다고 하더라도 그저 무시하거나 이용하면 되지, 그의 영향력에 넘어가서는 절대로 안 됩니다. 사실 우리는 우리가 투자할 사업을 시장보다 훨씬 더 잘 알고 그 가치를 제대로 평가할 수 있다는 확신이 서지 않으면 투자에 뛰어들 수 없습니다. 포커 게임의 격언을 새겨들어야 합니다. '판이 벌어진 다음 30분이 지나도 누가 봉인지 알 수 없을 때는 바로 내가 봉이 되었다는 뜻이다.'"[13]

버핏은 투자자가 경영대학원에서 배울 수 있는 것은 단 두 가지 뿐이라고 생각한다. 그것은 바로 회사의 가치를 평가하는 방법과

인간이 금융시장에서 보이는 행동을 이해하는 방법이다. [14]

　버크셔해서웨이는 어떤 회사의 주가가 내재가치에 비해 떨어졌다고 판단되면 그 주식을 사들인 다음 아주 오랫동안 보유한다. 이것이 바로 핵심 전략이다. 버핏은 이 원리가 개인투자자뿐만 아니라 기업투자자에도 똑같이 적용된다고 믿는다.

　　"나는 1942년 3월 11일에 처음으로 주식을 샀다. 제2차 세계대전을 비롯한 무수한 전쟁과 9·11 사태, 쿠바 미사일 위기, 불경기 그리고 모두 14명의 대통령(그중 7명은 공화당이다)을 거치는 와중에도 우리가 할 수 있는 최선은 가진 돈을 S&P500에 투자한 다음 거기 묻어두는 것이었다. 신문 1면 기사를 보지 마라. TV에 나와서 떠드는 사람들의 말을 듣지 마라. 1942년에 누군가 1만 달러를 인덱스펀드에 투자한 후 지금까지 보유했다면 무려 5,100만 달러로 불어났을 것이다. 우리가 믿을 것은 결국 미국 기업은 언제나 살아남고 번창한다는 사실이다." [15]

　버핏 투자법의 요지는 매우 간단하다. "어떤 기업이 (a) 우리가 잘 아는 분야에 속해 있고, (b) 장기적 전망이 유리하며, (c) 정직하고 유능한 사람들이 운영하고, (d) 매우 매력적인 가격일 때 투자한다." [16]

　여기서 핵심은 "잘 안다(이해한다)"라는 말이다. 이것이 가치투자의 본질이다. 가치를 판단한 다음 이를 적용한 결과가 바로 투자수익이다. 버핏과 멍거는 이런 판단을 위해 투자하기 전에 반드시 다음 세 가지를 고려한다.

1. 기업의 경영 철학을 이해한다

투자자는 가장 먼저 고위 경영진이 받는 보상 구조를 파악해야 한다. 경영진은 바로 그 보상 구조에 따라 결정을 내리고 행동하기 때문이다. 예를 들어 주식 보유는 최소한으로 유지하고 수입의 대부분을 급여와 현금 보너스에 의존하는 경영자가 있다고 해보자. 그런 경영자는 자신의 일자리를 지키고 위험을 회피하는 의사결정을 내릴 것이라고 충분히 예상할 수 있다. 반대로 장기적인 주가 상승과 보상이 연동된 경영자는 회사의 전반적인 성장에 더 집중할 것이다. 의결권 위임장에 명시된 보수 조항을 눈여겨보면 해당 기업의 경영자가 어떤 성격과 정신 자세로 일하고 있는지 짐작할 수 있다. 버핏과 멍거는 보수는 별로 많지 않은 대신 버크셔해서웨이 주식이 수입의 대부분을 차지하는 것으로 유명하다.[17] 배당금을 제외한 버핏의 급여는 지난 40년 내내 10만 달러에서 변함이 없었다.[18, 19, 20] 버핏은 투자하기 전에 지난 몇 년간 회사 경영진이 거둔 성과를 꼭 확인한다.[21] 그는 1994년 버크셔해서웨이 주주총회에서 경영진이 갖춰야 할 자질을 자세히 설명했다.

> "하나는 경영 성과입니다. 그들이 이룩한 성과와 장기간에 걸친 자본 할당 내역, 그리고 그들의 경쟁사는 어떻게 해왔는지를 살펴보면 많은 것을 알 수 있습니다. 그들이 행동할 기회가 있었을 때 과연 어떻게 대처했는지를 알아야 합니다.

두 번째로 알아야 할 것은 그들이 주인을 어떻게 대우해왔는가 하는 것입니다."[22]

여기서 주인이란 당연히 주주를 일컫는다.

"내가 보기에 형편없는 경영자일수록 놀라울 정도로 주주를 별로 생각하지 않는 경우가 많습니다. 그 두 가지는 서로 밀접한 상관관계가 있어요.

의결권 위임장을 읽고 그들의 사고방식을 알아채야 합니다. 그들의 경영 성과를 볼 때는 업계 상황과 비교해서 그들이 시도한 방법이 어떤 차이가 있었는지 유의해야 합니다. 여러분도 가끔은 알아맞힐 수 있을 겁니다. 사실 너무 자주 그럴 필요도 없습니다."[23]

버핏은 항상 올바른 결정을 내리는 투자자는 아무도 없으며, 단지 몇 번만 그렇게 하면 된다고 말한다.

버크셔해서웨이가 경영진의 가치를 보고 투자한 대표적인 사례로 네브래스카퍼니처마트Nebraska Furniture Mart를 들 수 있다. 버핏은 1983년에 악수 한 번과 두 장의 계약서만으로 이 회사를 5,500만 달러에 인수했다. 적어도 알려진 이야기로는 그렇다. 그러나 자세히 살펴보면 이 회사는 버핏이 오랫동안 신봉해온 사업 방식을 그대로 구현한 기업임을 알 수 있다.

1937년에 로즈 블럼킨Rose Blumkin이라는 유대계 러시아 이민자가 오마하에 설립한 네브래스카퍼니처마트는 원래 그녀의 남편이 운영하던 전당포 지하에 차린 중고 가구점으로 사업을 시작했다. 블럼킨은 단돈 500달러의 운용 자본으로 가게를 열었다. 약 50년이 흐른 후, 그 사업은 미국에서 가장 큰 개인 가구 매장으로 성장했다. 블럼킨의 경영 전략은 무엇이었을까? 그녀는 모든 상품을 원가보다 딱 10%만 높은 가격에 판매함으로써 경쟁자들을 물리칠 수 있었다.

버핏은 인수 작업을 마친 후 블럼킨 여사에 대해 이렇게 말했다. "최고 경영대학원의 최우수 졸업생이나 포춘 500대 기업의 최고경영자들에게 똑같은 자원을 제공하고 사업을 시작해보라고 해도 아마 그녀가 훨씬 더 나은 성과를 올릴 것이다."[24]

이것이 바로 버핏의 전형적인 태도다. 그는 회사에서 사람을 고용할 때도 이런 철학을 그대로 실천한다. 그가 찾는 인물은 똑똑하고, 열심히 일하며, 정직한 사람이다.

2. 업계의 맥락 안에서 회사를 이해하라

버핏과 멍거는 모두 자신이 잘 아는 분야가 아니면 투자를 꺼린다. 그들 모두 컨설턴트의 말만 듣고 자신이 잘 모르는 분야의 사업에 투자한 적이 한 번도 없다. 그들이 외부에서 들어오는 투자 제안을 대부분 기절하는 것도 바로 이런 이유 때문이다.

그러나 버핏이 어떤 산업에 투자를 고려할 때 가장 즐겨 쓰는 자기 점검 방법은 스커틀벗이다. 특히 경쟁사의 최고경영자를 만나 그들의 의견을 듣는 경우가 많다. 그는 최고경영자들에게 해당 업계에서 단 하나의 회사에만 투자할 수 있다면 어떤 기업을 선택

할 것인지, 그리고 그 이유는 무엇인지를 묻는다. 그는 이런 방법으로 귀중한 정보와 새로운 시각을 얻는다. 버크셔해서웨이가 가이코 투자를 결정할 때 핵심 근거가 된 것도 바로 이렇게 수집한 정보였다. 이 내용은 6장에서 자세히 설명하겠다.

3. 기업의 지속 가능한 경쟁 우위, 즉 '해자'를 파악하라

투자하려는 회사가 '지속 가능한 경쟁 우위'를 가지고 있는가? 버핏과 멍거는 이것을 '해자'라고 한다. 예컨대 코카콜라의 음료 제조법이나 켄터키프라이드 치킨의 허브, 향신료와 같은 영업 비밀도 이런 경쟁 우위가 될 수 있다. 독점 기술이나 브랜드명, 상표, 특허, 저작권 등도 여기에 해당한다. 이른바 '지적 재산'이라고 불리는 이런 경쟁 우위의 가치는 공장을 비롯한 유형 자산에 절대 뒤지지 않는다.

특허를 취득한 기업 소유주는 일정 기간 그와 관련된 아이디어나 발명품을 사용할 독점 권리를 갖게 된다.[25] 이를 통해 예측 가능한 수익과 지속 가능한 이익률을 유지할 수 있다. 버크셔해서웨이가 보유한 주식 중 가장 비중이 큰 애플은 2021년 한 해에 취득한 특허만 2,541개에 달했다.[26] 같은 해에 아마존은 1,942개의 특허를 취득했다.[27] 그러나 특허가 있다고 해서 재무적 성공이 보장되는 것은 아니다.

가장 보편적인 유형은 실용 및 디자인 특허다. 실용 특허에는 발명의 기능까지 포함되며, 유효 기간은 20년이다.[28] 의약품, 기계 및 그 부품과 공정, 컴퓨터 하드웨어와 소프트웨어, 식품을 비롯한

새로운 화학식 등이 모두 실용 특허의 대상이 된다.[29]

디자인 특허는 브랜드의 고유 이미지를 보호하는 권리로, 독특한 유선형을 자랑하는 코카콜라 유리병이 대표적인 예다. 2015년 5월 13일을 기준으로 그 이전에 출원한 디자인 특허는 14년, 그 이후는 15년간 효력이 지속된다.[30]

제약회사의 해자는 돈이 되는 화학 공식에 대한 특허가 기반이된다. 나이키의 해자는 브랜드와 특허 모두를 바탕으로 남보다 비싼 값에 물건을 팔 수 있다는 점이다. 그리고 아마존은 지속 가능한 경쟁 우위의 세 가지 요소를 모두 갖추고 있다. 즉, 지배적 브랜드, 독점 기술, 그리고 지적 자산이다.

───────────── 개인투자자를 향한 버핏의 조언

버핏은 오래전부터 가치투자에 관한 귀중한 통찰을 대중에 공개해왔다. 그중에서도 개인투자자와 가장 밀접하게 관련된 내용을 소개한다.

월스트리트의 늑대들을 조심하라

개별 종목을 일일이 조사할 시간이나 전문 지식을 갖추지 못한 경우라면 투자 금액의 90%는 저비용 S&P500 인덱스펀드에, 10%는 단기 채권 펀드에 각각 투자하라. 투자업에 종사하지 않는 사람이라면 지수를 초과하는 성과를 내기는 힘들 것이다.[31]

버핏은 2017년 주주총회에서 그가 2006년에 뉴욕의 헤지펀드 프로테제파트너스와 100만 달러 규모의 내기를 한 적이 있다고 말했다. 프로테제의 펀드매니저들은 그들이 선택한 5개 헤지펀드(실제로는 펀드에 투자하는 펀드, 즉 모태펀드)[32]의 향후 10년간 누적 수익률이 S&P500 지수를 앞설 것이라는 데 걸었다. 물론 버핏은 S&P500 지수에 걸었다.

10년이 지난 후 S&P500 지수는 125.8% 상승했고, 그 헤지펀드는 36% 상승했다.[33] 2017년 주주총회에 모인 사람들은 이런 결과를 듣고 웃음을 터뜨렸고,[34] 버핏은 주주에게 보낸 서한에서 다음과 같이 승리를 선언했다. "지금까지 인덱스펀드의 연평균 성장률은 7.1%이며, 이것은 앞으로도 주식시장이 이 정도 수익률에 머물게 되리라고 충분히 예상할 수 있는 근거입니다. 2016년에 5개 펀드의 연평균 성장률의 합은 고작 2.2%였습니다. 다시 말해 이 펀드에 100만 달러를 투자했을 때 10년간 기대 수익은 22만 달러가 된다는 뜻입니다. 같은 기간 인덱스펀드의 수익은 85만 4,000달러가 될 텐데 말입니다."[35]

버핏은 이 일화를 통해 다른 사람들의 돈을 관리하는 헤지펀드 투자자로부터 얻을 것은 그리 많지 않다는 자신의 오랜 믿음을 다시 한번 강조했다. 헤지펀드를 비롯한 투자 관리자들이 부과하는 수수료는 대개 '2 플러스 20' 방식이다.[36] 즉, 관리비 명목으로 우선 2%를 받고, 나중에 수익에서 또 20%를 가져간다.

버핏은 만약 버크셔해서웨이를 이런 방식으로 운영한다면 현재 투자 관리자인 토드 콤스Todd Combs와 테드 웨슐러Ted Weschler는 "그저 숨만 쉬고 있어도 각자 1억 8,000만 달러씩을 벌어갈 것"이라고 말했다.[37] 요컨대 버핏은 이른바 소극적 투자passive investments라고 불리는 방법(즉 인덱스펀드)이 적극적인 투자 방법보다 더 낫거나 최소한 그에 버금가는 수익을 올릴 수 있다고 본다.[38]

버핏은 버크셔해서웨이 같은 기관투자자는 기업의 재무 상황과 문화를 파악하는 데(스커틀벗 방법으로) 시간을 써야 하지만, 개인 투자자는 분산투자를 통해 '미국을 대표하는 주식'을 사는 편이 좋을 것이라고 한다. 한마디로 인덱스펀드를 사라는 것이다.[39] 그는 이렇게 말한다.

"우리가 여기서 문답을 주고받을수록 어쩌면 오해를 불러일으킬 소지가 있다고 생각합니다. 모든 질문은 자연스럽게 현재 벌어지는 일들에만 관심을 집중시킬 테니까요. 그래서 이번에는 내가 처음으로 주식을 샀던 1942년으로 거슬러 올라가서 그때 이후로 어떤 일이 벌어졌는지 전체적으로 한번 살펴봅시다. 지금까지 정권이 14번 바뀌었고(공화당 7번, 민주당 7번), 두 번의 세계대전이 일어났으며, 9·11사태와 쿠바 미사일 위기를 비롯해 온갖 일들이 벌어졌습니다. 내가 처음으로 주식을 샀던 1942년 3월 11일 당시 투자자가 할 수 있는 최선의 일은 인덱스펀드를 산 다음 신문 머리기사는 쳐다보지도 않고 주식에 대해서는 아예 잊어버리는 것이었습니다. 마치 농장을 사면 소작농에게 농사를 진직으로 맡기고 우리가 할 일은 아무것도 없듯이 말입니다. 그리고 그 당시 인덱스펀드에 1만 달러를 투자하고 거기서 나오는 배당금도 재투자했다면, (여기서 잠깐 말을 멈추고 사람들이

머릿속으로 금액을 추산해볼 시간을 줬습니다.) 현재 가치는 무려 5,100만 달러에 이른다고 말해주었습니다. 그렇다면 당시 우리가 믿어야 했던 것은 과연 무엇일까요? 그것은 미국이 전쟁에서 승리할 것이고, 1776년 이후 늘 그랬듯이 앞으로도 계속 발전하리라는 것이었습니다. 아울러 미국이 발전하면 미국 기업도 따라서 발전할 것이라는 사실이었습니다. 무슨 주식을 사야 할지, 언제 들어가고 나와야 하는지, 연방준비제도가 앞으로도 존재할지, 혹은 어떤 모습이 될지, 무엇보다 미국이 과연 앞으로도 잘 나갈지 따위는 걱정할 필요도 없었습니다.”[40]

버핏의 태도를 관통한 정신은 바로 이 “미국이 잘 작동한다”라는 믿음이었다. 그는 ‘시장에 대한 지식이 부족한 선량한 시민’을 보살피는 사회 프로그램을 시행해야 한다고 말했다.[41] 똑같은 상황에서 ‘부유한 가정’이 자녀들에게 그렇게 하듯이 말이다.[42] 다만 그런 프로그램은 ‘황금알을 낳는 거위’, 즉 미국의 시장 경제를 죽이지 않는 선에서 시행되어야 한다고 덧붙였다.[43] 그는 이렇게 말했다. “나는 황금알을 낳는 거위를 건드리고 싶지 않습니다. 미국에 있는 이 거위는 오랜 세월이 지난 지금까지도 놀랍도록 많은 황금알을 낳아왔습니다. 결론적으로 우리는 시장 시스템이라는 면에서, 그리고 사람들이 원하는 수많은 재화와 서비스를 생산한다는 면에서 아주 효과적인 체제를 보유하고 있는 것입니다.”[44] 그는 2009년에 내 학생들과 만난 자리에서 “세계는 제로섬 게임이 아니며”[45] 중국을 포함한 다른 나라의 경제 발전은 미국의 경제에도 도움이 된다고 말했다. 그는 "20세기 들어 미국민의 생활 수준은 7배 향상되었다"라고 말했다.[46] 버핏은 미국 경제에 대한 투자는 장기적으로 항상 성과를 낼 수밖에 없다고 믿고 있다.

한번 투자한 돈은 건드리지 마라

가치투자로 성공하기 위해서는 우선 그 기업이나 주식의 실제 가치를 알아야 한다. 그리고 한번 투자했으면 좀처럼 건드리지 말고 계속해서 보유해야 한다. 한마디로 좋은 공이 들어올 때까지 끈기 있게 기다렸다가 방망이를 휘둘러야 한다는 말이다.[47] 그러기까지는 최소한 1년 정도는 필요하다.

버핏은 지난 10년간 개인투자자들이 S&P500 지수에도 못 미치는 성과를 내는 투자 관리자에게 돈을 맡기는 바람에 1,000억 달러가 넘는 수수료를 낭비했을 것으로 추산한다.[48] 2016년 한해에 대형주를 담당하는 관리자 중 러셀1000 지수를 상회하는 성과를 올린 비중은 고작 19%에 불과했다. 러셀1000 지수란 미국 증시에 상장된 약 1,000개의 대기업을 추종하는 지수로,[49] 상장 주식 전체 시가총액의 약 90%를 차지한다.[50]

주식시장은 결국 시간이 지날수록 상승하는 경향을 보인다. 매일 오르내리는 주가에 일희일비하거나 전반적인 경제 동향에 신경 쓸 필요도 없다. 100년에 15년은 무조건 경기가 나쁜 것이 보통이다. 내일, 일주일 뒤 또는 1년 후에 무슨 일이 일어날지는 아무도 예측할 수 없다.[51]

항상 읽어라

앞에서 언급했듯이 버핏과 멍거는 모두 독서광이다. 그것은 애초에 그들이 왕성한 지적 호기심으로 다양한 분야의 지식을 습득하는 것을 좋아하기도 하지만, 한편으로는 그것이 사업에 도움이 되기 때문이기도 하다. 버핏은 투자자로 성공하기 위해서는 하루에 최소한 500페이지는 읽어야 한다고 조언한다. 그는 하루의 80% 정도는 기꺼이 책을 읽으며 시간을 보낸다. 멍거도 폭넓은 독서의 중요성을 강조한다.

> "나는 현명한 사람 중에 책을 많이 읽지 않는 사람을 본 적이 없다. 물론 책만 많이 읽는다고 능사는 아니다. 천성적으로 좋은 아이디어를 포착하고 분별 있게 행동할 줄 알아야 한다. 대부분의 사람은 그런 능력이 부족한 편이다.[52]
>
> 워런과 나는 거의 모든 사업가보다 독서와 사고를 많이 하고 일은 적게 한다. 우리는 원래 그런 사람들이다. 그러나 우리는 그런 성벽을 이용해 바람직한 결과를 낳았다. 우리는 둘 다 종일 앉아서 생각만 하며 시간을 보내는 경우가 많다. 미국 기업에서는 매우 드문 경우이긴 하다. 우리는 많이 읽고, 많이 생각한다."[53]

인내심을 발휘하라

인내심은 버크셔해서웨이의 투자 철학에서 매우 중요한 부분이다. 버핏과 멍거는 투자가 큰 수익으로 돌아오기까지 몇 년을 기다리는 것이 보통이다.

IQ가 전부는 아니다

어떤 분야든 IQ가 높다고 해서 꼭 성공하리라는 보장은 없다. 성공에는 동기부여나 리더십, 인내심, 의사소통 기술 그리고 세상 물정에 밝은 것 등 여러 요인이 영향을 미친다. 버핏은 이렇게 말한다. "IQ가 125가 넘으면 더 이상 지능은 투자에 성공하는 것과 별 상관관계가 없다. 지능이 보통 수준이라면 충동을 억제하는 것이 가장 중요하다. 사람들이 투자에 실패하는 가장 큰 원인은 바로 충동 때문이다."[54,55]

바람직한 기질을 길러라

투자자가 성공을 지속하기 위해 길러야 할 기질이 있다. 그중에서도 멍거가 강조하는 것은 열렬한 호기심, 즉 어떤 추세나 의사결정의 이면에 숨은 이유를 탐구하는 정신적 근육을 키워야 한다는 것이다. 그는 확실한 마음가짐이 없으면 아무리 똑똑해도 실패할 수밖에 없다고 말한다.[56]

> "성공하는 투자의 핵심 요소 중 하나는 바람직한 기질을 기르는 것이다. 사람들은 대부분 너무 조급하고 걱정이 많다. 성공이란 상당한 인내를 발휘하다가도 때가 되면 공격적으로 행동한다는 뜻이다. 그리고 역경은 몸소 겪는 것이 아니라 간접적으로 배우는 편이 더 좋

다. (그러나) 기질만으로는 그렇게 할 수 없다. 오랜 시간 호기심을 꾸준히 유지해야 이룰 수 있는 것이 바로 성공이다.[57]

레밍 떼가 되지 말고 독립적으로 사고하라

버핏이 그레이엄으로부터 배운 가장 귀중한 교훈은 스스로 생각하는 사람이 되라는 것이었다. 즉, 군중을 따라가지 말고 사실과 이성에 근거하여 자신의 책임하에 투자하라는 것이다.

멍거와 버핏은 저평가된 주식을 매입하는 것이야말로 뛰어난 수익을 올리는 가장 확실한 방법이라고 계속해서 강조한다. 저평가된 주식이 인기가 없다는 것은 거의 정의나 다름없는 사실이다 (물론 인기 없는 주식이라고 모두 저평가된 것은 아니다!). 반대로, 레밍 떼[58]란 다른 사람들이 하는 방식을 그대로 따르는 투자자를 일컫는다. 그들의 행동은 주가를 부풀려 '거품'을 유발한다. 버핏은 이를 햄버거를 사는 것에 비유해서 설명한다.[59] 햄버거 가격이 평소보다 20% 내렸다면 여러분은 살 것인가? 당연히 그럴 것이다. 그렇다면 왜 주식은 가격이 올랐을 때 사고 싶어 할까? 레밍 스타일의 투자자가 빠진 심리 상태를 이른바 '군중심리 편향'이라고 하며 7장에서 더 자세히 살펴볼 것이다. 멍거와 버핏의 투자 철학은 한마디로 이들과 정반대 편에 서서 좋은 투자 기회를 노리는 것이다.

지금까지는 버핏과 멍거가 투자하는 방식에 대한 이유를 살펴봤다. 다음 장에서는 버핏과 멍거가 투자하는 방법, 즉 기업의 내재가치를 판단하기 위해 검토하는 수치, 비율, 패턴, 모델 등에 대해 알아볼 것이다.

5장

버크셔해서웨이의
투자 방법론

모조 다이아몬드 하나를 전부 가지느니 호프 다이아몬드(세계 최대의 인도산 블루 다이아
몬드 _ 옮긴이)의 지분을 소유하는 편이 낫다.[1]

_ 워런 버핏

2022년 1분기 버크셔해서웨이 클래스 A 주식의 가격이 50만 달러를 돌파하여 단일 종목으로는 사상 최고가를 경신했다. 더구나 버크셔해서웨이가 소유한 62개 기업의 자산 가치 총액은 무려 3,200억 달러에 달했다. 이 모두가 1956년에 가족과 친구 7명이 10만 5,000달러를 투자하여 시작한 회사에서 비롯된 결과다. 오늘날 버핏 개인의 순자산 가치는 약 1,260억 달러에 달한다.

그는 어떻게 이런 재산을 형성했을까? 복잡한 수학이나 고차원적 경제 모델과 같은 비결이라도 있는 것일까? 전혀 그렇지 않다. 멍거는 그와 버핏이 정량분석에 사용하는 수학은 그저 고등학교 수준에 지나지 않는다고 말한다.[2] 그러나 두 사람은 정량적 수치와 정성적 지표를 섞어서 기업의 현재 가치를 판단하고 향후 투자자에게 제공할 가치를 예측한다. 우리가 아무리 그들을 따라 해도 똑같은 성과를 내기는 어려울 것이다. 그보다는 어떻게 하는지 설명하기가 더 쉬울 것이므로 지금부터 설명해보려 한다.

기업의 우량 여부를 판단하기

비핏은 투자에서 가장 중요한 것은 '안전마진margin of safety'이라고 강조한다.[3] 이는 바로 스승인 벤저민 그레이엄이 설파한 투자 원칙이었다. 안전마진이란 시장 가격과 두사자가 추정한 내재가치의 차이를 말한다.[4] 그레이엄은 시장가가 내재가치보다 상당히 낮을 때만 그 주식을 사야 한다고 조언했다. 안전마진이 크다고 해서 투자자가 돈을 번다는 보장은 없지만, 투자자가 수립한 모델이 잘못 될 경우를 대비한 '완충장치'가 될 수는 있다.[5] 이것은 본질적으로 보수적인 방식으로, 버핏은 오랜 세월에 걸친 수정 작업 끝에 '형편 없는 회사를 좋은 가격에 사기'보다는 '좋은 기업을 적당한 가격에 사는 것'이 더 낫다고 판단하게 되었다.[6]

버핏은 2007년 버크셔해서웨이 주주총회에서 이렇게 말했다. "우리가 정말 원하는 일은 훌륭한 기업을 사는 것입니다.[7] 따라서 시즈캔디스나 코카콜라 같은 기업을 살 때는 안전마진이 그리 크지 않아도 됩니다. 그런 회사는 우리가 생각하는 가정이 틀릴 가능성이 거의 없기 때문입니다."[8]

이런 생각에 따라 그레이엄의 저가 매수 전략에서 자연스럽게 탈피할 수밖에 없었고, 따라서 버핏과 멍거는 제값을 주고 살 만한 근거를 찾기 위해 더욱 정교한 판단 체계를 수립해야만 했다. 그러려면 매우 엄밀한 방법이 필요하겠지만, 그들이 실제로 사용하는 방식은 그리 명확하지 않다. 버핏은 그것을 '기술과 과학이 반반씩 섞인 것'이라고 표현했다.[9] 버핏은 다소 풍자적인 비유로 이를 설명한다. "훌륭한 기업을 만나는 일은 마치 문 안으로 걸어들어오는 누군가를 볼 때 그의 몸무게가 300파운드인지 325파운드인지 알 수 없는 것과 같습니다. 그래도 그 사람이 뚱뚱하다는 사실은 압니다. 그렇지 않습니까? 그러니 어떤 회사가 재정적으로 이미 뚱뚱하다는 사실을 아는 한, 정확한 몸무게는 별로 신경 쓸 필요가 없습니다. 그리고 우리가 그 회사를 270파운드에 살 수 있다면 기분이 좋아질 것입니다."[10]

기업의 과거 실적과 사업 분야라는 변수도 있다. 두 요인 모두 버핏과 멍거가 계산하는 안전마진에 영향을 미친다. 안정된 사업 분야의 견실한 기업이라면 그들은 유연성을 발휘하여 안전마진을 더 폭넓게 잡을 것이다.

요컨대 안전마진 개념은 결국 인수 가격보다 더 큰 가치를 부여할 수 있다는 말이다. 그러나 멍거가 말했듯이 가치는 다양한 형태로 나타난다.

─────────── 버핏과 멍거는 투자 후보 회사에서 어떤 정성적 요소를 찾을까

버핏과 멍거는 기본적으로 자신이 잘 아는 분야에서 투자 후보 회사를 찾는다. 2019년 주주 서한에는 이런 구절이 나온다. "우리는 세 가지 기준을 충족하는 기업을 추가로 인수하기 위해 계속 노력하고 있습니다. 첫째, 순자본금에서 영업비용을 제외한 순수익이 커야 합니다. 둘째, 경영자가 유능하고 정직해야 합니다. 셋째, 인수 가격이 합리적이어야 합니다."[11]

버핏은 지분을 매입하기보다 기업을 통째로 인수하는 편을 선호한다. 그러나 그것이 불가능할 때, 예컨대 코카콜라처럼 세계적인 브랜드의 우량기업인 경우라면 비록 가격이 싸지 않더라도 지분을 기꺼이 매입한다. 버핏은 2007년 버크셔해서웨이 주주 서한에서 이렇게 말했다. "모조 다이아몬드 하나를 전부 가지느니 호프 다이아몬드의 지분을 소유하는 편이 낫습니다."[12]

미래가 유망한 우량기업에는 공통적으로 나타나는 특징이 있다. 그것은 버핏이 중대한 경쟁의 위협으로부터 기업을 보호하는 장벽이라는 뜻으로 사용하는, 즉 '해자'를 보유하고 있다는 것이다. 방어용 해자는 예컨대 코스트코와 가이코가 보유한 시장 지배형 저가 제품일 수도 있고 코카콜라, 질레트, 아메리칸 익스프레스처럼 강력한 브랜드 인지도일 수도 있다.

장기 보유는 버크셔해서웨이의 중요한 전략이므로 버핏과 멍거는 '지속성'을 보유한 기업에만 관심을 기울인다.[13] 즉 그들은 신속하고 끊임없는 변화에 노출된 산업에는 관심을 기울이지 않는 편이다. 그런 기업이 수익성이 없어서가 아니라 기본적으로 투자의 확실성을 보장할 수 없기 때문이다. 버핏은 이렇게 말했다. "해자를 계속해서 다시 파야 한다면 결국 해자가 없다는 말과 같다."[14]

또 한 가지 언급할 점이 있다. 버핏은 유능한 경영자를 고집하지만, 어떤 회사의 성공이 최고경영자의 천재성에만 의존한다면 그런 회사는 멀리한다. 그것은 당연한 논리다. 어떤 기업에 슈퍼스타가 있어야만 뛰어난 성과를 올릴 수 있다면, 그 기업 자체가 뛰어나다고 보기는 어렵다. 여러분이 사는 곳에 최고의 뇌외과 의사들이 모여 설립한 전문병원이 대형화해서 큰돈을 벌 수는 있겠지만, 그렇다고 그 병원의 미래가 보장된 것은 아니다. 만약 의사들이 떠난다면 그 병원의 해자도 사라지는 것이다. 그러나 메이오클리닉(세계 최고로 손꼽히는 연구 및 의료 기관_옮긴이)이라면 그들의 해자가 앞으로도 굳건하리라고 기대할 수 있다. 비록 우리가 그 병원의

CEO를 지명할 수는 없지만 말이다.[15]

기타 정성적 요인

버핏이 투자 기회에서 찾는 정성적 요소는 다음과 같다.

- 해당 기업이 비교적 가격 경쟁이 치열하지 않은 업계에 속해 있는가?
- 그 회사는 강력한 고객층을 확보하고 있는가(예컨대 질레트, 코카콜라, 애플)?
- 경영진은 투명하고, 유능하며, 공정한 보상을 받고 있는가?

기업 인수와 주식 소유

버핏은 주식 투자보다 아예 회사를 인수하는 것을 선호하는 편이지만, 때로는 주식이 더 큰 가치를 창출하기도 한다. 그 원인 중하나는 회사 전체를 인수하는 경우 협상에 더 큰 비용이 들기 때문이다. 특히 경영 상태가 양호한 회사일수록 더욱 그렇다. 그럴 때는 버크셔해서웨이가 주식을 사는 편이 더 많은 돈을 버는 방법이다. 버핏은 1994년 주주 서한에서 이렇게 말했다. "인수 협상으로기업을 헐값에 사는 것은 생각할 수도 없는, 있을 수 없는 어려운일입니다. 문제는 우리를 위해 경영해줄 사람들로부터 회사를 사야 하는 상황입니다. 똑똑한 사람이라면 자기 회사를 제값에 팔려고 할 겁니다. 반면 시장은 그렇지 않습니다. 주식시장에서는 말도안 되는 가격에 기업을 살 기회가 있고, 그래서 시장성 있는 유가

증권으로 큰돈을 벌 수 있습니다."[16]

다시 말해 주식시장에서 기업의 진정한 가치에 따라 주가가 형성되는 경우는 거의 없다. 그러니 버핏과 멍거가 시장 침체를 통해 이익을 얻는 것은 너무나 당연한 일인 셈이다. 그래서인지 버핏은 "다른 사람이 겁에 질렸을 때 욕심을 내라"는 규칙을 가장 좋아한다.[17] 대표적인 예로 2007년부터 2009년까지 이어진 대침체 기간에 버핏이 버크셔해서웨이를 통해 골드만삭스, 제너럴일렉트릭, 마스/리글리, 스위스리(스위스재보험), 다우케미칼 등 주가가 폭락한 대기업에 집중적으로 투자했던 일을 들 수 있다. 이후 10년 동안 미국 경제가 정상 궤도에 올라서면서 버크셔해서웨이가 벌어들인 돈은 무려 100억 달러가 넘었다.

─────────────── 정량적 투자 요소

버핏과 멍거는 비록 단순한 수학만으로 일한다고 말하지만, 그래도 기업의 가치를 평가하려면 어느 정도 정량적 기법이 필요한 것은 사실이다.

내재가치가 큰 기업을 찾는다

버핏이 찾는 종목은 시장에서 저평가된 주식이다. 그러나 기업의 내재가치를 판단하는 방법은 여러 가지가 있다. 버핏은 해당 기업이 속한 산업과 기업의 성장 단계에 따라 다양한 방법을 사용한다. 가장 명심해야 할 점은 그렇게 판단한 기업의 가치와 특정 시점의 시장 가격은 서로 일치할 수도 있고, 그렇지 않을 수도 있다는 사실이다.[18]

버핏과 멍거는 어떤 기업의 투자 가치를 평가할 때 맨 먼저 그 회사의 재무제표를 검토한 후 이를 투자자들에게 알린다. 그들은 일련의 수치를 검토하여 그 회사가 고수익을 창출할 수 있는지 살펴본다.

순유형자산이익률

이제 실제로 계산해보자. 두 사람은 대개 '순유형자산Net Tangible Assets'에서 영업비용을 제외한 수익 비율이 '20%가 넘는' 회사에 투자한다.[19] 물론 당연한 말이겠지만, 이런 회사는 큰 부채를 지지 않고도 이익을 얻을 수 있다.[20]

어떤 기업의 순유형자산이익률을 계산하는 공식은 다음과 같다.

순유형자산이익률 = 당기순이익Net Income ÷ 순유형자산

버핏은 분모의 순유형자산을 다음의 공식으로 산출한다.

순유형자산 = 총자산 − 총부채 − 무형자산Intangible Assets − 우선주 액면가[21]
(영업권, 브랜드 인지도, 특허, 상표, 저작권 등의 지적 재산)

* 이 공식에서 우선주Preferred Shares 액면가는 해당 주식의 배당을 계산한 금액이다. 따라서 주식의 액면가가 1,000달러이고 배당이 5%일 경우 발행기업은 우선주 1주당 매년 50달러를 지불해야 한다.[22]

이 공식은 어떤 기업의 부채를 제외한 실질 자산을 파악하기 위한 것이다.[23] 순유형자산은 기업이 보유한 실질 자산의 장부상 가치를 말한다. 유형자산(물적자산 등)에서 영업권, 지적재산권, 우선주 등의 무형자산을 뺀 값이 바로 순유형자산이다.

자기자본이익률

자기자본이익률ROE, Return on Equity을 보면 주주가 투자한 자본을 그 회사가 얼마나 효과적으로 운용하는지 알 수 있다. ROE 산출 공식은 다음과 같다.[24]

자기자본이익률 = 당기순이익 ÷ 평균 자기자본

자기자본 = 자산통계 − 부채총계

총자산 = 유동자산 + 장기 자산

유동자산은 1년 이내에 현금으로 전환할 수 있는 자산(현금, 외상매출채권, 재고자산)이다. 장기 자산은 1년 이내에 현금으로 전환하거나 소비할 수 없는 자산(투자금, 부동산, 설비 및 장비, 특허 등의 무형자산)이다.

부채총계는 단기 금융채무와 만기가 1년 이상인 부채의 합으로 다음과 같다.

부채총계 = 유동부채 + 장기 부채

* 여기서 유동부채는 당해 만기가 도래하는 채무(세금, 미지급금 등)이며, 장기 부채는 만기가 1년 이상인 부채(사채, 임차금, 연금 등)를 말한다.[25]

자기자본SE, Shareholder's Equity은 부채를 모두 청산한 뒤 소유주(주주)가 주장할 수 있는 청구권이다. 자본은 기업의 재무상태표balance sheet에 기록되며, 분석가들이 기업의 재무 건전성을 평가할 때 가장 일반적으로 사용하는 재무 지표다. 자기자본은 회사의 모든 자산을 청산하고 부채를 상환한 다음에도 주주의 몫으로 남아 있는 금액으로, 이를 '장부가치book value'라고도 한다.[26]

예를 들어 어떤 음식점의 전년도 순이익이 10만 달러(손익계산서 income statement상에서)이고, 자기자본 총액이 20만 달러(재무상태표상에서)라고 가정하면 당해 연도의 ROE는 50%가 된다.

이익률 및 주당순이익

버핏은 투자를 검토하는 기업에 대해 수년간의 재무제표를 검토하여 수익이 계속 증가하는지 살펴본다. 가장 좋은 것은 연평균 최소 10% 성장률을 기록하는 것이다. 그런 후 그는 다음 두 지표를 분석한다.

이익률 = 당기순이익 ÷ 순매출

주당순이익EPS, Earnings per Share **= 총순이익 ÷ 발행주식수**

높은 이익률profit margin은 그 기업의 경영 능력이 우수하다는 뜻이다. 그리고 시간이 지날수록 이익률이 증가한다는 것은 대개 경영진이 비용을 효율적으로 관리한다는 뜻이며, 나아가 그 기업이 동 업계에서 가격 지배력을 보유했음을 말해주는 것이기도 하다.

그 대표적인 예가 바로 시즈캔디스 같은 회사로, 이 장 후반부의 '자본' 항목에서 더 자세히 설명할 것이다.

각 산업은 저마다 고유한 이익률 범위와 EPS를 보인다. 이익률이 특별히 높은 기술기업이 있는가 하면, 항공사는 대개 이익률이 낮은 편이다. 9장에서 살펴보겠지만, 버핏은 그의 경력 내내 항공사에 투자하면서 일종의 애증 관계를 경험한 터라 자신이 '항공사 중독자aeroholic'라고 농담하기도 했다.[27]

부채비율

버핏은 부채비율D/E, Debt-to-Equity을 통해 기업이 진 빚이 얼마나 되는지 가늠한다. 기업의 재무 레버리지라고도 하는 이 비율의 계산 공식은 다음과 같다.

$$\text{부채비율} = \text{부채총계} \div \text{자산총계}$$

이익률 및 EPS와 마찬가지로 이상적인 부채비율이 어느 정도 인지는 산업마다 다르다. 그러나 대체로 부채비율은 1.0보다 작은 것이 가장 좋다. 버핏의 관심은 회사가 부채를 충분히 갚을 정도로 부채비율이 낮은지이다.[28]

잉여현금흐름

기업의 잉여현금흐름FCF, Free Cash Flow 평가는 기업 가치를 평가하는 가장 기본적인 방법이다. FCF는 투자금으로 운전자본working capital과 고정자산fixed assets을 모두 충당한 후 투자자의 몫으로 돌아오는 현금이 얼마나 되는지를 측정하는 지표다.

FCF는 기업이 주주 가치를 제고하는 방향으로 유도한다는 점에서 매우 중요한 지표다. 기업이 잉여현금으로 할 수 있는 일은 생산 확대, 신상품 개발, 다른 기업의 인수, 배당, 자사주 매입, 부채 감축 등이 있다. FCF가 증가하면 기업의 재무상태가 건전해진다. 마이너스 FCF는 문제로 보일 수도 있지만, 기업이 미래 성장에 상당한 금액을 투자하고 있다는 신호일 수도 있다.[29] 이런 투자가 높은 수익으로 돌아온다면 그 전략은 장기적으로 주주 가치를 증대할 가능성이 있다.[30]

FCF 계산 공식은 다음과 같다.

잉여현금흐름 = 영업활동으로 인한 현금흐름 − 자본지출CAPex, Capital Expenditures

잉여현금흐름 = 세후순영업이익 − 순운영자본투자

(세후순영업이익 = 수익 − 영업비용 및 세금)

잉여현금흐름 = 수익 − 영업비용 및 세금 − 운영 자본에 대한 필수 투자

(필수 투자 = 고정자산 및 운전자본)

입력값이 모두 같고 계산이 정확하다면 세 방정식은 모두 같은 값의 FCF를 산출한다.[31]

자본

버핏은 과대한 운전자본이 필요하지 않은 회사를 선호한다. 막대한 운영 비용이 들어가거나 다른 요인으로 상당한 현금 유출이 발생하는 회사는 일단 탈락이다. 시즈캔디스는 우선 이 원칙을 충족하는 대표적인 회사다. 1972년에 버핏이 2,500만 달러에 인수한 이후로 이 회사는 매년 평균 4,000만 달러의 세전 이익을 창출해왔다. 더구나 2019년에 버핏은 시즈캔디스를 인수한 후 무려 20억 달러가 넘는 세전 이익을 벌어들였고, 버크셔해서웨이는 이 돈으로 다른 기업을 사들였다고 말했다.[32]

시즈캔디스의 자본 수요는 그리 크지 않았다. 버핏은 버크셔해서웨이가 큰돈을 투자하지 않고도 시즈캔디스의 제품 가격을 올릴 수 있다는 생각에 이 회사를 인수했다. 그 전략은 주효했다. 그리고 그 사실은 또 다른 의문점을 불러왔다. '그 회사는 인플레이션에 대해 가격을 자유롭게 조정할 수 있고, 그럼에도 여전히 수익성을 유지할 수 있는가?' 다시 말해 그 회사는 소비자들이 제품 및 서비스의 가격이 오르더라도 여전히 구매할 정도의 가격 결정권을 쥐고 있는가?

〈마켓인사이더〉에는 이런 기사가 실렸다. "버핏은 시즈캔디스의 엄청난 재정 수익, 적절한 자본 수요, 경제적 해자, 고급 인력, 그리고 초콜릿 그 자체에 찬사를 보냈다."[33] 그는 2015년 버크셔해서웨이 주주 서한에서 이렇게 농담했다. "다음 주주총회 동안 찰리와 나는 코카콜라와 시즈캔디스 퍼지, 시즈캔디스 땅콩 캐러멜 등을 NFL 라인맨이 일주일간 섭취할 칼로리만큼 섭취할 겁니다."[34]

무엇보다 1972년에 버크셔해서웨이에 인수된 후 시즈캔디스의 수익률은 무려 8,000%나 상승하여 연평균 160%가 넘는 수익률을 보였다.[35] 버핏은 이렇게 설명한다. "우리는 그 회사에 2,500만 달러를 투자해서 20억 달러가 훨씬 넘는 세전 이익을 벌어들였고, 그 돈으로 또 다른 기업들을 샀습니다."[36]

버핏이 인수한 후 약 3,000만 달러 수준이던 시즈캔디스의 연간 매출은 3억 8,000만 달러가 넘는 수준으로 증가했고, 500만 달러에 미치지 못하던 세전 이익은 무려 8,000만 달러 이상으로 증가했다.[37]

버크셔해서웨이가 시즈캔디스를 통해 20억 달러가 넘는 수익을 벌어들이는 동안 누적 총투자액은 고작 4,000만 달러(시설 비용 포함)에 불과했다.[38]

이익잉여금

이익잉여금RE, Retained Earnings은 기업의 재무상태표에서 또 하나의 중요한 요소로, 기업의 성장성을 보여준다. 이익잉여금은 기업이 새 프로젝트에 투입할 수 있는 누적 순이익 총계이므로 이익을 재투자할 수 있는 돈으로 이해할 수 있다.

이익잉여금은 순이익에서 배당금을 제외한 금액을 합산한 것으로 생산 증대, 신규 고용, 연구개발R&D 투자, 광고 및 홍보 강화, 자회사 인수, 주식 매수, 연금을 비롯한 장기 부채 상환 등에 사용할 수 있다.

이익잉여금은 '내부 유보율retention ratio'이라고도 하며, '1-배당성향the Dividend Payout Ratio'의 값과 같다. 배당성향은 주주의 몫으로 돌아가는 현금이 얼마나 되는지를 나타내고, 내부 유보율은 회사에 재투자되는 금액(이익잉여금)을 말한다. 이를 정리하면 다음과 같다.[39]

배당성향(%) = 지급 배당금 ÷ 당기순이익

배당성향 = 1 − 내부 유보율

여기서,

내부 유보율(%) = (주당순이익 − 주당 배당금) ÷ 주당순이익

어떤 식으로든 이익잉여금을 극대화하는 회사는 자체 성장 동력을 확보하여 재정적으로 성공할 수 있는 회사라고 볼 수 있다.

버핏은 이익잉여금을 증대함으로써 버크셔해서웨이에 가치를 더해줄 기업을 원한다. 버핏은 이익이 자본비용cost of capital을 넘어서지 못하는 회사의 경우 주주에게 배당으로 돌려주거나(저평가된 주식의 경우), 회사의 주식을 환매하는 편을 선택한다. 요컨대 이익잉여금으로 기업의 시가총액이 증가할 수 있는지가 문제인 것이다.

이런 원리를 보여주는 대표적인 회사는 바로 버크셔해서웨이다. 버크셔해서웨이는 지금까지 단 한 번도 배당을 실시하지 않았다. 버핏은 그 돈을 재투자하는 편이 투자자에게 더 큰 수익을 돌려주는 방법이라고 생각했다. 버핏이 만약 배당금을 지급했다면 주주들은 세금을 내야 했을 것이다. 그는 대신 그 돈을 버크셔해서웨이의 주가를 높이는 데 사용할 수 있다. 이 경우, 버크셔해서웨이는 현금을 유보함으로써 재무적 유연성을 강화한다. 버핏은 버크셔해서웨이 주가가 주당 장부 가치의 1.2배 밑으로 떨어질 때만 자사주를 매입할 것이며, 그렇게 되면 주주들은 바로 다음 날부터 돈을 벌게 된다고 생각했다.[40]

6장

사례 연구:
가이코와 애플

투자자가 갖춰야 할 가장 중요한 자질은 지능이 아니라 기질이다. 군중을 따르거나
거스르는 데 아무런 흥미가 없는 기질이 필요하다.[1]

_ 워런 버핏

이 장에서는 버크셔해서웨이에 큰 영향을 미친 두 회사의 사례를 소개한다. 공무원보험회사(가이코)는 버핏이 가장 초기에 투자한 회사 중 하나였다(공무원 대상의 보험회사로 출발해 현재는 민간인에게도 상품을 판매하고 있다_옮긴이). 이 회사에 대한 의사결정을 살펴보면 그가 기회를 어떻게 판단하는지 엿볼 수 있다. 그 점은 오늘날 버크셔해서웨이의 최대 주식 보유 종목인 애플에 대한 버핏의 행동에서도 고스란히 나타난다. 독자 여러분은 버핏이 이 두 회사의 주식을 매입한 논리를 살펴보며 각자 기업 가치를 평가할 때 참고할 수 있을 것이다.

가이코

회계사 자격을 소지한 레오 굿윈 시니어Leo Goodwin, Sr.는 USAA보험이라는 회사에서 약 10년간 일하면서 깨달았다. 굿윈은 대리인을 거치지 않고 우편을 이용해 특정 소비자층을 공략하면 경쟁사보다 20~30% 정도 저렴한 보험료로 자동차보험 서비스를 제공할 수 있다는 사실을 간파했다. 20세기 초만 해도 보험업계는 대리인을 통한 판매 방식이 표준으로 자리 잡고 있었다. 1936년에 굿윈은 아내 릴리안Lillian과 함께 텍사스주 포트워스에서 가이코를 설립한 후 공무원과 군대 최고위 부사관급 인사를 주 고객층으로 삼고 영업을 시작했다. 자본금은 자신들이 마련한 2만 5,000달러에 찰스 레아Charles Rhea라는 은행가로부터 대출받은 7만 5,000달러였다.[2]

그들 부부의 사업은 1937년에 워싱턴 D.C.로 사업장을 옮기고 부터 급성장했다. 1948년까지 레아는 자신의 지분 중 상당량을 한 투자자 그룹에 팔았는데, 그들 중에는 버핏이 컬럼비아대학교 시절 은사로 모셨던 벤저민 그레이엄과 그의 파트너 제롬 뉴먼도 포함되어 있었다. 그레이엄-뉴먼 주식회사는 레아의 주식 절반을 샀고, 그 가치는 당시 기준으로 71만 2,000달러 정도였다.[3] 1949년에 가이코는 주당 27달러로 상장했다.[4]

한편 컬럼비아대학교에서 석사과정을 밟던 버핏은 그레이엄-뉴먼이 가이코 이사회에 소속되어 있으며, 그레이엄이 의장이라는 사실을 알게 되었다. 한시도 기업가 정신을 잃지 않던 버핏은 자신의 멘토가 그토록 큰 금액을 투자한 이 회사의 매력이 무엇인지 알아보기 위해 1951년 어느 토요일에 워싱턴 D.C.까지 직접 찾아갔다. 그는 본사 문을 두드려 관리인을 설득한 끝에 회사 안으로 들어설 수 있었다. 6층으로 올라간 버핏은 당시 가이코 사장의 보좌관이던 로리머 데이비슨을 만났다(그는 나중에 가이코의 최고경영자가 되었다). 그 자리에서 버핏은 보험업계와 가이코의 독특한 사업 방식에 대해 날카로운 질문을 던졌는데, 이는 당시 스물한 살의 대학원생이었던 버핏의 집념과 총명함이 어느 정도였는지를 알 수 있는 사례다. 두 사람은 그날 5시간이나 대화를 이어갔다. 나중에 버핏은 대학 생활 전체보다 그날의 대화에서 더 많은 것을 배웠다고 말했다.[5]

데이비슨은 보험업계에서 돈을 버는 방법에는 두 가지가 있다고 말했다. 첫째는 당연히 보험료다. 둘째는 보험료에 대한 투자

수익(이른바 '플로트'[6]로, 이 장의 후반부에서 따로 설명한다)이다. 데이비슨은 이어서 가이코의 직접 판매 마케팅 방식이 보험대리인을 통해 판매하는 경쟁사에 비해 무려 25% 정도 가격 우위를 지니고 있다고 설명했다. 당시 기존 업계에는 대리인 방식이 깊이 뿌리내리고 있어서 그것을 도저히 포기할 수 없는 실정이었다. 버핏은 데이비슨과 대화를 나눈 뒤 다른 어떤 주식보다 가이코에 더욱 깊은 흥미를 느꼈다.[7]

그레이엄은 자신의 수제자에게 투자하기 전에는 항상 시장에서 잠시 물러나 있으라고 당부했다. 그러나 버핏은 이 충고를 무시하고 자기 재산의 50%가 넘는 돈을 가이코에 투자했다(주당 29.375 달러에 총 350주로 1만 282달러였다). 1951년이 되자 그가 보유한 주식의 가치는 1만 3,125달러로 올라 28%의 수익률을 기록했고, 버핏의 총자산에서 65%가 넘는 비중을 차지했다.[8]

하지만 이런 빠른 성공은 버핏이 심각한 실수를 저지르게 만들었다. 1952년에 그는 가이코 지분 전체를 팔아 마련한 1만 5,259달러로 웨스턴인슈어런스 증권의 주식을 샀다. 그의 눈에는 웨스턴인슈어런스가 헐값으로 보였고, 헐값에 사는 것은 곧 그레이엄의 가르침이었기 때문이다. 그러나 버핏은 그 이후 20년 동안 자신이 매도한 가이코의 주가가 100만 달러를 훌쩍 넘어가는 모습을 지켜봐야만 했다. 그는 방아쇠를 너무 일찍 당겼던 셈이다. 이 일은 버핏의 투자 패턴을 완전히 바꾸는 계기가 되었다.[9]

버핏은 이렇게 말했다. "그런 실수를 저지른 것은 당시 웨스턴인슈어런스의 주가가 당기순이익보다 조금 높은 수준이어서 마침 주가수익비율P/E, Price Earning Ratio이 눈에 띄었기 때문이라는 말이 조금은 변명이 될지도 모른다. 어쨌든 나는 그 일을 통해 좋은 기업임을 뻔히 알고 있으면서 그 주식을 파는 것만큼 어리석은 일은 없다는 교훈을 얻었다."[10]

그로부터 20년이 흘러 버핏은 다시 한번 가이코에 투자할 기회를 얻었다(이번에는 버크서해서웨이를 통해). 그러나 그는 이사회 의장이던 데이비슨의 영향력에 유의하며 회사의 진척 상황을 지켜봤다. 데이비슨이 취한 가장 중요한 조치는 전체 자동차 소유 인구 중 15%이던 회사의 표적 시장을 50%로 확대한 것이었다. 그것은 비공무원 중에서 우수한 운전 경력을 가진 전문직 종사자들을 표적 시장으로 선정하면서 이뤄진 일이었다. 이 한 가지 조치만으로 가이코는 상당한 수익 증대 효과를 거뒀다.

그러나 머지않아 이 혁신적인 보험회사의 운명은 급격히 바뀌었다. 1972년부터 1976년까지 가이코의 주가는 최고이던 61달러에서 최저 수준인 2달러로 급락했다. 1975년에 가이코는 1억 2,600만 달러의 손실을 기록하며 주주 배당금을 지급하지 못했다. 가이코가 속한 보험업계는 전반적인 물가 상승, 보험 가입자의 자동차 사고 빈도와 심각성, 무과실책임보험법 시행 등의 문제를 안고 있었다.[11]

1976년에 가이코는 파산 위기에 놓여 있었다. 회생을 위해 안간힘을 쓰던 이사회는 기존 CEO 노먼 기든Norman Gidden을 해고하고 트래블러스코퍼레이션의 마케팅 임원이던 마흔세 살의 존 번John Byrne을 그 자리에 앉혔다.

버핏은 이런 변화를 예의주시하며 신임 CEO에게 면담을 요청했다. 그리고 다음 날 아침, 그는 가이코 주식 50만 주를 주당 2.125달러에 매입했다. 가이코에 대한 버크서해서웨이의 투자 총액은 1,900만 달러였고, 세부적으로는 살로먼브라더스가 주도하는 전환우선주 7,500만 달러와 보통주 410만 달러를 주당 평균 2.55달러에 발행하는 형태로 참여한 것이었다. 1992년에 주식이 5 대 1로 분할될 당시 버핏의 취득원가 기준은 주당 1.31달러였다.[12]

1980년에 버크서해서웨이가 가이코에 투자한 돈은 4,500만 달러였고, 이는 가이코 전체의 31%에 해당하는 금액이었다. 그로부터 5년 동안 가이코 주식의 가치는 5억 9,600만 달러까지 증가해 버크서해서웨이가 소유한 포트폴리오 전체의 50%를 차지하게 되었다.[13] 1994년에는 버크서해서웨이가 소유한 가이코 주식의 가치는 10억 달러를 넘어섰다. 그리고 1995년 8월 25일에 버핏은 버크서해서웨이가 가이코의 나머지 주식 51%를 23억 달러에 인수한다고 발표했고, 이로써 가이코는 완전한 버크서해서웨이의 자회사가 되었다.[14]

버핏이 경영을 맡은 후 가이코는 승승장구했다. 그는 버크서의 최고투자자 토드 콤스(버핏의 후계자가 될 가능성이 있는 인물이다)를 그 거대한 보험사의 CEO로 임명했다(버핏이 은퇴를 발표한 2025년, 버크서의 차기 CEO는 그레그 에이블이 되었으며 저자는 책을 집필하는 시점에 에이블이 차기 CEO가 될 것을 예견했다. 자세한 내용은 13장 참조 _옮긴이). 2021년에 가이코는 약 4만 명의 직원으로 370억 달러의 매출과 12억 6,000만 달러의 이익을 달성했다.[15]

플로트

'플로트float(지급해야 할 준비금을 포함해 보험사가 사용할 수 있는 부채성 자금 전체를 의미하며 버핏식 투자의 핵심적인 개념_옮긴이)', 또는 '사용 가능한 예비금'이란 버크셔해서웨이의 보험 분야 자회사의 보험료 수입 중 아직 어떤 항목으로도 지급되지 않고 남아 있는 자금을 말한다. 엄밀히 말하면 이 돈은 보험사의 자산이 아니지만 투자 목적으로 사용될 수 있다. 이것은 마치 0% 이자로 대출받는 것과 같다. 1967년에 3,900만 달러였던 버크셔해서웨이의 플로트는 2022년에는 1,470억 달러로 증가했다.[16]

버크셔해서웨이는 이런 플로트를 바탕으로 경영난에 빠진 회사를 신속하게 인수했다. 예를 들어 2002년에 버크셔해서웨이는 주가가 97%나 떨어져 파산의 위기에 처한 프룻오브더룸을 8억 3,500만 달러에 인수했다.[17] 버핏은 버크셔해서웨이의 플로트가 몇 년 더 증가하다가 다소 떨어지겠지만, 연평균 변동 폭은 항상 3% 내에 머물 것으로 예상한다.[18]

보험회사의 수익성은 다음과 같은 결합비율combined ratio 공식을 통해 판단할 수 있다.

결합비율 = 발생 손실 및 일반사업비 ÷ 경과보험료earned premium

결합비율이 1(100%)보다 작으면 수익을 낸다는 뜻이고, 1(100%)보다 크면 손실을 본다는 뜻이다. 그러나 보험회사는 결합비율이 1보다 크더라도 영업 외에 투자나 금융업 등을 통해 최소한 단기간은 전반적으로 수익성이 개선될 수 있다(보험사는 고객이 낸 보험료를 모두 수익으로 생각하지 않고, 실제로 경과한 보험 기간에 해당하는 보험료만 수익으로 인식한다. 즉 보험사가 실제로 책임진 기간만큼의 보험료만 수익으로 보며 이를 경과보험료라 한다. _옮긴이).[19]

가이코 투자의 정성적 요소

기업 및 산업 이해

버핏은 처음부터 그레이엄의 판단이 옳다는 것을 알고 있었다. 애초에 가이코에 관심을 가진 이유가 그레이엄이 이 회사 이사회 의장이었기 때문이다. 그러나 그는 경영의 핵심 사항을 파악하려면 운영 책임을 맡고 있는 사람을 직접 만나 대화를 나눠봐야 한다는 것도 잘 알고 있었다. 그가 워싱턴 D.C.로 가서 데이비슨을 만난 것도 바로 그 이유였다.

경영진 면담

버핏이 데이비슨과 만나 5시간 동안 대화를 나눈 것은 보험업계와 가이코의 혁신적인 사업 모델을 배운 훌륭한 기회였다.

지속 가능한 경쟁 우위(해자)

가이코는 지속 가능한 경쟁 우위, 즉 '해자'를 가지고 있었는가? 대답은 분명히 '그렇다'이다. 버핏은 가이코의 수익원이 보험료와 플로트라는 사실을 알게 되었다. 그러나 다른 보험사를 경쟁에서 물리치고 저비용 운영이라는 고유의 우위를 점할 수 있었던 것은 이 회사의 직접 마케팅 기법 덕분이었다.

경영진

4장에서 언급했듯이 버핏은 어떤 기업에 관심이 생기더라도 경영진과 그들의 성과를 몇 년에 걸쳐(보통 10년 정도) 꾸준히 관찰한 후 투자한다. 그가 원하는 것은 경영진이 열정과 창의적 사고 능력을 꾸준히 보여주는 모습이다. 그는 유행에 개의치 않고 독자적으로 행동하는 경영자를 원한다. 마지막으로 경영진이 주주들에게 투명하고 정직한 태도를 보여주기를 원한다. 버핏은 가이코 경영진과 대화하면서 이 혁신적인 보험사가 이런 기준을 충족하고도 남는다는 사실을 알았다.

요약

정성적인 관점에서 가이코는 확실한 투자 기회였다. 버핏은 처음에 그레이엄과 나눴던 대화, 데이비슨과의 면담, 그리고 성실한 조사 활동을 통해 확신을 가지고 투자 결정을 내렸다. 그의 투자 방식은 훌륭한 기업을 내재가치보다 싼 가격에 인수한다는 전략과도 부합했다. 물론 이것은 가이코를 너무 일찍 팔아버리는 뼈아픈 실수를 통해 배운 교훈이긴 하지만 말이다. 버핏은 자신이 잘 아는 산업에서 잘 아는 상품을 파는 회사를 선호한다. 아울러 장기 전망이 유리하고, 경영진이 정직하고 유능하며, 매력적인 가격에 살 수 있는 회사를 원한다. 가이코는 이런 조건에 딱 들어맞는 회사였다. 이 회사는 버핏이 투자 실수를 통해 중요한 교훈을 얻은 회사이기도 하다. 가이코에서 28%의 이익을 얻자마자 그 돈으로 다른 주식을 산 것은 분명히 실수였다. 나중에 후회했지만, 그 실수가 그에게 영원히 잊을 수 없는 교훈을 준 것도 사실이다.

가이코 투자의 정량적 요소

자기자본이익률

버핏은 자기자본이익률이 꾸준히 10%를 넘어서기를 원하지만, 이것은 경제 상황에 따라 얼마든지 달라질 수 있다. 예컨대 1976년에 버핏이 가이코 주식 50만 주를 매입할 당시만 해도 회사의 자기자본이익률은 사실 마이너스였다.

그러나 버핏은 이 상황을 다른 곳에서 찾아볼 수 없는 회생의 기회로 인식했다. 그는 가이코의 내재가치가 현재 주가보다 클 것이 틀림없다고 판단했다. 그 예측은 정확했다. 신임 CEO가 지휘하는 가이코의 ROE는 1980년까지 업계 평균의 거의 두 배에 달하는 30.8%로 성장했다.[20]

수익성과 이익잉여금

버핏은 보통 과거 10년간의 재무 자료를 살펴보고 회사의 수익이 꾸준히 증가하고 있는지 확인한다. 그는 가이코가 초기부터 성공한 내용을 잘 알고 있었다. 여기에 보험 산업에 관한 그의 지식, 트래블러스 출신의 신임 CEO 번에 대한 믿음, 그리고 기타 기초적인 지표(예컨대 가이코의 해자) 등으로부터 더욱 큰 확신을 얻었다. 그 주식 매입은 이후 버크셔해서웨이의 전반적인 성장 기반이 되었다.

만약 누군가가 1980년에 가이코에 1달러를 투자했다면 1992년에는 27.89달러가 되어 연평균 성장률은 29.2%가 되었을 것이다(배당은 별도). 이것은 같은 기간 S&P500 지수 성장률 8.9%에 비해 훨씬 큰 값이다.[21]

가치평가

버핏이 두 번째로 가이코에 투자한 1976년에 이 회사는 사실상 파산 상태였고, 손실은 점점 커지고 있었다. 가이코는 수익이 전혀 없었으므로 전통적인 주가수익비율P/E을 통한 가치평가는 아무런 의미가 없었다.

주가수익비율이란 주가를 주당순이익EPS으로 나눈 값인데 이 비율은 동종업계의 기업을 서로 비교할 때 특히 유용하다. 주가수익비율이 큰 기업일수록 이익이 빠르게 증가하는 경향이 있다.[22]

물론 버핏은 주가수익비율에만 의존하지는 않는다. 가치평가는 회사가 처한 상황에 따라 달라진다. 버핏은 이렇게 말한다. "우리는 주가수익비율이 얼마나 되어야 한다는 기준 같은 것은 없습니다. 예컨대 주가수익비율이 큰 것만 보고 투자했다가 정작 수익은 변변치 않은 경우도 얼마든지 있습니다."[23]

가이코의 경우, 버핏은 눈에 보이는 수익보다 회사의 브랜드

가치가 훨씬 더 크다는 점을 간파했다. 즉, 그는 회사가 상당히 저평가되었다는 사실을 알아차렸다는 뜻이다. 그리고 버핏은 신임 CEO와 면담한 후 가이코의 회생을 확신하게 되었다.

우리가 아는 바와 같이 그의 선택은 옳았다. 그가 투자한 후 4년이 지난 1980년에 이 회사는 7억 500만 달러의 매출과 6,000만 달러의 수익을 기록했고, 그중 버크셔해서웨이의 지분은 2,000만 달러가 되었다.[24] 버핏은 나중에 이 투자야말로 회사를 헐값에 산 셈이었다고 말했다. "2,000만 달러 정도의 수익성에 최고의 재무 성적표를 갖추고 장래도 유망한 이런 기업을 다른 데서 구하려면 최소 2억 달러가 필요합니다."[25]

애플 주식회사

버핏은 기술 투자를 꺼리는 것으로 유명하다. 빌 게이츠와 친해진 후에도 그 점은 마찬가지였다. 아마존의 총자산이 창업 이후 매년 증가했지만, 버핏은 기술기업과 거리를 뒀다. 그는 2016년이 되어서야 드디어 애플 주식을 사기 시작했다. 여기에는 몇 가지 이유가 있었다. 첫째, 그는 애플의 상품을 잘 알았다. 둘째, 그는 그 상품의 '소비자 친화적' 성격을 이해했다. 애플이 만드는 컴퓨터, 스마트폰 및 기타 기기는 소비자들이 거의 중독될 만한 것이었다. 소비자들은 한번 애플 제품을 구매하고 나면 다른 브랜드로 잘 바꾸려 하지 않는다. 거기에는 애플이 창안한 폐쇄적인 제품 시스템이

다른 기술과 호환되기 어렵다는 독특한 특성도 한몫했다. 버핏이 다른 기술주보다 애플(나중에는 아마존까지)을 선호했던 세 번째 이유는 그 회사가 소위 기술주 거품이 발생하기 훨씬 전부터 이미 탄탄하게 자리 잡은 기업이라는 사실 때문이었다.

2016년부터 2018년까지 버크셔해서웨이는 애플의 주식을 꾸준히 매집하는 방식으로 상당한 지분을 보유했다. 2021년 말 기준 버크셔해서웨이는 애플 주식 9억 7,559만 761주를 보유하여 지분으로는 5.64%, 시장 가치는 1,611억 5,000만 달러에 달한다.[26] 애플은 버크셔해서웨이가 보유한 주식 중 가장 큰 비율을 차지하는 회사이며, 버핏 평생 손꼽히는 큰 금액을 투자한 회사이기도 하다.[27]

그는 2017년에 CNBC와의 인터뷰에서 그 이유를 이렇게 설명했다. "일요일마다 아이들을 데리고 데어리퀸(디저트 가게_옮긴이) 같은 곳에 나가 보면 모두 아이폰만 들여다볼 뿐, 아이스크림을 주문할 때 외에는 거의 한마디도 하지 않더군요."[28] 전형적인 기업가의 시각이다. 버핏은 가족이나 친구들과 함께 즐겨 찾는 식당에서도 항상 투자 기회를 눈여겨본다.

2016년부터 2017년까지

버크셔해서웨이는 2016년 초에 처음으로 애플 주식을 매입했다. 당시 애플 주가는 "겨우 100달러대에 불과했다."[29] 그때는 마침 애플 주가가 133달러로 정점을 찍은 후 30% 넘게 하락한 상태였으므로 버핏은 머지않아 급등할 것이 분명하다고 판단했다. "주가수익비율이 겨우 10배에 불과할 때였습니다. 미국 주식시장 전체 평균이 17배였던 것을 생각하면 아주 싼 것은 물론, 다른 인기 있는 기술주에 비해서도 비싸다고는 볼 수 없었지요."[30]

버핏은 애플이 강력한 경영진과 훌륭한 브랜드를 보유하고 있다는 것도 알았다. 2016년 말까지 버크셔해서웨이는 주당 106~118달러의 가격으로 총 6,120만 주를 매입했다.[31]

매입 작업을 실제로 수행한 것은 버핏이 아니라 토드 콤스와 테드 웨슐러였다. 버핏은 몇 년 전에 헤지펀드 매니저였던 콤스와 웨슐러를 버크셔해서웨이의 주식 포트폴리오 관리자로 영입했다.[32, 33] 이후 그들은 21세기에 이 회사의 입지가 탄탄히 구축되는 데 큰 공을 세웠다.

기술 투자는 불가피한 변화였다. 기술주는 S&P500에서 20%나 되는 상당한 비중을 차지하고 있었다.[34] 애플은 버핏이 투자 대상으로 찾는 특징을 많이 가지고 있었다. 애플은 자기 분야에서 선두를 달리는 회사였고, 부채비율도 적당했으며, 세계에서 가장 유명한 브랜드를 보유하고 있었고, 그들의 소비자는 남다른 충성도를 보이고 있었다. 2016년 말 애플이 보유한 현금은 2,460억 달러에 달했던 만큼[35] 새로운 투자에 뛰어들 여력도 충분했다. 마침 버크셔해서웨이도 그랬다.

2017년 1분기에 버크셔해서웨이는 애플 주식 보유량을 2배로 늘렸고, 연말에는 애플 주식의 3.3%를 보유하게 되었다.[36]

2018년부터 2022년까지

애플 주식에 대한 버핏의 욕구는 여전했다. 2018년에 버크셔해서웨이는 애플 주식 8,700만 주를 추가로 매입하여 총 2억 5,530만 주를 보유하게 되었다. [37] 버핏은 CNBC와의 인터뷰에서 할 수만 있다면 애플 주식을 100%라도 사고 싶다고 솔직하게 말했다. 그는 애플의 경영과 재무, 문화 등에 흠뻑 빠졌다. [38] 이듬해 말까지 버크셔해서웨이가 애플 주식의 5.7%를 소유하고 그 가치가 700억 달러가 넘었다는 것도 전혀 놀랄 일이 아니었다. [39,40]

그러나 그는 이번에도 판단에 실수를 범했다. 2020년 말에 버크셔해서웨이는 애플 주식 중 74억 달러 정도를 매각했다. [41] 그동안 찰리 멍거가 애플 주식을 애지중지한 것을 생각하면 놀라운 일이었다. 버핏은 1년 후 2021년 주주총회에서 그것이 실수였다고 인정했다. 그러나 버크셔해서웨이는 여전히 애플 주식을 9억 760만 주 보유하고 있었고, 2022년 8월에는 애플 주식의 5.7%, 즉 1,568억 달러에 달하는 9억 1,140만 주를 보유하고 있었다. [42]

애플 투자의 정성적 요소

기업 및 산업 이해

애플은 창사 이래 45년 동안 브랜드 충성도를 워낙 공고하게 구축한 덕분에 상품 가격이 업계 평균보다 비싸다고 해도 눈도 깜짝하지 않는 소비자층을 거느리고 있다. 이런 소비자 충성도는 다른 기술 플랫폼과 양립할 수 없는 애플 제품의 폐쇄적인 시스템과 결합하여 자본 투자가 거의 필요 없는 일관된 수익 흐름을 만들어냈다. 버핏은 그동안 기술주를 외면해왔으나 애플만큼은 소비재 기업에 더 가깝다고 봤고, 그렇다면 자신이 잘 아는 산업에 속한다고 판단했던 것이다.[43]

지속 가능한 경쟁 우위(해자)

앞에서 언급했듯이 애플의 해자는 기술 업계에서 이 회사가 차지하는 독특한 위치와 직접적인 관련이 있다. 열렬한 충성도를 보여주는 고객층을 애플의 폐쇄적인 제품 시스템에 단단히 가둬두는 그 해자는 버핏과 멍거가 투자를 감행한 핵심적인 이유였다. 아울러 애플은 세계적인 브랜드 인지도를 바탕으로 제품 가격을 경쟁사보다 높게 책정할 수 있다.

경영진

애플의 설립자 스티브 잡스는 A급 인재만 고용하여 그들에게 자신의 야심을 넘어서는 성취를 추구하라고 독려한 것으로 유명하다. 그런 열정은 기업 문화 전반에 필수적인 요소로 자리 잡았다. 애플의 경영자들은 소비자 대면 기술을 지배하는 유행을 따르기보다는 창의적인 독자 노선을 표방한 경우가 많았다. 비록 잡스는 버크셔해서웨이가 투자하기 전인 2011년에 사망했지만, 버핏은 잡스의 후임자인 팀 쿡Tim Cook에게서도 그와 비슷한 자질과 가치가 있음을 알아봤다.

요약

버핏에게 애플은 이상적인 투자 기회였다. 애플은 장기적 전망이 확실한 사업 분야에서 그가 잘 아는 제품을 만들어 꾸준히 성공시키는 회사였다. 이 회사의 경영진은 매우 유능한 인재들이었다. 그리고 버핏이 사들일 당시 애플의 주가는 다른 기술기업에 비해서도 아주 매력적인 수준이었다.

애플 투자의 정량적 요소

수익성

버핏은 여느 투자 후보사와 마찬가지로 과거 10년간의 재무제표를 철저히 조사하여 애플의 강력한 이익이 과연 지속될 수 있는지를 확인했다. 애플의 높은 세후 이익은 이 회사의 경영 상황이 양호하다는 것을 보여주었다. 애플의 이익률을 보면 이 회사가 비용을 효율적으로 절감했다는 것을 알 수 있었다.

신규 고객 수는 향후 지속적인 매출 증가와 애플의 독점적인 제품 및 서비스 생태계가 창출하는 '잠금' 효과를 기대하기에 충분했다.

표 6.1 애플의 세후 이익률

연도	2012	2013	2014	2015	2016	2017	2018	2019	2020	2021
세후 이익률	24.0%	22.7%	24.2%	24.2%	22.8%	22.7%	23.7%	24.2%	21.7%	26.6%

출처: Gurufocus.com

애플의 세후 이익률(표 6.1 참조)은 20%를 꾸준히 상회하고 있으며, 이는 애플의 사업모델이 해자를 만들어냈음을 뜻한다.

순유형자산이익률

5장에서 소개한 것처럼, 기업의 순유형자산을 구하는 공식은 다음과 같다.[44]

> **순유형자산 = 총자산 – 총부채 – 무형자산 – 우선주 액면가**

여기서 이익률을 구하는 공식은 다음과 같다.

> **순유형자산이익률 = 당기순이익 ÷ 순유형자산**

애플의 순유형자산이익률은 10년에 걸쳐 매년 30% 이상 꾸준히 증가했다(표 6.2 참조).

표 6.2 애플의 순유형자산이익률

연도	2012	2013	2014	2015	2016	2017	2018	2019	2020	2021
순유형 자산이익률	37%	31%	38%	48%	34%	36%	56%	61%	91%	150%
순수익*	41,733	37,037	37,510	53,394	45,687	48,351	59,531	55,256	57,411	94,680
총자산*	176,064	207,000	231,839	290,345	321,686	375,319	365,725	338,516	323,888	351,002
총부채*	57,854	83,451	120,292	170,990	193,437	241,272	258,578	248,028	258,549	287,912
무형자산*	5,359	5,756	8,758	9,009	8,620	0	0	0	0	0
우선주 액면가	0	0	0	0	0	0	0	0	0	0

* 단위: 100만 달러

출처: Gurufocus.com

표 6.3 애플의 자기자본이익률

연도	2012	2013	2014	2015	2016	2017	2018	2019	2020	2021
ROE	36.3%	28.9%	37.6%	42.8%	34.9%	37.4%	50.9%	60.2%	90.1%	147%

출처: Gurufocus.com

자기자본이익률

〈표 6.3〉은 과거 10년 동안 ROE가 꾸준한 강세를 이어왔고, 특히 지난 3년 동안 더욱 급격히 증가했음을 보여준다.

버핏이 12%를 넘어서는 꾸준한 ROE를 선호한다는 점을 생각하면 애플의 성과가 얼마나 탁월한 수준인지 알 수 있다.

부채비율

부채비율$^{D/E}$은 기업이 부채에 의존하는 정도를 보여준다. 부채비율은 '재무 레버리지'라고도 하며, 공식은 다음과 같다.[45]

부채비율 = 부채총계 ÷ 자본총계

여기서

부채총계 = 단기 부채 및 자본 리스 + 장기 부채 및 자본 리스 의무
+ 기타 금융부채

그리고

이상적인 부채비율은 산업에 따라 다르나 대체로 1보다 작은 값(즉, 100% 미만)이 좋다. 버핏은 부채비율이 낮을수록 기업이 부채를 갚을 능력이 있다고 보았다. 〈표 6.4〉는 애플이 7년에 걸쳐 버핏의 기준을 충족했음을 보여준다. 그러나 이런 추세는 일종의 블랙스완 사건에 해당하는 코로나19 환경을 맞이하면서 큰 변화를 겪게 된다.

표 6.4 애플의 부채비율

연도	2012	2013	2014	2015	2016	2017	2018	2019	2020	2021
부채비율	0%	13.1%	26.4%	41.5%	55.6%	72.5%	87.5%	104%	151%	147%

출처: Gurufocus.com

〈표 6.4〉에서 볼 수 있듯이 7년 동안 애플의 부채비율은 100% 미만을 꾸준히 유지했다. 이 수치가 100%를 넘어선 것은 팬데믹 시기에 금리가 거의 0%에 가까워졌기 때문이었다. 그러나 그런 상황조차 애플에는 아주 싼 비용으로 부채를 매각할 수 있는 기회가 되었다. 마침 애플은 이 시기에 자사주를 꾸준히 매입하고 있던 터라 이익잉여금이 (따라서 자산의 장부 가치도) 적게 계상되는 효과가 있었다. 이 두 가지 요인으로 인해 표면적으로는 애플의 부채가 더 커진 것으로 보였다. 그러나 버핏이 이 점을 걱정할 것 같지는 않다. 회사가 보유한 현금과 장단기 유가증권을 생각하면 애플은

사실상 부채가 없는 것이나 마찬가지다.

잉여현금흐름

버핏의 관심은 기업의 잉여현금흐름FCF이 현재 영업활동을 유지할 만큼 충분한지이다. 그 기업은 미래 투자에 필요한 이익을 창출하고 있는가? 그리고 경영진은 그런 투자를 뒷받침할 경력을 보유하고 있는가?

FCF 계산에 대한 자세한 내용은 5장을 참조하라. 〈표 6.5〉에는 애플의 FCF(단위는 10억 달러)와 연도별 증감률이 함께 나타나 있다.

지난 10년 동안 애플의 FCF는 전반적으로 건전한 수준을 유지했다. 이 수치에 따르면 지난 9년 동안 애플의 FCF는 연평균 9.4%의 성장률로 증가했다.

표 6.5 애플의 잉여현금흐름 (단위: 10억 달러)

연도	2012	2013	2014	2015	2016	2017	2018	2019	2020	2021
FCF	41.5	44.6	49.9	69.8	53.5	51.8	64.1	58.9	73.4	93
전년 대비 증가율(감소율)		75	11.9	39.9	(23.3)	(3.2)	24	(8)	24.6	26.7

출처: Gurufocus.com

이익잉여금

2012년부터 2020년에 걸쳐 애플은 이익잉여금의 약 75%를 재투자했다. 한편 애플은 지난 10년 중 상당 기간에 막대한 양의 자사주를 매입했고, 이는 결국 2020년의 주가 상승과 주식 분할의 바탕이 되기도 했다.

〈표 6.6〉은 애플의 이익잉여금(단위: 10억 달러)을 보여준다.

〈표 6.7〉은 애플의 배당성향을 나타내며, 계산 공식은 다음과
같다.

$$배당성향 = 배당금\ 지급액 \div 순이익$$

표 6.6 애플의 이익잉여금 (단위: 10억 달러)

연도	2012	2013	2014	2015	2016	2017	2018	2019	2020	2021
이익잉여금	101.3	104.3	87.2	92.3	96.4	98.3	70.4	45.9	15	5.6

출처: Gurufocus.com

표 6.7 애플의 꾸준하고 건전한 지급금

연도	2012	2013	2014	2015	2016	2017	2018	2019	2020	2021
배당성향	6%	28.7%	21.5%	21.5%	26.2%	26.1%	22.8%	25.2%	24%	15%

출처: Gurufocus.com

그리고 마지막으로 〈표 6.8〉은 애플의 내부 유보율을 나타내
며, 계산 공식은 다음과 같다.

$$내부\ 유보율 = (1 - 배당성향)$$

애플은 이미 강력하게 자리 잡은 소비재 브랜드를 더욱 강화하
는 데 투자하면서도 배당금을 지급하고 자사주를 매입할 여력을
보여준다.

표 6.8 애플의 내부 유보율

연도	2012	2013	2014	2015	2016	2017	2018	2019	2020	2021
내부 유보율	94%	71.3%	71.9%	78.5%	73.8%	73.9%	77.2%	74.8%	76%	85%

출처: Gurufocus.com

복잡한 수학 모델을 피하라

멍거는 "지금까지 내가 본 최악의 사업적 의사결정은 상세한 분석을 바탕으로 이뤄진 것이었다"라고 말했다. [46] 정교한 수학 모델을 사용할수록 판단이 잘못된 가능성이 오히려 더 커진다.

그러나 경영대학원 교수들은 경험칙을 활용한 것이 아니라 복잡한 수학 모델을 개발한 덕분에 전임교수 자리에 오르는 경우가 많다. [47] 예컨대 1998년에 있었던 롱텀캐피털매니지먼트LTCM 헤지펀드 사태도 바로 금융 모델의 오용으로 벌어진 일이었다. [48] 그 펀드를 설립하고 운용한 주체는 바로 두 명의 노벨 경제학상 수상자가 포함된 학자들이었다. 그 회사는 복잡하고 철저한 수학 모델을 통해 단 몇 년 만에 남들이 모두 부러워할 만한 성과를 거뒀다. 그러나 바로 그들 때문에 수많은 투자자가 1997년 아시아 금융위기와 1998년 러시아 금융위기를 겪어야만 했다. LTCM의 가치는 폭락했고, 세계 금융이 붕괴하는 사태를 막고자 수많은 은행이 총 36억 5,000만 달러를 출자하여 이 펀드를 구제해야만 했다. [49] 버핏은 현금흐름할인DCF 원리를 인정하지만, 이 모델을 그리 신뢰하지는 않는다. 멍거는 자신의 파트너가 현금흐름할인 분석을 사용하는 것을 한 번도 본 적이 없다고 말했다. [50]

이 장의 후반부에서는 버핏과 멍거가 애플의 미래 현금흐름을 어떻게 할인하는지에 대한 자세한 분석을 설명하려고 한다.

내재가치 예측과 금리

2017년 주주총회에서 한 주주가 버핏과 멍거에게 흥미롭고 예리한 질문을 하나 던졌다. 즉, 향후 10년간 버크셔해서웨이의 내재가치가 얼마나 증가할 것으로 예상하는지에 대한 질문이었다. 두 사람은 미래 이자율을 고려하여 질문에 대답했다.

> **버핏**: 질문에 답하기 전에 만약 미래를 알 수 있는 통계 수치를 하나 고른다면 최소한 GDP 성장은 아닐 것입니다. 다음 대통령이 누가 될 것인지도 별로 중요한 변수는 아닙니다. 저의 관심은 향후 20년이나 10년 동안 평균 금리가 어떻게 될 것인가 하는 것입니다. 만약 현재 금리 구조가 10년이나 20년 동안 그대로 이어진다고 가정한다면, 아마 10%(수익률)에도 못 미칠 가능성이 아주 크다고 생각합니다.[51]

버핏은 이 질문에 확실하게 답하려면 미래 금리를 예측할 수밖에 없는데 그것은 거의 불가능한 일이라고 인정했다. 대신 가장 믿을 수 있는 지표는 바로 버크셔해서웨이의 실적이므로 그것을 되돌아보는 편이 더 낫다고 말했다.

> **버핏**: 버크셔해서웨이가 형편없는 성과를 낼 가능성은 거의 없다고 봅니다. 반면에 획기적인 성과를 보여줄 가능성도 그리 크지 않습니

다. 그래서 10% 정도가 될 것으로 봅니다. 다만 금리 수준이 지난 7년에 비해 향후 10년이나 20년간 다소 높아진다는 가정하에 말이지요.

멍거: 우리에게 또 하나의 장점이 있다고 생각합니다. 사람들은 모두 똑똑해지려고 안간힘을 씁니다. 반면에 우리는 그저 이성적으로 판단하려고 할 뿐입니다. 그것은 큰 장점입니다. 똑똑해지려고 애쓰는 것은 위험한 행동입니다. 특히 도박판에서는 말이지요.[52]

DCF 분석을 통한 애플의 가치평가 방법을 자세히 설명하기 전에 먼저 실무자들은 아주 자세한 입력 변수를 사용한다는 사실을 알아야 한다. 이 책에서 소개하는 가치평가 방법은 비전문가도 알기 쉽게 정리했다. 멍거와 버핏도 말하듯이 가치평가는 과학적 기법과 장인의 기술이 섞인 것으로, 특정 가치평가 기법은 사용하는 사람에 따라 범위와 한계를 지니고 있다.

────────────── **애플의 현금흐름할인 분석 사례**

현금흐름할인 분석의 원리

DCF 모델은 기업이 미래에 창출할 현금을 현재 가치로 할인한 값을 근거로 그 기업의 가치를 추산할 때 사용된다. 이 모델은 수익을 창출하는 자산, 기업에 대한 투자나 지분 소유, 기업 인수합병, 채권, 보통주 등에도 적용할 수 있다. 이것은 미래 현금흐름을 현재 기준으로 할인하여 현재 투자의 가치를 추정하는 방법이다.

이 모델은 크게 두 부분으로 나뉘는데 1) 예측 기간forecast period, 2) 영구가치TV, Terminal Value이다.

예측 기간의 범위는 5년에서 10년 정도다.[53] DCF 분석은 현재 가치를 근거로 미래에 예상되는 현금흐름을 계산하는 방법이다.[54]

현재 가치가 무엇인지 이해를 돕기 위해 저축 계좌에 100달러가 있고, 연 이자율은 1%라고 가정해보자. 그러면 1년 후 계좌 잔고는 101달러가 될 것이다. 다시 말해 현재의 100달러와 1년 후 101달러의 가치는 같다는 것이다. 이 개념을 '화폐의 시간 가치'라고 한다.[55]

DCF 분석에서는 할인율을 통해 미래 현금흐름이 얼마나 줄어드는지(할인)를 계산한다.[56] 미래 현금흐름의 현재 가치가 초기 투자액보다 크다면 그 회사는 매력적인 투자 대상이라고 할 수 있다.[57] 할인율은 투자자가 추정하는 것으로, 투자 환경과 평가 대상이 되는 기업의 위험에 따라 달라진다.[58] DCF는 시간대가 멀어질수록 예측 모델로서의 효과가 떨어진다.[59]

영구가치TV는 연간 현금흐름을 타당하게 예측할 수 있는 기간(일반적으로 5년)이 지난 후의 현금흐름을 예측할 때 사용하는 지표다.[60] 일반적으로 영구가치는 두 가지 모델 중 하나를 사용해 계산하는데, 1) 영구 성장 모델(고든 성장 모델이라고도 한다)과 2) 출구 배수 모델이다.[61] 영구 성장 모델은 DCF가 합리적으로 예측할 수 있는 시점을 지난 후의 성장률이 일정하다고 가정한다.[62] 출구 배수 모델은 기업을 매각할 경우를 가정한다.[63] 영구 성장 모델은 주로 학

문적인 목적으로, 출구 배수 모델은 실제 투자자들이 널리 사용하는 방법으로 인식된다. [64]

영구가치의 유형

먼저 영구 성장 모델Perpetuity Growth Method의 경우 영구가치 계산은 예측 기간 이후의 기업 가치를 추정할 때 사용된다. 이 모델은 잉여현금흐름이 미래 특정 시점부터 꾸준하고 안정적인 성장세를 보인다고 가정하며 구하는 공식은 다음과 같다.

$$영구가치 = [FCF \times (1+g)] \div (d-g)$$

*FCF = 최종 예측 기간의 잉여현금흐름 추정치(5장 참조)
*g = 최종 성장률
*d = 할인율(대개 가중평균자본비용(WACC)과 일치한다)[65]

출구 배수 모델Exit Multiple Method의 경우 인베스토피디아는 다음과 같이 설명한다.

"출구 배수 방법은 매출, 이익 또는 법인세, 이자, 감가상각, 무형자산 차감 전 영업이익EBITDA과 같은 금융지표에 최근 인수된 기업에 공통으로 적용된 배수를 곱하여 공정가격을 추정한다. 출구 배수 방법을 이용하여 영구가치를 구하는 방법은 가장 최근의 지표(즉, 매출, EBITDA 등)에 배수(일반적으로 최근 다른 거래에 적용되었던 출구 배수의 평균값)를 곱하면 된다."[66]

현금흐름할인의 약점

현금흐름할인의 가장 큰 문제는 이 모델에 들어갈 숫자를 선택하는 데 있다. 따라서 몇 가지 가정이 필요하다. 현금흐름을 너무 높게 추정하면 투자에 혼란을 초래해 미래 이익이 하락하는 요인이 될 수 있다. 반대로 현금흐름 추정치가 너무 낮으면 투자자가 기회를 놓칠 수 있다. 할인율을 정확하게 선택하는 것은 필수 사항이다. 그렇지 않으면 모델은 아무 쓸모가 없어진다.[67] 모든 변수를 정확히 계산하더라도 경제 불안과 예측 불가한 '블랙스완' 사건이 발생해 DCF 모델의 신뢰성을 떨어뜨릴 위험은 항상 존재한다.

영구가치는 최종 성장률에 매우 민감하게 반응하는 편이다. 즉, 입력값, 특히 성장률이 조금만 달라져도 영구가치 추정치에 영향을 미쳐 내재가치가 크게 달라질 수 있다.[68]

전통적인 현금흐름할인 분석이 안고 있는 또 하나의 약점은 예상치 못한 프로젝트를 통해 창출될 가치는 반영되지 않는다는 것이다. 현재로서는 그것이 측정 가능한 현금흐름을 만들어내지 못하기 때문이다. 예컨대 애플이라는 브랜드가 창출할 미래 수익의 현재 가치와 관련된 옵션 가치가 존재할 수 있다. 애플의 지속적인 연구개발R&D 프로젝트에 포함된 기업의 지적 재산을 활용하면 이런 옵션이 미래 가치를 창출할 수 있다.

버핏은 어떻게 계산할까?

멍거는 버핏이 정식으로 현금흐름할인 모델을 사용하는 것을 본 적이 없다고 말한다.[69] 그러나 버핏은 놀라운 숫자 감각을 지닌 인물이다. 내가 학생들을 데리고 오마하에 가서 그에게 던진 질문은 바로 "기업 가치를 어떻게 평가합니까?"라는 것이었다. 그리고 버핏은 "현금흐름할인 방법"이라고 대답했다.[70] 멍거는 버핏이 현금흐름할인 방법을 사용하는 것을 보지 못했다는데, 버핏은 그 방법이 유용하다고 말한 것이다. 이게 어떻게 된 일일까? 답은 간단하다. 버핏은 머릿속으로 계산하는 것이다.

버핏은 기업의 과거 10년간의 잉여현금흐름을 살펴본다. 또한 30년 만기 채권 금리를 사용하여 할인율을 계산한 다음 투자에 필요하다고 판단되는 위험 프리미엄을 모두 추가한다.[71] 결론적으로, 어느 하나의 가치평가에만 의존할 수는 없다. 다양한 시나리오를 통해 그 잠재적 범위를 검토한 후 결정을 내려야 한다.

애플 가치평가 프로세스

버핏이 애플의 가치를 평가하는 방법을 이해하기 위해 다음과 같은 공식과 프로세스를 만들어보았다. 애플의 현금흐름에 대해서는 10% 성장률이라는 보수적인 추정치를 적용하는 한 가지 계산만 수행했다. 그 근거는 지난 10년간 애플의 연평균 성장률이 10%였다는 과거 분석 자료다. 나는 2022년 6월에 '허들 레이트(최소한의 필수 수익률)'[72] 또는 WACC(기업이 총자본을 조달하는 데 드는 평균 비용으로 이는 투자하기 위한 최소한의 투자 수익률이기 때문에 이용)라고도 하는 할인율을 10%로 추정했다. 또 최종 성장률은 보수적으로 2%로 가정했다.

가정

1. 애플의 잉여현금흐름FCF에 대한 과거 분석을 근거로 하여 향후 10년간 연평균 8% 성장을 꾸준히 지속할 것으로 추정한다.

2. 인플레이션 효과에는 연 10%의 할인율을 적용한다.

3. 11년째 이후의 회사 현금흐름은 연평균 2%씩 영구히 증가한다고 가정한다.

4. 금액 단위는 10억 달러로 표시한다.

주의해야 할 점은 일부 실무진과 학계에서는 세부적으로 조정된 잉여현금흐름을 계산하기도 하지만, 이 책에서는 분석의 편의와 명료성을 위해 단순한 형태를 선택했다. 할인율은 대개 가중평균자본비용WACC을 뜻한다. 그러나 애플은 현금과 투자가 매우 많고 부채가 아예 없다. 따라서 여기서는 애플의 자기자본비용을 할인율로 추정했다(WACC는 부채와 자기자본을 함께 고려한다. _옮긴이). 자기자본비용 계산에는 자본자산가격결정모형CAPM, Capital Asset Pricing Model을 적용했다.

자본자산가격결정모형

$$Rf + 베타(ERm - Rf)$$

무위험 금리Rf=3.44%로 미 국채 10년물 수익률에 해당한다.

베타=1.21로 증권이나 포트폴리오의 시장 기준 변동성(시스템적 위험 요소)을 측정한 값이다.

시장위험프리미엄[ERM-Rf]=5.5%로 S&P500 지수가 미국 국채 수익률을 넘어서는 역사적 장기 평균 수익률에 해당한다.

$$\text{자기자본비용} = 3.44\% + 1.21 \times 5.5\% = 10\%$$

1) 현금흐름할인의 예측 기간

DCF의 공식은 다음과 같다.

$$DCF = \frac{FCF_1}{(1+r)^1} + \frac{FCF_2}{(1+r)^2} + \frac{FCF_n}{(1+r)^n}$$

* FCF는 해당 연도의 현금흐름을 말한다. FCF_1은 1차 연도, FCF_2는 2차 연도, FCF_n은 n차 연도에 해당한다. r은 할인율이다.[73]

10년간 현금흐름할인의 현재 가치는 841.89달러이다(표 6.9 참조).

표 6.9 애플의 추정 잉여현금흐름

	미래 잉여현금흐름의 현재 가치[PV]											
연도	2021	2022	2023	2024	2025	2026	2027	2028	2029	2030	2031	Total
전년도 FCF (달러)	93	100.44	108.48	117.15	126.53	136.65	147.58	159.39	172.14	185.91	200.78	
성장률(%)	8	8	8	8	8	8	8	8	8	8	8	
할인 요소		0.9091	0.8564	0.7513	0.6830	0.6209	0.5645	0.5132	0.4665	0.4241	0.3855	
DCF의 PV (달러)		91.31	89.65	88.02	86.42	84.85	83.30	81.79	80.30	78.84	77.41	841.89

2) 영구가치 – 영구 성장 모델

영구가치 계산은 예측 기간 이후의 회사 가치를 추정하는 데 사용된다. 앞에서 소개했듯이 영구가치 계산 공식은 다음과 같다.[74]

$$\text{영구가치} = \frac{FCF \times (1+g)}{(d-g)}$$

2022년 기업 가치평가를 기준으로 애플의 경우 다음과 같이 계산할 수 있다.

$$\text{영구가치} = [FCF \times (1+g)] \div (d-g)$$
$$= [200.78달러 \times (1+0.02)] \div (0.1-0.02)$$
$$= 204.7956 \div 0.08 = 2,559.95달러$$

여기서 FCF=200.78=최근 예측 기간의 잉여현금흐름, g=0.02=최종 성장률, d=0.1=할인율(주로 WACC)이다. 그러므로 영구가치의 현재 가치는 2,559.95달러×0.3855로 986.97달러이다.

2022년 사업 가치 = 미래 현금흐름의 현재 가치 + 영구가치의 현재 가치

1~10년 미래 현금흐름의 현재 가치 = 841.89달러

10년의 영구가치의 현재 가치 = 986.97달러

내재가치 = 841.89달러 + 986.97달러 = 1,828.86달러

발행주식수(10억 주) = 16.19

주당 내재가치 = 1,828.86달러/16.19 = 112.96달러

2022년 6월 16일 시장 가격 = 130.06달러

과대평가/과소평가 = 15.1% 과대평가

앞서 말했듯이, 버핏은 가치평가가 과학이라기보다는 기술에 더 가깝다고 생각한다. 그의 방법이 단순히 DCF를 사용하는 것을 넘어서는 이유도 거기에 있다. 예컨대 이 경우에는 FCF의 증가율이나 자기자본비용 등을 바꾸면 가치평가가 달라질 수도 있다.

나는 이 방법을 자기자본비용에 적용하여 11%와 12%가 되는 시나리오를 돌려봤다. 11%의 경우 주당 내재가치는 99.06달러가 되어 31.3%만큼 높게 평가되었다. 12%의 경우 주당 내재가치는 88.01달러, 즉 47.8% 높게 평가되었다. 물론 향후 10년간 성장률을 2%가 아닌 4%로 추정한다면 기업 가치는 훨씬 더 높아질 것이고, 애플의 현재 시가총액에 대해서도 정반대의 결론이 나왔을 것이다.

이상은 입력값의 범위가 정해졌을 경우 애플의 가치를 평가한 예다. 이 경우에는 예를 단순화하기 위해 자기자본비용만 바꾸었지만, 가치평가는 할인율과 성장률 추정치의 변화에 가장 민감하게 반응하는 경향이 있다.

버핏은 우리가 함께 오찬을 나누는 자리에서 기업 가치평가에서 DCF를 가장 기본적인 도구라고 생각한다고 분명히 밝혔다.

7장

현명한 투자 결정 방법

펀드매니저에게 주식 선택은 포커보다는 주사위 던지기에 가까운 일이다. 어떤 해든 성적이 좋은 펀드는 그저 운이 좋았을 뿐이다. 즉, 주사위를 잘 던진 결과인 셈이다. 주식 투자자는 다들 알게 모르게(물론 거의 모르겠지만) 운에 맡긴 승부를 펼치고 있다는 것이 연구자들의 공통된 견해다.[1]

_ 대니얼 카너먼

행동금융학이란 무엇인가?

워런 버핏은 투자자로 성공하고자 하는 사람은 두 가지를 알아야 한다고 말한다. 첫째는 6장에서 살펴본 것처럼 기업의 가치를 평가하는 방법이다. 둘째는 인간의 행동을 평가할 줄 알아야 한다. 바로 이 장에서 살펴볼 주제다. 그러기 위해서는 행동금융학이라는 비교적 최근에 형성된 학문 분야의 개념을 알아야 한다.

행동금융학을 창시한 학자는 대니얼 카너먼Daniel Kahneman과 아모스 트버스키Amos Tversky라는 두 교수다. 카너먼 교수는 2002년에 노벨 경제학상을 수상했고, 2011년에는 명저 《생각에 관한 생각 Thinking, Fast and Slow》을 출간했다.[2] 이 책은 생각보다 인간의 행동에 훨씬 더 많은 영향을 미치는 편향(편견)이나 약식 추론 과정Heuristics(휴리스틱스), 즉 손실 회피나 과신, 낙관, 프레이밍, 매몰 비용 등을 다루고 있다.

버핏과 멍거는 사실 행동금융학이라는 용어를 언급하지 않을 뿐이지 이것을 매일 실행하고 있다. 그들은 투자를 결정하는 데는 기업의 가치를 평가하는 것만으로는 충분치 않다는 것을 알고 있다. 판단 실수로 이어질 편견이 없는지 확인하는 자기 점검의 습관도 그에 못지않게 중요하다.

폭넓은 범위를 탐구하는 학문 분야인 행동금융학은 인간의 행동이 완전히 이성적이라는 전통적 가정을 부인하고 문화, 심리 및 기타 요소가 우리의 경제적 의사결정에 미치는 영향을 연구하는 학문이다.[3] 카너먼과 트버스키의 연구는 인간의 이런 정신적 습관을 조명하여 그것이 비합리적 의사결정과 선택 오류로 이어질 수 있음을 보여주었다. 그들이 가장 중요하다고 여긴 개념인 '전망 이론prospect theory'[4]은 오늘날 행동금융학의 기본 이론이 되었다.

행동금융학은 행동경제학이 가르치는 보편적인 원리를 특정 경제주체, 즉 투자자에 적용한다. 여기에서는 투자자도 여느 경제주체와 다름없이 고전 경제학에서 비합리적인 태도라고 여겨지는 각종 심리적 편견에 노출될 수밖에 없다고 본다.[5]

투자자는 인지적, 정서적 편향을 모두 안고 있다. 인지 편향은 경제 모델의 실패나 한계, 불완전하고 부정확한 정보, 그리고 실제로 오류를 자아내는 여러 요소에서 비롯된다. 그러나 정서적 편향은 반드시 오류가 아니더라도 투자자가 투자하면서 느끼는 즐거움이나 고통 때문에 발생하기도 하고, 이는 투자자가 잠재적 결과를 분석하는 데 영향을 미친다.[6]

리처드 탈러

행동금융학 분야에서 가장 주목할 만한 인물은 시카고대학교 행동경제학과의 리처드 탈러Richard Thaler 교수다. 심리학과 경제학의 통합에 매우 중요한 역할을 한 탈러는 행동경제학 분야에서의 공로로 2017년 노벨 경제학상을 수상했다.[7] 그는 행동경제학 분야에서 여러 권의 명저를 저술했고, 풀러앤탈러 에셋매니지먼트를 설립하여 행동금융학 분야의 통찰력을 투자 결정에 적용하고 있다. 2015년에는 서브프라임 대출 사태를 조명한 할리우드 영화 〈빅쇼트〉에 출연하기도 했다. 탈러와 캐스 선스타인은 2008년에 공동 저자로 출간한 《넛지Nudge》라는 책에서 이렇게 말했다. "사람들은 잘못된 선택을 한 후 뒤늦게야 당황하곤 한다. 그 이유는 우리 인간은 생활 전반에서 편견에 취약하므로 교육이나 개인적 재무 관리, 건강 관리, 주택담보대출 및 신용카드, 행복, 심지어 우리가 사는 지구에 대해서조차 당황스럽기 그지없는 실수를 저지르는 존재이기 때문이다."[8]

탈러가 그 후속으로 쓴 《행동경제학Misbehaving》이라는 책의 서두에는 자신이 가르치는 학생들이 100점 만점에 72점보다는 137점 만점에 96점을 받았을 때 더 좋아했다는 일화가 나온다. 실제로는 72점이 더 높은 점수인데도 말이다.[9] 마찬가지로, 학생들은 최종 성적표에 A학점이 나오리라는 것을 알면서도 일단 눈에 보이는 점수가 낮으면 기분이 나빴다고 한다.[10] 당장 눈앞에 보이는 90점이나 100점이 학생들에게 행복감을 안겨준다는 것이다.

이런 '비합리적' 선호는 인간이 이성적으로 행동하리라는 고전 경제학의 가정에 어긋나는 것으로 보인다. 이 학생들이 '잘못된 행동을 하는' 비이성적인 개인으로 보일 것이다.[11] 그러나 그들 중에는 아마도 미국에서 가장 논리적일 뿐 아니라, 머지않아 사업가가 될 학생이 분명히 있을 것이다. 탈러의 학생 중에는 투자자가 된 사람도 분명히 있다. 그들은 아주 정교한 사고방식을 발휘할 것이 틀림없다. 그러나 심지어 그때가 되어서도 비이성적인 인지 편견을 떨치지 못할 수도 있다. 탈러는 투자자들에 대해 이렇게 말한다. "손실에 대한 두려움(그리고 단기적인 사고방식) 때문에 적절한 수준의 위험조차 감수하지 않으려 할 수 있다."[12]

캐슬린 엘킨스 Kathleen Elkins는 이런 실수로부터 자신을 보호하기 위해 탈러의 조언을 이렇게 요약했다. "주식 위주로 투자 포트폴리오를 짜라. 성과 확인은 1년에 한 번만 하라. 뉴스를 따라가지 마라. 포트폴리오를 구성한 다음에는 잊어버려라."[13] 별로 어렵지 않게 보이지만, 막상 실천하기는 만만치 않다. TV 시청 중에 주가가 3% 하락하는 뉴스를 본다면 기분이 어떨까? 손실을 줄이고자 당장 전화기를 집어들어 주식을 매도하는 시청자가 많을 것이다. 그렇지 않은가? 탈러가 보기에 이는 완전히 잘못된 행동이다. 그는 〈파이낸셜타임스〉와의 인터뷰에서 이렇게 말했다. "그럴 때일수록 채널을 돌리거나 TV를 꺼야 합니다. 나는 게을러서 주식을 한 번 사면 웬만하면 움직이지 않았습니다. 그 전략이 나에게는 효과가 있었습니다."[14]

버핏도 2014년 버크서해서웨이 연례 보고서에 비슷한 내용의 조언을 남겼다. "시장에는 어떤 일도 일어날 수 있습니다. 그리고 찰리나 나는 물론, 그 어떤 자문가나 경제학자, TV 해설가도 언제 혼란이 일어날지 말해줄 수 없습니다. 시장을 예측한다는 사람들이 여러분의 귀를 만족시켜줄 수는 있지만, 결코 지갑은 채워주지 못합니다."[15]

행동금융학 분야의 또 다른 중요 인물은 듀크대학교의 심리학 및 행동경제학 교수이자 고급통찰센터 Center for Advanced Hindsight 의 설립자 댄 애리얼리 Dan Ariely 다. [16] 그의 웹사이트 또한 "비이성적인 내 인생"이라는 기발한 제목을 달고 있다. [17]

애리얼리의 연구는 사람들이 실제로 재무적인 결정을 내리는 과정과 그들이 완전히 합리적인 방식으로 행동할 경우를 대조하여 보여준다. 그의 또 다른 저서로는 《상식 밖의 경제학 Predictably Irrational》[18] 과 《경제 심리학 The Upside of Irrationality》 등이 있다. [19]

애리얼리도 탈러와 마찬가지로 투자자가 포트폴리오를 자주 변경하는 행동을 그리 권장하지 않는다. 금융 분야의 전문가조차 시장 변동에서 오는 불안감과 그로 인한 잘못된 의사결정을 피하기가 매우 어렵기 때문이다. 심지어 그는 2007년부터 2009년까지 이어진 금융위기에 자신의 계좌를 일부러 봉쇄한 적이 있었다. 그는 CNBC와의 인터뷰에서 이렇게 말했다. "시장의 극심한 변동을 지켜보면 기분만 더 비참해질 뿐입니다. 사실 기분만 나쁘면 괜찮지만 그에 따라 행동한다는 것이 더 큰 문제지요."[20]

코로나19 팬데믹

세계적인 위기가 금융시장에까지 영향을 미친 최근 사례로는 2020년 초 미국에서 폭발한 코로나19 팬데믹 사태를 들 수 있다. 미국 증시는 바이러스 확산을 막는다는 명분으로 시행된 봉쇄 조치로 2월 중순에 고점을 기록한 뒤 무려 34%나 급락하더니 2020년 3월 23일에 마침내 저점을 찍었다.[21] 이 사태는 1930년대 대공황 이후 최악의 경제위기를 촉발했다.

사실 경제학자들에 따르면 경기침체는 4월에 끝났기 때문에 지속 기간은 2개월에 불과했다고 한다.[22] 그러나 갑자기 직장을 잃거나 근무 시간이 줄어든 사람이 많아진 상황을 심각하지 않다고 느낀 사람은 아무도 없었다.

언론은 위기가 닥칠 때마다 버핏에게 재정적 조언을 구했고, 이번에도 마찬가지였다. 그는 어떤 조언을 했을까? 침착을 유지하고 큰 변화를 주지 말라고 했다. 즉, 아무 조치도 하지 말라는 것이었다.

실제로 경제 상황은 정부의 개입으로 정상을 회복했다. 연준은 다양한 채권을 사들이며 시장에 유동성을 대거 공급했다. 연준은 단 8주 만에 대침체 때보다 더 많은 유동성을 금융 시스템에 쏟아부었다. 이것은 결국 자산 가격을 상승시켜 경제에 활력을 불어넣었다. 버핏의 말이 옳았다. 가장 좋은 방법은 미국 경제를 믿고 패닉에 빠지지 않는 것이었다.

대침체: 2007년부터 2009년까지

금융기관들의 투기적이고 무분별한 대출로 과열된 부동산 시장이 붕괴하자 다우존스 지수는 2007년 8월에 고점을 기록한 후 절반이 넘게 급락하고 말았다. 이에 따라 수많은 투자자가 한꺼번에 매도에 나섰다. 그러나 2009년 3월이 되자 시장이 회복되기 시작했고, 4년 후인 2013년 3월에 다우지수는 2007년의 최고치를 경신했다.[23] 이번에도 역시 최선의 방책은 버핏을 비롯한 행동금융학자들의 추천대로 그저 위기를 견디며 기다리는 것이었음이 증명된 셈이다.

닷컴 버블: 2000년부터 2002년까지

1995년부터 2000년까지 인터넷 기업의 시장 가치는 크게 치솟았다. 인터넷 기업의 급등에 비하면 수익은 훨씬 못 미치는 수준에 머물렀다. 그러나 나스닥 지수는 440%가 넘는 증가율로 급등했다. 1999년에 버핏은 버크셔해서웨이의 실적이 시장 평균에 못 미친다는 비판을 받았다(S&P500 지수의 약 40% 수준이었다).[24,25] 그러나 지금 와서 돌이켜보면 그는 그저 시장 과열에 지나지 않는 인터넷주의 신기루에 속지 않고 신중한 태도를 유지했던 셈이다.[26,27] 실제로 나스닥 지수가 5,048.62로 최고점을 찍은 2000년 3월 10일부터 1,139.90으로 떨어진 2002년 10월 4일 사이에 시장은 76.81%나 하락했다. 그야말로 폭락이었다.[28]

버핏은 군중을 따르기보다는 독자적으로 사고했고, 그런 태도가 비록 단기적으로는 타격이 되었으나 장기적으로는 귀중한 보상으로 돌아왔다. 나스닥 지수의 회복세는 더뎠다. 배당을 고려해도 나스닥 지수는 12년이 지난 2014년 11월이 되어서야 2000년 3월 수준으로 겨우 회복했다.

최근 몇 년간 버크셔해서웨이의 실적이 다시 시장을 밑도는 것을 볼 때, 과거 버핏이 꿰뚫어봤던 거품이 다시 시장에 형성되고 있는 것이 아닌가 하는 의문을 품을 수 있다.[29,30]

대공황

1929년 9월 3일, 다우지수는 381.17로 최고점에 도달했다. 대공황 이후 다우존스는 무려 25년이 지난 1954년 11월 23일이 되어서야 당시 수준을 겨우 회복했다![31] 공식적으로 이런 경제 위축이 지속된 기간은 1929년의 주식시장 붕괴부터 미국이 제2차 세계대전에 참전할 때까지 10여 년이었다. 최악의 시기였던 1933년에 실업인구는 미국 전체 노동자의 25%에 달했다.[32] 고통스럽도록 더딘 회복으로 인해 미국인은 정부에 더 많은 역할을 요구하기에 이르렀다. 그것은 노인을 위한 사회보장제도와 실업 급여가 탄생하는 결과를 낳았다.

위기 사례들의 요약

보다시피, 시장 지수가 과거 고점을 회복하기까지 걸린 시간은 시기마다 모두 다르다. 그러나 25년(대공황)에서 14년(닷컴 버블), 4년(대침체), 다시 2개월(팬데믹)로 줄어드는 것을 보면 시간이 지나면서 위기 대처 능력이 축적되어온 것이 아닌가 하는 생각도 든다. 기간이 줄어드는 현상이 정부의 시장 관여도와 관련된다는 점도 주목할 만하다. 물론 이것은 도덕적 해이와도 연관된다는 점에서 치열한 논쟁의 대상이 되기도 한다. 일반적으로 도덕적 해이는 사업 계약의 어느 한 당사자가 엄청난 위험을 감수하며 필사적으로 노력할 만한 동기가 있는 경우에 쓰는 말이다.[33] 정부의 시장 관여도라는 맥락에서 도덕적 해이란 말은 경제적 재난이 닥쳤을 때 투자자들이 정부가 시장 구제에 나서리라 믿고 경솔하게 위험을 감수할 가능성이 크다는 뜻이 될 것이다. 그러나 이 문제를 전체적으로 다루는 것은 이 책의 범위를 넘어서는 일이다.

편향

다음은 잘못된 투자 결정을 초래하는 7가지 편향에 관한 내용이다. 그중에는 버핏의 편향도 몇 가지 있다. 그 내용은 8장에서 다룰 것이다.

군중 편향

이름에서 알 수 있듯이, 군중 편향은 투자자들이 특정 부자에 따르는 위험을 충분히 분석하지 않고 그저 유행이나 추세를 맹종하는 현상을 말한다. 이것은 가장 강력한 행동 편향에 해당한다. 물론 이런 현상은 시장이 위기에 처했을 때 발생하기도 하지만, 특정 산업 분야가 과대 평가되면 위기를 장기화하는 결과를 초래할 수도 있다. 멍거는 특히 이 현상에 깊은 관심을 보였는데, 그런 투자자들을 '레밍'이라고 불렀다. 그는 버크셔해서웨이 연례 주주총회가 열릴 때마다 이 주제를 언급했다.

다음은 버핏이 2008년 주주총회에서 레밍에 관해 한 말이다.

"나는 열한 살에 투자를 시작했습니다. 맨 먼저 한 일은 투자에 대해 읽는 것이었습니다. 나는 눈에 보이는 것을 모두 읽는 게 중요하다고 생각합니다. 아마 여섯 살이나 일곱 살 때 처음으로 읽기 시작했을 겁니다. 8년 정도 기술 분석을 비롯한 다른 것들을 두루 섭렵하다가 《현명한 투자자》라는 책을 만났습니다. 그때가 아마 열아홉 살로 네브래스카대학교에 다닐 때였을 겁니다.

여러분이 만약 《현명한 투자자》에 나온 교훈을 충분히 익힌다면, 아, 그 책의 서문을 내가 썼습니다. 특히 8장과 20장을 꼭 읽어보시기 바랍니다. 최소한 레밍보다는 훨씬 더 현명하게 행동할 수 있을 것입니다.

우리가 주식을 대할 때 유념해야 할 세 가지 교훈이 있습니다. 첫째, 주식 투자도 일종의 사업이라는 점입니다. 둘째, 시장을 유리하게 이용만 하면 되지 시장에서 무슨 가르침을 얻을 필요는 없다는 것입니다. 셋째, 안전마진 개념으로 무슨 일에나 항상 어느 정도 여유를 둘 필요가 있다는 것입니다.

이 자리에 계신 분들은 첫째 교훈만큼은 확실히 터득하셨으리라고 생각합니다. 저는 버크셔해서웨이 주주들은 깜짝 실적을 내는 주식이 아니라 어딘가에 있는 기업집단을 소유한 것으로 여긴다고 생각합니다. 그리고 이것이 주식을 보는 바람직한 태도입니다. 그렇게 하면 결코 레밍이 되지 않을 것입니다."[34]

요컨대 버핏은 투자자가 군중 편향의 함정에 빠지지 않으려면 투기꾼이 아니라 소유주의 자세로 주식을 대해야 한다는 것이다.

군중 편향을 보여주는 최근의 예로는 2020년에 이른바 FAANG 주식, 즉 페이스북, 아마존, 애플, 넷플릭스, 구글 등이 급등한 것을 들 수 있다. 마찬가지로 2019년에는 전년도 최고 실적 10%에 든 뮤추얼 펀드에 신규 투자의 39%가 집중되었다.[35] 과거의 실적이 미래 성과를 보장하지 않는다는 점을 생각하면 이것은 군중심리가 작용한 결과로 볼 수 있다. 과거 실적에만 의존해 결정을 내리는 투자자는 최악의 행동을 하는 경우가 많다.[36]

금융시장의 군중심리 | 군중심리는 집단의 힘에 고개를 숙이는 인간의 본능이라고 할 수 있다. 앞서 언급했듯이 닷컴 붐이 한창이던 당시 실제로 이익을 내는 회사는 거의 없었다. 그럼에도 투자자들은 인터넷 기업에 열광했다.

오로지 숫자만 믿는 투자자도 군중을 거스르기는 매우 힘든 일이다. 순응하지 않는 태도는 공포를 초래한다. 모든 사람이 애플에 투자하는데 나만 다른 길로 간다면 바보처럼 보이기 때문이다.[37] 심리학자들은 대세를 거슬러 투자를 감행한 사람들이 실제로 육체적 고통을 느낀다는 사실을 발견했다.[38] 한 연구에 따르면 반대 행동을 한 사람이 '팔이 부러지는 것 같은 고통'을 겪었다고 한다.[39]

군중 편향의 예: 코노코필립스(2008년) | 버핏도 인간이므로 인간적 약점이 있을 수밖에 없다. 2008년에 유가가 사상 최고치를 기록하자 주주 배당금이 커지면서 수많은 신규 투자자를 끌어들였다. 그리고 버핏도 그 대열에 합류했다. 그는 석유와 천연가스 가격이 연중 최고치에 가까워졌을 때 코노코필립스 주식에 뛰어들었다. 그는 나중에 2008년 버크셔해서웨이 주주 서한에서 자신의 실수를 인정했다.

> "나는 작년에 중대한 실수를 저질렀습니다. 단순한 실수가 아닐지도 모릅니다. 너무나 심각한 문제니까요. 나는 찰리를 비롯해 그 누구도 권유하지 않았음에도 석유와 가스 가격이 정점에 가까울 때 코노코필립스 주식을 대량 매입했습니다. 작년 하반기의 에너지 가격 급락을 전혀 예상하지 못했습니다. 나는 지금도 현재 40~50달러 선인 유가가 앞으로 훨씬 더 오를 가능성이 충분하다고 생각합니다. 그러나 지금까지의 내 판단은 완전히 틀렸습니다. 앞으로 가격이 상승하더라도 매수 타이밍이 아주 잘못된 탓에 버크셔해서웨이에 수십억 달러의 손실을 입히고 말았습니다."[40]

그의 행동은 사실 군중 편향뿐만 아니라 과도한 자신감이 더해진 결과일 수도 있다.

군중 편향을 극복하는 방법 | 버핏의 일반적 경험칙을 명심하라. 즉, 다른 사람이 두려워할 때 사고, 그들이 욕심낼 때 팔아라.

군중을 따라가면 결국 손해를 보게 된다. 군중 편향을 피하는 가장 확실한 방법은 열심히 분석하는 것뿐이다.

전문가 편향

이 책을 쓰기 전에 나는 금융시장 관련 뉴스를 자세히 살펴보았다. 나는 CNBC와 블룸버그의 뉴스를 들었다. 또 〈월스트리트저널〉, 〈배런스〉, 〈뉴욕타임스〉를 비롯해 10여 개의 신문, 잡지 및 다양한 금융 뉴스레터를 읽었다. 나는 이런 정보를 바탕으로 미래를 예측하려고 했다. 그러나 사실 내가 한 일이라고는 소위 전문가라는 사람의 말에 흔들린 것뿐이었다. 다시 말해 투자자들은 전문가라고 생각되는 사람들의 말에 큰 비중을 두기 때문에, 이들이 금융시장에 영향을 미칠 수 있는 것이다. 아마 누구를 말하는지 여러분도 이미 알고 있을 것이다. CNBC 〈패스트머니〉에 출연하는 짐 크레이머Jim Cramer나 베키 퀵Becky Quick 같은 사람들이다. 물론 버핏과 멍거도 포함된다. 또는 스탠리 드러켄밀러Stanley Druckenmiller, 빌 밀러Bill Miller, 칼 아이칸Carl Icahn, 조지 소로스George Soros, 세스 클라먼Seth Klarman, 하워드 막스Howard Marks, 폴 튜더 존스Paul Tudor Jones, 그리고 학계의 투자 전문가 제레미 시걸Jeremy Siegel 같은 사람들이다.

내가 그들이 말하는 내용을 습득한다고 해도, 그 덕분에 기존에 알던 지식을 확신했다기보다는 그저 너무 많은 정보에 압도되었을 뿐이다. 게다가 하필이면 시장이 약세를 보일 때 그들의 말을 들은 탓에 비합리적인 투자 결정을 내리고 말았다. 나는 버핏이 그토록 강조했던 미래를 예측하지 말라는 조언을 새겨들었어야 했다.

나의 문제점 | 그러나 그때 코로나19 사태가 발생했다. 모든 미국인의 관심은 사망률로 옮겨갔고, 우리는 금융시장이 혼란에 빠지는 것을 지켜봤다. 늘 그렇듯이 CNBC는 버핏에게 투자자들이 어떻게 행동해야 하는지 조언을 구했다. 그는 지금까지 하던 대로 하라고 말했다. 버핏은 대공황과 두 번의 세계대전, 대침체, 9·11 사태 등 수많은 위기를 겪었다. 물론 팬데믹을 경험한 적은 없었다. 그러나 그가 미래를 대비하는 기본 틀은 조금도 달라지지 않았다. 그는 언제나 큰 변화는 필요 없다고 말한다.

그런 조언을 새겨듣기는 생각보다 쉽지 않다. 버핏이 CNBC에서 말하기 바로 전날 S&P500 지수는 3% 하락으로 마감했다. 그리고 다음 날에도 3% 하락했다. 팬데믹으로 내가 투자한 자산이 크게 하락할 것 같았기에 나는 버핏의 조언을 무시하고 주식 70%, 채권 30%이던 투자 비중을 주식 15%, 채권 85%로 재빨리 바꾸고 말았다. 그랬더니 시장 지수보다 20%나 더 수익이 났다. 내가 천재라는 생각이 들었다. 그러나 주식시장을 거의 떠난 것이나 마찬가지였으므로 새로운 문제가 생겼다. 언제 다시 시장에 진입해야 할까? 그리고 다시 투자할 때는 어떤 종목을 선택해야 하는가?

내가 멀리서 지켜만 보는 동안 연준은 시장에 더 많은 돈을 쏟아부었고, 결국 주가는 상승했다. 나는 다시 주식 비중을 50%로 늘렸다. 아마도 아무것도 하지 말라는 버핏의 충고가 옳았을 것이다. 그러나 듣는 것과 실천하는 것은 전혀 다른 일이다.

전문가 편향을 극복하는 법 | 전문가가 하는 말이라고 무조건

사실로 간주하면 안 된다. 멍거의 표현대로 레밍 떼가 되어서는 안 된다. 스스로 생각해야 한다. 사람들의 말에 의문을 품어라. 그들은 누구인가? 그들은 누구를 위해 일하며, 우리에게 그런 말을 하는 동기는 무엇인가? 그들의 의견은 얼마나 믿을 수 있는가? 그들의 과거 경력은 살펴보았는가? 그들의 평판은 어떤가? 어떤 매체가 그들의 견해를 선전하고 있는가? 그 매체는 얼마나 독립적인가? 먼저 독자적인 정보 확인 절차를 거친 다음에 결정해도 늦지 않다.

손실 회피 편향

카너먼과 트버스키는 손실 회피라는 개념을 개발했는데, 이는 '전망 이론'이라고도 한다.[41] 이 말은 기본적으로 사람들은 이익을 얻을 가능성보다 손실에 대한 두려움을 더 크게 여긴다는 뜻이다. 심리학에서도 손실에서 오는 고통이 같은 정도의 이익에서 얻는 즐거움보다 대략 두 배나 더 크다는 사실이 밝혀졌다. 그러므로 사람들은 손실 위험을 최소화할 수 있다면 그보다 훨씬 더 큰 이익을 얻을 기회도 기꺼이 포기한다는 것이다. 기존에 보유한 자원을 잃지 않기 위해서라면 엄청난 위험도 감수할 수 있다.[42] 멍거는 이렇게 말했다. "사람들은 손실을 과대평가하거나 사실상 얻을 것이 전혀 없는 일 때문에 엄청나게 어리석은 행동을 할 수 있다."[43]

탈러는 손실 회피가 행동경제학의 가장 강력한 무기라고 말한다. "우리는 여러 가지 이유로 재정적 곤란에 빠시게 됩니다. 그 첫 번째가 손실 회피입니다. 예컨대 예나 지금이나 주식시장에 투자하면 채권이나 저축 계좌에 돈을 넣어두는 것보다 훨씬 더 큰 이익을 기대할 수 있지만, 주가는 변동성이 더 크므로 단기적으로는 손실 위험이 더 커질 수 있습니다. 손실 회피 성향은 주식 투자에서 장기적 기회를 가로막는 요인이 될 수 있습니다."[44]

손실 회피 편향의 예 | 언뜻 생각하는 것과 달리, 손실 회피 편향은 오히려 더 많은 위험을 감수해야 하는 상황을 초래할 수도 있다. 사람들은 이익을 얻을 상황에서는 위험을 피하지만, 손실을 눈앞에 둔 상황이라면 도리어 위험을 기꺼이 감수하는 성향을 보인다. 이것은 결국 끔찍한 결과를 초래할 수 있다. 예를 들어 펀드매니저는 펀드 실적이 기대에 못 미치면 연말이 되었을 때 절박한 심정으로 더 큰 위험을 감수한다.[45]

또 다른 예를 들어보자. 서브프라임 대출 시장이 한창 과열되던 시기에 나는 앞으로 어떤 문제가 닥칠지 충분히 예견할 수 있었으므로 대침체 기간 내내 거의 현금만 보유하고 있었다. 그러나 나는 경기가 회복세에 접어들었을 때도 여전히 현금만 가지고 있었다. 시장이 상승세를 보이는데도 돈을 잃을 위험을 무릅쓰기 싫었다. 손실 회피가 계속되다 보니 일종의 마비 상태에 빠져버린 것이었다. 우리 부부는 2009년 7월에 재무설계사를 다른 사람으로 바꾼 후에야 다시 시장에 들어갔다. 사실은 그것도 새로운 재무설계사의 조언을 따른 것뿐이었다.

손실 회피 편향을 극복하는 방법 | 손실 회피로 인한 마비 상태에서 빠져나오는 방법은 무엇일까? 한 가지 현실적인 방법은 어떤

거래든 단호한 손절매를 통해 잠재 손실을 최소화하는 것이다. 특정 가격에 미리 손절매 주문을 걸어두면 된다. 예컨대 애플 주식을 100달러에 샀다고 가정하면, 90달러에 손절매를 걸어둔다. 이렇게 하면 애플 주가가 90달러, 즉 10% 하락하면 주식시장에서 자동으로 팔리게 된다. 이 방법은 하락 위험, 특히 바닥이 없는 손실 회피 함정에 빠질 위험을 방지할 수 있다.[46]

손실 회피 편향을 극복하는 또 다른 방법은 다음과 같다.

- 헤지로, 처음 투자와 반대 방향의 증권을 매입하는 것을 말한다. 예컨대 주식을 샀다면 대체로 주식과 반대 방향으로 움직이는 채권을 사는 식이다.
- 수익 확정형 보험 상품에 투자한다. 이 돈은 은퇴 대비 자금 등으로 사용할 수 있다. 연금은 대부분 3년에서 10년간 수익을 보장한다.
- 변동성이 작은 증권(국채, 연금, CD 등)에 투자한다.
- 내 의사결정이 항상 편향될 수 있다는 점을 인식한다.
- 투자 대상 기업을 분석하고, 재무상태와 현금흐름이 꾸준히 강세를 보이는 기업을 찾는다.[47]

해결책은 포트폴리오를 두 개 짜는 것 | 재무설계사에 따라 위험도가 비교적 큰 것(그리고 보상도 크다)과 안정적인 것의 두 가지 포트폴리오를 운용하기도 한다. 이 전략을 처음 고안한 사람은 카너먼이다. 그는 투자자들에게 10%, 20%, 그리고 30%의 손실을 본다

면 각각 어떤 기분이 들겠느냐고 물었다. 그런 다음 각 상황에서 어떻게 행동할 것이냐고 물었다. "요컨대 여러분은 언제 빠져나오고 싶으십니까? 그러니까 언제쯤이면 마음을 바꾸시겠습니까?"[48] 그 결과, 사람들이 손해를 견디는 한계는 고작 10%에 불과하다는 결론을 얻었다.[49]

카너먼은 이런 손실 회피 현상을 극복하기 위해 투자자의 개인적인 '후회 성향'을 바탕으로 고위험과 저위험의 두 가지 포트폴리오를 고안하는 연구를 진행했다. 두 포트폴리오의 관리와 보고는 각각 별개로 진행된다. 대체로 둘 중 하나는 시장을 웃도는 실적을 거두기 마련이다. 투자자로서는 심리적 완충장치를 두 개나 마련한 셈이므로 비록 전체적으로는 하나의 포트폴리오에 속해 있지만 좀 더 안전하다는 느낌을 얻을 수 있다. 이 방식은 시장이 정체 국면일 때도 투자자가 패닉이나 후회에 빠지지 않는 데 도움이 된 것으로 밝혀졌다. 카너먼에 따르면 투자 자산이 급락하면 어떤 느낌이 들지 상상하는 것만으로도 손실을 둘러싼 과잉 반응을 억제하는 데 효과가 있다고 한다.[50]

최신 편향

최신 편향은 다른 이름으로 가용성 편향이라고 하는데, 어떤 주제나 개념, 방법, 결정을 평가할 때 머리에 곧바로 떠오르는 최근 사례에만 의존하는 성향을 말한다. 예를 들어 우리가 상어의 공격을 받을 확률은 고작 374만 8,067.51분의 1에 불과하다고 한다.[51] 그러나 누군가 상어로부터 공격당했다는 뉴스가 나오면 사람들은 비슷한 사건이 일어날 가능성을 과대평가하기 때문에 해변을 멀리 하는 경향을 보인다. 이에 대해 애리얼리는 이렇게 말한다.

"우리는 최근에 일어난 일을 너무 심각하게 받아들여 앞으로도 그런 일이 계속 벌어진다고 생각한다. 특히 자산 거품이 발생할 때 그런 경우를 많이 볼 수 있다. 상승세가 조금만 오래가도 그런 추세가 영원히 계속되리라는 느낌이 든다. 오늘날 우리는 수많은 정보를 접하지만 정보를 모두 확인할 수는 없다. 그러면 정보가 너무 많을 때 우리는 어떻게 할까? 정답은 단순화다. 이것을 휴리스틱스라고 한다. 정보의 일부만 사용하는 것으로 가장 눈에 띄는 정보만 선택하고 다른 것은 모두 무시한다. 물론 가장 눈에 띄는 정보는 다른 사람도 다 알고 있을 것이다. 결국 모든 투자자가 비슷한 의견으로 비슷한 판단을 하게 된다. 만약 모든 사람이 정보 과부하 상태에 있고 모두가 정보의 단순화를 추구한다면, 아마도 우리는 모든 사람이 다 아는 가장 간단한 정보만 따르게 될지도 모른다."[52]

투자자들은 최근의 저조한 실적보다 최근 투자 수익률에 따라 매수 결정을 내리는 것으로 알려졌다. 이것은 한 대형 할인 중개 기관이 개인투자자의 매매 결정을 연구한 결론이었다.[53] 비록 이런 투자의 결과가 전년도에 '시장 대비 40%의 초과 수익을' 거두었다고는 하지만,[54] 투자자들이 매도한 주식의 실적이 나중에 내입한 주식보다 더 나았으므로 그들의 전략은 실패했다고 봐야 한다.[55]

최신 편향의 예 | 대침체기의 최신 편향을 조사한 같은 연구에서는 투자자들이 최신 정보를 얻을수록 거래 횟수가 늘어난다는 사실이 확인되었다. 아마도 가격이 낮을 때 사려고 했기 때문일 것이다. 그러나 이 전략은 경기 침체의 영향을 완화하기는커녕, 투자자들이 시장에만 근거하여 예측했을 경우에 비해 오히려 더 큰 손실을 초래했다. 평소에는 투자자의 빈번한 거래 횟수도 포트폴리오 성과와 부정적인 상관관계를 보이는 것으로 나타났다("투자한 다음에는 잊어버려라"는 탈러의 조언을 뒷받침하는 결과다).[56]

버핏조차 최신 편향을 피해갈 수 없었다. 비록 1980년대 후반에 US 항공 우선주를 매수한 뒤 나중에 이것이 실수였다고 인정했지만, 그는 2016년부터 2020년까지 아메리칸 항공, 유나이티드 항공, 델타 항공, 사우스웨스트 항공 등 4개 주요 항공사 주식을 샀다(아마도 공동 최고투자책임자 중 한두 명이 부추겼을 것이다).[57] 그 후 팬데믹이 일어났고, 보유하고 있던 항공사 주식 전체를 무려 50억 달러의 손해를 보고 팔았다.[58]

버핏의 결정은 최신 편향, 즉 인수합병을 통해 항공업계의 수익성이 증가하는 추세를 따른 것으로 보인다. 그는 항공사의 높은 진입장벽에도 주목한 것으로 보인다. 즉, 높은 창업비용(신규 항공기, 연료 등)과 치열한 공항 착륙권 경쟁, 엄격한 규제(특히 승객 안전 측면), 브랜드 충성도, 규모의 경제와 같은 요소들이다. 버핏의 눈에는 이런 진입장벽이 매력적일 뿐 아니라 지속 가능한 것으로 보였고, 따라서 주주에게 매력적인 수익을 안겨주리라고 판단했다.

최신 편향을 극복하는 법 | 투자자들은 최신 편향을 극복하기 위해 역사적 장기 추세를 되돌아볼 필요가 있다. 아울러 목표를 정하고, 자신이 견딜 수 있는 위험의 한계를 확인하며, 원래 세웠던 재무 계획을 철저히 고수해야 한다.

확증 편향

자신의 견해에 반대되는 증거를 외면하고 뒷받침하는 증거에 끌리는 것은 인간의 본능이다. 우리는 자신의 신념과 일치하는 정보를 선호한다. 관점은 이미 정해져 있고 그것을 강화해줄 데이터를 찾는다. 이것이 인간의 본성이다. 인간은 자신과 견해가 같은 사람의 말에 귀를 기울인다. 그러는 편이 기분 좋기 때문이다. 그러나 투자자로서는 그것이 꼭 현명한 일은 아니다.

애플의 주가가 방금 20% 하락했다고 가정해보자. 내렸으니 사고 싶다는 마음도 있지만, 혹시 더 떨어질지도 모른다는 걱정이 앞선다. 오늘 사는 편이 좋다는 확신을 어디선가 얻고 싶다. 그래서 인터넷 뉴스를 읽고 TV 프로그램을 보며 지금이야말로 애플을 살 적기라고 말하는 전문가의 말을 듣는다. 그리고 애플 주식을 산다.[59] 이것이 바로 확증 편향이다.

그러나 확증 편향은 과도한 사신감으로 이어지는 경우가 더 많다. 예를 들어 애플의 주가가 내년에 30% 오른다고 예상하는 분석가가 대부분이라고 가정해보자. 언론은 이런 견해를 보도한다(물론 분석가들의 말에 영향을 받은 기사다). 이렇게 메아리 효과가 형성되어 결국 투자자들은 애플 주식을 사게 된다. 물론 중국과의 무역전쟁이 애플에 미칠 악영향을 보도하는 기사도 있다. 그러나 이미 애플 주식에 열광한 투자자의 눈에 나쁜 뉴스는 들어오지 않고 오직 장밋빛 예측에 부합하는 기사만 보인다.

확증 편향을 극복하는 법 | 일상생활의 거의 모든 인식과 의사결정에 영향을 미치는 확증 편향은 투자자가 차선책을 선택하게 하는 요인이 된다. 투자자는 다양한 의견을 가능한 한 많이 들어야 이런 편향을 피할 수 있다.[60] 자신의 견해와 다른 의견을 일부러라도 찾아 경청하는 태도가 필요하다. 스스로 의문을 제기하고 다른 사람과도 다양한 의견을 나누어야 한다. 버핏이 멍거에게 일부러 반대 의견을 요구하는 이유도 바로 이 때문이다. 부하 직원이 자신의 의견에 전적으로 동의하기를 요구하고, 의견이 조금만 달라도 반항의 표시로 해석하는 리더는 그만큼 자신감이 없는 것이다. 반면 버핏은 건설적인 반론을 제기하는 파트너를 둠으로써 회사가 최고의 투자 결정을 내릴 수 있도록 했다.

사후 확신 편향

사후 확신 편향의 대표적인 예는 "그럴 줄 알았지"라는 말이 나올 때다. 물론 누구나 잘못된 결과를 비롯해 일어날 수 있는 여러 가지 상황을 고려할 것이다. 그러나 그중에는 나중에 실제로 벌어지는 상황도 포함되어 있으므로, 마치 나에게 미래 예측 능력이라도 있는 것처럼 스스로를 속이는 것이다.[61] 투자자들에게서 흔히 나타나는 이 사후 확신 편향은 과도한 자신감으로 이어지는 경우가 많으므로 행동경제학에서 널리 연구되는 주제이기도 하다.[62] 심지어 사후 확신 편향 때문에 사건이 발생하기 전에 우리가 알던 지식이나 믿음이 왜곡되기도 한다.

사후 확신 편향의 예 | 버핏은 그가 투자를 검토했던 회사 중에도 사후 확신 편향이 작용했던 사례가 있었다고 말한다. 바로 구글과 아마존이다. 버핏과 멍거는 구글에 투자하지 않은 것이 큰 실수였다고 말한다. 구글 설립자 세르게이 브린Sergey Brin과 래리 페이지Larry Page는 창업 초기에 버핏과 멍거에게 투자를 요청한 적이 있었지만, 그들은 이를 무시했다. 그들은 그때의 실수를 회고하며 가이코가 구글 광고를 통해 그토록 큰 힘을 얻는 것을 보고 알아차렸어야 했다고 말했다.[63]

또 다른 실수는 진작 아마존에 투자하지 않은 것이었다. 그들은 2019년이 되어서야 아마존에 투자했다. 버핏은 아마존 창업자 제프 베이조스를 '우리 시대 가장 주목할 사업가'라고 했다.[64]

사실 두 실수는 모두 버핏이 기술기업을 싫어한 데 따른 결과였다.

사후 확신 편향을 극복하는 법 | 나는 사후 확신 편향을 억제하기 위해 내가 투자한 모든 종목과 그 일자를 스프레드시트로 정리했다. 나는 시간이 지나면서 내 생각이 어떻게 변화했는지 그 표를 보고 확인한다. 예컨대 내가 어떤 기업(예를 들면 애플)에 투자하면 좋겠다는 생각이 들면, 나는 버핏처럼 실제로 행동하기 전에 일정

기간 그 기업의 상황을 확인하려고 한다. 실제로 버핏은 주식을 매수하기까지 최대 10년을 기다린 적도 있다고 한다. 나도 마찬가지다. 적당한 가격이 될 때까지 충분히 기다렸다가 매수한다.

심리회계 편향

심리회계Mental Accounting란 사람들이 돈에 어떤 가치를 부여하는지와 관련이 있다. 이것은 사람들이 자신이 보유한 현금을 비합리적인 방식으로 분류하여 결국 재무적으로 잘못된 결정을 내리는 현상을 설명하기 위해 1999년에 탈러가 만든 개념이다.[65] 예를 들면 이자율이 높은 부채를 먼저 갚지 않고 그 돈을 수익률이 낮은 저축 계좌에 넣는 사람이 있다. 사실은 부채를 갚는 편이 더 큰 이익인데도 말이다.

심리회계 편향은 주로 예산과 지출을 분류할 때 나타나는 문제다. 예를 들어 자신이 가진 돈을 두 계좌로 나누는 사람이 있다. 하나는 주택 비용(주택 마련이나 수리를 위한 저축)이고, 다른 하나는 기타 경비(유류비, 의복비, 공과금 등)다.[66] 같은 돈을 심리적으로 여러 계좌로 구분하는 사람이 있다. 예를 들어 한 달 생활비를 식료품 비용과 외식 비용으로 나누는 식이다. 이 경우 두 예산은 결국 같은 자원(한 달 수입)에서 나오는데도 한쪽 예산이 바닥난다면 그 범주의 소비는 억제하지만, 다른 쪽 예산은 마음껏 쓰는 사람이 많다.[67]

심리회계는 사람들의 지출이 두 범주로 나뉜다고 가정한다. 한쪽 범주는 자유롭게 쓸 수 있는 돈이다. 선물이나 보너스, 또는 카지노 당첨금 등 공짜로 생긴 돈이 여기에 해당한다. 다른 쪽 범주는 열심히 일해서 번 돈이다. 또는 '잃어도 되는 돈'과 '낭비하면 안 되는 돈'으로 나누는 사람도 있을 것이다.[68] 이럴 때 문제는 '잃어도 되는 돈'으로 너무 큰 위험을 감수하여 막대한 손실을 초래할 수 있다는 점이다.[69]

그러나 사실 "모든 돈은 똑같다."[70] 심리회계 편향을 피하려면 투자자는 모든 돈이 어떤 '계좌'에 들어가든 똑같이 취급해야 한다.[71]

심리회계 편향의 예 | 카너먼과 트버스키는 그들의 손실 회피 이론에도 심리회계 편향이 작동한다고 보았다. 그 둘이 서로 연관되는 방식은 다음과 같다. 어떤 투자자가 손해난 주식과 이익이 난 주식을 하나씩 가지고 있다(둘 다 장부상으로). 그는 현금이 필요해서 둘 중 하나를 팔려고 한다. 손실 회피 효과와 심리회계 편향에 따르면 투자자는 이익을 본 주식을 팔 것이다. 그러나 그것은 잘못된 결정이다! 손해 본 주식을 팔면 세제 혜택을 얻을 수 있다. 더구나 나쁜 실적을 정리하고 좋은 투자 상품만 보유할 수 있다.[72] 손실의 고통을 이기지 못하는 투자자는 이익이 나는 주식을 매도하는데, 이는 손실 회피가 비합리적인 결정을 초래할 수 있음을 보여준다.[73]

또 다른 예는 카지노에서 딴 돈으로 청구서를 갚는 대신 스포츠카를 사는 사람이다.

심리회계 편향을 극복하는 법 | 심리회계 편향을 극복하기 위해 할 수 있는 일은 다음과 같다. 먼저, 공짜 돈이든 카지노에서 딴 돈이든 세금 환급금이든 급여든 돈은 모두 똑같다는 사실을 명심해

야 한다. 돈을 여러 '범주'로 분리하지 마라. 돈은 그 출처에 상관없이 현명하고 합리적으로 사용해야 이익을 극대화하고 손실을 최소화할 수 있다. 나는 하나의 스프레드시트에 모든 계정을 기록한다. 내가 가진 돈을 모두 하나의 자원으로 간주하는 것이 의사결정에 도움이 된다고 생각한다.

요약

투자자는 여러 가지 행동 편향을 염두에 두어야 한다. 이 장에서는 투자에서 가장 흔히 나타나는 7가지를 살펴봤다. 버핏과 멍거는 투자에서 가장 중요한 것은 올바른 기질이라고 강조했다. 자신의 편향을 이해하면 올바른 기질을 키우는 데 도움이 된다.

3부

Warren
Buffett

버크셔해서웨이의
역사

8장

버크셔해서웨이:
1967년부터 2009년까지

다른 사람들이 욕심낼 때 조심하고, 그들이 두려워할 때 뛰어들어라.[1]

_ 워런 버핏

기업 벤처링

인디애나대학교 기업가 정신 특임교수 도널드 쿠라트코Donald F. Kuratko 박사는 버핏과 기업가 정신에 관해 이렇게 말했다. "버핏은 기업가가 지녀야 할 전형적인 성격과 기술을 보여주는 사람이라고 생각합니다. 그러나 그는 버크셔해서웨이를 성장시키고 수많은 거래를 이뤄내면서 기업 벤처링corporate venturing을 통해 기업형 기업가 corporate entrepreneur(기업 내 혁신가, 신사업을 만들거나 외부 기업을 투자, 인수하는 등 기업 내에서 기업가적 역할을 하는 이로 창업형 기업가와 구분된다. _옮긴이)가 되었다는 표현이 더 정확합니다."[2]

버핏은 고전적 의미의 기업가임은 물론, 기업 내 혁신가라는 점도 의심의 여지가 없는 사실이다. 그는 버크셔해서웨이의 자원과 수많은 기업의 가치를 평가하는 놀라운 능력을 이용하여 기업 인수와 주식 투자 및 기타 거래를 성사해낸다. 이 장과 다음 장에서는 버크셔해서웨이의 역사를 통해 그 내용을 살펴볼 것이다.

버핏의 기업 혁신가로서의 면모는 그 자신이 직접 경영에 참여하는 모습에서 나타난다. 그는 기업에 상당한 금액을 투자했을 때는 물론, 그 회사의 이사회에 직접 참가했을 때도 이런 모습을 보여주었다(코카콜라, 살로먼브라더스 등). 오늘날의 행동주의자들은 주로 회사의 매각(또는 최소한 대규모 구조조정)에 관심을 기울이는 경우가 많지만, 버핏은 이사회에서도 인내심 있게 협조하며 지원하는 역할에 만족했다. 그러면서도 이사회에서의 발언권을 통해 자신의 투자 가치를 적극적으로 보호했다.

더구나 버핏은 살로먼브라더스에 투자하면서 회장과 최고경영자를 맡았을 때도 그랬듯이, 성가시고 시끄러우며 위험한 상황에도 정면 대응하겠다는 의지를 보여주었다(이 주제는 다음 몇 장에 걸쳐 자세히 다룰 것이다). 버핏의 모습은 기업 내 혁신가나 행동주의라는 말이 나오기 훨씬 전부터 그가 이것을 실천했음을 보여준다. 버핏의 차별성은 정직하고 투명한 태도에 있다. 반면 다른 혁신가나 행동주의자들은 대체로 공격적이고 위압적일 뿐 아니라 멀리 내다보지 못하는 경향이 있다.

버크셔해서웨이의 분권적이고 군살 없는 경영방식은 합리적이고 주주 이익에도 도움이 되지만, 버핏이 대규모 투자에 적극적으로 참여한 것도 분명히 남다른 점이라고 봐야 한다.

버크셔해서웨이 개요

오늘날 버핏이 경영하는 오마하의 다국적 기업 버크셔해서웨이에는 직원이 단 25명뿐이다(본사의 직원수를 말한다. _옮긴이). 사람들은 시가총액이 7,540억 달러에 달하고 경제에 미치는 영향이 웬만한 국가보다 더 큰 회사라면 아마도 그 본사는 제국의 수도와 같은 위용을 자랑하리라고 상상할지 모른다. 그런데 사실 버크셔해서웨이는 1962년도에 오마하로 본사를 옮긴 후 키윗플라자 빌딩(피터 키윗이 설립한 건설회사 키윗이 보유했었기에 붙여진 이름이다. 2025년 기준, 매각되어 블랙스톤플라자가 되었으나 버크셔해서웨이 본사는 여전히 이 건물에 있다. _옮

220

긴이)에 아직도 그대로 있다. 버핏의 집에서 차로 불과 몇 분 거리에 말이다.

버크셔해서웨이 본사는 피터 키윗 빌딩의 한 층을 차지하고 있다. 〈파이낸셜타임스〉는 투자의 마법이 펼쳐지는 이곳을 이렇게 묘사했다. "드롭 천장과 좁은 복도, 낡은 카펫은 수십억 달러 규모의 제국이라기보다는 차라리 지방 전문대학의 본부동을 보는 듯한 모습이다. 25명의 직원은 캐주얼한 차림으로 출근한다. 그들의 책상 위에는 가족사진이나 연하장, 값싼 장신구 등이 놓여 있다. 대기실 문 위에는 '오늘도 챔피언답게 투자하자!'라는 배너가 걸려 있다."[3]

버핏의 경영 철학은 언제나 최고의 인재를 고용하여 그들의 뛰어난 능력을 마음껏 발휘하게 한다는 것이었다. 최고의 인재는 누군가 사사건건 간섭하는 것을 싫어한다는 것을 버핏도 잘 알고 있다. 나아가 기업가에게 가장 큰 동기를 부여하는 것이 바로 자유라는 사실도 알고 있다. 외부인이 보기에는 버크셔해서웨이가 기업가 정신의 온상이라기보다는 투자 본부에 가까울 수도 있지만, 버핏은 항상 모든 일에 기업가 정신을 발휘하고자 애썼다. 다시 말해 그는 언제나 창의력과 혁신을 강조하며 직원들의 역량을 최대한 끌어내고자 했다.

물론 작은 규모의 본사는 버크셔해서웨이가 세상에 남긴 발자취와 전혀 어울리지 않는다. 버크셔해서웨이가 보유한 62개 기업을 모두 합하면 지원 수가 약 36만 명에 달한다. 2021년 3분기에 이들 기업의 연간 총매출은 2,687억 달러, 순이익은 859억 달러였다. 버크셔해서웨이가 소유한 주식 포트폴리오의 가치는 약 3,300억 달러였다. 그 외에도 현금과 단기 투자로 약 1,500억 달러를 보유하고 있다. 버핏은 이 회사 의결권의 30.7%를 보유하고 있다.

가치평가에 대해서는 부가 설명이 조금 필요하다. 2018년에 재무회계기준위원회FASB가 새롭게 작성한 일반기업회계기준GAAP에 따르면 모든 기업은 현재 보유 자산을 매각하거나 부채를 감면받는 금액에 기초하여 자사 증권의 가치를 평가해야 한다고 되어 있다. 이런 규칙을 '공정시장 가치 회계' 원리라고 한다. 이전의 회계 규칙은 기업의 자산과 부채를 취득원가에 맞춰 신고하도록 하였으므로 기업이 보고하는 자산과 부채가 왜곡된다는 비판이 많았다.

그러나 버핏은 새로운 회계 기준이 버크셔해서웨이라는 회사의 전반적인 건전성을 왜곡한다고 본다. 이제 기업은 자사주의 액면 가치를 분기마다 조정해야 하기 때문이다. 거의 실시간에 가까운 이 최신 기준은 투자를 장기적으로 바라보는 버핏의 사고방식과 너무나 다른 것이다. 더욱이 이른바 시가평가회계mark-to-market accounting는 버핏 투자관의 핵심을 겨냥하는 것이다. 기업의 사업 내용을 이해하는 것이 특정 분기의 주가를 아는 것보다 훨씬 더 중요하다는 것이다.[4]

〈표 8.1〉에 버크셔해서웨이의 지분이 가장 큰 상장기업의 명단과 기업별 시가총액, 산업, 지분 등을 보여준다.

표 8.1 2022년 6월 17일 기준 버크셔해서웨이의 주요 지분 보유 기업 명단

No.	티커	기업명	산업	지분 (%)	보유 주식수	시가총액 (단위: 10억 달러)
1	AAPL	애플	가전제품	5.6	911,347,617	131.6
2	BAC	뱅크오브아메리카	국제 금융	12.8	1,032,852,006	33
3	KO	코카콜라	음료	9.2	400,000,000	23.8
4	CVX	셰브론	석유/가스	8.1	159,178,117	23.6
5	AXP	아메리칸 익스프레스	신용 서비스	20.1	151,610,700	21.9
6	KHC	크래프트하인즈	포장식품	26.6	325,634,818	11.6
7	OXY	옥시덴털 페트롤리움	석유/가스	16.3	152,713,846	8.8
8	BYDDF	BYD	전기자동차	7.7	225,000,000	8.4
9	USB	US 뱅코프	국내 금융	9.7	144,046,330	6.5
10	MCO	무디스	자본시장	13.4	24,669,778	6.3

출처: CNBC 버크셔해서웨이 포트폴리오 기호(증권거래위원회 제공 자료)

버크셔해서웨이는 오랜 세월 동안 보유 포트폴리오를 확대하면서 전체를 다음과 같이 4가지 범주로 나누었다.

1. 보험
2. 에너지 및 공익기업
3. 제조, 서비스, 유통업
4. 금융 및 금융상품

포트폴리오의 성장 과정은 기업 인수, 보통주 및 우선주 매수, 그리고 기타 투자를 통해 이뤄졌다. 버핏은 이런 거래를 성사하는 과정에서 매우 기업가적인 면모를 발휘해왔다. 그중에서도 가장 대표적인 몇몇 장면을 소개한다.

──────── 버크셔해서웨이: 1967년부터 2006년까지

2장에서 설명했듯이 버핏은 1956년, 스물다섯 살의 나이에 투자회사를 차렸다. 회사명은 버핏어소시에이츠 유한회사였으며 우선 친구와 가족 7명이 출자한 돈으로 시작했다. 여덟 번째 파트너는 버몬트 출신의 물리학 교수 호머 도지였다. 그는 오로지 이 젊은이의 재능만 전해 듣고 오마하까지 직접 차를 몰고 와서 가족이 평생 모은 저축금을 내놓았다. 1957년부터 1961년까지 다우지수가 75% 오를 동안 이 회사는 251%의 수익을 기록했다.[5] 그 이후에 일어난 일은 누구나 아는 금융업계의 전설이 되었다.

1967년: 내셔널인뎀니티와 내셔널파이어앤드마린

1967년 3월, 버크셔해서웨이는 860만 달러에 내셔널인뎀니티 보험사와 내셔널파이어앤드마린 보험사를 인수했다. 내셔널인뎀니티는 지금도 버크셔해서웨이의 자회사이며, 2004년에는 버핏이 주주들에게 그 보험회사가 버크셔해서웨이의 성공에 기반이 되었다고 말했다. "당시 내셔널인뎀니티를 사지 않았다면 오늘날 버크셔해서웨이의 시가총액은 절반에도 못 미쳤을 것입니다."[6]

버핏이 인수할 당시 내셔널인뎀니티의 순유형자산(자산총계 - 부채총계 - 무형자산)은 670만 달러였다. 버핏은 장기 실적이 중요하다는 평소 신념에 따라 이 보험사가 안겨줄 인수 수익을 보고 190만 달러의 프리미엄을 기꺼이 감수했다.[7]

오늘날 버크셔해서웨이는 국내외 70여 개 기업을 통해 운영되는 보험 및 재보험 사업을 장악하고 있다.

———————— 1970년부터 1998년 사이의 주요 투자

1970년부터 1998년까지 버크셔해서웨이가 이룩한 놀라운 성장의 상당 부분은 이 시기에 인수한 기업, 특히 시즈캔디스, 네브래스카퍼니처마트, 보르샤임, 〈워싱턴포스트〉 등에 힘입은 것이었다.

1970년부터 1983년까지: 블루칩스탬프

블루칩스탬프는 오늘날의 신용카드나 항공 마일리지 등과 비슷한 고객 보상 프로그램이었다. 고객은 일정 금액을 내고 받은 스탬프를 소지하고 있다가 나중에 참여 매장별로 식탁, 정원 가구 및 기타 상품 등의 형태로 보상받을 수 있었다. 버크셔해서웨이는 1970년부터 블루칩스탬프에 투자하기 시작했고, 지분은 1977년의 36.5%에서 1979년에는 60%로 늘어났다. 1983년에는 주식 스와프를 통해 블루칩스탬프를 합병했다.[8] 버크셔해서웨이는 블루칩스탬프를 인수하면서 시즈캔디스와 웨스코파이낸셜코퍼레이션의 지분까지 취득한 것이 세간에 널리 알려졌다.

1972년: 시즈캔디스

1972년 1월 3일, 블루칩스탬프는 시즈캔디스의 지배 지분을 확보했다. 그리고 나중에는 총 2,500만 달러의 가격에 100%의 지분을 취득했다. 당시 시즈캔디스의 세전 이익은 400만 달러였다. 앞서 언급했듯이, 시즈캔디스는 강력한 브랜드와 현금흐름, 추가 자본이 거의 들지 않는 점, 그리고 인플레이션에 따르는 가격 인상 여력 등 버핏이 투자처로 매력을 느낄 만한 요소를 갖추고 있다. 이런 속성은 시즈캔디스에 해자를 제공했고, 버핏은 이 점을 높이 평가했다. 시즈캔디스는 자체 매장을 통해 프리미엄 가격을 책정할 수 있는 고품질 캔디를 생산한다. 바로 경영학에서 말하는 '차별화 전략'이다.

버핏과 멍거는 언제나 시즈캔디스가 그들이 인수한 역대 최고의 기업이라고 칭찬했다. 2019년 버크셔해서웨이 연례 주주총회에서 버핏은 이렇게 말했다. "우리는 그 회사에 2,500만 달러를 투자했고, 그 결과는 20억 달러가 훨씬 넘는 세전 수익으로 돌아왔습니다."[9]

버핏과 멍거는 매년 열리는 주주총회에서 시즈캔디스의 땅콩 캔디를 씹어 먹는다. 시즈캔디스는 버크셔해서웨이의 비공식 마스코트 브랜드이자 버핏과 멍거를 향한 숭배의 핵심이며, 그들의 건전한 이미지를 나타내는 심볼이 되었다.

1973년: <워싱턴포스트>

버핏은 한때 신문업을 좋아한 적이 있었다. 1장에서 소개했듯이, 그의 부모님은 네브래스카링컨대학교 학생 신문사에서 일하던 시절에 만나 결혼했고, 외조부는 인쇄소를 경영했으며, 어린 시절에 그는 직접 신문 배달을 한 적도 있었다.

성인이 되어서는 출판업을 하려고 했다. 그래서 1973년부터 〈워싱턴포스트〉 회사의 주식을 사기 시작했다. 그가 처음 매수한 1,060만 달러 지분은 1985년 말까지 2억 2,100만 달러로 불어났고,[10] 연간 수익률은 16.8%에 달했다.

1977년에 버핏은 〈버팔로뉴스〉도 인수했다. 그럼에도 신문 산업이 버크셔해서웨이의 전체 포트폴리오에서 차지하는 비중은 여전히 미미했지만, 2012년에 이르면 버핏이 63개의 지역 신문을 사들여[11] 이른바 BH 미디어그룹을 형성하게 된다.

그러나 버핏은 머지않아 신문업계 자체가 위축되어 뉴스와 정보에 관한 어린 시절의 추억을 이어갈 수 없다는 사실(최소한 재무적으로는)을 알게 되었다. 2014년에 버핏은 버크셔해서웨이가 소유하던 〈워싱턴포스트〉(당시는 그레이엄홀딩스로 변경된 상태였다)의 지분 28%를 매각했다.[12] 2019년에 그는 이 일을 애석하게 여기며 이렇게 말했다. "공동체 정신이 강력한 도시에는 지역 신문보다 더 중요한 기관이 없습니다."[13,14] 그러나 재무상태표만큼은 도저히 어쩔 수 없었다. 2019년에 그는 이렇게 말했다. "신문산업은 쇠퇴하는 사업입니다. 그 분야에서는 이제 큰돈을 벌 수 없습니다."

그런데 제프 베이조스는 진작에 현금 2억 5,000만 달러로 〈워싱턴포스트〉를 인수했고,[15] 이 신문사는 과거 어느 때보다 강력해진 듯하다. 버핏이 아마존 창업자를 역사상 최고의 경영자라고 칭한 이유가 있는 것 같다.

2020년 버핏은 광고 수익이 없다는 이유로 신문산업에 투자한 모든 자산을 현금 1억 4,000만 달러에 리엔터프라이즈에 매각했다.

1976년: 가이코

6장에서 자세히 설명했듯이, 버핏은 초기에 가이코를 위대한 기업으로 생각했으나 그 주식을 너무 일찍 파는 실수를 저질렀다. 그는 25년이나 더 기다린 후에야 다시 뛰어들 만한 시점을 찾았다.

1970년대 중반에 거의 파산지경으로 몰린 가이코는 1976년에 의욕이 넘치는 존 번을 새 CEO로 맞이했다. 당시 43세이던 존 번은 영입 전에 트래블러스코퍼레이션의 마케팅 임원으로 있었고, 가이코의 이런 움직임은 버핏의 관심을 끌기에 충분했다. 그는 번에게 면담을 요청했고, 그다음 날 아침에 가이코 주식 50만 주를 주당 2.125달러에 매입했다. 이후 그는 이 회사에 총 1,900만 달러를 투자했다.

버핏은 계속해서 가이코 주식을 사들였고 1980년에 버크셔해서웨이는 그 회사의 지분을 33%까지 소유하게 되었다.[16] 그 지분의 가치는 5년 만에 5억 9,600만 달러로 불어났다. 10년 후인 1995년 8월에 버핏은 가이코를 23억 달러에 완전히 인수하여[17] 버크셔해서웨이의 자회사로 만들었다.

1979년: 캐피탈시티즈/ABC

버핏은 늘 자신보다 더 똑똑한 사람들과 어울려야 한다고 강조했다. 캐피탈시티즈/ABC의 전 회장이자 CEO인 톰 머피^{Tom Murphy}와 그의 오랜 사업 파트너인 댄 버크^{Dan Burke}가 버핏에게는 바로 그런 사람들이었다. 머피와 버크의 경영 철학에는 그들이 버핏에게 미친 영향이 분명히 나타나 있다.

- 의사결정 과정을 분권화하라.
- 최고의 인재를 등용하여 자율권을 부여하라.
- 비용을 엄격히 관리하라.
- 대중의 시선에서 벗어나라.
- 잠재고객과 관계를 형성하는 데 몇 년의 시간을 투자해야 한다.
- 자본금에 손대지 마라. 사업 자금은 내부에서 창출한 현금이나 3년 이내에 상환할 수 있는 부채로 마련해야 한다.
- 소유주와 직접 거래하라. 적대적 인수에 뛰어들거나 경매를 통해 사지 마라.
- 이익률 기준: 10년간 부채 없이 두 자릿수 이상의 세후 이익을 내는 회사
- 소유주가 생각하는 가격을 빨리 말하게 하고, 거기에 재빨리 역제안을 한 다음 그래도 합의가 안 되면 빨리 다음으로 넘어 긴다.[18]

1979년부터 버크셔해서웨이는 ABC방송^{American Broadcasting Company} 주식을 사기 시작했다. 1985년, 버핏은 캐피탈시티즈가 ABC를 인수하는 데 필요한 총 32억 달러의 자금 중 5억 5,000만 달러를 그

회사에 제공했다. [19] 1996년에 버크가 은퇴하자 머피는 버핏이 제안한 대로 캐피탈시티즈를 디즈니에 매각했다. 버크셔해서웨이도 기존에 보유하던 캐피탈시티즈 지분을 25억 달러에 매각했다. [20]

현재 96세인 머피는 2022년에 버크셔해서웨이 이사회에서 물러났다. [21]

1983년: 웨스코파이낸셜 코퍼레이션

웨스코파이낸셜 코퍼레이션은 캘리포니아 패서디나에 본사를 둔 다각화 금융 기업으로, 대주주는 블루칩스탬프였다. 버크셔해서웨이는 1983년에 블루칩스탬프를 인수하면서 웨스코까지 인수했고, 멍거가 1984년부터 2011년까지 이 회사의 회장 겸 CEO로 일했다. 웨스코는 지금도 버크셔해서웨이의 자회사다.

1983년: 네브래스카퍼니처마트

1983년에 버크셔해서웨이의 주가는 1,000달러를 넘어섰다. 그 해에 버크셔해서웨이는 악수 한 번과 두 페이지도 안 되는 계약서만으로 미국 최대 가구 체인점 네브래스카퍼니처마트의 지분 80%를 5,500만 달러에 인수했다. [22] 그 회사는 46년 전에 러시아계 유대인 이민자이자 문맹자인 로즈 블럼킨Rose Blumkin이 오마하에서 설립했다.

네브래스카퍼니처마트 인수 건은 버핏의 몇 가지 재무 전략의 핵심 요소를 보여준다. 즉, 투자 대상 기업(이 경우 소매업)을 잘 알아야 하며, 경영자의 정직성을 확신할 수 있을 때만 투자한다는 것이다.

주변에서 다들 'B 여사'로 불렀던 블럼킨은 여섯 살 때부터 벨라루스 민스크에서 어머니가 운영하던 식료품점에서 일했기 때문에 학교라고는 다녀본 적이 없었다. 그로부터 10년 후인 열여섯 살에 그녀는 남자 직원 6명을 데리고 일했다.

B 여사는 징병을 피해 해외로 도피해 있던 남편과 함께하기 위해 스물두 살에 미국으로 건너왔다. 여권도 비행기표도 없던 그녀는 시베리아 횡단 철도에 가까스로 몸을 실었다. 그녀가 러시아와 중국 국경을 통과할 때는 돌아오는 길에 브랜디를 가져다주겠다는 말로 국경 요원을 무마했다. 그러나 그녀는 다시 돌아오지 않았다.

B 부인은 남편이 살고 있던 아이오와로 찾아갔고, 그곳에서 함께 네브래스카로 이사했다. 그녀는 네브래스카에서 구제 옷을 팔며 네 아이를 키웠고, 고향에 남은 가족에게 송금했으며, 나중에는 그들도 미국으로 초청했다.[23]

B 부인은 43세가 되던 1937년에 남편의 전당포 지하실에서 현금 500달러와 2,000달러 상당의 상품만으로 중고 가구점을 열었다. 일주일에 70시간 일하는 것 외에 B 부인이 구사한 전략은 경쟁자를 깎아내리는 것이었다. 그녀는 이 일로 불매운동과 공정거래법 위반 소송을 당했다. 법정에 선 그녀는 자신이 한 일은 모든 상품의 원가에 10%만 얹어서 이익을 낸 것뿐이라고 항변했다. 그녀에게 무죄를 선고한 판사는 다음 날 네브래스카퍼니처마트에서 1,400달러짜리 카펫을 샀다.[24]

1987년: 살로먼브라더스

1986년에 버핏의 개인 순자산은 14억 달러였다. 그리고 1987년에 버크셔해서웨이는 뉴욕의 투자 은행 살로먼브라더스의 지분 12%를 7억 달러에 인수했다. 버핏과 멍거는 살로먼의 이사를 역임했다.[25]

1990년에 버핏은 살로먼브라더스가 불법 거래에 연루되었다는 전화를 받았다. 어떤 거래자가 미국 재무부의 규정을 넘어서는 금액의 국채 입찰서를 제출했다는 것이었다. 당시 CEO였던 존 구트프룬드John Gutfreund는 그 거래자를 징계하지 않았다.[26]

미국 정부는 살로먼이 재무부 증권 경매에 직접 참여하는 것을 금지하겠다고 위협했다. 그렇게 되면 회사가 파산지경에 놓일 운명이었다. 버핏은 재무부와 이야기를 나누었고, 재무부는 (비록 살로먼은 2억 9,000만 달러의 벌금을 내야 했지만) 금지를 철회하기로 합의했다. 버크셔해서웨이는 벌금에도 불구하고 1997년에 살로먼이 트래블러스에 매각될 때쯤이면 지분 가치가 두 배가 넘을 것으로 보았다.

이 사건은 버핏에 큰 영향을 미쳐 그가 한동안 살로먼 경영에 직접 개입하여 구트프룬드의 사임을 종용하기도 했다. 그는 살로먼 직원들에게 이렇게 말한 것으로 유명하다. "나는 여러분이 회삿돈을 잃는 것에 대해서는 충분히 이해합니다. 그러나 회사의 평판을 실추하는 사람은 무자비하게 대할 것입니다."[27]

그는 의회 증언에 나와서도 똑같이 말했다. 버크셔해서웨이 주주총회 때마다 이 동영상이 재생되면 박수갈채가 터진다.

1988년: 코카콜라

1987년 10월 9일 월요일, 다우존스 지수가 하루 만에 22.6% 하락하여 당시 기준으로 주식시장이 열린 이래 가장 큰 일일 하락률을 기록했다. 이날은 나중에 '블랙 먼데이'로 불리게 된다.

버핏은 이럴 때 오히려 더 세게 나갔다. 그는 "다른 사람들이 욕심낼 때 조심하고 그들이 두려워할 때 뛰어들어라"[28]는 평생의 신조를 이번에도 그대로 실천했다. 버크셔해서웨이는 1988년부터 1989년까지 코카콜라 주식 2,300만 주를 매입했다.[29] 1994년에 이르러는 이 세계적인 탄산음료 회사의 주식을 1억 주나 보유하게 되었다. 오늘날 버크셔해서웨이는 분할된 코카콜라 주식을 4억 주, 즉 9.4%를 보유하고 있다. 버핏은 코카콜라 주식을 단 한 주도 매각한 적이 없다.[30]

버핏은 형편없는 회사를 좋은 가격에 사라는 벤저민 그레이엄의 오래된 조언을 변경했다.[31] 이제 새로운 전략 목표는 '좋은 회사를 적당한 가격에 사는 것'이다.[32]

1989년: 보르샤임 파인주얼리

보르샤임 파인주얼리는 1870년에 루이스 보르샤임Louis Borsheim이 오마하 시내에 세운 회사다. 5,800세곱미터 크기의 시설과 1만 개가 넘는 시계와 보석을 갖춘 보르샤임은 미국에서 가장 큰 민간 보석 가게이다.[33]

1989년에 버크셔해서웨이는 이 회사의 주식 80%를 매입하고, 20%는 직원의 동기 부여를 위해 남겨졌다.

2009년에 버핏을 만나기 위해 오마하를 찾아온 나의 학생들에게 카렌 고라케**Karen Goracke**가 견학을 안내했다. 그녀는 2013년에 보르샤임의 사장 겸 CEO가 되었다. [34] 그녀는 자신이 경영자로서 성공할 수 있었던 것은 낯선 일에 기꺼이 뛰어드는 기업 문화 덕분이었다고 말했다. 덕분에 그녀는 견문을 넓힐 수 있었고, 이는 체험의 중요성을 강조하는 버핏의 철학과도 맞아떨어진다.

1991년: 빌 게이츠

버핏과 빌 게이츠는 오랫동안 세계 최고의 부자였음에도 그들이 직접 만난 것은 1991년의 한 디너 파티 자리가 처음이었다. 버핏은 오랫동안 기술 주식을 외면해왔지만 게이츠를 만나자마자 그의 지성과 유머에 매료되었다. 그러나 그는 기술기업에 대해서는 여전히 경계를 늦추지 않았고, 마이크로소프트의 그 놀라운 성공에도 불구하고 투자하지는 않았다.

사실 버핏의 태도는 단순한 이유 때문이었다.

1. 자신이 잘 아는 회사만 투자한다.
2. 게이츠와의 친분이 내부 정보를 얻는 것으로 비치는 것이 싫었다.

나중에 버핏은 마이크로소프트에 투자하지 않은 것이 평생 가장 큰 실수였다고 인정했다. 그러나 1990년대 초반에 그것을 깨닫기는 사실 쉽지 않은 상황이었다.

1992년 11월에 버크셔해서웨이 주가는 1만 달러를 돌파했고, 시가총액은 149억 달러에 달하고 있었다.

1996년: 클래스 B(꼬마 버크셔해서웨이)

1996년까지 버핏은 버크셔해서웨이를 통한 투자에서 축적된 개인 순자산이 150억 달러가 되었다. 그해 2월, 그는 주주들에게 고가의 클래스 A 주식을 신설된 클래스 B 보통주(흔히 '꼬마 버크셔해서웨이'라는 애칭으로 불렸다)로 전환하도록 했다. 전환비율은 클래스 A 주식 1주당 클래스 B 주식 30주였다.

버핏은 1996년 주주 서한에 이렇게 썼다. "전에도 말씀드렸듯이 우리가 이번에 매각을 단행한 이유는 최근 우후죽순처럼 출현하는 뮤추얼 펀드가 나중에 마치 버크셔해서웨이라도 되는 양 행동할 우려가 있기 때문입니다. 그들은 그 누구도 따라 할 수 없는 우리의 과거 실적을 근거로 순진한 소액 투자자를 현혹해 높은 수수료와 보수를 요구할 것입니다."[35, 36]

버핏은 그런 펀드들 때문에 주주들이 불만을 품어 결국 버크셔해서웨이의 명예에 금이 갈 것을 우려했다. 그들은 버크셔해서웨이가 하는 대로 똑같이 매수한 다음 순진한 투자자들에게 높은 수수료를 부과할 수도 있다.

1998년 5월에 클래스 B 주식의 가격은 1,100달러로 시작했다. 1998년 1월이 되자 클래스 A 주식이 처음으로 5만 달러를 넘어섰고, 시가총액은 764억 달러였다.

1998년: 데어리퀸

1940년 일리노이주 졸리엣에 설립된 인터내셔널데어리퀸IDQ은 버핏이 가장 즐겨 찾는 식당이다. 그는 평소 손주들을 데리고 그곳에 간다. 데어리퀸은 최초의 소프트아이스크림 가게였고, 오늘날 전 세계에 7,000개 이상의 매장을 운영하고 있다.[37]

데어리퀸은 맥도날드처럼 본사가 프랜차이즈 매장주로부터 로열티를 받는 운영 체제를 채택하고 있다. 이 모델은 최소한의 운영 자본만으로 일정한 매출 흐름을 확보할 수 있다.

1998년에 버크셔해서웨이는 5억 8,500만 달러에 데어리퀸을 인수했다. 오늘날 데어리퀸은 과일 음료업체 오렌지줄리어스와 팝콘 가게 카멜콘을 소유하고 있다.[38]

1998년: 넷젯

1964년에 이그제큐티브 제트 에어웨이즈Executive Jet Airways라는 이름으로 설립된 넷젯은 개인 전용 제트기의 지분(항공기의 일정 구획을 임대하는 것, '부분 소유권'이라고 한다)을 판매하는 미국 회사다.[39] 1987년에 넷젯 프로그램이 공식 발표되면서 사상 최초로 항공기의 부분 소유 방식이 등장했다. 1995년에 버크셔해서웨이는 소유권의 4분의 1을 처음 구매했다.[40] 버핏은 개인 항공 분야에서 부분 소유권의 잠재력을 재빨리 알아차렸고, 1998년에 버크셔해서웨이는 7억 2,500만 달러에 이 회사를 인수했다.[41]

2020년 6월까지 넷젯은 계열사인 넷젯유럽과 이그제큐티브 제트 매니지먼트를 포함하여 750대 이상의 항공기를 보유했다. 이것은 전 세계에서 운항 중인 전용기 전체의 3.5%에 조금 못 미치는 수치였다.[42] 전용기는 팬데믹 기간 동안 훨씬 더 나은 실적을 올렸는데, 승객들이 만석인 비행기를 타거나 공항을 거칠 필요가 없어 코로나19 감염 위험이 덜했기 때문이다.

1998년: 제너럴 리 코퍼레이션

버크셔해서웨이는 넷젯과 데어리퀸을 인수한 바로 그 해에 235억 달러 상당의 재보험회사 제너럴 리 주식도 매입했다.[43] 제너럴 리는 생명, 재해, 건강보험과 글로벌 부동산 및 재해 관련 재보험을 취급하는 회사다. 버크셔해서웨이는 이 매입을 통해 투자사의 유동성 확대라는 이점을 얻었다. 이 개념은 6장에서 설명한 바 있다.

오늘날 제너럴 리는 다양한 글로벌 재보험 및 기타 관련 사업의 지주 회사다. 제너럴 리 그룹에 속한 보험, 재보험 및 투자 관리 회사로는 젠리중개소, 제너럴 리 뉴잉글랜드 애셋매니지먼트GR-NEAM, 제너럴스타, 제네시스, US 골드 코퍼레이션USAU, 패러데이 등이 있다.[44] 제너럴 리 인수 건에 관해서는 10장에서 더 자세히 살펴볼 것이다.

1999년: 버크셔해서웨이 에너지

버크셔해서웨이 에너지(2014년까지 미드아메리칸에너지홀딩스 컴퍼니)는 버크셔해서웨이가 90% 지분을 보유하고 그레그 에이블Greg Abel이 경영하는 지주 회사다. 1999년에 주가가 21% 하락하자, 버크셔해서웨이는 미드아메리칸의 회장 겸 최고경영자 데이비드 소콜

David Sokol 및 최대 주주 월터 스콧Walter Scott과 제휴하여 이 회사를 인수했다.[45] 당시 버핏은 이렇게 말했다. "우리는 경영 실적이 뛰어나고 성장 잠재력이 우수한 좋은 기업을 적정한 가격에 매입합니다. 그리고 그 잠재력이 충분히 실현될 때까지 다른 투자자보다 얼마든지 더 오래 기다릴 수 있습니다."[46]

이번에도 버크셔해서웨이는 투자 수익이 날 때까지 기다렸다. 그러나 거기서 그치지 않고 에너지 분야에 더 활발한 관심을 기울였다. 오늘날 버크셔해서웨이 에너지는 미드아메리카 에너지 회사, 퍼시픽코프, 노던파워그리드, 칼에너지제너레이션, 홈서비스오브아메리카, BYD, NV 에너지 등을 소유하고 있다.

2001년: 쇼인더스트리즈 그룹

버핏은 보르샤임, 네브래스카퍼니처마트, 시즈캔디스 등을 인수한 데서 볼 수 있듯이 오랫동안 소매업과 제조업을 익숙하게 여겼다. 2001년 1월 4일에 버크셔해서웨이는 카펫 제조업체인 쇼인더스트리즈 그룹을 21억 달러에 인수했다.[47] 오늘날 쇼인더스트리즈는 전 세계에 약 2만 2,300명의 직원을 거느리고 연평균 매출이 60억 달러가 넘는 세계 최대 카펫 제조업체 중 하나다.[48]

2002년: 프룻오브더룸

때로는 재무상태표의 문제보다 브랜드의 강점이 더 큰 회사도 있다. 2002년에 주가가 97%나 폭락하여 파산지경에 이르렀을 때 버크셔해서웨이가 8억 3,500만 달러의 현금으로 사들인 의류회사

프룻오브더룸이 바로 그런 회사였다.

버핏은 그 회사의 두 가지 장점이 '강력한 브랜드와 최고경영자 존 홀랜드의 경영 능력'이라고 말했다.[50] 그리고 그의 직감은 결국 옳았음이 증명되었다. 오늘날 프룻오브더룸은 러셀애슬레틱과 스팔딩이라는 브랜드를 포함하여 총 3만 2,400명의 직원을 거느리고 있다.

2003년: 클레이튼홈즈

테네시주 메리빌에 본사를 둔 클레이튼홈즈는 미국 최대의 주택 건설 및 모듈식 주택 제조업체다.[51] 버핏은 전부터도 이 회사를 조금 알고 있었지만, 녹스빌에 위치한 테네시대학교 금융학과 학생들로부터 그 대학의 동문이자 클레이튼홈즈의 설립자인 짐 클레이튼Jim Clayton의 자서전을 선물받은 후 더 관심이 생겼다.

버핏은 주주들에게 말했듯, 클레이튼의 책을 읽고 나서 당시 그 회사의 CEO였던 그의 아들 케빈과 대화를 나눴고, 클레이튼홈즈의 재무 상태를 검토한 후 17억 달러에 회사를 인수했다.[52] 2003년에 인수할 당시 클레이튼홈즈의 과거 5년간 평균 세전 이익률은 19.2%로 버크셔해서웨이의 11.2%보다도 훨씬 높은 수준이었다.

2015년에 그 회사는 소수 고객에게 약달적 내출(서소득자나 저지식자를 대상으로 대출자의 상환 능력을 고려하지 않고 오도 및 강권을 통해 대출을 제공 _옮긴이)을 제공하고 사내에 인종차별 관행을 용인했다는 비난을 받았다. 클레이튼은 성명을 발표하면서 그런 혐의를 '분명하고 단호하게' 부인했다.[53] 버핏은 2015년 버크셔해서웨이 주주총회에서 클레이튼의 대출 관행에는 "사과할 내용이 아무것도 없다"라고 말하며 그 회사를 지지했다.[54] 클레이튼홈즈는 3만 8,000달러의 벌금과 70만 달러의 환불금을 지불했지만, 그럼에도 클레이튼은 여전히 건재하다. 2018년에 클레이튼홈즈의 추정 수익은 36억 달러였다.[55]

2006년: 브룩스스포츠

브룩스스포츠, 혹은 브룩스러닝이라고 하는 이 회사는 고기능 남녀 러닝화, 의류 및 액세서리 등을 디자인하고 판매하는 미국 회사로 본사는 시애틀에 있다. 브룩스 제품은 60개국에서 판매된다.[56]

1914년에 설립된 브룩스는 원래 스포츠화 제조업체였다. 1970년대까지 승승장구하던 이 회사는 생산과 품질 관리에 문제가 생기면서 1981년에 파산 보호를 신청하게 되었다.[57,58]

2001년에는 짐 웨버Jim Weber가 회사 부활의 사명을 띠고 신임 CEO에 임명되었다. 그는 브룩스의 제품군을 절반 가까이 줄여 오로지 러닝화에 집중하는 브랜드로 거듭나려고 했고, 브룩스는 운동 능력 향상을 위한 디자인 혁신을 내세웠다.

2004년에 이 회사는 러셀애슬레틱(앞에서 언급했듯이 이 회사 또한 2006년에 프룻오브더룸에 인수된다)에 인수되었다. 결과적으로 브룩스는 프룻오브더룸의 모회사인 버크셔해서웨이의 우산 아래 들어가게 되었다. 그리고 2011년에 브룩스러닝은 전문 러닝화 시장에서 가장 많이 팔린 브랜드가 되었다.[59,60]

"2012년에 워런 버핏은 브룩스의 잠재력을 인정했다. 당시 그 회사는 프룻오브더룸의 자회사였고, 프룻오브더룸의 소유주는 바로 버크셔해서웨이었다. 버핏은 브룩스를 독립 기업으로 다시 설립했다. 이제 웨버는 버핏에게 직접 보고한다. 그는 버핏으로부터 과거 그 어떤 상사보다 더 큰 신임을 얻고 있고, 자신도 그만큼 책임감을 가지고 일하고 있다."[61]

나는 짐 웨버와 인터뷰하며 버핏과의 관계가 어떤지 물어봤다. "워런에게 뭔가를 이야기하면 그는 항상 경청합니다. 전화, TV, 컴퓨터 등 어떤 방해물도 없습니다. 최근에도 오마하에 있는 그의 사무실에서 3시간 정도 대화를 나눈 후 함께 점심을 먹었습니다. 그는 따뜻하고, 관대하고, 호기심이 많고, 열정적인 사람입니다."[62]

2001년에 웨버가 경영을 맡은 이래 브룩스는 매년 성장을 거듭했다. 버핏이 브룩스를 비롯한 여러 기업을 경영하는 방식은 그의 성공 비결과도 깊은 관련이 있다. 그는 기업에 자율성을 부여하면서도 책임은 분명히 묻는다. 버크셔해서웨이는 이미 오래전에 매우 도전적이고 창의적인 탈중앙화 구조를 고안했다. 경영자에게 더 많은 자유를 주어 그들이 창의력을 발휘하도록 하는 방식이다.

웨버는 버핏에 대해 이렇게 말했다.

"다트머스대학교에서 경영학석사를 하는 동안, 나는 워런 비핏의 편지들을 발견하고 닥치는 대로 읽기 시작했다. 나는 어떻게 하면 리더가 될 수 있는지 뿐만 아니라 어떤 종류의 리더가 되고 싶은지 차츰 깨달았다. 버핏은 나에게 누구나 가격을 낮추고 저렴한 제품을 판매할 수 있지만, 진짜 도전은 지속 가능한 사업을 만드는 것이라고 가르쳐주었다. 강한 브랜드 파워와 충성도 높은 고객, 동시에 높은 자본 수익률까지 얻을 수 있는 사업 말이다. 나는 종종 사람들에게 내가 시애틀에서 최고의 직업을 가지고 있다고 말한다. 이 산업에서 최고의 직업을 가지고 있다고 말이다. 나는 정말 즐거운 시간을 보내고 있다."[63]

2006년: ISCAR 메탈워킹 컴퍼니

ISCAR 메탈워킹 컴퍼니(IMC 그룹)는 1952년에 스테프 베르트하이머 Stef Wertheimer 가 이스라엘 나하리야의 자기 집 뒷마당에서 시작한 회사다. 나치 독일에서 탈출한 난민 출신인 베르트하이머[64]는 원래 제트 엔진 정밀 블레이드 제조 기술을 개발한 것으로 유명했다. 오늘날 ISCAR은 전 세계 주요 산업 기술 및 제조에 필요한 '금속탄화물 정밀가공 제품군'을 광범위하게 공급한다.[65]

2006년 5월에 버크셔해서웨이는 ISCAR의 지분 80%를 40억 달러에 매입했다.[66] 2013년에 버핏은 나머지 지분을 20억 5,000만 달러에 매입했다. 2021년 기준으로 베르트하이머는 62억 달러의 순자산을 보유한 이스라엘에서 두 번째로 큰 부자이며, 그의 회사는 자동차, 항공우주, 금형 분야에서 세계적인 선도기업으로 65개국에 1만 3,000명 이상의 직원을 두고 있다.[67]

2007년: 마몬 홀딩스

2007년에 버크셔해서웨이는 1953년에 제이 로버트 프리츠커 Jay and Robert Pritzker가 설립한 글로벌 산업 그룹인 마몬 홀딩스의 지분 60%를 45억 달러에 매입했다.[68] 마몬은 식품 기술, 수자원 기술, 복합 컨테이너, 전기 제품 등의 13개 사업 부문으로 구성되어 있다. 100여 개의 독자적인 제조 서비스 사업을 보유하고 있는 마몬은 전 세계에 1만 9,000명의 직원을 고용하고 있다.[69]

버크셔해서웨이는 2011년부터 2013년까지 마몬의 나머지 40%를 매입했다.[70] 이 기업은 최근 2021년까지도 100억 달러가 넘는 매출을 기록하고 있다.

버크셔해서웨이와 대침체

버핏과 기업 혁신 활동(벤처링)

버핏의 기업가적 면모는 대침체 기간에 더욱 뚜렷이 드러났다. 사람들이 겁에 질려 아무것도 하지 않는 동안, 버핏은 이때야말로 기회라고 생각했다. 전형적인 기업가의 면모다. 지금부터 버핏이 위기 속에서 버크셔해서웨이의 기회를 찾아낸 몇 가지 사례를 소개한다.

대침체

미국 경제연구소NBER에 따르면 대침체가 지속된 기간은 2007

년 12월부터 2009년 6월까지로,[71,72] 미국이 대공황 이래 최악의 경기 침체를 맞이한 시기였다. 금융위기가 발생한 데는 이른바 '파생상품'의 남용이 적지 않은 원인으로 작용했다. 이 금융상품은 구매자와 판매자 모두 주택대출 채무를 불이행한 정도에 대해 사실상 베팅할 수 있는 구조였기 때문이다. 2007년 미국 주택시장 규모는 20조 달러를 상회했고, 그중 거의 절반이 이런저런 담보 대출로 뒷받침되고 있었다. 그러나 25개가 넘는 서브프라임 대출기관이 파산했고 수많은 서브프라임 대출이 채무 불이행 상태에 놓였다. 그 결과, S&P500 지수는 57% 하락했고, 미국 가계의 평균 순자산 손실은 40%, 실업률은 10%에 달했다.

2007년 12월 10일에 주당 14만 9,200달러로 정점을 찍었던 버크셔해서웨이 주가는 금융위기의 저점에서 무려 51%나 하락했다.[73] 2009년 3월 9일에 주당 7만 3,195달러로 바닥을 찍은 것이다. 당시 버크셔해서웨이 산하 기업의 직원 수는 모두 22만 3,000명이 넘었다.

위기 속 버크셔해서웨이의 투자 활동

버핏은 위기 속에서도 오히려 돈을 벌 방법을 찾았다. 그의 투자 전략은 기본적으로 다른 사람들이 팔 때 사는 것이므로 사실 놀랄 일도 아니다. 그는 S&P500 지수가 38% 하락했던 2008년 10월 15일 〈뉴욕타임스〉의 한 칼럼에서 "미국 기업을 사라. 나는 그렇게 한다"라고 썼다.

"나의 매수 규칙은 간단하다. 다른 사람이 욕심낼 때 조심하고, 그들이 두려워할 때 뛰어드는 것이다. 지금은 공포가 만연해서 노련한 투자자마저 얼어붙어 있는 것이 사실이다. 부채비율이 높거나 경쟁력이 약한 기업을 투자자가 경계하는 것은 당연하다. 그러나 미국의 수많은 건실한 기업의 장기적 번영을 의심하는 것은 말이 안 된다. 물론 실적에 부침이 있을 것이고, 그것은 늘 있었던 일이다. 그러나 주요 기업은 대부분 5년, 10년, 20년 후에 지금보다 훨씬 더 나은 신기록 수익을 기록할 것이다."[74]

버핏은 한 달이나 1년 후의 주가 향방을 예측할 수는 없지만, 경제가 전반적으로 회복되기 전에 주가가 먼저 상당히 오를 것이라고 확신했다. 그러므로 주가 하락이 계속된다면, 100% 국채에만 투자한 자신의 개인 계좌를 조만간 100% 미국 주식으로 바꿔 놓겠다고 덧붙였다. 나중에 버핏이 말한 저점은 몇 달 후인 2009년 3월로 밝혀졌지만, 그의 발언은 비록 짧게나마 시장 심리에 긍정적인 영향을 미쳤다.

그의 전략이 옳았음이 다시 한번 증명되었다. 금융위기 당시 버핏은 기업가적 본능으로 골드만삭스, 제너럴일렉트릭, 마스리글리, 스위스리, 다우케미칼 등에 투자한 덕분에 버크셔해서웨이는 100억 달러 이상의 수익을 거뒀다.

이어지는 내용들은 대침체기에 버핏의 투자 행보를 보여준다. 버크셔해서웨이는 풍부한 현금 보유량과 회사의 명성이 합쳐져 협상에서 강력한 입지를 마련할 수 있었다.

2008년 골드만삭스 | 리먼브라더스가 무너진 후 버핏은 골드만삭스에 50억 달러를 투자했다. 이 엄청난 금액만으로도 그가 골드만삭스와 주가 상승을 얼마나 확신했는지 알 수 있다. 버크셔해서웨이는 50억 달러로 연간 10% 배당금을 지급하는 영구 우선주를 매입했다. 매입 조건에는 '행사 가격 115달러에 50억 달러의 보통주를 추가로 매입할 수 있는 신주인수권'[75]에, 5년의 신주인수권 행사 기간까지 포함되어 있었다.[76]

2011년 3월에 골드만삭스는 버크셔해서웨이가 보유한 우선주를 56억 5,000만 달러에 환매했다.[77] 2013년에는 골드만삭스 주가가 160달러를 넘어섰고, 버핏은 신주인수권을 행사하고자 했다. 그러나 골드만삭스는 버핏이 권리를 행사하기 전에 재협상에 나서 버크셔해서웨이에 1,310만 주와 현금 20억 달러를 제공하겠다고 했다.[78] 버핏은 골드만삭스 주식 전량 인수를 포기하고 이 제안에 동의했다. 버크셔해서웨이의 포트폴리오가 이미 목표로 삼았던 골드만삭스 지분을 초과했기 때문이었다. 결국 그는 이 투자로 버크셔해서웨이에 30억 달러가 넘는 이익을 안겨주었다. 우선주에 대한 5억 달러 프리미엄, 배당금 12억 달러, 그리고 2020년에 그가 주식을 대부분 팔았을 때 이익은 최소 14억 달러였다.[79]

2008년 제너럴일렉트릭GE | GE 주가가 2008년 42% 하락한 후, 버크셔해서웨이는 GE가 신규 발행한 영구 우선주에 30억 달러를 투자하기로 결정했다. 그 주식에 포함된 10% 배당금은 3년 후에 10%의 프리미엄을 추가로 요구할 수 있는 조건이었다. 버크셔해

서웨이는 여기에 5년 동안 언제든지 행사 가격 22.25달러에 30억 달러 상당의 보통주를 매입할 수 있는 워런트(신주인수권)도 받았다. 버핏은 우선주 상환일까지 또는 버크서해서웨이가 투자한 날로부터 3년이 지날 때까지는 회사 보유분 보통주를 10% 이상 매각하지 말라는 조건을 경영진에게 요구했다. 그 거래는 GE 주가가 19.29달러였던 2008년 10월 16일에 체결되었다.[80]

GE의 보통주 가격은 버크서해서웨이가 투자한 이후 5개월간 하락했다. 2009년 3월 5일에 주가는 겨우 6.66달러에 지나지 않았다. 그러나 버핏은 결국 멋지게 성공했다. 그 거래 덕분에 버크서해서웨이는 33억 달러의 수익과 추가로 연간 배당금 3억 달러를 벌었고, 버핏은 신주인수권 덕분에 5년 동안 30억 달러 상당의 GE 주식을 주당 22.25달러에 살 수 있었다.

2011년에 GE는 버크서해서웨이에 33억 달러를 주고 상환을 마무리했다. GE는 3년 동안 매년 3억 달러의 배당금도 지급했다. 모두 합치면 버크서해서웨이는 약 12억 달러의 이익을 본 셈이다.

2013년에 버핏의 GE에 대한 신주인수권이 만료될 예정이었기 때문에 GE는 버크서해서웨이가 이미 행사 가격인 22.25달러보다 높아진 주식을 사기 위해 30억 달러라는 거금을 소진할 필요가 없도록 합의했다. 대신 GE는 버핏이 행사 가격 22.25달러보다 높은 가격에 받을 총액에 해당하는 1,070만 주를 버크서해서웨이에 제공했다. 버핏은 201/년 2분기에 버크서해서웨이가 보유한 GE 주식을 전량 매각했는데 그 가치는 3억 1,500만 달러에 달했을 것으로 추정된다.

결국 버크셔해서웨이는 GE에 3년간 30억 달러를 빌려준 대가로 약 15억 4,500만 달러의 현금 수익을 얻었다.[81] 여기에는 주식 보유 기간에 지급된 정기 배당금 약 3,000만 달러와 2011년의 12억 달러 이익을 포함된다. GE에 대한 투자는 실제로 큰돈을 안겨준 거래가 되었다. 2021년에 GE는 8 대 1의 비율로 주식을 병합했고, 2022년 3월에 GE 주가는 89달러 선을 형성했다.

2008년 마스/리글리 | 버크셔해서웨이는 마스 주식회사가 미국 최대 껌 제조업체 리글리주니어 컴퍼니를 인수할 때 230억 달러의 자금을 지원했다.[82] 마스는 110억 달러를 자체 조달하고 골드만삭스로부터 57억 달러의 대출을 확보한 다음 나머지 자금은 버크셔해서웨이에 요청했다.[83]

버크셔해서웨이는 리글리의 우선주 21억 달러를 매입했는데, 여기에는 연 5%의 배당이 포함되었다. 이로써 버크셔해서웨이는 리글리의 지분 10%를 확보했다.[84] 아울러 버크셔해서웨이는 2018년 만기가 도래한 이자율 11.45%인 리글리의 채권을 매입했다.[85] 버핏은 채권과 주식의 이익, 이자 지급금, 배당 등을 합해 리글리에 대한 투자로 약 65억 달러를 벌었다.[86]

2009년 스위스리 | 취리히에 기반을 둔 거대 보험회사 스위스리는 대침체 기간에 60억 스위스프랑의 손실이 발생했다. 여기에는 구조화 신용부도스와프 보유로 인한 20억 스위스프랑의 시가평가 손실이 포함되어 있었다.[87] 이 손실로 스위스리는 AA 등급에서

강등될 위험에 처했다.[88] 그 결과, 스위스리는 버핏에게 자금을 조달해줄 수 있는지 문의하게 되었다.

버크셔해서웨이는 이미 스위스리와 상당한 거래 관계를 맺고 있었다. 2008년 1월에는 이 회사와 주식 할당 계약을 체결하여 신축 및 재건축 부동산 보험과 상해보험 부문의 20%를 인수하는 동시에 이 회사 지분을 3% 취득했다.[89] 2009년 3월 23일에 버크셔해서웨이는 26억 달러(30억 스위스프랑)를 투자했고, 시장의 추이를 보아가며 20억 스위스프랑 규모의 추가 조달을 고려하기로 했다. 이에 대해 〈래셔널워크Rational Walk〉는 이렇게 설명했다.

> "투자금에 대한 이자율이 12%나 되었지만 스위스리는 이자 지급을 연기할 권리가 있었고, 이자를 현금이 아닌 주식으로 지급할 수도 있었다. 버크셔해서웨이는 이 투자로 전환우선권을 얻었지만, 전환 가격은 거래 당시 스위스리의 주가보다 높았다. 그리고 스위스리는 향후 희석을 막기 위해 투자 상품을 프리미엄으로 상환할 권리를 유지했다."[90]

버크셔해서웨이는 이 투자로 성공을 거두었다. 〈래셔널워크〉에 따르면 30억 스위스프랑에 달하는 이 투자로 '이자 지급금, 상환 프리미엄, 그리고 원금 상환으로 총 44억 2,000만 스위스프랑'의 이익을 거두었다.[91] 연간 내부 수익률 추정치는 스위스프랑 기준으로 25.8%, 미국 달러로는 37%였다.[92]

2009년 다우케미칼 │ 버크셔해서웨이가 다우케미칼에 상당한 투자를 한 덕분에 다우케미칼은 롬앤드하스 컴퍼니^{Rohm and Hass} Company를 인수할 수 있었다. 2009년 4월 1일에 버크셔해서웨이는 연 8.5%의 배당이 포함된 다우케미칼 우선주 300만 주를 30억 달러에 사들였다.[93] 다우케미칼은 버핏에게 매년 2억 5,500만 달러를 배당으로 지급했고, 이로써 2009년부터 2015년까지 버크셔해서웨이의 총이익은 18억 달러가 추가되었다.[94]

2009년 벌링턴노던산타페 주식회사 │ 2009년 11월 3일 버크셔해서웨이는 벌링턴노던산타페^{BNSF}를 주당 100달러에 인수했다고 발표했다. 이로써 버크셔해서웨이는 회사 지분을 100% 소유하게 되었다.

2010년 2월, 버크셔해서웨이는 아직 소유하지 않은 BNSF의 나머지 유통 주식을 총 265억 달러의 현금과 주식으로 매입하여 인수를 완료했다.[95] 전체 투자 자산은 현금 159억 달러와 버크셔해서웨이가 신규 발행한 106억 달러의 보통주로 구성되었다.[96] 버크셔해서웨이는 이 투자의 현금 부분을 마련하기 위해 기업 차원에서 약 80억 달러의 부채를 조달했다.[97]

버핏이 BNSF를 인수한 이유는 미국 경제가 앞으로 계속 성장할 것이므로 상품 및 운송 수요도 증가할 것으로 봤기 때문이다. 버핏이 매력을 느낀 부분은 다른 회사가 도저히 들어올 수 없는 시장 진입 비용 때문에 BNSF가 지속적인 경쟁 우위를 확보했다는 점이었다.

버크셔해서웨이가 BNSF를 인수한 2009년 말 기준으로 매출액과 순이익은 각각 140억 달러와 17억 달러였다. 2021년에는 이 수치가 233억 달러와 59억 9,000만 달러로 증가했다.

주목받던 버핏, 가까이에서 보다

버핏과의 첫 만남은 그가 BNSF를 인수한 직후 성사되었다. 나는 버크셔해서웨이를 주제로 작성한 사례 연구를 버핏의 사무실로 보내면서 버핏이 나와 학생들을 초대해주기를 내심 기대했다. 그런데 그 일이 실제로 일어났다! 버핏은 나와 27명의 학생을 오마하로 초대했고, 우리는 하루를 그와 함께 보냈다. 그날은 마침 그가 2009년 11월 BNSF와의 계약을 발표한 날이었다. 기자들이 그의 일거수일투족을 주목하는 상황에서, 버핏은 우리에게 시간을 온전히 할애했다. 그는 자신이 좋아하는 일을 하고 있었다. 젊은이들을 가르치고 그들과 함께 있는 것 말이다. 우리가 대화를 나누면서 그는 자신이 항상 철도회사를 소유하고 싶었던 이유는 어린 시절 장난감 기차를 가지고 놀던 기억 때문이라고 말했다. 버핏을 만난 이야기는 12장에서 더 이어가도록 하겠다.

9장

버크셔해서웨이:
2010년부터 2020년까지

비즈니스 세계에서 가장 크게 성공하는 이는 자기 일을 사랑하는 사람이다. 결코 포기하지 말고 열정을 불러일으키는 일이 무엇인지 찾아야 한다.[1]

_ 워런 버핏

버크셔해서웨이가 맞이한 새로운 10년

워런 버핏은 오랫동안 필립 피셔의 경영 철학을 충실히 따랐다. 그의 기본 원칙은 투자에 뛰어난 인재를 발굴하여 그의 역량을 마음껏 발휘하게 하는 것이었다. 2010년대가 막 시작할 무렵, 80세의 버핏과 86세의 찰리 멍거는 그들이 설립한 회사의 미래, 즉 은퇴 후에 벌어질 일을 대비하기 시작했다. 그런 점에서 그들의 가장 중요한 행보는 토드 콤스와 테드 웨슐러를 공동 최고투자책임자로 영입한 일이었다. 두 사람 모두 그들보다 훨씬 젊었고, 기술이 발달하는 시대에 성인이 된 사람들이었으며, 그들의 관점은 버크셔해서웨이의 투자에 분명히 영향을 미칠 수밖에 없었다.

콤스와 웨슐러 이전에 버크셔해서웨이는 기술기업을 거의 쳐다보지도 않았다. 두 사람의 영입 이후 버핏은 아마존에 투자하면서 자신이 진작 투자하지 않은 것을 실수였다고 인정했다. 나아가 버크셔해서웨이가 보유한 모든 주식 중에 애플이 가장 큰 비중을 차지하게 되었다. 2020년에 버크셔해서웨이가 스노우플레이크 Snowflake라는 클라우드 데이터 회사에 투자하면서 이런 흐름은 계속되었다. 기업공개IPO 시점에서 버핏은 약 7억 3,000만 달러 정도의 스노우플레이크 주식을 보유했다.[2] 거래 첫날 장 마감 무렵에 이미 버크셔해서웨이는 8억 3,000만 달러 이상을 벌었다.[3]

나는 버핏이 이런 인수 작업을 스스로 결정했을 리는 없다고 생각하며, 향후 수십 년 동안 버크셔해서웨이의 포트폴리오에는 기술주가 계속 추가되리라고 예상한다.

버핏은 2010년에 당시 서른아홉 살이던 토드 콤스를 고용했다. 플로리다주 사라소타 태생의 콤스는 플로리다주립대학교에서 재무 및 국제경영학 전공으로 졸업한 후 버핏의 모교인 컬럼비아대학교에 입학했다. 그곳에서 그는 오래전 버핏이 그레이엄 밑에서 공부했던 바로 그 가치투자학과에 들어갔다.[4] 콤스는 2002년에 경영학 석사 학위를 취득했다.

콤스는 버크셔해서웨이에 합류하기 전에 캐슬포인트캐피털 Castle Point Capital 이라는 헤지펀드를 설립했고, 계속 운영했다면 더 많은 돈을 벌 수 있었을 것이다.[5] 버핏은 이렇게 말했다. "콤스는 재능과 총명함은 물론, '호들갑 떨지 않는' 그의 성품만으로도 버크셔해서웨이의 문화와 100% 일치합니다. 우리는 앞으로 설립자가 사라지더라도 결코 흔들리지 않을 정도로 기업 문화가 정착되기를 원합니다. 그런 면에서 토드는 완벽한 인물인 셈이지요."[6]

2년 후인 2012년에 버크셔해서웨이에 합류한 테드 웨슬러는 콤스와 같은 헤지펀드 설립자였다. 50세의 웨슬러는 뉴욕주 버팔로 출신으로 지금은 버지니아주 샬러츠빌에 살고 있다. 그는 2010년에 버핏과의 오찬 기회가 걸린 경매에 262만 6,311달러에 입찰했을 정도로 버핏을 숭배했다(그 돈은 자선단체로 갔다). 이듬해에 웨슬러는 다시 경매에 참여했다. 비록 최고 입찰가는 전년도보다 낮았지만,[7] 멘토로 삼고 싶은 사람과의 점심 식사를 위해 100달러를 올린 262만 6,411달러에 입찰했다.[8]

웨슬러는 1989년에 펜실베이니아대학교 와튼경영대학원에서 경제학 학위를 받았으며, 10년 후 페닌슐라 캐피털 어드바이저라는 헤지펀드를 설립했다.[9] 페닌슐라의 20억 달러 펀드는 무려 1,236%의 수익을 올렸고, 웨슐러가 버핏으로부터 영입 제의를 받은 후 폐쇄했다.[10]

버핏은 처음에 웨슐러와 콤스에게 각각 10억 달러의 포트폴리오를 따로 맡겨 관리하게 했다. 그리고 그들에 대한 신임이 쌓여가면서 포트폴리오를 점점 확대했다. 두 사람 모두 투자에 있어서는 그 누구의 조언도 필요 없는 수준에 오른 사람들이었지만, 버핏은 매달 그들의 실적을 확인했다. 2020년에는 두 사람 모두 관리하는 자산이 약 150억 달러에 이르게 되었다. 두 사람의 성과 보수는 자신의 실적에서 80%, 나머지 20%는 상대방의 실적에서 나오는 구조다. 이것은 버핏이 팀워크를 장려하고 책임을 공유하기 위해 도입한 방식이다.

2016년에 버핏은 두 사람에 대해 이렇게 말했다. "그들은 다양한 기업의 미래가 어떤 경제적 요인에 따라 바뀔지를 꿰뚫어보는 뛰어난 '비즈니스 마인드'를 갖추고 있다. 거기에 예측할 수 있는 것과 그렇지 않은 것을 구분할 줄 아는 지혜도 있다."[11]

버핏은 나중에 자신과 멍거가 내린 최고의 결정은 이 두 사람을 영입한 것이라면서 이렇게 말했다. "우리만큼 책을 읽는 사람은 이 두 사람밖에 없습니다."[12]

다음은 지난 10년 동안 버크셔해서웨이가 인수한 가장 중요한 기업에 관한 내용들이나.

2011년: 루브리졸 코퍼레이션

버크셔해서웨이는 2011년 3월에 루브리졸을 97억 달러에 인수했다.[13] 이 회사는 1928년에 오하이오주 클리블랜드에서 설립되었고 현재는 인근 위클리프에 본사가 있다. 루브리졸은 엔지니어링 폴리머, 코팅, 산업용 윤활유, 엔진오일 첨가제, 특수 화학제품, 배관 시스템 등에 사용되는 화학물질을 생산하는 전문기업이다.

버핏이 이 기업을 매력적으로 여긴 요소는 여기까지 읽은 사람이라면 이미 익숙한 내용들이다.

1. 자기자본이익률ROE 34%
2. 1,600개의 특허를 바탕으로 구축된 광범위한 해자
3. 가격결정력, 버핏은 이것을 기업 평가에서 가장 중요한 요소로 꼽는다.
4. 2005년 주당 1.04달러에서 2010년 1.39달러로 꾸준히 증가하는 배당금
5. 매출의 3분의 2가 해외에서 발생
6. 낮은 노조 결성률
7. 합리적 주가(버핏이 산 가격인 135달러는 당해 연도 이익의 13배, 차기 연도 예상 이익의 12배였다.)
8. 양호하고 안정적인 경영 실적[14]

2011년: 뱅크오브아메리카

뱅크오브아메리카BoA는 2011년까지도 대침체의 여파로 휘청거

리고 있었다. 이런 위기에는 메릴린치 회사를 통해 과대평가된 주거용 모기지 담보부 증권을 팔았다는 이유로 아메리칸 인터내셔널 그룹AIG이 제기한 100억 달러의 소송도 적지 않은 영향을 미쳤다.[15] BoA가 이런 어려움을 겪던 바로 그 해, 버핏은 매년 6%의 배당이 포함된 이 은행의 우선주에 50억 달러를 투자했다. 이 투자에는 2021년까지 주당 7.14달러의 고정 행사 가격으로 버크셔해서웨이가 행사할 수 있는 7억 주 상당의 신주인수권도 포함되어 있었다. BoA는 언제든지 5%의 프리미엄을 주고 우선주를 다시 살 수 있는 선택권을 가지고 있었다.[16]

버크셔해서웨이는 2017년에 그 7억 주를 사기 위해 신주인수권을 행사했다. 버핏이 지불한 가격은 7.14달러로, 거래 당일 종가인 23.58달러에 비해 엄청난 할인이었다. 버크셔해서웨이는 2011년에 매입했던 우선주를 160억 달러가 넘는 보통주로 교환했다.[17] 현재 BoA는 버크셔해서웨이의 주식 포트폴리오에서 애플 다음으로 큰 비중을 차지하고 있다. 2022년 6월에 버크셔해서웨이는 그 은행의 주식을 10억 주 이상 보유하고 있고, 그 가치는 343억 달러에 달한다.

2011년: IBM

IBM의 기업 서비스 사업은 지속적인 수익과 선도적인 시장 지위로 처음부터 버핏의 이목을 끌었다. 그러나 이 전통 기술기업은 매우 드물게도 버핏이 손해를 본 투자가 되었다.

2011년에 버크셔해서웨이는 IBM 주식 6,400만 주를 1주당 평균 170달러(총 107억 달러)에 매입했다.[18] 6년 후인 2017년, 버핏은 이 회사의 미래를 특히 애플과 비교하여 우려하기 시작했다. 6개월도 채 지나지 않아 그는 주식을 처분하기 시작했고, 주당 180달러가 넘었을 때는 이미 '상당량의 주식'을 팔아버린 뒤였다.[19] 그가 IBM을 완전히 매각한 2018년에 주가는 약 140달러였다.[20]

자신이 잘 아는 기업에만 투자한다는 버핏의 보수적인 철학은 다른 수많은 상황에서 유리하게 작용했으나 이 경우에는 그렇지 않았던 것 같다. 물론 IBM의 기술도 그가 잘 이해하는 범주에 들었겠지만, 그 회사는 이미 수명 주기를 넘긴 기업일 가능성이 있었다. 문제가 있었던 이 투자와 그것이 버핏의 사고에 미친 영향에 대해서는 버핏의 실수를 따로 다루는 10장에서 자세히 설명하기로 한다.

2012년: 오리엔탈트레이딩 컴퍼니

오리엔탈트레이딩 컴퍼니 Oriental Trading Company는 파티용품과 예술품, 공예품, 장난감, 기념품, 학용품 등을 합리적인 가격에 판매하는 회사다.[21] 1932년에 설립된 미국의 선구적인 도매상인 이 회사의 본사는 오마하에 있다.

2010년 8월 24일, 오리엔탈트레이딩 컴퍼니는 OTC 홀딩스를 통해 파산 보호를 신청했다.[22] 그러나 CEO 샘 테일러 Sam Taylor는 파산 위기를 극복해냈고, 버핏에게 회사를 인수할 것을 제안했다. 2012년 11월 2일, 버크셔해서웨이는 그 회사를 5억 달러에 인수하여 파산에서 구출하겠다고 발표했다.[23] 테일러는 뇌암으로 2017년에 56세의 나이로 사망했다. 현재 오리엔탈트레이딩은 회장이자 CEO인 스티브 멘드릭Steve Mendlik이 경영을 맡고 있다.

2013년: H.J. 하인즈

2013년 2월 14일, 버크셔해서웨이와 3G캐피털은 H.J. 하인즈 컴퍼니를 280억 달러에 인수했다. 하인즈는 버핏의 구미에 딱 맞는 회사였다. 하인즈는 2013년에 버크셔해서웨이가 지분을 크게 늘렸던 코카콜라와 IBM에 필적하는 세계적 브랜드 인지도를 보유하고 있다. 더구나 하인즈는 재무 실적도 건전했다. 버핏은 CNBC에서 "그 회사는 우리와 같은 과입니다"라고 말함으로써[24] 그가 이 식품회사를 프룻오브더룸이나 철도회사 벌링턴노던산타페와 같은 중요한 자산으로 여긴다는 것을 보여주었다.[25]

버핏은 프리미엄을 치르면서까지 하인즈를 인수했다. 언론 보도에 따르면 '그들이 지불한 72.5달러는 당일 종가보다 20%, 사상 최고가보다는 19% 더 높은 것'으로 알려졌다.[26]

버크셔해서웨이뿐 아니라 3G도 하인즈에 약 40억 달러를 현금으로 지급했지만, 버크셔해서웨이는 우선주에 80억 달러를 더 지불했고 연간 9%의 배당이 지급되었다.[27]

이 인수에 대해서는 10장에서 더 자세히 살펴볼 것이다.

2014년: 자동차 대리점

2014년에 버크셔해서웨이는 10개 주에 78개의 대리점과 100개의 프랜차이즈를 보유한 밴튤 그룹을 인수했다. 밴튤은 연 매출이 80억 달러에 달하는 미국 최대의 민간 소유 자동차 대리점 그룹이다.[28] 버핏은 인수 후 회사명을 버크셔해서웨이 오토모티브로 바꿨다. 이 인수는 자동차 산업을 피해왔던 버크셔해서웨이로서는 다소 이례적인 결정이었다. 버크셔해서웨이는 이 거래에 41억 달러를 지불했다.

밴틀 그룹은 본사를 피닉스에서 댈러스로 옮겼지만, 기존 CEO인 래리 밴틀Larry Van Tuyl이 버크셔해서웨이 오토모티브의 회장이 되면서 리더 역할을 유지했다. 이 점 역시 버핏이 기존의 리더와 그 전문성을 인정하는 패턴과 일치하는 행보였다. 버핏은 CNBC와의 인터뷰에서 "래리가 경영을 맡음으로써 지금보다 훨씬 더 크게 확장할 수 있다고 생각합니다"라고 말했다.[29]

2014년부터 2016년까지: 듀라셀

1989년 버크셔해서웨이는 6억 달러 상당의 질레트 전환우선주를 매입했다. 2005년에 프록터앤드갬블P&G은 질레트를 540억 달러에 인수하기로 합의했다. 2014년 버크셔해서웨이는 2005년에 질레트를 인수하면서 보유하고 있던 P&G 주식 47억 달러를 되돌려주고 P&G로부터 듀라셀을 인수했다.[30]

버핏은 이렇게 말했다. "나는 소비자로서, 그리고 오랫동안 P&G와 질레트에 투자한 사람으로서 항상 듀라셀에 깊은 인상을 받아왔습니다. 듀라셀은 최고 품질의 제품을 생산하는 글로벌 선두 기업이며, 그 점은 버크셔해서웨이에 잘 어울릴 것입니다."[31]

이 거래는 특히 버핏이 회사를 인수하는 데 주식을 사용하여 세금을 상당히 절약했다는 점에서도 버크셔해서웨이의 포트폴리오에 잘 들어맞았다. 그는 P&G 주식을 대가로 듀라셀을 인수함으로써 현금을 지급했다면 발생했을 양도소득세를 피할 수 있었다. [32]

2015년: 크래프트푸드와 H. J. 하인즈

2015년에 3G캐피털과 버크셔해서웨이가 각각 100억 달러를 투자한 거래를 통해 크래프트푸드와 H. J. 하인즈가 합병되었다. 이때 크래프트의 가치는 순부채 이전 주가를 기준으로 약 460억 달러로 평가되었다. [33] 이 거래로 하인즈는 크래프트의 지분 51%를 확보했고, 나머지 49%는 당시 크래프트의 주주 몫으로 남았다. [34] 이 합병을 통해 각각 5억 달러가 넘는 총 13개의 브랜드가 거대 그룹 크래프트하인즈를 구성하게 되었다. [35]

2014년에 설립된 이 거대 기업의 매출은 약 280억 달러였다. 물론 당시 업계 선두였던 펩시코의 매출은 그 두 배가 넘었지만 말이다. [36] 그러나 2019년 2월에 크래프트하인즈는 실망스러운 소식을 전했다. 오스카 마이어, 크래프트 같은 유명 브랜드의 가치가 과대평가되었음을 인정하면서 무형자산에서 150억 달러의 손상차손Write-down(보유 중인 자산의 가치가 장부가액보다 떨어졌을 때 이를 회계에 반영하는 것 _옮긴이)을 단행했다. [37]

그 외에도 크래프트하인즈는 회계 부정으로 조사를 받았다. 주가는 하루 만에 30% 하락했는데, 2015년 합병 시점 기준으로는 절반이 넘게 하락했다. 결과적으로 버크셔해서웨이는 40억 달러를 잃었다. 버핏은 매출 감소의 원인 중에 코스트코의 커클랜드 시그

니처 같은 PB 브랜드와의 경쟁도 한몫했다고 말했다.[38]

버핏은 자신이 크래프트 인수에 너무 많은 돈을 썼고 회사의 일부 측면을 잘못 판단했을 수도 있다고 인정했다. "그 회사는 70억 달러의 유형자산으로 60억 달러의 세전 이익을 거둔다는 점에서 여전히 놀라운 기업입니다. 그러나 우리가 유형자산에 쓴 돈이 1,000억 달러입니다. 결국 우리로서는 그 사업에서 벌어야 할 돈이 회사가 기존에 보유한 70억 달러가 아니라 1,070억 달러라는 계산이 나옵니다."[39]

2016년: 프리시전캐스트파츠 코퍼레이션

2016년에 버크셔해서웨이가 프리시전캐스트파츠 코퍼레이션 Precision Castparts Corporation을 인수하며 지불한 321억 달러는 지금까지도 버크셔해서웨이의 가장 큰 거래액으로 남아 있다.[40] 오리건주에 본사를 둔 이 항공우주 제조업체의 주식을 콤스가 먼저 사기 시작했고, 곧 버핏에게 그 사실을 보고했다. 그 후 버크셔해서웨이가 회사 전체를 인수했다.[41]

프리시전캐스트파츠는 대형 항공기 고정장치나 터빈 블레이드 같은 항공우주 필수 부품은 물론, 발전소와 정유 산업에 사용되는 파이프 제품을 공급하는 세계 최고의 업체다. 이런 부품은 대부분 독립적인 장비로 판매되나 예비 부품 공급 서비스도 회사의 중요한 사업 모델을 구성하고 있다. 이 회사 제품은 다년 계약을 통해 공급되므로 일종의 해자를 형성한다.[42, 43]

2016년: 애플

6장에서 설명했듯이 버크셔해서웨이는 2016년 5월에 10억 달러 상당의 애플 주식을 매입했다. 그로부터 1년도 지나지 않은 2017년 2월에 회사는 170억 달러 상당의 애플 주식 1억 3,300만 주(애플 전체의 2.5%)를 보유하여 자사 포트폴리오 중 두 번째로 큰 주식이 되었다고 발표했다.[44]

버크셔해서웨이는 이 첨단 기술기업에 계속 관심을 기울였다. 2019년 10월에는 보유량이 2억 4,958만 9,329주, 금액으로는 589억 6,000만 달러를 넘어섰다. 2021년 말 애플은 1,575억 달러 상당의 9억 755만 9,761주로 버크셔해서웨이의 최대 보유 주식이 되었다.[45]

2016년에서 2020년까지: 항공사

2016년 11월, 버크셔해서웨이는 아메리칸 항공, 유나이티드 항공, 델타 항공 그리고 사우스웨스트 항공 등 주요 4대 항공사에 투자했다. 이런 행보는 버핏이 과거 민간 항공 산업에서 부정적인 경험을 한 점을 생각하면 다소 놀라운 일이었다.

버핏은 1989년과 1996년 사이 거의 모든 연례 주주 서한에서 US 항공에 대한 투자가 실수였음을 인정했다. 2007년, 그는 다시 한번 항공사 투자에 반대하는 입장을 밝혔다. "가장 나쁜 사업은 빠르게 성장하고, 그 성장에 상당한 자본이 필요하지만, 이후로는 거의 돈을 못 버는 사업입니다. 항공 사업이 바로 그렇습니다. 이 분야에서 지속적인 경쟁 우위란 라이트 형제 이후 거의 찾아보기 어려운 것이 사실입니다. 만약 키티호크(라이트 형제가 첫 비행에 성공한 미국 마을 _옮긴이)에 미래를 내다보는 자본가가 있었다면 오빌 라이트를 그 자리에서 쏴 죽여서 후대 사업가들에게 도움이 됐을지 모릅니다."[46]

2002년에 한 인터뷰에서 그는 다음과 같이 말했다.

"1900년대 초 키티호크에 자본가가 있었다면, 오빌 라이트를 총으로 쏘는 편이 나았을 겁니다. 그랬더라면 후손들의 돈을 아꼈을 겁니다. 그러나 사실 항공산업은 대단했습니다. 항공업계는 지난 세기 내내 새로운 자본이 끝없이 유입되어 다른 어떤 업계도 따라올 수 없을 정도로 엄청난 돈을 집어먹었습니다. 고정 비용이 엄청나고, 강력한 노조가 존재하며, 가격도 만만치 않습니다. 성공하기 쉽지 않은 조건입니다. 그래서 내가 생각해낸 방법이 있습니다. 800번으로 시작하는 무료 상담 전화입니다. 항공사 주식을 사고 싶을 때마다 여기로 전화합니다. 새벽 2시에 전화기에 대고 '나는 워런이라고 합니다. 항공 중독에 걸렸어요'라고 합니다. 그러면 상담원이 나를 진정시켜주겠지요."[47]

그럼에도 이런 말과 달리 버핏과 콤스, 웨슐러는 2019년 10월부터 항공사 주식을 수십억 달러씩 매입했다. 그 현황은 다음과 같다.

- 사우스웨스트 항공 주식 5,364만 9,213주, 28억 9,276만 5,565달러
- 델타 항공 주식 7,091만 456주, 37억 5,470만 8,645달러

- 아메리칸 항공 주식 4,370만 주, 11억 9,563만 2,000달러
- 유나이티드 항공 주식 2,193만 8,642주, 19억 1,195만 2,650
  달러

버크셔해서웨이가 항공사에 투자한 누적 총액은 97억 5,505만 8,860달러로 전체 포트폴리오 2,166억 2,114만 8,782달러의 4.5%에 해당한다.

버핏의 생각이 달라진 이유는 무엇이었을까? 콤스와 웨슐러의 영향이 분명히 있었을 것이다. 또는 항공업계에 불던 통합 바람을 보고 수익성 향상을 점쳤을 수도 있다. 이유가 무엇이든, 버핏의 낙관론은 코로나19 팬데믹이 몰아닥쳐 항공사 주식이 큰 타격을 입는 바람에 결과적으로 잘못된 판단이 되고 말았다. 버크셔해서웨이는 2020년 3월부터 보유하던 항공사 주식을 팔기 시작했다. 델타 항공의 경우 보유 지분이 11.1%에 달했지만, 그중 18%(금액으로는 3억 1,400만 달러)를 매각했다. 사우스웨스트 항공은 10.4%를 소유하고 있었으나 그중 4%(7,400만 달러)를 매각했다.[48]

버핏은 2020년 주주총회에서 버크셔해서웨이는 팬데믹의 영향으로 보유 중이던 모든 항공사 지분(총 61억 달러 상당의 주식)을 매각할 수밖에 없었다고 발표했다. 그는 항공 여행을 둘러싼 불확실성이 지속된다면 공석, 항공권 가격 하락, 수익성 저하 등이 초래된다고 설명했다.

아메리칸 항공의 전 CEO 로버트 크랜들Robert Crandall은 항공업계에서 즐겁게 일했다고 말하면서도 한편으로는 그 분야가 '지독하

고 형편없는 사업'이라고 말했다. 그는 직원들에게 항공사는 돈을 못 벌기 때문에 항공사의 주식을 사지 말라고 했다.[49] 높은 자본 비용, 노조의 존재, 연료 가격, 기타 예측 불가한 측면을 비롯해 항공업을 억누르는 요인은 많다.

2018년: 헤이븐

2018년 1월, 버핏은 아마존의 CEO 제프 베이조스, J.P. 모건의 CEO 제이미 다이먼과 함께 헤이븐이라는 파트너십을 설립하여 미국의 의료 비용 감축을 위해 노력하겠다고 발표했다.

버핏은 끝없이 팽창하는 미국의 의료 비용이 '미국 기업과 그 경쟁력에 기생충 같은 존재'라고까지 역설하면서,[50] 존경하고 신뢰하는 두 비즈니스 리더와 함께 의료 분야에서 비용 효율적인 새 모델을 찾고자 한다고 말했다.

버핏은 그들이 또 다른 건강보험 회사를 설립하는 것은 아니라고 투자자들을 안심시켰다. 그리고 이 회사를 설립하는 동기는 "수익 창출이 아니다"라고 덧붙였다.[51] 그런데 1인당 의료비 지출이 1960년 170달러에서 현재 1만 달러 이상으로 치솟은 것은 터무니없는 상황이라고만 말했을 뿐 더 자세한 계획은 밝히지 않아 다소 모호한 부분이 있었다.[52] "우리는 직원들이 더 낮은 비용으로 더 나은 의료 서비스를 누리기를 원합니다. 우리가 구상하는 계획이 지금보다 오히려 더 못한 서비스를 초래하는 일은 분명히 없을 것입니다."[53]

각자가 이끄는 조직을 합하면 직원 수가 100만 명이 넘는 그들이 힘을 합친다면 비용을 낮추는 새로운 의료 서비스 방안을 구상할 수 있을지도 모른다. 그럼에도 버핏은 그들의 모델이 세부 사항 면에서 더 널리 채택되기 위해서는 비용 절감을 목표로 삼아야 한다는 점을 분명히 했다. "엄청난 저항에 직면할 것입니다. 만일 우리가 실패한다고 하더라도 적어도 시도는 한 셈입니다."[54] 그런데 그의 이 발언은 나중에 미래를 예견한 셈이 된다.

버핏은 헤이븐의 궁극적인 목표가 현재 엄청난 부담의 의료 비용에 대해 전국 규모로 적용 가능한 새로운 모델을 제시하는 것이라고 인정했다. 그는 어떤 약속도 하지 않으려고 조심했고, 그 세 사람은 서류상으로 파트너십 계약을 공식화하지도 않았다. 그러나 버핏은 사업에 대한 희망과 포부를 숨기지 않고 이렇게 말했다. "우리는 중요한 일을 이뤄낼 가능성이 있습니다. 물론 그것을 구체적인 수치로 말하기에는 아직 이릅니다. 그러나 우리가 다른 사람보다 나은 위치에 있는 것은 틀림없으며, 우리가 서로 적합한 파트너라는 것도 확실합니다. 그러니 일단 시도해보고 어떻게 될지 지켜보겠습니다."[55]

2021년 2월, 헤이븐이 해산한다는 발표가 나왔다. 미국 의료 산업은 사회적으로 큰 혼란 없이 정비하기에는 이미 너무나 복잡한 시스템으로 고착되어 있었다.

2019년: 아마존닷컴

버크셔해서웨이 연례 주주총회가 열리기 하루 전이었던 2019년 5월 2일, 버핏은 CNBC에서 버크셔해서웨이의 투자 책임자 중한 명인 콤스나 웨슐러가 아마존 주식을 매수했다고 밝혔다. 그는 "나는 아마존의 팬이었고, 진작 매수하지 않은 것은 어리석은 일이었다"라고 인정했다. 하지만 TV를 보던 사람들은 그렇게 오랫동안 기술주를 피해온 투자자가 갑자기 심경에 변화를 일으켰으리라고는 생각하지 않았다.[56]

그의 무심한 태도는 아마도 그의 관심이 얼마나 진지했는지를 잠깐 잊어버린 결과였을지도 모른다. 같은 날 버크셔해서웨이는 증권거래위원회에 제출한 서류를 통해 지난 분기 말에 아마존 주식 48만 3,300주를 소유하고 있었음을 공개했다. 2021년 말에는 버크셔해서웨이의 지분이 거의 20억 달러로 늘어나 아마존이 발행한 주식의 0.1%를 차지했다.

2019년: 아나다코 페트롤리움

버핏은 최근 몇 년간 석유 주식에 큰 관심을 보이지 않았지만, 버크셔해서웨이가 옥시덴털 페트롤리움의 아나다코 페트롤리움 인수에 100억 달러를 지원하기로 약속하면서 상황이 달라졌다. 아나다코는 텍사스와 뉴멕시코의 국경을 따라 형성된 세계 최대 유전 지대 중 하나인 퍼미언 분지에서 가장 앞서가는 정유회사였다. 버크셔해서웨이는 우선주 10만 주를 총 100억 달러에 매수했고 연간 8%의 배당이 포함되었다.[57] 버크셔해서웨이는 또 옥시덴털 주식을 62.5달러에 최대 8,000만 주까지 매수할 수 있는 신주인수권을 확보했다.[58] 두 회사의 합병 계약에 따라 옥시덴털 페트롤리움이 "현금 59달러와 옥시덴털 보통주 0.2934주를 합하여 아나다코

보통주 1주와 교환하는 조건으로 아나다코 발행 주식 전량"을 인수했다. [59]

　최근 몇 년 동안 버핏은 보유 중이던 전력 관련주를 풍력과 수력을 비롯한 재생에너지 산업으로 옮기는 것처럼 보였다. [60] 관측자들은 옥시덴털에 대한 그의 투자를 보고 그가 정유산업을 확신하고 있으며, 옥시덴털과 아나다코의 자산 기반과 생산 능력이 결합한 것을 시장이 충분히 평가하지 못한다고 생각한다는 것을 알 수 있었다.

2020년: 크로거

　2020년에 버크셔해서웨이는 미국 최대 식료품점 회사 크로거 1,900만 주(또는 소유권의 2.3%)를 5억 4,900만 달러에 매수했다. [61] 그렇다고 버크셔해서웨이가 대주주가 되지는 않았으나 최대 주주 순위 10위 안에 들어감으로써[62] 어린 시절 할아버지 식료품점에서 창고 심부름을 했던 버핏으로서는 늦었지만 다소 만족감을 느꼈을지도 모른다. 2022년 기준 버크셔해서웨이가 보유한 크로거 주식은 6,180만 주로, 금액으로는 28억 7,000만 달러에 해당한다.

2020년: 일본 대기업

　2020년에 버핏은 버크셔해서웨이가 일본 5대 대기업(종합상사)인 스미토모, 미쓰비시, 이토주, 미쓰이, 마루베니의 지분을 60억 달러(5%)에 사들였다고 발표했다. [63] 그가 이렇게 한 데는 몇 가지 이유가 있다. 우선 달러 가치가 하락하고 미국 자산 가격이 오른

데 따른 국제 다각화 전략의 일환으로 볼 수 있다. 결국 이 주식의 배당과 주가는 달러 가치 하락에 따른 손실을 메꿔주었다. 2021년 말 버핏이 얻은 이익은 30%가 넘었다.

2020년 3분기

2020년 3분기에 버크셔해서웨이는 스노우플레이크라는 클라우드 데이터 회사에 투자했다. 기업공개IPO 시점에 버크셔해서웨이가 보유한 주식 가치는 약 7억 3,000만 달러에 달했다. 스노우플레이크는 주당 120달러에 상장되었다. 거래 첫날 장 마감까지 주가는 최고 253.93달러(111% 상승)였으며 버크셔해서웨이는 8억 달러 이상의 수익을 거뒀다.[64] 2022년 3월 기준 주가는 197.42달러다.

2020년 3분기에 백신 등 코로나19 관련주의 이익 급증이 예상되자 버크셔해서웨이는 애브비(2,130만 주), 브리스톨-마이어스 스큅(3,000만 주), 머크(2,240만 주), 화이자(370만 주) 등 4개 제약사에 57억 달러를 투자했다. 버크셔해서웨이는 코스트코 지분 전량과 배릭골드 지분 44%, 애플 지분 40억 달러를 각각 매각하기도 했다.[65]

2020년 4분기

2020년 4분기에 버크셔해서웨이는 셰브런에 41억 달러, 버라이즌에 86억 달러를 투자했다. 또 JP모건체이스, PNC파이낸셜, M&T뱅크, 화이자, 배릭골드 등의 지분을 모두 매각했다. 그리고 애플은 6%, 웰스파고 59%, 선코어에너지 28%, 제너럴모터스GM 9%로 지분을 줄였다.[66]

10장

버핏의 투자 실수

향후 1~2년의 전망을 보고 주식을 사는 것은 투자에서 저지르는 가장 큰 실수다. 불확실성이 너무 크기 때문이다. 사람들은 지금이 불확실한 시기라고 말한다. 그러나 2001년 9월 10일에도 세상은 불확실했고, 사람들은 내일 무슨 일이 벌어질지 몰랐다. 사실 매일이 불확실하다. 결국 불확실성을 투자의 일부로 받아들여야 한다. 그러나 불확실성을 친구로 삼을 수는 있다. 즉 사람들이 두려워할 때 가격은 내려간다는 뜻이다. 우리는 가격을 매기려고 할 뿐, 타이밍을 맞추려 하지 않는다.[1]

_ 워런 버핏

모든 사람은 실수한다. 워런 버핏도 마찬가지다. 그러나 그는 실수에 대해 고민하지 않는다. 판단 실수를 인정하거나 되새겨볼 의지가 없는 사람들과는 달리, 버핏은 자신의 결정을 면밀히 검토하고 결과가 예상대로 나오지 않았을 때는 교훈을 얻고자 한다. 2009년에 그를 만났을 때 그가 해준 말이 있다. 메이저리그 역사상 4할을 친 타자는 단 한 명인데(1941년에 테드 윌리엄스가 4할6리를 기록했다) 그 시즌조차 안타를 못 친 비율이 6할에 가까웠다. 버핏은 방망이를 휘둘렀는데 안타를 못 친 것보다 기회가 와도 알아채지 못하는 것이 더 나쁘다고 했다.

그는 이렇게 말했다. "가장 큰 실수는 놓치는 것입니다. 그런 실수는 문서에 나타나지 않지만 이미 기회는 지나갔습니다. 반드시 해야 했고 할 수 있었는데 하지 않았던 일들, 그것이 인생에서 가장 큰 실수입니다."

이 장에서는 버핏의 투자 실수 중 몇 가지를 살펴볼 것이다. 즉 그가 잘못 투자한 건과 놓친 기회들이다.

1942년: 시티서비스

버핏은 열한 살 때 처음으로 시티서비스(천연가스 회사)[2] 우선주 6주를 38달러에 샀다(버핏이 3주, 여동생 도리스가 3주를 샀다).[3] 안타깝게도 주식은 곧바로 27달러로 떨어졌고, 버핏은 여동생이 손해를 볼까 봐 식은땀을 흘렸다. 다행히 주식은 40달러로 다시 올랐고, 그는 주식을 팔았지만 주가가 200달러까지 오르는 것을 멍하니 지켜봐야 했다.[4] 버핏은 이 일로 주식시장에서 투자에 관한 첫 번째 교훈을 얻었다. 즉, 시장이 변덕을 부린다고 덩달아 행동하지 말고 인내심을 발휘하라는 것이었다.

1952년: 싱클레어 주유소

버핏의 첫 번째 투자 실수 중 하나는 스물한 살에 싱클레어 주유소에 투자한 것이었다. 그는 오마하의 친구와 함께 당시 전 재산의 20%에 해당하는 2,000달러를 들여 그 주식을 샀다. 그는 곧 길건너편에 있던 텍사코 주유소가 싱클레어보다 매출이 훨씬 더 크다는 사실을 알게 되었다. 텍사코 브랜드가 더 유명하고 충성도 높은 고객도 더 많기 때문이었다. 이 당시 버핏이 잃어버린 기회비용을 현재 가치로 환산하면 무려 60억 달러에 달한다.

버핏은 그 일을 통해 중요한 교훈을 얻었다. 그는 브랜드 인지도가 얼마나 강력한 힘을 발휘하는지 알게 되었다.[5] 더 중요한 것은 그 일을 통해 투자하기 전에 먼저 회사의 원장을 살펴봐야 한다는 기본적인 원칙을 몸에 익혔다는 점이다. 그는 브랜드의 중요성을 끊임없이 강조하고, 직원들도 그 중요성을 확실히 이해하도록 한다.

1952년: 가이코

1951년에 버핏은 순자산의 50% 이상을 가이코에 투자했다(주당 29.375달러에 350주를 샀으므로 총 1만 281.25달러를 투자했다). 1951년 말까지 28%의 수익을 냈고 그가 가진 총자산의 65%를 차지했다. 그러나 버핏은 이토록 급격한 성공을 맛보는 바람에 심각한 실수를 저질렀다. 1952년에 그는 가이코 지분을 전량 매각한 돈으로 웨스턴인슈어런스시큐리티에 투자했다. 그가 보기에 웨스턴은 싼값이었고, 벤저민 그레이엄의 가르침도 바로 싸게 사라는 것이었기 때문이다. 그러나 그 후 20년 동안, 버핏은 그가 팔았던 가이코 주식이 100만 달러가 훨씬 넘어가는 것을 지켜봐야만 했다. 그는 너무 일찍 방아쇠를 당겼다. 버핏은 그 일에서 평생 투자 원칙으로 삼을 교훈을 얻었다. 훌륭한 기업은 오랫동안 보유해야 한다는 것이다.

1964년: 아메리칸 익스프레스 주식

1963년에 아메리칸 익스프레스는 1억 8,000만 달러, 현재 가치로는 무려 15억 2,000만 달러의 손실을 초래한 사기 사건에 연루되었다.[6] 이로 인해 아메리칸 익스프레스 주가는 50% 이상 하락했다.

버핏은 필립 피셔의 스커틀벗 방법으로 이 사건이 회사에 미친 영향을 조사했다. 그 결과, 사람들은 여전히 외식과 쇼핑, 은행 업무, 여행 비용을 지불할 때 아메리칸 익스프레스 카드와 수표를 사용하고 있었다. 그는 회사의 재무 상태도 평가했다. 그 결과를 바탕으로 버핏은 1964년에 버크셔해서웨이 자산의 25%를 아메리칸 익스프레스에 투자했고, 2년 후 매각할 때 주식 가치는 2배가 되었다. 그 거래는 버크셔해서웨이 부자자들에 2,000만 달러의 수익을 안겨주었다.

의심할 여지 없이 이것은 훌륭한 투자였다. 그러나 그 주식을 계속 보유했다면 오늘날 수십억 달러가 되어 있을 것이다. 결국 그는 이 일에서도 위대한 기업은 오래 보유해야 한다는 교훈을 다시 한번 되새기게 되었다.

1962년부터 1964년까지: 버크셔해서웨이

2장에서 언급했듯이 버핏은 1960년대에 버크셔해서웨이 측으로부터 자신이 보유하던 지분을 주당 11.50달러에 되사겠다는 제안을 받았다. 그러나 우편으로 받은 공개매수 신청서에 적힌 가격이 주당 11.375달러라는 사실을 안 버핏은 너무 화난 나머지 회사를 아예 인수한 뒤 소유주를 쫓아냈다. 그 후 버핏은 계속 손해를 보면서도 20년 동안이나 그 직물업체를 운영하려고 했다.

여기서 얻은 교훈은 너무나 분명하다. 투자할 때 감정으로 행동하지 말라는 것이다. 버핏은 지금도 버크셔해서웨이를 인수한 일이 평생 가장 큰 투자 실수였다고 말한다. 버크셔해서웨이에 들어간 돈을 현재 가치로 환산하면 무려 수십억 달러가 된다. 그가 투자에서 가장 중요한 기술은 자신의 기질을 통제하는 것이라고 말하는 대표적인 예가 바로 이 사건이다. 나는 그가 투자에 실패한 회사명을 지금도 그대로 사용하는 이유가 그때의 잘못을 다시는 뒤풀이하지 않겠다는 일종의 고집이 아닌가 생각하기도 한다. 그때 만약 그 돈을 보험회사에 투자했더라면 오늘날 투자회사 버크셔해서웨이의 가치는 2,000억 달러는 더 되었으리라고 추정한다. 그는 이렇게 말했다. "아무리 평판이 좋은 경영자라도 자금 사정이 나쁜 회사를 만나면 그 회사의 평판은 나쁜 채로 유지된다."[7]

1966년: 호크실드콘 컴퍼니

버핏이 처음으로 지분을 전부 인수한 기업은 볼티모어의 비상장 백화점인 호크실드콘 컴퍼니Hochschild, Kohn & Co.였다. 1966년에 그와 두 파트너인 찰리 멍거와 샌디 고츠먼Sandy Gottesman이 그 백화점 주식을 전량 매입했다.[8] 호크실드콘을 인수함으로써 그들은 1) 장부가격 이하의 기업과 2) 유능한 경영진, 3) 기록에 나타나지 않은 부동산 가치, 그리고 4) 상당한 LIFO(후입선출) 재고라는 보호 장치를 얻었다.[9] 그 회사는 재고를 LIFO로 관리했으므로 장부상에는 몇 년이 지난 저렴한 재고만 남아 있어 가치가 과소 평가되어 있었다.

이 모든 요소는 훌륭한 잠재 가치를 가지고 있었다. 그러나 무엇보다 호크실드콘은 유통기업이었고, 유통업은 매우 어려운 분야였다.[10] 유통업은 소비자의 기호와 판매 경로가 끊임없이 변화하고 진입 장벽이 낮아 경쟁 우위를 유지하기 어렵다는 문제가 있었다.

뼈아픈 고통을 대가로 치르며 이런 교훈을 얻은 투자자들이 많았다. 전통 유통 대기업인 시어스와 JC페니도 지금은 사실상 수명이 다했다는 점을 생각해보라. 이 글을 쓰는 동안에도 코로나19 팬데믹으로 인한 봉쇄 조치의 영향으로 전국 규모의 유통 체인이 파산하고 있다. 기술 발전도 이런 추세를 거들고 있다. 쇼핑하는 방식이 눈 깜짝할 사이에 완전히 바뀌고 있다. 아마존과 전자상거래가 전통적인 오프라인 기업을 파괴하는 상황은 아무도, 심지어 제프 베이조스조차도 대비하지 못했으며 이런 현상은 팬데믹 봉쇄 기간에 가속되었다. 그렇지 않아도 과잉 재고 비용에 허덕이던 유통업에 부담을 배가했고, 전통 판매 채널의 이익률을 쥐어짰다.[11]

소비자 선호도 변화, 최적에서 밀려난 입지, 낮은 진입 장벽 및 기타 추세 변화로 호크실드콘은 진퇴양난에 빠졌다. 버핏은 3년 후에 이 유통업체의 지분을 매각하면서 초기 투자금만 겨우 회수했다. 이를 통해 그가 얻은 교훈은 "괜찮은 회사를 아주 싼 값에 사는 것보다는 뛰어난 회사를 합리적인 가격에 사는 편이 더 낫다"라는 것이었다.[12] 나중에 멍거가 버크셔해서웨이에 합류하면서 강조한 것이 바로 이 개념이었고, 버핏도 그것을 투자의 핵심 원칙으로 삼았다.

1966년과 1995년: 월트디즈니 컴퍼니

1966년, 버크셔해서웨이는 보유 현금의 5%에 해당하는 400만 달러를 월트디즈니 컴퍼니에 투자했다.[13] 버핏은 1년 안에 그 주식을 620만 달러에 되팔아 220만 달러라는 큰 수익을 올렸다. 그러나 안타깝게도 이것은 그의 경력에서 가장 큰 실수로 기록되었다. 그 주식을 파는 바람에 버크셔해서웨이는 미래 가치 상승에 따른 170억 달러의 돈과 10억 달러의 배당금을 잃고 만다.[14] 버핏에게 그만한 돈이 더 있었다면 과연 어떤 일을 했을지 생각해보라. 1998년 주주총회에서 버핏은 다음과 같이 말했다. "디즈니를 판 것은 분명히 큰 실수였습니다. 오히려 더 샀어야 했어요."[15]

그런데 그는 1995년에 똑같은 실수를 반복했다. 그해에 버크셔해서웨이는 캐피털시티/ABC 주식을 가지고 있었는데, 디즈니가 캐피털시티/ABC를 매입한다고 발표하면서 버크셔해서웨이는 갑자기 디즈니 주식 2,100만 주를 갖게 되었다. 2000년 말까지 버크서해서웨이는 그 주식을 모두 팔았다. 만약 버핏이 그 주식을 팔지 않았다면 오늘날 가치는 139억 달러가 되었을 것이다.[16]

1968년: 인텔

인텔은 반도체 전문가 로버트 노이스Robert Noyce와 고든 무어Gordon Moore가 1968년에 설립한 회사다.[17] 성장을 거듭한 인텔은 세계 최고의 기술기업이 되었다. 버핏은 1968년에 그 회사에 투자할 기회가 있었다. 노이스가 아이오와의 그리넬칼리지에 있을 때 신탁관리인이 바로 버핏이었다. 노이스는 버핏의 절친인 조 로젠필드Joe Rosenfield를 통해 버핏이 운영하던 그리넬칼리지 투자 펀드가 자신의 회사에 투자해줄 것을 요청했지만, 버핏은 안전마진이 없다는 이유로 거절했다. 이것은 그의 가장 큰 투자 실수 중 하나가 되었는데 기술기업이나 안전마진이 없는 투자는 하지 않는다는 그의 평소 원칙 때문이었다.

1975년: 웜벡 섬유회사

버핏은 실패한 섬유회사 버크서해서웨이를 인수한 것을 후회했지만, 13년 후 뉴잉글랜드의 웜벡 방직이라는 섬유회사를 또 인수했다. 그도 필요한 교훈을 다 배우지 못한 것이 분명하다. 버핏은 감정에 휘둘려 투자하면 안 된다는 교훈은 얻었지만, 헐값 그 자체에 함정이 있다는 교훈을 깊이 새기지는 못했다.

2014년 버크서해서웨이 주주 서한에서 버핏은 이렇게 말했다. "나는 어이없게도 1975년에 뉴잉글랜드의 웜벡이라는 섬유회사를 또 사버렸습니다. 물론, 우리가 인수한 자산과 버크셔해서웨이의 기존 섬유사업과의 시너지 효과를 생각하면 매입 가격은 '헐값'이었습니다. 그러나 너무나 '놀랍게도' 웜벡은 재앙이었습니다. 몇 년 후에 공장문을 닫아야 했으니까요."[18]

결국 버핏은 2017년 CNBC 인터뷰에서 이렇게 말했다. "처음에 성공하지 못하면 전략을 바꿔야 합니다."[19] 아울러 버핏은 제품이나 서비스의 이익률이 축소될 위험이 있는 기업을 사면 안 된다는 점도 배웠다.

1980년대부터 1990년대: 마이크로소프트

버핏은 마이크로소프트에 투자할 기회를 놓친 것으로 유명하다. 알다시피 그는 자신이 잘 아는 기업이나 산업에만 투자하는 경향이 있다. 그는 초창기에 이 원칙 때문에 마이크로소프트와는 아예 연이 닿지 않았다. 나중에 버핏이 마이크로소프트 공동 창업자 빌 게이츠와 친분을 쌓은 후에는 마이크로소프트에 투자하면 규제 당국의 눈에 두 사람이 내부 정보를 주고받는 것으로 비쳐 게이츠에게 폐를 끼칠지도 모른다고 걱정했다. 결과적으로 버핏이 놓친 기회비용은 수십억 달러에 이른다.

버핏이 2010년과 2012년에 토드 콤스와 테드 웨슐러를 펀드 책임자로 영입한 것은 자신이 기술기업을 모른다는 사실이 버크셔해서웨이에 해가 되리라는 점을 분명히 알았으므로 이를 막기 위해서였던 이유도 크게 작용했다.

나의 의견을 덧붙이면 자신의 전문 분야가 아닌 내용이 있다면 기꺼이 배워야 하고, 아니면 더 잘 아는 사람에게 맡겨야 한다.

1989년: US 항공

버핏은 항공사에 투자해서 성공한 적이 별로 없다. 그럼에도 그는 이 업계를 끊임없이 기웃거리는 바람에 2002년에는 스스로 '에어로 홀릭', 즉 항공사 중독자라고 농담했을 정도다.[20]

그가 처음으로 항공업에 관심을 갖게 된 것은 1989년이었다. 당시 US 항공은 한 헤지펀드로부터 적대적 인수 위협에 시달리고 있었고, 이에 최고경영자 에드 콜로드니Ed Colodny는 회사를 지키기 위해 버핏에게 인수를 요청했다. 버핏은 3억 5,800만 달러로 연간 이익률이 9.25%인 전환우선주를 매입했다.[21] 주식전환 행사 가격은 60달러였고, 그가 매수할 때 가격은 52달러였다. 그러나 결국 주가가 60달러에 도달하지 못했고 버핏은 투자금을 주식으로 전환할 수 없었다. 콜로드니의 기억에 따르면 버핏은 주가가 투자 원금에 도달하자마자 현금으로 바꾸더니 뒤도 돌아보지 않고 떠났다고 한다.[22]

버핏은 2002년 한 인터뷰에서 자신이 항공사 주식에 열광해 번번이 손해를 본 것을 인정하면서 항공업계는 "지난 세기 내내 다른 어떤 업계도 따라올 수 없을 정도로 엄청난 돈을 집어삼킨 이유는 계속해서 사람들이 돌아와 새로운 자금을 투자하는 것처럼 보였기 때문이다"라고 말했다.[23]

그는 항공사는 막대한 고정비용과 강력한 노조, 상품 가격 등의 요인이 합쳐져 성공하기가 매우 어렵다고 말했다. 그럼에도 그는

US 항공에서 교훈을 얻지 못했다. 버핏은 2016년부터 2020년까지 4대 항공사 주식을 계속해서 사들였다.

그래서 스스로 이렇게 농담한 적도 있다. "요즘은 800번으로 시작하는 무료 상담 전화가 있잖아요. 항공사 주식을 사고 싶으면 거기 전화합니다. 새벽 2시에 전화기에 대고 '나는 워런이라고 합니다. 항공사 주식 중독 환자입니다'라고 말합니다. 그러면 상담원이 나를 진정시켜주겠지요."[24]

버핏이 항공사에 투자하는 것은 업계의 통합 추세가 수익성 증가로 이어지리라는 기대 때문인 것으로 보인다. 혹은 항공산업의 높은 진입 장벽을 주주 수익률을 꾸준히 창출하는 매력적인 수단으로 과신하고 있는지도 모른다.

1991년: 살로먼브라더스

살로먼브라더스도 버핏의 투자가 최악의 결과로 이어진 사례다. 1990년대 초반 살로먼은 일련의 스캔들로 파산 지경에 내몰렸고, 결국 버핏이 긴급 인수에 나섰다. 그는 그전에 이미 살로먼의 지분을 7억 달러(1987년에 12%를 인수했다) 정도 소유하고 있었다.[25]

여러 스캔들 중 1990년 말에 한 트레이더가 미국 국채에 불법 입찰한 건이 있었다. 이 거래자는 국채 경매에 단일 입찰자가 제시할 수 있는 지분 35% 이상을 매수하여 시장을 선점하려고 시도했다.[26] 은행 내부 조사를 통해 5년 만기 국채에서 60억 달러 상당의 불법 입찰 두 건이 밝혀졌다.[27] 그러나 이런 사실이 밝혀졌음에도 그 트레이더는 해고되지 않았다. 이듬해 1991년 5월, 살로먼은 동일한 방법을 사용하여 다시 국채 시장을 장악하려 했다. 그러나 이 번에는 증권거래위원회^{SEC}가 적발했다. 살로먼은 2억 9,000만 달러의 벌금을 부과받았고, CEO인 존 구트프룬드는 해고되었다.[28] 두 사건에 책임이 있는 이 트레이더는 감독기관에 거짓말한 혐의로 4개월의 개방 교도소 수감형을 선고받았다.[29]

이 모든 불법 행위로 인해 버핏은 결국 의회 청문회에서 증언해야만 했다. 그는 먼저 불법 행위에 대해 사과하고, 살로먼 직원 대부분이 명예로운 사람들이라는 점을 강조하며 연방 수사에 성실히 협조할 것을 약속했다. 그는 "법을 지킨다는 말만큼이나 중요한 것은 준법 정신입니다"라고 말했다. 그리고 이렇게 덧붙였다.

> "올바른 말이든 내부 통제든 모두 필요하다고 생각합니다. 그러나 살로먼의 모든 직원에게 먼저 준법감시인이 되어달라고 부탁했습니다. 직원들이 먼저 모든 규칙을 준수한 후에 다음 날 신문 1면에 난 기사를 그들의 배우자와 자녀, 친구들이 읽어도 과연 떳떳한지 자문해보기 바랍니다. 직원들이 먼저 그렇게 한다면 내가 무슨 말을 하든 두려워할 필요가 없을 것입니다. 직원들이 회삿돈을 잃는 것은 이해할 수 있습니다. 그러나 회사의 평판을 조금이라도 떨어뜨리는 사람에 대해서는 무자비하게 대할 것입니다."[30]

버핏은 1997년에 트래블러스가 살로먼브라더스를 90억 달러에 인수하면서 모든 짐을 벗어 던졌다. 버핏의 지분은 17억 달러였으므로, 10억 달러의 이익을 얻은 셈이었다.[31] 사실 재정적으로만 보면 살로먼은 실수가 아니었다. 그러나 그 투자는 버핏에게 씁쓸한 기억으로 남았고, 이후 어떤 회사든 정직과 성실을 최우선 잣대로 삼는 계기가 되었다.

1993년: 덱스터슈 컴퍼니

1993년 버핏은 4억 3,300만 달러의 버크셔 주식으로 덱스터슈 컴퍼니를 인수했다.[32] 당시 덱스터는 세계에서 가장 평판이 좋은 신발 회사였다. 나는 버핏이 과도한 자신감 때문에 해외 값싼 노동력에 의존하는 행태가 브랜드에 기반한 덱스터의 경쟁 우위를 손상할 수 있다는 점을 미처 내다보지 못한 것이라고 생각한다.

버핏은 2015년 주주 서한에서 이렇게 말했다. "한때 번창했던 우리 덱스터 사업부가 실패하는 바람에 메인주 작은 마을의 직원 1,600명이 실직했습니다. 그중에는 다른 일을 배우기에는 나이가 너무 많은 사람들도 있습니다. 우리는 투자 자산을 모두 잃어도 충분히 감당할 수 있지만, 근로자들은 잃어버린 생계를 대체할 수단이 없습니다."[33] 그 주식을 현재 가치로 환산하면 약 90억 달러가 될 것이다.[34] 그러나 더 중요한 것은 기회비용과 그 90억 달러로 무엇을 할 수 있었겠는가일 것이다.

1998년: 제너럴 리

1998년에 버크셔해서웨이는 재보험회사 제너럴 리를 인수하기 위해 27만 2,200주의 주식을 발행했고, 이로써 버크셔해서웨이의 주식 거래량은 21.8% 증가했다.[35]

이 투자는 두 가지 점에서 잘못된 거래였다. 그 회사는 각종 금융 파생상품과 너무 많이 연결되어 평판이 아주 좋지 않았다. 버핏은 2009년 버크셔해서웨이 연례총회에서 이렇게 말했다. "1998년에 제너럴 리를 인수하면서 그 회사가 보험업계에서 최고의 명성을 누리던 15년 전의 그 회사라고 생각한 것은 완전히 잘못된 판단이었습니다."[36]

버핏은 폭넓은 사업 경험 덕분에 재앙을 피했다. 그는 제너럴 리 측에 파생상품과의 연결고리를 가능한 한 많이, 그것도 최대한 빨리 끊으라고 지시했다. 버핏은 2020년 초에 항공사 주식에 투자할 때도 그랬듯이, 가만히 앉아서 상황이 나아지기를 기다리기보다는 재앙이 발생하기 전에 미리 신속하게 조치한 것이었다.[37] 그는 최고경영진도 교체했다. 버핏은 이렇게 인정했다. "나의 실수 탓에 버크셔해서웨이 주주들은 받은 것보다 훨씬 더 많이 내어줄 수밖에 없었다(물론 성경 말씀에는 그렇게 하라고 되어 있지만, 주식 투자에서는 결코 좋은 일이 아니다)."[38]

간단히 말하면 2001년에 그가 실수한 탓에 버크셔해서웨이 주주들은 8억 달러의 손해를 봤다. 여기서 교훈은 무엇일까? 항상 최악의 시나리오를 분석하고 그런 행동으로 인해 발생할 수 있는 비용을 파악하는 것이다.[39] 그리고 뭔가 일이 잘못되었다면 재빨리 손실을 줄이고 빠져나가는 것이 합리적인 판단이다. 아울러 기업이 성공하는 데 핵심 요소는 항상 유능한 경영자다.[40]

1998년부터 지금까지: 구글

버핏은 바로 눈앞에 있는 기회를 놓치기도 했다.[41] 2000년대 말에 구글의 창립자 세르게이 브린과 래리 페이지가 버핏을 찾아와 그들의 회사에 투자해달라고 요청한 적이 있었다. 그런데 그는 구글이 그저 또 하나의 검색 엔진인 줄로만 생각했고, 강력한 광고 매체임을 알아보지 못하고 놓치고 말았다. 사실 버크셔해서웨이는 가이코를 광고할 때 구글을 이용한 적이 있어 그 사업 모델을 이미 잘 알고 있었으므로, 버핏으로서는 그 잠재력을 알아보지 못한 것이 큰 실수였다. 버핏과 멍거는 다시 한번 수십억 달러를 벌 수 있는 기술 투자 기회를 놓쳤다.

2003년: 월마트

1990년대에 버핏은 월마트를 사기 시작했다. 그의 목표는 주당 23달러에 1억 주를 사는 것이었다. 그러나 그러는 동안에 그가 적당하다고 여긴 가격보다 주가가 아주 조금 올랐고, 그래서 2003년에 매수를 멈췄다.[42] 2004년 버크서 주주총회에서 버핏은 이렇게 말했다.

> "나 때문에 100억 달러를 잃었습니다. 찰리는 별로 나쁜 생각이 아닌 것 같다고 말했습니다. 그런데 내가 듣기에는 그냥 건성으로 하는 말 같았습니다. 아시다시피 우리가 주식을 약간 산 뒤에 주가가 조금 올랐지요. 나는 또 내릴지도 모른다고 생각했습니다. 그런데 그건 아무도 모르는 일이지요. 그렇게 조금 더 지불하기를 꺼린 탓에 지금

손해 규모가 100억 달러라는 거지요."[43]

2019년에 그 1억 주는 약 120억 달러가 되었을 것이다. 그것도 지난 20년 동안의 배당금을 제외하고 말이다. 총수익은 그보다 훨씬 더 크다. 2004년 이후 월마트의 연간 총이익률은 7.5%다.[44]

이 투자 실수로부터 얻을 수 있는 가장 큰 교훈은 자신이 옳다고 생각했다면 그에 합당한 가격을 치르는 편이 더 낫다는 것이다. 완벽한 가격이란 없다. 주식이 저평가되었다고 생각한다면, 5%쯤 더 낸다고 망하지는 않을 것이다.[45]

2006년부터 2014년까지: 테스코

버핏은 2006년에 영국 최대 식료품 체인인 테스코 주식을 처음 샀다. 그러나 그 회사의 경영진 교체가 영향을 미치기 시작했고, 그 결과 수익성이 계속 감소했다. 버핏은 그런 징후에 주의를 기울이지 않았다. 2012년에 수익에 경고등이 들어왔음에도 버핏은 테스코 지분을 오히려 5% 이상으로 늘렸다. 그는 이듬해 그 회사의 경영진에게 실망한 후에야 총 4억 1,500만 주 중 1억 1,400만 주를 매각했다.

여기서 버핏의 잘못은 완전히 매각했어야 할 시점에 계속 보유한 것이었다(손실 회피 편향 때문이었을 것이다). 테스코의 문제는 개선되지 않았다. 시상 섬유율과 이익률이 계속 줄어들었고, 회계 문제도 드러나기 시작했다.

버핏은 2014년 한 해 동안 테스코 주식을 계속 팔았고, 최종 세후 손실은 4억 4,400만 달러에 달했다. 버크셔해서웨이 순자산의 0.2%에 해당한다.[46] 교훈은 무엇일까? 경영진의 무능함을 눈치채면 곧바로 빠져나오거나, 아니면 경영진을 교체하라는 것이다.

버핏은 나중에 이렇게 말했다. "매출을 올리는 데 늑장을 부리는 대가는 엄청납니다. 찰리는 저의 이런 행동을 '손가락 빨기'라고 합니다. 제가 게으름을 피운 탓에 우리가 치른 대가를 생각하면, 그는 점잖게 말한 셈입니다. 비즈니스 세계에서 나쁜 일은 연달아 터지곤 합니다. 부엌에 바퀴벌레가 한 마리 보이면 다음 날은 떼로 몰려오는 법입니다."[47]

2008년: 코노코필립스

7장의 군중 편향에서 설명했듯이, 버핏은 사람들이 두려워할 때 사야 한다는 자신의 원칙을 어겼다. 그는 유가가 최고조에 달했을 때 감정을 못 이기고 코노코필립스를 매수하고 말았다. 그 결과, 버크셔해서웨이는 수십억 달러의 손실을 봐야 했다.

2011년: 루브리졸 코퍼레이션

2011년 1월 초, 버크셔해서웨이의 임원인 데이비드 소콜이 루브리졸 주식을 대량 매입한 후 버핏에게 아주 좋은 결과가 있을 것이라고 말했다. 버핏은 그 말에 귀를 기울였고 2011년 3월에 약 90억 달러에 루브리졸을 인수했다. 그 거래로 인해 소콜의 주식 가치가 300만 달러 증가했는데, 언론이 이 사실에 관심두지 않을 리 없었다.

경영진은 결국 사임했다.[48] 그러나 버핏은 루브리졸을 인수할 때 실사 작업을 충분히 하지 않았다는 것을 너무 늦게 깨달았다. 버핏이 얻은 교훈은 평판이 가장 가치 있는 자산이라는 것이다. 평판을 지키기 위해서라면 과하다고 생각할 정도로 질문을 많이 해야 한다.[49]

2011년부터 2018년까지: IBM

2011년에 버크셔해서웨이는 107억 달러(주당 평균 170달러)로 IBM 주식 6,400만 주를 사들였다.[50] 당시 버핏은 IBM의 컴퓨터 하드웨어 사업보다 부수적인 오피스 서비스 분야에 더 매력을 느꼈다. IBM이 IT 아웃소싱 분야에서 지배적인 지위를 차지하고 있었으므로 B2B 서비스 분야에서도 안정성과 성장성을 모두 기대할 수 있다고 보았다. 그러나 몇 년 후 클라우드 컴퓨팅이 부상하면서 IBM의 입지는 크게 약화하고 말았다.

2017년에 버핏은 IBM보다 애플의 미래를 더 낙관했고, IBM이 업계의 변화 추세와 정반대 방향으로 움직인다는 것이 명백해지면서 이 회사에 대한 믿음을 잃게 되었다. 당시 그는 이렇게 말했다. "우리는 IBM 주가가 180달러를 넘었을 때 상당량을 팔았습니다."[51] 주가가 140달러 중반까지 내려온 2018년 5월에 버핏은 나머지 주식을 모두 팔았다.[52]

2013년: 에너지퓨처홀딩스

에너지퓨처홀딩스[EFH]는 2007년에 설립될 당시부터 80억 달러의 자산과 많은 부채를 안고 있었다. EFH는 텍사스의 여러 전력 공급회사를 인수하기 위해 설립한 회사였다. 버핏은 EFH의 부채약 20억 달러를 인수하면서 이 투자에 뛰어들었는데, 이것은 멍거와 상의하지 않고 이루어진 일이었다. 버핏은 2013년 주주 서한에서 이것이 실수였다고 인정했다. 이 사건은 그가 과거에 큰 이점을 얻는 데 적용했던 핵심 원칙을 다시 한번 상기시킨다. 즉, 내 의견에 기꺼이 반박할 수 있는 사람을 가까이에 두라는 것이다. 버핏이 멍거와 상의하지 않는 잘못을 저지르는 바람에 버크셔해서웨이는 8억 7,300만 달러의 비용을 치러야 했다. 버핏은 주주들에게 이렇게 말했다. "그것은 큰 실수였습니다. 다음부터는 꼭 찰리와 상의하겠습니다."[53, 54]

2015년: 크래프트푸드와 하인즈

2013년 2월 14일, 버크셔해서웨이와 3G캐피탈은 H. J. 하인즈컴퍼니를 280억 달러에 인수했다. 2015년, 그들은 100억 달러를 투자하여 크래프트푸드와 하인즈를 합병했다. 이것은 크래프트의 가치를 약 460억 달러로 평가한 결과였다.[55]

그러나 크래프트하인즈의 포트폴리오는 대부분 '매장 중심'에 위치한 상품이 주력이었던 반면, 소비자의 취향은 주변부, 즉 신선식품 및 유기농 제품으로 빠르게 바뀌고 있었다. 이런 변화에는 코스트코의 커클랜드 같은 PB 상품(유통업체 자체 브랜드 상품 _옮긴이)과의 경쟁이 적지 않은 몫을 차지하고 있었다. 월마트, 타겟, 크로거 및 기타 식품 유통점도 PB 상품군을 확장하고 있었다. 예컨대 크로거의 유기농 식품 브랜드 심플트루스는 현재 30억 달러의 규모

의 브랜드가 되었다. [56]

버핏은 이런 소비자 취향의 변화는 물론, 다른 식품점도 이런 변화에 대응하리라는 점을 내다보지 못했다. 경쟁 증가, 매출 감소, 이익 감소 등으로 2019년 크래프트의 가치는 154억 달러가 감소했고, 그에 따라 배당도 주당 2.50달러에서 1.60달러로 36% 감소했다. [57]

PB 상품은 시장 점유율을 계속해서 늘려왔다. PB 상품의 매출은 팬데믹이 시작되기 전인 2020년에 시장의 16%를 차지했고, 이는 2014년 이후 2% 증가한 수치였다. 그리고 기존 제품 매출이 24% 증가하는 동안 PB 상품 매출은 29%라는 훨씬 더 큰 증가세를 기록했다. [58]

버핏은 CNBC와의 인터뷰에서 "그 회사는 70억 달러의 유형자산을 사용하여 60억 달러의 세전 수익을 올린다는 점에서 여전히 훌륭한 기업"이라고 말했다. 그러나 그는 크래프트에 너무 큰 비용을 치렀다는 사실을 뒤늦게 인정했다. "우리가 유형자산에 쓴 돈이 1,000억 달러입니다. 결국 우리는 그 사업에서 회사가 기존에 보유한 70억 달러가 아니라 1,070억 달러를 벌어야 하는 겁니다." [59]

2015년에서 2016년까지: 프리시전캐스트파츠 코퍼레이션

2016년에 버크셔해서웨이는 321억 달러에 프리시전캐스트파츠 코퍼레이션을 인수했다. [60] 이 회사는 대형 항공기용 고정장치와 터빈 블레이드는 물론 발전소와 정유 산업에 사용되는 파이프 제품을 공급하는 세계 최고의 업체였다.

프리시전캐스트파츠는 2017년에 독일 회사 슐츠홀딩을 8억 7,000만 달러에 인수하여 소유하고 있었다. 그러나 인수가 끝난 후 슐츠의 가치가 부정 회계 조작으로 엄청나게 부풀려져 있었다는 사실이 확인되었다.

결국 중재자 측도 관련 사실에 동의했다. 2020년, 프리시전캐스트파츠는 이 문제와 관련해 6억 9,600만 달러의 배상 판결을 받았고, 버핏은 자신이 장부가치를 잘못 계산했음을 인정했다. "나는 미래 수익을 잘못 판단했고, 결과적으로 그 기업의 적절한 가격을 계산하지 못했다. 물론 내가 잘못 판단한 것이 그 회사가 처음은 아니지만, 분명히 큰 오류였다. 나는 앞으로도 많은 실수를 할 것이다. 그 점은 확실하다."[61]

2019년: 아마존

버핏은 2019년까지 베이조스의 혁신적인 기업에 투자하지 못했다. 그는 CNBC와의 인터뷰에서 "그 회사를 사지 못한 것은 바보 같은 실수였다"라고 하면서 곧 달라진 모습을 보여주겠다고 말했다.[62]

버크셔해서웨이는 2019년부터 아마존 주식을 매입하기 시작했다. 2022년 3월 현재 버크셔해서웨이는 아마존 주식을 주당 평균 2,910달러 가격에 53만 3,300주를 소유하고 있으며, 이는 15억 5,000만 달러의 가치다. 아마존은 최근 20 대 1로 주식을 분할한다고 발표했다(주주 승인은 보류 상태다). 즉 아마존 주식 보유자는 1주당 19주를 더 얻을 수 있다는 뜻이다. 그러면 같은 돈으로 더 싼 가격에 많은 주식을 소유할 수 있다. 즉, 더 많은 투자자에게 아마존 주식을 매수할 기회가 돌아간다. 2022년 2분기 말에 버크셔해서웨이가 소유한 아마존 주식은 1,066만 6,000주다. 2022년 8월 기준으로 14억 3,000만 달러에 해당하는 가치다.

2016년부터 2020년까지: 항공사

이 장의 앞부분과 9장에서 언급했듯이 버크셔해서웨이는 2016년 11월에 아메리칸 항공, 유나이티드 항공, 델타 항공, 사우스웨스트 항공 등에 투자했다. 이후 2020년 주주총회에서 버핏은 버크셔해서웨이가 코로나 팬데믹의 영향으로 61억 달러에 달하는 항공사 지분을 매각했다고 발표했다. 이로써 2020년 1분기 버크셔해서웨이는 500억 달러의 손실을 기록했고, 이는 투자 역사상 한 분기 손실로는 최대 규모에 해당한다.

항공사의 심각한 손실을 초래한 이유가 판단력이나 사업 감각의 문제가 아니라 바이러스였다는 점을 고려할 때, 항공사 투자를 버핏의 실수로 규정하는 것에 동의하지 않는 사람도 있을 수 있다. 그러나 나는 그렇게 생각하지 않는다. 버핏은 과거 투자 경험을 통해 항공사가 적절한 투자처가 아님을 배웠고, 그는 자신이 힘들게 얻은 교훈을 무시했다.

팬데믹이든 아니든, 항공업계는 경기 사이클에 매우 민감하다. 버핏은 이 사실을 알고 있었으며, 높은 고정 비용과 노조의 입김에 이미 불만을 품고 있있다. 이 모든 네이터에노 불구하고 그는 항공사 주식 97억 5,505만 8,860달러를 매입했고 버크셔해서웨이 전체 포트폴리오에서 4.5%를 차지하게 되었다.

과거 경험에서 배우지 못한 이유는 무엇일까? 버핏은 항공업계에 불어든 통합 바람으로 항공권 가격 경쟁이 완화되었으므로 이번에는 상황이 달라져서 매력적인 수익률이 나올 수 있다고 봤을 것이다. 물론 그것이 사실이었을 수도 있다. 그러나 코로나19 사태를 통해 항공업계가 얼마나 변덕스러울 수 있는지 확인된 것도 사실이다.

요약

버핏은 《현명한 투자자》 서문에서 이렇게 말했다.

"성공하는 투자자가 되기 위해 뛰어난 IQ나 남다른 사업 감각, 또는 내부 정보가 필요한 것은 아니다. 올바른 결정을 내리는 데 필요한 탄탄한 지적 틀과 감정이 그 틀을 갉아먹지 않도록 하는 자제력이 필요할 뿐이다."[63]

버핏의 실수는 대부분 올바른 의사결정을 뒷받침하던 자신의 지적 틀을 스스로 고수하지 못할 때 발생했다. 이런 값비싼 실수에도 불구하고, 버크셔해서웨이의 실적은 여전히 역대 최고의 투자 수익을 자랑한다. 버핏은 투자에서 실수는 피할 수 없다고 생각한다. 중요한 것은 실수로부터 배우고 그것을 반복하지 않는 것이다.

투자자들이 실수를 피하는 가장 좋은 방법은 의사결정에는 다양한 편견이 작용한다는 사실을 인식하는 것이다. 버핏을 비롯해 우리는 모두 그런 편견을 가지고 있다. 그러나 실수를 계속 확인하고 관리하다 보면 보이지 않던 부분이 보이고, 그 실수도 바로잡을 수 있다.

4부

Warren
Buffett

워런 버핏의
인간적 면모

11장

주주총회, 인생 철학,
자선사업

나는 나를 사랑하는 사람이 얼마나 많은지로 성공을 측정한다. 성공하려면 사랑받는
사람이 되어야 한다.[1]

_ 워런 버핏

버핏은 수중에 1만 달러가 있었을 때나 지금이나 변함없이 인생이 즐겁다고 말한다. 그는 인생의 만족은 돈에서 오는 것이 아니라, 손에 있는 것으로 무엇을 하는지에 달려 있다고 생각한다. 그래서 버핏은 학생들에게 단지 돈만 바라고 직업을 얻으려고 하면 안 된다고 조언한다. 자신이 사랑하는 일을 해야 한다. 그는 어디든 갈 수 있고 무엇이든 할 수 있을 정도로 부자이지만, 항상 행복이란 '관계'에 달려 있다고 말한다. 가족, 사랑하는 사람들, 그리고 '매일이 휴가'라고 여길 수 있는 일과의 관계 말이다.

2019년에 그는 〈파이낸셜타임스〉 기자에게 이렇게 말했다. "나는 시간도, 사랑도 살 수 없지만, 그 외 다른 것들은 대체로 돈으로 살 수 있습니다. 그런데 왜 매일 침대에서 벌떡 일어날 때마다 신날까요? 그것은 내가 하는 일과 함께 있는 사람들을 사랑하기 때문입니다."[2]

돈과 행복

버핏이 검소하기로 유명하고 기업들의 과시적 행태를 경멸한다는 것은 이미 언급한 바 있다. 그는 일정, 회의, 공식 행사, 인사 관리 등을 싫어한다. 그의 사무실은 60년이 넘도록 평범한 키윗플라자 건물을 벗어난 적이 없다. 그 억만장자 투자자는 기업의 최고경영자들이 천문학적인 연봉을 받는 요즘 추세에 동의하지 않는다.

2009년에 내가 학생들과 함께 그를 만났을 때, 그는 이것을 스포츠에 비유하여 설명했다. 4할 타자는 그에 걸맞은 연봉을 받을 수 있지만, 2할4푼 타자는 그런 대접을 받아서는 안 된다. 그런데 요즘은 2할4푼을 치면서 강타자의 연봉을 받는 선수가 너무 많다는 것이었다.

1980년 이래 그는 버크셔해서웨이에서 10만 달러의 연봉 외에 보상금으로 28만 9,000달러를 받아왔다. 2018년 기준 버크셔해서웨이 평균 임금의 2배도 되지 않던 이 금액[3]도 버핏은 먹고살기에는 충분한 돈이라고 말한다. 그는 경영진의 치솟는 급여가 미국의 극심한 부의 격차를 심화하는 데 우려의 목소리를 낸다. 아울러 그는 버크셔해서웨이 주식을 개인적인 용도로 현금화한 적이 한 번도 없다.

버핏은 2009년에 내가 학생들과 함께 만났을 때 이런 말을 했다. "연봉이 2배로 오르면 훨씬 더 행복해질 것으로 생각한다면 큰 오산입니다. 10배나 20배로 오르면 더 행복하리라고 생각한다면 아주 큰일 납니다. 그렇게 되면 여러분은 해서는 안 될 일도 원칙을 무시하면서까지 하려고 들 것이기 때문입니다." 그는 사람은 자기가 좋아하는 일을 할 때 최고의 성과를 낸다고 강조했다. "나는 도저히 견딜 수 없는 누군가와 함께 일하는 대가로 1억 달러를 벌 수 있다고 해도 그렇게 하지 않을 것입니다."[4]

버핏은 1957년에 3만 1,500달러를 주고 산 오마하의 집에 지금도 살고 있다.[5] 1971년에는 첫 번째 부인 수잔과 함께 캘리포니아 라구나비치에 바다가 내려다보이는 두 번째 집을 15만 달러에 구입했다. 그러나 버핏은 그녀가 세상을 뜬 후 그 집을 750만 달러에 팔았다.

딸 수지가 만류하기 전까지 버핏은 오랫동안 '근검절약'이라는 번호판이 붙은 링컨 타운카를 손수 운전했다.[6] 지금은 2014년형 캐딜락 XTS를 탄다. 버핏의 생활은 이 하나의 사치품을 제외하면 검소함 그 자체다. 그는 많은 집, 자동차, 보트, 또는 다른 장난감을 소유하면 행복해진다고 생각하지 않는다. 그는 이렇게 말했다. "그런 것들이 있으면 인생이 쓸데없이 복잡해질 뿐입니다. 제 양복과 지갑, 자동차는 모두 낡았고, 집은 1957년부터 살던 그 집입니다. 그냥 그대로 쓰는 게 편합니다."[7]

버크셔해서웨이 연례 주주총회

버핏의 검소함에도 불구하고 버크셔해서웨이 연례 주주총회는 대개 호화로운 파티였다. 나는 이 행사에 열두 번 참석했는데, 항상 록 콘서트와 종교 부흥회 사이 어딘가에 해당하는 분위기였다 (버핏은 불가지론자이지만).

제1차 버크셔해서웨이 주주총회는 1965년에 한 카페테리아에 십여 명이 모인 자리였다. 오늘날에는 이 행사 참석자가 보통 4만 명이 넘는다. 호텔 방은 이미 몇 년 전에 예약이 다 채워진다. 오마히 공항은 전용기로 가득 찬다. 버핏은 이 모임을 '자본주의자들의 우드스톡'이라고 부른다. 사람들은 아침 7시에 CHI 헬스센터 건물이 문을 열자마자 최고의 좌석을 집기 위해 밤새 줄 서기도 마다하지 않는다. 이 모임에는 전 세계에 흩어진 주주들이 모여들어 버크셔해서웨이의 성공을 축하하고 버핏과 찰리 멍거라는 두 명의 리더가 사업과 인생을 논하는 것에 귀를 기울인다.

코로나19 팬데믹 기간에 이 회의는 실시간으로 스트리밍되었고, 그래서 더 많은 사람이 지켜볼 수 있었지만, 그럼으로써 내가 가장 좋아하는 부분이 빠지게 되었다. 전 세계에서 금융에 가장 정통한 사람들과 대화를 나눌 기회 말이다. 나는 매년 그곳에 가서 입장을 기다리는 동안 투자자, 할머니, 변호사, 중개인 그리고 학생들과 이야기를 나누었다. 가장 기억에 남는 대화는 나처럼 버핏을 스승으로 여기는 어떤 사람과 구글이라는 위대한 주식에 관해 나누었던 이야기다. 그때는 세계 최강 검색 엔진의 주가가 약 700달러 선이던 2016년이었다. 오늘날 구글의 주가는 약 3,000달러 정도다. 버핏의 주주총회에 갈 때 가장 좋은 점은 참석자들과 어울리며 서로 배우는 것이다.

오픈런

나는 아침 7시에 문이 열리자마자 장내에 울려 퍼지는 핑크 플로이드의 노래 '머니'를 들으며 앞쪽을 향해 질주했다. 마이크로소프트 공동 설립자 빌 게이츠를 비롯한 버크셔해서웨이 이사진이 총출동해 있었다. 그리고 그날의 주제에 들어가기 전에 참석자들은 무료로 나온 아침 식사를 맛보거나 시즈캔디스, 브룩스브라더스, 프룻오브더룸, 팸퍼드셰프, 보르샤임 등 버크셔해서웨이 산하 20여 개 회사들이 자사 제품을 판매하는 전시장을 방문할 수도 있다. 참석자들에게는 20% 할인이 제공된다.

함께 열린 도서전에서는 버핏에 관한 책을 쓴 기업가들이 자신의 책에 서명하고 손님들과 이야기를 나누었다. 2010년에는 마이크로소프트 창업자의 아버지인 빌 게이츠 시니어가 자신의 책《빌 게이츠는 어떻게 자랐을까》에 사인하고 있었다.

축제 분위기가 한껏 달아올랐던 순간은 버핏이 신문 배달하던 어린 시절을 기념하기 위해 마련된 신문 던지기 대회였다. 홀에 배치된 클레이튼 이동식 주택의 문에 신문을 가장 가까이 던진 사람이 상을 탔다. 물론 그러려면 먼저 버핏부터 이겨야 했다.

영화

회의는 보통 한 시간짜리 영화로 시작한다. 코미디와 사업 이야기가 섞인 이 영화는 버핏이 전하는 인생의 교훈을 다룬다. 멍거는 그 영화에 거의 항상 출연하며 아놀드 슈워제네거, 지미 버핏(워런 버핏과는 연고가 없다), 수잔 루시Susan Lucci, 어니 뱅크스Ernie Banks 같은 유명인도 자주 등장한다. 어느 해에는 르브론 제임스LeBron James가 출연하기도 했다. 그 외에도 밥 아이거Bob Iger, 수잔 데커Susan Decker, 캐시 아일랜드Kathy Ireland 같은 사업가들이 깜짝 등장했다.

여기에 네브래스카대학교 치어리더들이 폼폼을 흔들며 등장해 관중들의 흥을 돋운다.

Q&A 시간

다음으로 이어지는 본행사는 5시간 동안 신행되는 주수늘과의 질의응답 시간이다. 멍거와 버핏은 이사진을 마주 보며 테이블 한가운데 앉아 CNBC 기자, 보험, 철도, 에너지 업계 전문가 그리고 버크셔해서웨이 주주들의 질문에 답한다. 그들은 이 유명한 '오마하의 현인'의 지혜를 듣기 위해 13개의 마이크에 줄을 선다.

버핏과 멍거는 이 시간에 늘 그래왔듯이 농담을 던지고 질문에 답하며 시즈캔디스가 만든 엄청난 양의 초콜릿 퍼지와 땅콩 캔디를 먹고 코카콜라로 목을 축인다.

수만 명이 참석한 자리임에도 버핏과 멍거가 말할 때면 한마디라도 놓칠세라 장내가 쥐 죽은 듯이 조용해진다. 2016년에는 여기에 중국에서 날아와 통역사와 함께 별도의 방에 앉아 있던 3,000명이 더해졌다.

어떤 사람이 "행복을 찾기 위해 인생의 어떤 부분이 남달랐습니까?"라고 물었다.

버핏은 이렇게 대답했다. "나는 어려서부터 나 자신을 위해 일하는 것이 가장 좋겠다고 생각했습니다. 그 외에는 다른 점이 없습니다." 이렇게 간단하고 직설적인 대답으로 그는 기업가임을 보여주었다.

이어서 사업, 경제, 개인의 성장, 버핏과 멍거가 생각하는 성공, 보람 있는 인생을 사는 법 등 모든 주제에 걸친 질문이 나왔다.

———————————————— 버핏의 가치관과 성공의 열쇠

버핏은 오랫동안 그의 성공은 첫째 부인 수잔(수지) 톰슨 버핏 Susan Thompson Buffett 의 공이 컸다고 말해왔다. 그는 그녀의 영향으로

공화당에서 민주당으로 지지 성향이 바뀌었고 인권, 평등, 다양성 등의 가치에 눈을 떴다. 그는 그녀 덕분에 온전한 인격을 갖추게 되었다고 말했다.

그러나 1950년에 처음 만났을 때, 수지는 버핏이 나쁜 사람이라고 생각했다. 그녀의 아버지는 수지를 앉혀 놓고 엄청나게 똑똑한 그 젊은 금융가에게 남다른 면모가 있다고 말했다. 특정 주제에서는 대화가 힘든 부분도 있겠지만, 기본적으로 성품이 순수한 사람이라는 것이었다. 수지는 아버지의 말을 듣고 1952년에 버핏의 고향 집과 멀지 않은 오마하의 던디 장로교회에서 버핏과 결혼식을 올렸다.

버핏과 수지는 비록 1977년에 별거에 들어갔지만, 2004년에 수지가 구강암으로 사망할 때까지 법적으로는 결혼 상태를 유지했다. 2006년에 버핏은 수지의 절친이었던 아스트리드 멘크스Astrid Menks와 두 번째 결혼을 했다. 그는 항상 수지가 자신에게 긍정적인 영향력을 미쳤으며, 내면의 빈 곳을 채웠다고 말했다.

하워드 버핏의 가치관

가치관은 버핏의 신념 체계의 필수 요소이자 그의 전반적인 매력, 다른 말로 브랜드의 핵심이었다. 어린 시절에는 아버지 하워드의 가치관을 모방했다. 하워드는 두 가지 점수표로 자신을 측정했다. 첫 번째는 내면의 삶을 관찰하는 것이었다. "나는 훌륭한 인격을 갖추고 있는가? 옳은 일을 하고 있는가? 사람들을 올바르게 대하고 있는가? 정직한가?" 하워드는 끊임없이 이렇게 자문했다.

두 번째는 외면의 점수표로 "우리 집은 큰가? 멋진 자동차와 옷이 있는가? 돈을 많이 버는가? 사람들은 나를 어떻게 생각하는가?"와 같은 척도였다.[8]

하워드 버핏에게는 언제나 내면의 점수표가 더 중요했다.

부유한 가정의 양육

버핏의 세 자녀는 모두 오마하의 공립학교에 다녔다. 버핏은 아이들이 자랄수록 집안의 막대한 재산이 그들에게 방해가 되지 않아야 한다고 생각했다.

그는 자녀들에게 물려주기에 가장 적당한 유산은 "아이들이 무엇이든 할 수 있다고 생각할 만큼 충분하지만, 아무것도 할 필요가 없다고 느낄 정도로 많지는 않은 돈"이라고 말했다.[9] 그는 자녀들에게 성공하고자 하는 의욕을 꼭 심어주어야겠다고 생각했다.

예를 들어 버핏의 막내 아들 피터는 1977년에 스탠퍼드대학교 1학년에 재학 중이었다. 버핏은 당시 열아홉 살이던 피터에게 버크셔해서웨이 주식 9만 달러어치를 주면서 이것이 받을 유산의 전부라고 못 박았다. 그 9만 달러(주식 평가액을 제외하면 현재 가치로 42만 1,360달러에 해당하는 금액이다)는 할아버지의 농장을 매각한 돈을 버크셔해서웨이 주식으로 바꾼 것이었다.[10]

피터는 항상 음악가와 음악 제작자가 꿈이었으므로, 많은 고민 끝에 스탠퍼드대학교를 중퇴하고 필요한 장비를 사더니 음악 작업에 몰두했다. 피터가 아버지 밑에서 일을 배웠다면 엄청난 부자가 될 수도 있었을 것이다. 그러나 그는 자신의 선택을 후회한 적이 없다. "나는 그 종잣돈으로 돈보다 무한히 더 가치 있는 것을 샀습니다. 바로 시간 말입니다."[11]

피터는 자기가 사랑하는 일을 해야 한다는 것을 아버지로부터 배웠다. 그리고 자신이 그렇게 할 수 있는 환경 자체가 '자기 노력으로 얻은 것이 아니라' 남다른 특권이라는 사실도 잘 알았다. 그래서 자신의 회고록《피터 버핏의 12가지 성공 원칙 Life Is What You Make It》에서도 이렇게 말했다.[12] "돈이나 정서적 지원, 독특한 재능, 기회 등에서 특권을 지닌 사람들은 많다. 그러나 그들은 시간의 가치를 잘 모른다. 내가 생계 걱정 없이 녹음 장비나 만지작거리면서 수백 시간을 보내지 않았다면 내 소리나 나만의 방식을 찾을 수 없었을 것이다."[13]

피터는 음악 인생을 시작하는 데 필요한 돈은 충분했지만, 그렇다고 아무 일도 하지 않아도 될 만큼 많지는 않았다. "나는 나름대로 어려웠던 그 시기에 나 자신과 회복력에 대해 배웠다. 만약 내가 돈을 산더미처럼 쌓아두고 빈둥빈둥 살았다면 도저히 깨닫지 못했을 지혜다. 아버지가 나에게 쉬운 길을 허락하지 않은 것이야말로 사랑을 베푸신 것이라고 생각한다. 마치 '나는 너를 믿는다, 내가 안 도와줘도 너는 할 수 있어'라고 말하신 것 같은 느낌이다."[14]

버핏은 당연히 자녀들의 앞날을 염려했지만, 그들이 기억하는 버핏은 항상 좀 멀리 떨어져 있는 느낌이었다. 분명히 가까이에 존재하지만 언제나 자신만의 생각에 잠겨 있거나 책을 읽는 모습만 기억했다. 아버지의 관심을 끌기가 어려웠다. 피터가 사람들에게 항상 듣는 말이 있다. "당신이 워런 버핏의 아들이라고요? 그러기

엔 너무 평범해 보이는데요?" 그는 이렇게 말한다. "나는 그런 말을 들을 때마다 칭찬이라고 생각한다. 내가 아니라 우리 가족에 대한 칭찬이다. 평범하다는 말은 사회에서 한 사람 몫을 하면서 다른 사람과 섞일 수 있다는 뜻이기 때문이다. 다시 말해 평범한 사람은 인생에서 최선을 다할 기회가 주어진 사람이다."[15]

피터 버핏은 가정에서 몸에 밴 가치관을 바탕으로 평범한 사람이 될 수 있었다고 생각한다. 그 가치관 중에서도 가장 중요한 것은 사람은 원래 선하고 개선의 의지가 있는 존재라는 믿음이다. 그는 이렇게 말했다. "사람들은 돈과 특권이 있으면 편한 인생을 살 수 있다고 생각합니다. 그러나 특권과 지원은 다름 아닌 내가 무엇이든 할 수 있다는 부모님의 믿음입니다. 부모님이 보내준 지원은 돈이 아닙니다. 나를 사랑으로 길러주시고, 내가 넘어지고 일어서서 길을 찾는 모습을 그대로 지켜봐주신 것이 바로 지원입니다."[16]

버핏의 다른 두 자녀 하워드와 수지는 아버지와 좀 더 닮은 길을 찾았다. 그들에 관한 내용은 다음과 같다.

인격과 성품

버핏은 버크셔해서웨이의 신규 채용에서 가장 중요한 기준은 인성이라고 말한다. 버핏 스스로 정직의 가치를 실천하기 위해 어떤 기업도 적대적으로 인수하지 않으려고 한다. 그는 미심쩍게 행동하느니 차라리 이익을 좀 덜 보더라도 모든 일을 정직하게 하는 편이 낫다고 말한다. 그러다 보니 버핏은 중대한 경제 문제가 불거질 때마다 사람들의 목소리를 대변하는 일이 많아졌다.

버핏은 한번 고용한 사람은 일단 믿는다. 그리고 직원에게 자신의 동의나 허락을 구하지 않고 결정을 내릴 권한을 부여한다. 그러나 뭔가 나쁜 일이 발생하면 직원들이 자신에게 곧바로 보고하고 절대 숨기지 않기를 기대한다.

버크셔해서웨이 산하에는 65개 기업에 총 36만 명이 넘는 직원이 일하고 있으므로 누가 어디서든 불법적인 일을 저지를 가능성이 항상 존재한다. 버핏도 그 점을 인정하고 막을 수도 없지만, 안전장치는 갖추고 있다.

그 첫 번째는 5페이지에 달하는 버크셔해서웨이의 행동 윤리 강령이다. 여기에는 내부자 거래, 자산의 보호와 적절한 사용에 관한 기준, 이해 상충, 비밀 유지, 준법, 규칙 및 규제 사항, 적시 및 진실 공시 원칙, 회계 부정 등에 관한 내용이 망라되며, 무엇보다 회사의 평판이 중요하다는 점을 강조한다.

버핏은 그래도 잘 모르겠다면 다음과 같은 경험칙을 기억하라고 말한다. "나는 직원들이 충분히 숙고하고 행동한 결과에 대해 그 분야를 잘 알고 비판 정신이 살아 있는 기자가 쓴 다음 날 신문 1면 기사를 배우자, 자녀, 친구들이 읽어도 떳떳한지 자문해보기를 바란다."[17]

의사소통과 창의적 사고의 가치

버핏은 사업에서 성공하는 데 가장 중요한 자질이 무엇이냐는 질문에 인내심, 창의성, 그리고 '틀을 벗어난' 사고라고 대답했다.[18] 또 관용, 다른 사람과 나누는 신뢰, 그리고 강력한 리더십 등의 자질을 존중한다. 버핏은 다른 사람을 존경한다면 당연히 그의 행동을 본받아야 한다고 생각한다.

내가 학생들과 함께 그를 찾았을 때는 또 다른 이야기를 해주었다. "말이든 글이든 의사소통 기술이 중요합니다. 그러면 연봉이 최소한 50%는 더 올라갑니다. 이런 기술은 경영대학원에서 가르쳐주지 않습니다. 아무리 좋은 생각이 있어도 그것을 잘 전달할 수 있어야 큰 성공을 거둘 수 있습니다." 그는 특히 버크셔해서웨이에 필요한 인재에 대해 "내가 본 사람 중 80%는 자기 생각을 더 조리 있게 설명할 수 있는 능력을 키워야겠더군요"라고 말했다.[19]

부의 불평등

미국 경제를 지켜보는 많은 사람이 그렇듯이, 사업가들 또한 미국의 부의 격차가 점점 확대되는 현상을 우려한다. 버핏은 이 문제를 특히 민감하게 여기고 있으며, 이 문제를 해결하기 위해서라면 기꺼이 세금을 더 내겠다고 말한다.

2011년에 버핏은 한 학생으로부터 월가 점령 시위에 대해 어떻게 생각하느냐는 질문을 받고 그 분노의 근원을 이해한다는 뜻의 답변을 내놓았다. 그는 미국의 세법이 의심할 바 없이 "부자에게 유리하게" 만들어져 있다고 말했다. "1992년에 상위 400명의 소득은 연평균 4,000만 달러 정도였습니다. 2011년에는 이 수치가 2억 2,000만 달러로 1992년에 비해 5배나 증가했습니다. 반면, 그때 이후 세율은 7% 하락했습니다. 나는 40년이나 50년 전보다 지금 오히려 세금을 덜 냅니다."

그러나 그는 보편적 기본소득 제도를 통해 노동자에게 돈을 준다고 구조적인 문제가 해결된다고 생각하지는 않는다. 버핏은 부자들이 생계 취약 계층을 보살피는 일에 더 나서야 한다고 생각한다.

버핏은 만약 어떤 조치도 취해지지 않는다면 부의 격차가 더욱 확대되어 이 사회를 지탱할 수 없을 정도가 되리라고 생각한다. 버핏은 문제 해결을 위해 기술 주도형 세계 경제에 더 많은 인력이 참여하도록 노동자를 재교육해야 한다고 제안하면서도 극단적인 조치를 해서는 안 된다고 경고했다. 그는 2019년에 CNBC와의 인터뷰에서 이렇게 말했다. "문제는 특별한 기술이 없는 올바른 시민의 경우입니다. 우리는 이 문제를 충분히 해결할 수 있습니다. 예를 들어 자녀가 여섯인데 그중 한 명이 다른 면에서는 흠잡을 데 없지만, 이렇다 할 기술이 없다고 해봅시다. 그래도 부유한 가정이라면 어떻게든 감당할 수 있습니다. 그 가정은 그 아이를 충분히 돌볼 수 있습니다. 그런데 미국의 1인당 GDP는 6만 달러입니다. 내가 태어났을 때보다 6배로 늘어났습니다. 그러니 우리는 충분히 사람들을 돌볼 수 있고, 그래야 합니다. 그러나 그 과정에서 시장 시스템을 망쳐서는 안 됩니다."[20]

버핏, 상속, 그리고 자선사업

버핏은 자녀들에게 상당한 재산을 물려주지 않을 것이며, 대를 잇는 부에도 반대한다고 말했다. 그가 가진 재산은 모두 자선사업에 사용될 것이라고 밝혔다. 그는 이렇게 말했다.

> "나는 돈이 많은 것에 죄책감을 느끼지는 않는다. 나는 나의 막대한 재산이 사회에 갚아야 할 청구서라고 생각한다. 이 돈으로 소비를 창출해야 한다고 생각한다. 나는 마음만 먹으면 평생 다른 일은 하지 않고 내 초상화만 그릴 사람을 1만 명이라도 고용할 수 있다. 그러면 GNP(국민총생산)가 조금 오를 수도 있을 것이다. 그러나 그런 일은 효용 가치가 전혀 없으며, 오히려 에이즈 연구원이나 교사, 간호사 등 다른 일을 할 사람을 1만 명이나 축내는 꼴이다. 그러니 그런 일은 하지 않을 것이다. 나는 그 청구서를 그렇게 지불하지 않을 것이다. 나는 물질에 큰 욕심도 없다. 우리 부부가 세상을 떠난 뒤에는 재산을 대부분 자선단체에 기부할 작정이다."[21]

원래 버핏은 자기 재산을 사회에 환원할 생각이 없었다. 그는 아내 수지가 자기보다 오래 살 것이므로, 그녀가 남은 유산으로 자선사업을 책임지리라고 생각했다. 그러나 인생은 생각처럼 되지 않았다. 수지가 먼저 세상을 떴고, 게다가 당시 그들은 수십 년 동안 별거 상태였다.

버핏은 어쩔 수 없이 스스로 자선사업에서 보람을 찾아야 했다. 그의 겸손한 성품은 변함없었다. 버핏은 건물에 자신의 이름을 붙이는 것도 싫었다.[22] 2009년에 그는 나와 내 학생들에게 이렇게 말했다. "나는 건물에 자기 이름을 붙이는 사람보다 일요일마다 자선단체에 기부하는 가정부를 더 존경합니다."

그는 모든 재산을 기부하겠다고 결심했다. 그는 2018년부터 2019년까지 다섯 개 자선단체에 총 70억 달러의 버크셔해서웨이 주식을 기부하며 자신의 결심을 본격적으로 실천하기 시작했다. 가장 큰 기부처인 빌앤드멜린다게이츠 재단은 2006년에 버핏으로부터 360억 달러를 받았다. 버핏은 자녀들이 운영하는 수잔톰슨버핏 재단, 셔우드 재단, 하워드버핏 재단, 그리고 노보 재단 등에도 기부했다.

버핏은 버크셔해서웨이 주주들에게 자신이 소유한 주식의 80%를 게이츠 재단에 기부하겠다는 결심을 밝히면서 필요 이상으로 많은 재산은 똑똑하고, 근면하며, 활력이 넘치는 사람에게 맡기는 것이 옳기 때문이라고 설명했다.[23] 버핏은 2006년부터 지금까지 매년 자선단체에 기부해왔다. 2022년 기준, 버핏이 여러 자선단체에 회사한 기부금 총액은 461억 달러에 이른다.[24] 그는 세상을 떠날 때까지 재산의 99% 이상을 자선단체에 기부할 것이다.[25]

빌앤드멜린다게이츠 재단

2006년에 버핏이 빌앤드멜린다게이츠 재단에 기부한 360억 달러는 한 개인의 기부금으로는 사상 최대 금액이었다. 게이츠 재단은 특히 여아 대상의 의료 및 교육 운동에 자금을 지원하며 세계적 빈곤을 근절하기 위해 힘쓰고 있다.

수잔톰슨버핏 재단과 셔우드 재단

버핏의 딸 수지는 오마하를 중심으로 수잔톰슨버핏 재단과 셔우드 재단을 운영한다. 1964년에 설립된 수잔톰슨버핏 재단은 네브래스카주 공립고등학교 졸업생 중 대학 진학 희망자를 대상으로 총 4,000개 대학의 장학금을 지원한다. 서우드 재단은 공교육, 사회복지, 사회 정의 등과 관련된 지역 사회 프로그램에 투자하며 아동과 가정의 복지 향상에 전념하고 있다. 수지는 버크셔해서웨이 이사를 겸임하고 있다.

나는 수지와 인터뷰하면서 장학금을 제공한 것에 감사하며, 내 친구 중에도 수혜자가 있다고 말했다. 그 친구는 자녀가 다섯 명이었으므로 장학금이 큰 도움이 되었다는 말도 잊지 않았다. 수지는 그 말을 듣고 매우 기뻐하며 사람들이 늘 그녀를 찾아와 그런 감사를 전한다고 했다. 수지는 다른 사람을 돕는 일을 인생의 가장 큰 기쁨으로 여기는 것 같다.

하워드버핏 재단

버핏의 장남 하워드는 농업, 영양, 보존 그리고 인도주의적 갈등 같은 문제에 집중하는 하워드버핏 재단의 이사장을 맡고 있다. 하워드는 버크셔해서웨이의 이사이기도 하다.

노보 재단

버핏의 막내아들 피터는 2009년부터 2010년까지 배런이 선정한 가장 큰 성과를 올린 자선가 명단에 올랐다. 그가 책임을 맡고 있는 노보 재단NoVo Foundation은 여성 폭력 예방, 사회 정서 학습, 청소년 여성 권리 그리고 북미 원주민 공동체 등을 지원하고 있다.

글라이드 재단

버핏은 이 밖에도 여러 자선단체에 소액을 기부하고 있다. 그중에 글라이드 재단은 샌프란시스코의 노숙자 및 빈곤계층을 지원한다. 버핏은 매년 자신과의 오찬 기회를 경매 행사로 만들어 글라이드를 지원한다. 2019년 낙찰자는 460억 달러에 입찰한 스물여덟 살의 한 가상화폐 사업가였다. 2022년을 끝으로 버핏은 이런 오찬 행사를 마무리한다고 발표했고 익명의 어떤 사람이 1,900만 100달러에 낙찰되었다.[26]

기부 서약

버핏은 다른 억만장자들에게 자신의 선례를 따르라고 촉구했고, 그와 빌 게이츠는 기부 서약을 통해 거의 모든 재산을 자선단체에 기부하겠다고 약속했다. 이 노력은 2010년 버핏과 게이츠에 의해 시작되었고, 지금까지 전 세계 231명이 넘는 억만장자로부터 총 6,000억 달러의 기부 서약을 받았다. 그 외에도 래리 엘리슨Larry Ellison, 마이클 블룸버그Michael Bloomberg, 마크 저커버그와 프리실라 챈 부부, 칼 아이칸, 레이 달리오, 일론 머스크, 존 도어, 레온 쿠퍼만, 월터 스콧 주니어, 데이비드 록펠러, 배런 힐튼, 테드 터너, 셰릴 샌드버그, 세스 클라먼, 사라 블레이클리Sara Blakely 그리고 T. 분 피켄스 등의 저명인사들이 이 대열에 합류했다.

이 녕난에서 가장 놀라운 점은 그들의 막대한 재산 외에도 정치적 성향이 천차만별이라는 사실이다. 대표적인 리버럴liberal에 속하는 터너부터 열렬 우파에 해당하는 피켄스를 망라하는 이 집단을 보노라면 버핏의 정직성과 인내심이 얼마나 큰 힘을 발휘하는지 짐작할 수 있다.

걸스오브오마하

2015년에 버핏은 주행 거리계에 2만 310마일이 찍힌 2006년형 캐딜락 DTS를 자선 경매에 내놓았다. 그 차는 공식 중고차 가격인 1만 2,000달러의 10배가 넘는 12만 2,500달러에 팔렸다. 수익금은 버핏 가족이 오랫동안 아껴온 자선단체인 '걸스오브오마하Girls, Inc. of Omaha로 돌아갔다.[27] 이 단체는 로봇공학, 대중 연설, 기본 금융 지식, 요가 등을 가르치고 체력단련 프로그램을 운영하며 오마하 지역 청소년 여성을 지원한다.[28]

재단 목표

버핏의 모든 자선 활동의 바탕에는 간단하지만 쉽게 실천하기 어려운 정신이 있다. 그의 목표는 사회에는 매우 소중하나 자금이 저절로 생기지 않는 활동에 헌신함으로써 큰 성과를 거두려는 것이다. 그는 평소 신탁관리인에게 이렇게 말했다. "재단들이 이 병원에 50만 달러, 저 대학에 100만 달러를 건네주는 식으로 자금을 운용한다면 내가 직접 나서서 못살게 굴 것이다."[29]

인생은 행운에 크게 좌우되는 것이 사실이며 버핏도 이를 인정한다. 그는 교육을 중시하는 안정된 가정에서 태어난 것이 행운이었음을 잘 알고 있다. 그러나 그는 어떠한 처지에 있더라도 누구나 인내를 통해 일어설 수 있다는 미국적 가치관을 철저히 신뢰한다.

사실 미국인의 대부분은 중산층 이하에 속한다. 그래도 미국인에게는 아직 이 나라가 열심히 일한 노력을 보상하고, 누구나 한계가 없는 발전을 추구할 수 있다는 공감대가 있다.

버핏은 이런 가치를 바탕으로, 자기 이익을 위해 부를 추구하기보다는 자기가 좋아하는 일을 추구해야 한다는 메시지를 설파한다. 그는 스스로 남에게 베풀고, 가르치며, 여러 방법으로 도와줄 때 가장 행복했다고 말한다. 나는 버핏이 역사상 가장 성공한 인물이 된 이유가 바로 이런 가치관에 있다고 생각한다.

버핏은 막대한 재산 외에도 보람 있는 인생에 관한 그의 격언으로 유명하다. 그중에서 몇 가지를 소개한다.

나보다 나은 사람과 어울려라

버핏과 멍거는 어떤 분야에서 일하든 나보다 업적이나 기술이 뛰어난 사람과 어울려야 한다고 누누이 강조한다. 존경심이 우러나는 사람, 나에게 도전과 교훈을 주는 사람, 그의 존재만으로 한계를 넘어설 힘을 얻을 수 있는 사람과 함께해야 한다. 아침마다 눈을 뜨면 얼른 만나고 싶어 못 견딜 만한 사람을 찾아라.[30]

인생의 가장 중요한 결정

버핏은 한 사람의 인생에서 가장 중요한 결정은 어떤 학교, 어떤 직업을 택하는지가 아니라고 말했다. 그는 2009년, 2011년, 그리고 2018년에도 대학생들에게 똑같은 말로 깊은 인상을 남겼다. "인생에서 내려야 할 가장 중요한 결정은 배우자를 찾는 일입니다."[31]

인생 최악의 실수

그렇다면 그 반대도 마찬가지라는 결론이 나온다. 버핏은 인생에서 가장 후회되는 순간으로 "내가 사람을 이해한다고 생각했는데, 사실은 그렇지 않았음을 깨달았을 때"를 꼽았다. 그가 이런 교훈을 얻었던 것은 샌프란시스코에 살던 1977년에 첫 번째 부인 수지가 자신의 길을 찾아 그를 떠났을 때였다. 그럼에도 버핏은 그녀에 대한 존경심을 잃지 않았다. 그들은 이혼하지 않았고, 2004년에 그녀가 세상을 뜰 때까지 늘 공식 행사에 함께 나왔다.

버핏은 누군가 행복의 열쇠가 무엇이냐고 물을 때마다 단 한 번도 소유물이나 돈으로 살 수 있는 것을 말한 적이 없다. 항상 주변에 사랑하는 사람이 있는 것이 행복이라고 대답한다. 그는 자신이 하는 일과 주변 사람을 모두 사랑하기에 스스로 세상에서 가장 운이 좋은 사람이라고 말한다. 그는 이 무조건적인 사랑이야말로 인생을 살아가는 가장 큰 힘이라고 한다.

버핏이 말하는 사랑받는 사람이 되는 비결

자신과 타인을 무조건 사랑하라.

인생을 긍정하라, 공감과 이해심을 발휘하라.

모든 사람을 친절과 정직으로 대하라.

미소 지어라, 상대방의 눈을 똑바로 보고 그의 말을 경청하라.

내가 원하는 대로 먼저 남에게 베풀어라, 다른 사람을 도우라.

마음을 열고 상대방을 진심으로 대하라.

감사한 마음을 품어라.

자기 모습을 있는 그대로 인정하고 웃어넘기라.

인생을 즐겨라(사람은 재미있게 노는 사람에게 끌린다).

친구들과 시간을 보내라.

자기가 하는 일을 사랑하라.[32]

요컨대 자기가 하는 일을 사랑해야 한다. 돈을 버는 것은 좋은 일이지만, 돈이 있다고 행복한 것은 아니다.[33]

12장

워런 버핏과
함께한 하루

성공한 사람과 엄청나게 성공한 사람의 차이는 후자는 거의 모든 일에 'NO'라고 말
할 수 있다는 점이다.[1]

– 워런 버핏

워런 버핏을 만나러 오마하까지 찾아가다

버핏은 거의 평생 전 세계의 대학을 돌아다니며 사업에 대한 자신의 생각과 가치관, 인생을 사는 지혜 등을 전해왔다. 그러나 2005년에 이르러 대학생들을 오마하에 초대해서 함께 시간을 보내는 편이 더 효율적인 방법이라고 생각했다.

나는 영광스럽게도 2009년, 2011년, 2018년 세 번에 걸쳐 나의 학생들을 데리고 그가 초대한 모임에 참석했다. 2007년에 오마하에 사는 사촌 동생으로부터 그런 기회가 있다는 말을 처음 듣고 신청했었지만, 보기 좋게 떨어지고 말았다. 게다가 버핏의 비서 말로는 대기자 명단이 너무 길어서 명단에 오를 수조차 없었다고 한다.

나는 단념하지 않았다. 나는 역사상 가장 성공한 사업가인 '오마하의 현인'으로부터 가능한 한 많은 가르침을 얻고 싶다는 열망으로 가득했다. 그러나 분명히 나처럼 생각하는 사람이 많을 텐데 내가 그의 눈에 띄는 방법은 무엇일지 고민하지 않을 수 없었다. 프로젝트든 캠페인이든 뭔가 차별화가 필요했다. 그래서 나는 2008년부터 2009년까지 버핏과 버크셔해서웨이가 대침체 기간을 어떻게 대처했는지에 대한 사례 연구 논문을 썼다. 그 논문은 저명 학술지에 실렸고, 나는 방문을 요청하는 서신과 함께 논문 한 부를 버핏의 사무실로 보냈다.

열흘도 안 돼 버핏이 직접 쓴 편지가 왔다. 내가 일하는 애크런 대학교가 2009년 11월에 열릴 모임에 최우선으로 선정되었고, 학생은 27명까지 데려올 수 있다는 내용이었다. 마침 대침체가 막 끝나던 시점이라 더욱 의미심장하게 느껴졌다. 최근에 있었던 일과 향후 전망에 관한 버핏의 견해를 직접 들을 기회였다. 그날 우리를 포함해 초대받은 학교는 모두 여섯 곳이었다(버핏은 6~7일 동안 하루에 162명의 학생을 만났다.).

우리는 목요일 저녁 비행기로 오마하로 날아갔다. 다음 날 아침, 우리는 버핏이 애지중지하는 네브래스카퍼니처마트부터 견학했다. 그 회사의 전설적인 창업자 B 여사의 손자가 견학을 안내했다. 다음은 메인 행사가 이어졌다. 바로 두 시간에 걸친 버핏과의 Q&A 시간이었다. 그해에는 버크셔해서웨이 본사 사무실에서 그를 만났다.

우리와 함께 일리노이대학교, 텍사스크리스천대학교, 보스턴대학교, 토론토대학교, 사우스다코타대학교의 경영학과 학생들이 참석했다. 그들은 주로 경제, 버핏의 투자 방법론 그리고 그의 가치관에 대해 질문했다. 물론 그들은 그가 오마하에 우리를 초대한 이유를 포함한 그의 심정도 궁금해했다. 버핏은 자신이 만나본 사업가 중에 가장 성공한 사람들은 아이비리그 학위를 가진 사람보다는 오히려 사업 경험과 인내심 그리고 현 상황을 파괴하는 도전정신이 가장 뛰어난 사람들이었다고 말했다.

사진이나 녹음은 금지되었지만, 모두가 그의 말을 꼼꼼히 기록하고 공유했다. 다음은 그 시간에 오간 문답 중 일부 내용이다(상세한 기록은 부록 4를 참조하라).

Q   기업 조사 과정에서 가장 먼저 살펴보는 신호는 어떤 것들이 있습니까?

"어떤 회사의 주식 100주가 마음에 든다면 그 회사를 인수할 마음도 당연히 있어야 합니다. 나는 내가 잘 아는 분야의 기업을 살펴봅니다. 주로 지난 10년간의 실적을 검토한 후 앞으로 10년에서 20년 후의 방향을 가늠해보려고 합니다. 그리고 몇몇 제한된 분야만 집중적으로 살펴보는 편입니다.

내가 투자하는 방식은 농구팀을 구성하는 것과 비슷합니다. 내가 찾는 선수는 우선 키가 210센티미터는 되어야 합니다. 그리고 공을 잘 다루어야 합니다. 나는 오래 가는 경쟁 우위(해자)를 좋아합니다. 예를 들어 리글리는 1891년에 설립되었고, 코카콜라는 1886년에 설립되었습니다. 오늘날 코카콜라는 전 세계에서 매일 237ml 기준 16억 병이 팔립니다. 금액으로 환산하면 하루에 1,600만 달러, 1년이면 60억 달러입니다.

나는 꾸준한 실적을 좋아합니다. 덜성과 윤리의식을 갖춘 우수한 경영진도 중요합니다. 무엇보다 가격이 맞아야 살 수 있습니다.

버크셔해시웨이의 문제는 덩치가 너무 크다는 것입니다. 우리 정도 회사가 되면 좋은 아이디어가 별로 나오지 않습니다.

최근에 아마존닷컴에서 1951년 판 무디스 보고서를 샀습니다. 나 말고 또 그런 사람이 있을까요? 그 보고서를 펼쳐서 내가 사거나 투자할 만한 회사가 있는지 살펴봤습니다. 사실 내가 처음 투자를 시작할 때 바로 그렇게 했습니다. 우선 이익 증가율, 주가, 업종 등을 살펴보고, 테스트를 통과하면 경영진과 만나 과연 정직한 사람들인지 확인하곤 했었지요."

Q   투자 설명을 듣고 바로 찾던 회사라는 느낌이 들었던 때가 있습니까?

"그런 예라면 1988년에 코카콜라 지분을 6% 샀을 때가 되겠네요. 나쁜 일이 일어날 것 같지 않았습니다. 매출도 매년 증가했습니다. 들어갈 자본도 많지 않았어요. 코카콜라가 하는 일은 시럽을 만드는 것뿐이에요. 부자가 되기 위해 많은 아이디어가 필요한 것은 아닙니다. 좋은 아이디어 5개만 있으면 됩니다."

Q   오마하에 저희를 초대하신 이유가 궁금합니다. 어떤 기대가 있으신지요?

"나는 열아홉 살이던 1950년에 네브래스카링컨대학교를 졸업했습니다. 그리고 MBA 학위가 필요해 하버드 경영대학원에 지원했는데 낙방했습니다. 그건 학교 측의 실수였습니다. 그 후에 벤저민 그레이엄의 《현명한 투자자》를 읽고 컬럼비아대학교에 가서 그의 제자가 되어야겠다고 생각했습니다. 그래서 그에게 편지를 썼고 컬럼비아대학교에 입학했지요.

그레이엄은 내 롤모델이었고, 컬럼비아대학교 교수였습니다. 그는 컬럼비아대학교에서 한 학급을 맡아 가르쳤는데 급여를 다시 학교에 기부했습니다. 그레이엄이 교수로 일한 것은 자신의 시간을 사회에 환원하는 것이었습니다. 나는 그분 밑에서 배웠습니다. 그래서 나도 그분을 따라 하기로 결정했습니다. 내가 이런 식으로 5~10% 정도의 학생만 도울 수 있다고 해도 너무 행복할 것 같습니다. 나는 이렇게 하는 것이 즐겁습니다."

질의응답이 끝나고 버핏이 우리와 점심 식사를 같이 하기로 했는데, 학생 중에 4명을 골라 '근검절약' 번호판이 달린 낡은 캐딜락에 태워 식당까지 손수 운전했다. 내 학생 한 명은 운 좋게도 (혹은 자신의 의지였을지도 모른다) 운전석 옆자리에 앉았다. 식사 시간에는 나도 그럴 기회를 잡았다. 나는 버핏을 마주 보는 자리에 앉아 "기업의 가치를 어떻게 평가하십니까?"라고 물었다.

그는 "현금흐름할인 방식이죠"라며 누구나 할 수 있다는 식으로 간단히 답했다.

버핏은 사우스오마하의 피콜로 피트라는 단골 식당으로 우리를 데려갔다. 검소함으로 유명한 그의 성품은 음식에서도 분명히 드러났다. 버핏의 아침 식사는 3달러짜리 맥도날드 모닝 샌드위치다(에그 맥머핀은 주가 상황에 따라 자기만의 레시피로 주문한다. 시장이 좋으면 소시지를 넣고 아니면 빼는 식이다). 사실 버핏은 치킨 맥너겟을 일주일에 최소 3번은 먹을 정도로 맥도날드의 광팬이다.[2] 우리는 치킨 파마잔이 나오는 제대로 된 식당에 갔으니 운이 좋았다고 봐야 한다.

우리가 식사한 날은 마침 버핏이 벌링턴노던산타페 철도를 인수한다는 발표가 나온 날이었다. 버핏이 가는 곳마다 기자와 카메라맨들이 따르고 있었다. 그러나 놀랍게도 버핏은 미디어를 전혀 신경쓰지 않는 모습이었다. 그는 오로지 자신을 찾아온 학생들과의 만남에만 집중했다. 식사가 끝날 때쯤 여종업원이 디저트로 루트비어 플로트(식물의 뿌리로 만든 미국식 탄산음료 _옮긴이)를 내왔다. 우리 몫은 높이가 15~20센티미터 정도 되는 일반적인 스타일이었다. 그런데 그때 버핏의 잔이 나왔다. 높이가 30센티미터나 되는 엄청난 크기였다! 그는 환하게 웃으며 잔을 들고 단숨에 들이켰다. 그런 다음 버핏은 학생 한 명 한 명과 일일이 사진을 찍고 단체 사진까지 찍으며 몇 시간을 보냈다.

내 학생 중에 커뮤니케이션을 전공하는 친구가 한 명 있었다. 그는 그날 다른 학생들이 버핏과 문답을 주고받는 동안에도 가는 곳마다 서슴없이 비디오 촬영을 했다. 어느 누구도 그렇게 나서서 행동하지 않았다. 전형적인 기업가의 태도였다. 다른 사람이 뭐라고 하기 전에 주도적으로 행동하는 모습 말이다. 아닌 게 아니라 버핏도 깊은 인상을 받았는지 그 학생에게 면접용 이력서를 부탁했다.

2011년의 초청

2년 후, 나는 곤자가대학교로 자리를 옮겼다. 나는 다시 한번 버핏의 초대장을 받을 방법이 무엇일지 고민했다. 버핏을 만나려면 끈기와 겸손함이 중요했지만, 나는 이미 그의 눈길을 끈 적이 있었다. 한 번 더 초대받으려면 창의적인 뭔가를 내놓아야 한다는 점을 알고 있었다. 버핏을 만나려면 청중을 모아야 한다. 어쨌든 2011년 6월에 어떤 이는 그와 함께 점심 한 끼 먹자고 260만 달러를 지불했는데, 우리 학교는 하루를 온전히 내달라고 해야 하는 상황이었다. 결국 학생들의 창의력과 기업가적 능력을 보여줄 독특한 뭔가를 생각해내야 했다. 나는 학생들에게 이렇게 말했다. "신제품을 구상해보세요. 버핏이 좋아할 만한 것으로요. 그럼 내가 그것을 설명 자료로 작성해서 보내볼게요."

나는 학생들이 구상할 작품에 대해 합법적이고, 윤리적이며, 곤자가대학교의 가치를 드러내는 것이면 무엇이든 좋다고 했다. 나머지는 오로지 학생들 몫이었다. 영상 작품(영화, 다큐멘터리, 광고 등)이나 논문(기업 분석이나 투자 제안 등), 노래, 심지어 연극이 나올지도 몰랐다.

나는 내심 학생들이 새로운 것을 만들고, 또 팔기 위해 노력하다 보면 기업가 정신을 고취할 수 있겠다고 생각했다. 그리고 어쩌면 이 일을 통해 또 한 번 오마하에서 초대장이 날아올지도 모른다고 생각했다.

학기가 끝날 무렵, 다섯 팀이 구상한 다섯 종류의 작품이 나왔다. 나는 그중에서 가장 혁신적이고 고객 취향을 제대로 겨냥했다고 판단되는 작품을 세 가지 선택했다.

워런 버핏 핀볼 기계

워런 버핏 핀볼 기계는 곧바로 감이 왔다. 버핏이 고등학교 시절 핀볼 기계 회사를 운영했으므로 멋진 아이디어라고 생각했다. 레트로 제품을 현대적으로 해석한 이 작품은 각각 종교학, 전기공학, 경영학을 전공하는 3명의 학생이 만든 것이었다.

그 팀은 중고 핀볼 기계를 사서 버핏의 인생을 반영하는 장애물과 보상을 구성 요소로 재설계한다는 계획이었다. 그리고 언젠가는 이 개념을 실제로 구현하고 마케팅할 라이선스 권리도 확보하겠다고 했다.

나는 그들에게 스타트업처럼 행동하라고 조언했다. 즉 홍보물을 만들고, 자금도 모으고, 재료를 사서 시제품을 디자인하라고 했다. 그러나 그 모든 활동을 한 학기 내에 하기에는 시간과 자원이 부족했으므로 그 팀은 설계안을 자세히 설명하는 도표로 만족해야 했다. 그러나 제품을 구상한 것만으로도 충분히 가치 있는 연습이었다.

방망이를 들고 이사회실에 선 버핏

오마하에 보낸 두 번째 작품은 클루 게임(추리형 보드게임의 일종 _ 옮긴이)을 패러디한 것으로, 화이트 부인이나 머스타드 대령 대신 버핏이 살인 용의자로, 곤자가대학교 캠퍼스의 여러 곳이 상상의 범죄 장소로 설정되었다. 학생들은 캠퍼스 건물 사진을 담은 실제 게임 보드 시제품을 만들었다.

곤자가대학교의 사명과 가치를 보여주는 영상

버핏에게 보낸 마지막 작품은 곤자가대학교의 문화와 기업가 정신 강좌를 중심으로 우리 대학의 다양한 모습을 조명한 DVD 영상이었다. 우리 대학 기업가 정신 프로그램은 모든 학생에게 공개되어 있었으므로 영상은 캠퍼스 곳곳의 여러 학생이 출현하며 만든 결과다. 나는 버핏이 소포를 열었을 때 어떤 반응을 보일지 상상하며 스포캔 우체국에 줄을 섰다. 내 생각에는 초대장을 받을 확률이 60%쯤 될 것 같았다. 일주일도 안 되어 버핏의 비서에게서 소식이 왔다. 그가 세 작품 모두 마음에 들어 우리를 오마하로 초대하고 싶다는 내용이었다.

전과 마찬가지로 학생들은 버크셔해서웨이의 대표기업을 둘러보는 시간을 즐겼지만, 이번 방문의 하이라이트는 역시 버핏과의 질의응답 시간이었다. 특히 교육에 관한 버핏의 가치관이 눈에 띄는 대목이었다.

Q   대학 학비가 어떤 역할을 한다고 생각하십니까? 대학은 다닐 가치가 있을까요? 막대한 학자금 대출에 대해 한 말씀 부탁합니다.

"나는 대학에 갈 생각이 없었습니다. 대학을 가느니 그 시간에 책만 읽어도 충분하다고 생각했습니다. 그런데 아버지의 압력에 어쩔 수 없이 가긴 갔습니다. 나는 학위가 어떤 의미가 있는지 잘 모르지만, 직장을 구할 때는 크게 작용합니다. 반면 교육은 큰 가치가 있습니다. 99%의 기업이 교육을 중시합니다. 버크셔해서웨이는 교육의 가치를 50%라고 생각합니다.

수요가 많으면 학비가 인상될 수 있습니다. 대학에 다니면서 몇몇 과목에서는 많은 것을 배웠습니다. 일을 신나게 해야 한다는 영감을 준 사람도 있었습니다. 특히 벤저민 그레이엄에게 많은 영향을 받았습니다. 여러분에게도 그런 선생님이 있다면 행운아입니다."

2018년의 초청

2018년의 초청은 2009년과 매우 유사한 방식으로 이루어졌다. 나는 버핏과 버크셔해서웨이를 주제로 사례 연구 논문 두 편을 작성하여 발표하고 그에게 보냈다. 그는 나와 20명의 학생을 오마하로 초대하는 것으로 화답했다. 이번에는 아내와 두 명의 교수가 동행했다.

그 당시는 버핏이 학생들을 초대하는 일이 전 세계 대학에 널리 알려졌을 때였다. 이번에는 페루대학을 포함하여 9개 학교가 초대받았는데 하루 평균 약 200명의 학생과 교수가 오마하에 머물렀다. 버핏은 곤자가대학교를 포함해 펜실베니아대학교, 노스웨스턴대학교, 애리조나대학교, 미네소타대학교, 네브래스카링컨대학교, 네브래스카오마하대학교 그리고 테네시대학교를 초대했다.

너무 규모가 커지고 분위기가 어색해지다 보니 Q&A 시간은 오마하 시내 힐튼호텔 강당으로 자리를 옮겨 진행했다. 그는 이제 88세였고 이번이 대학을 초청하는 마지막 해가 될 예정이었다. 그러나 그가 여전히 가르치기를 좋아한다는 것을 누구나 알 수 있었다.

이날 하루는 보르샤임 보석상 방문(학생들에게는 구매 시 20% 할인 혜택이 제공되었다)과 2012년에 버크셔가 파산 위기에서 사들인 장난감 및 선물 회사 오리엔탈트레이딩 컴퍼니 견학으로 마무리됐다.

영향

이런 방문 여행은 상당한 홍보 효과를 낳았고, 내가 학생들을 가르치면서 경험했던 화려한 기억으로 남아 있다. 〈월스트리트저널〉 1면에 기사와 사진이 실리기도 했다. 나는 클리블랜드 라디오 채널 WTAM 1100에 나가 학생들이 배운 내용과 버핏의 초대를 세 번이나 받았던 과정에 관해 이야기했다. 그 후로 나는 이 방문에 동행했던 한 학생의 링크드인 프로필을 우연히 보게 되었는데 '관련 경험' 항목 아래 '워런 버핏과 함께한 날'이라는 포스팅이 유난히 눈에 띄었다. 버핏과 함께 찍은 사진을 올려둔 학생도 더러 있다. 그들은 졸업 후에 무수한 성공을 거두었음에도 버핏과의 만남에서 얻은 가장 소중한 선물은 보람 있는 인생에 관한 그의 조언이었다고 말한다.

부디 버핏의 가치관을 성공의 진정한 의미에 포함하는 사람들이 뒤를 이어 나타나기를 바란다. 자기가 하는 일에 열정을 품고, 정직하게 살아가며, 만나는 모든 사람을 존중하고, 주변 사람들의 무조건적인 사랑을 받으며 살아가는 사람들 말이다.

13장

버크셔해서웨이의
미래

어떤 주식을 10년간 보유할 생각이 없다면 단 10분도 가지고 있지 마라.[1]

– 워런 버핏

버크셔해서웨이와 금융의 미래

워런 버핏은 오랫동안 기술기업에 투자하지 않은 일로 비판을 받아왔다. 투자자들은 2000년대 초반에 그가 코카콜라와 데어리 퀸 같은 전통적 기업만 고집하는 모습을 보며 급등하는 기술주와 비교해 전혀 매력이 없다고 비웃었다. 닷컴 버블이 터지면서 그가 최후의 승자임이 드러났다. 그러나 버크셔해서웨이의 최근 행보를 보면 버핏이 경제가 변화하고, 기술과 미래 금융 모델이 점점 더 중요해지리라는 것을 알아차린 것이 분명해 보인다. 그래서 그도 이 흐름에 올라타거나 다른 사람에게 그 일을 위임해야겠다고 생각하는 것 같다.

지난 10년 동안 버크셔의 주식 포트폴리오는 웰스파고, IBM, 코노코필립스 같은 보수적인 기업에서 점차 애플, 다비타, 차터, 베리사인 같은 최첨단 기술 회사들로 옮겨갔다. 오랫동안 대비책으로 여겨왔던 아메리칸 익스프레스, 코카콜라, 크래프트푸드는 지금도 버크셔해서웨이의 보유 주식이지만, 그 비중은 상당히 감소했다. 이제 애플 하나만으로도 버크셔해서웨이 포트폴리오의 45%를 차지한다.[2] 클라우드 컴퓨팅 회사인 스노우플레이크, 브라질의 디지털 은행 누뱅크, 전자상거래 대기업 아마존 등의 주식을 포함하면 버크셔해서웨이가 보유한 기술 및 전자상거래 주식은 이제 전체 포트폴리오의 약 50%를 차지한다. 요컨대 버크셔해서웨이는 50년간 이어온 기존의 포트폴리오를 기술주 중심으로 재편했다.

이러한 투자는 확실히 2010년과 2012년에 포트폴리오 매니저로 영입된 토드 콤스와 테드 웨슐러의 영향 때문이다. 찰리 멍거가 1978년에 버크셔에 합류했을 때 버핏의 투자 접근 방식을 넓히는 데 도움을 주었듯이, 콤스와 웨슐러는 지휘봉을 잡고 버크셔를 미래로 이끌고 있다. 하지만 유산은 버핏에게 여전히 중요하다. 기술의 영향력이 점점 더 커지고 있는 가운데, 버크셔의 최근 투자가 회사의 오랜 기간 유지된 금융 서비스에 대한 집중을 이어가는지 주목하라.

핀테크

2017년 학계에서는 금융 서비스와 기술이 융합하는 현상에 대응하고자 '핀테크fintech'라는 명칭이 등장했는데, 지금 생각해보면 이 분야의 성장은 필연적인 결과였다. 핀테크 기업은 적어도 2008년부터 존재해왔다. 스마트폰으로 은행에 로그인하는 것이 곧 핀테크의 일종이다. 온라인 거래도 마찬가지다. 핀테크 기업이란 사람들의 거래 업무 처리나 자금 관리에 도움이 되는 소프트웨어를 개발하는 기업을 말한다.[3] 이런 기업은 인공지능을 비롯한 자동화 기술을 통해 거래와 데이터를 정확하고 신속하게 처리한다.[4] 핀테크 기업에 대한 글로벌 투자는 2008년에서 2020년 사이에 1만 2,000건 이상 급증했다. 2021년에 전 세계 핀테크 기업이 확보한 자금 규모는 1,315억 달러였다.[5]

암호화폐 및 블록체인

핀테크는 전통적인 은행과 금융업이 기술을 응용하여 모습을 바꾼 형태도 포함한다. 다만, 여기에는 미래 금융에서 가장 논란이 많은 분야 중 하나인 암호화폐도 포함된다. 암호화폐란 암호 기술을 보안 수단으로 사용하는 디지털 화폐를 말한다. 위조는 거의 불가능하다.[6] 디지털 토큰을 통한 전자적 형태로만 존재한다. 이를 단순한 온라인 결제(온라인 거래는 핀테크를 사용하지만 반드시 암호화폐까지 사용하지는 않는다)와 혼동하면 안 된다. 제이크 프랑켄필드Jake Frankenfield가 인베스토피디아에 게재한 글에 따르면 모든 암호화폐는 디지털 화폐지만 디지털 화폐가 모두 암호화폐는 아니다.[7]

그 둘의 가장 큰 차이는 가치를 창출하는 분야에 있다. 물리적 형태를 띠는 법정 화폐(미국 달러, 유로, 엔 등)는 디지털 화폐로도 존재한다. 그것은 중앙 집중 경제에서 파생된 것으로 특정 은행이나 정부 기관을 통해 분산된 형태로 존재한다.[8] 비트코인과 이더리움 같은 암호화폐는 분산형 디지털 통화 체계를 보여주는 사례다.[9] 그것은 수많은 컴퓨터 네트워크에 분산되어 있어 특정 해킹 시도나 심지어 정부의 간섭도 화폐 유통에 지장을 줄 수 없을 정도로 강력한 보안을 자랑한다.[10]

암호화폐는 암호 기술과 '블록체인blockchain' 기술을 통해 작동된다.[11] 블록체인에서는 네트워크 참여자들이 중앙 통제 기관을 거치지 않고 거래를 확인할 수 있다.[12] 블록체인 데이터는 한번 입력되면 영원히 변경할 수 없다. 아담 헤이즈Adam Hayes에 따르면 "이 말은 곧 비트코인에서는 모든 거래가 영구적으로 기록되고 누구나 볼 수 있다는 뜻이다."[13] 블록체인 기술은 이론적으로 암호화되지 않은 거래에도 사용될 수 있으며,[14] 심지어 투표나 스마트 계약처럼 금융 분야가 아닌 곳에도 적용할 수 있다.[15] 스마트 계약은 계약이 체결된 작업 흐름의 한 부분이 결제 기능이나 다른 계약 업무를 시작하는 자체 충족 계약 기능을 구현한다.[16]

억만장자 기업가 마크 큐반Mark Cuban은 스마트 계약의 가치를 깨닫기 전까지는 비트코인과 암호화폐에 크게 흥미를 느끼지 못했다고 말한다.

> "기술을 관찰하고 그것을 새롭게 적용하는 방법을 모색하는 사람으로서 스마트 계약의 적용 분야를 생각하면 흥분하지 않을 수 없습니다. 게임 체인저가 나타나면 산업의 작동 방식 자체가 바뀝니다. 그런 변화로 인해 스마트 계약과 다른 블록체인 애플리케이션이 통합하면 세상이 바뀌게 될 것입니다."[17]

실리콘 밸리의 암호화폐 사업가 에반 콘래드Evan Conrad는 암호화폐 분야에서 일어나는 일을 제대로 아는 사람이 아무도 없다며 이 분야가 서부 개척 시대를 연상시킨다고 말한다. "암호화폐Crypto는 너무나 빠르게 움직여서 구축 주체에서 작성 주체로 전달될 때쯤에는 현장 정보가 바뀌어 있습니다. 따라서 암호화폐에 대해 읽는 거의 모든 내용, 즉 원래 소스 코드가 아닌 것은 유효 기간이 지난 정보입니다."[18]

프랑켄필드는 이렇게 설명한다. "전문가들은 블록체인 및 관련 기술이 금융, 법률 등 많은 산업에서 파괴적 혁신을 초래할 것으로 보고 있습니다. 암호화폐는 값싸고 신속한 송금이 가능하고 단일 장애점이 없는 탈중앙화 시스템을 갖추고 있다는 장점이 있습니다. 반면 암호화폐의 단점은 가격 변동성, 채굴에 많은 에너지가 소비된다는 점, 범죄에 악용될 가능성 등입니다."[19] 암호화폐에서 말하는 '채굴'은 천연자원을 물리적으로 추출하는 것이 아니라, 개인이 고가의 컴퓨터 '장비'를 사용해 복잡한 컴퓨터 알고리즘을 풀어냄으로써 새로운 암호화폐를 찾아내는 과정을 말한다.

버핏, 멍거, 암호화폐

2018년 버핏은 비트코인을 "쥐약보다 몇 배나 더 나쁜 것"이라며 극도의 혐오감을 드러냈다.[20] 멍거도 그런 감정을 특유의 언어로 표현했다. "나는 분명히 암호화폐에 투자하지 않았습니다. 그것을 피한 나 자신이 자랑스럽습니다. 그것은 이를테면 성병 같은 것으로, 경멸할 가치도 없다고 봅니다."[21] 그는 암호화폐 전면 금지를 주장하며 중국인들이나 하게 내버려두자고 말했다.[22] 암호화폐를 금지한 국가로는 카타르, 네팔, 튀니지, 튀르키예, 방글라데시, 이집트, 모로코, 이라크 등이 있다.[23]

두 사람은 비록 암호화폐를 경멸했지만, 버크셔해서웨이는 암호화폐 거래가 가능한 누뱅크에 투자했으므로 어쨌든 이 분야와 관련이 있는 셈이다.[24, 25] 그리고 멍거는 블록체인 기술의 잠재적 유용성을 인정했다. 심지어 버크셔해서웨이가 투자한 전통적 개념의 은행도 핀테크를 광범위하게 도입하고 있으므로 어쩔 수 없이 이 새롭고 대담한 분야에 발을 들여놓은 셈이다.

버크셔해서웨이와 핀테크

2018년 10월, 버크셔해서웨이는 브라질 전자상거래 기업 스톤코STNE의 기업공개IPO에서[26] 주당 24달러에 11%의 지분을 매입했다. 당시 가치는 3억 4,000만 달러였다.[27] 같은 해 버크셔해서웨이는 페이팀Paytm의 모회사 원97 커뮤니케이션에 3억 5,600만 달러를 투자해 지분 3%를 확보했다.[28] 전자상거래 플랫폼인 페이팀은 2021년 11월에 상장한 회사로, 토드 콤스가 버크셔해서웨이 포트폴리오에 추가한 핀테크 기업이다. 페이팀은 버크셔해서웨이가 투자한 첫 인도 기업이기도 하다.

아울러 버크셔해서웨이는 2020년에 데이터 웨어하우징 회사 스노우플레이크의 기업공개에 참여해 주당 120달러 가격으로 2억 5,000만 달러를 투자했다.[29] 스노우플레이크의 금융 서비스 데이터 클라우드는 보험, 은행, 투자 그리고 핀테크 자체 등 다양한 산업에 사용된다.[30] 버크셔해서웨이는 이후 다른 주주로부터 404만 주를 추가로 매입했다.[31] 그러나 버크셔해서웨이 시가총액을 생각하면 이 정도 투자는 금액 면에서 미미한 수준이다.

미래 금융으로의 진입은 계속되었다. 2021년 6월 버크셔해서웨이는 누뱅크에 5억 달러를 투자했고, 4분기에 10억 달러의 주식을 추가로 보유했다. 누뱅크는 2021년 12월 주당 9달러에 상장했다.[32]

디지털 뱅킹이 라틴 아메리카에서 부상하는 것은 우연이 아니다. 누뱅크의 공동 설립자 크리스티나 준케이라Cristina Junqueira는 전통적인 은행 시스템으로부터 소외되었던 이 지역의 역사가 자연스럽게 핀테크의 수용을 위한 비옥한 토양을 형성했다고 말했다. 그녀는 급증하는 인구, 전통 은행의 높은 수수료, 그리고 '끔찍한' 고객 경험을 언급하며 이렇게 말했다. "라틴 아메리카에는 매우 많은 기회가 있습니다. 핀테크 회사가 도전하기에는 전 세계를 통틀어 이곳보다 더 좋은 곳이 없습니다."[33]

중앙은행 디지털 화폐

비트코인을 비롯한 글로벌 암호화폐의 인기가 높아짐에 따라 각국은 전통적인 은행 시스템의 허점을 중앙은행 디지털 화폐CBDC로 보완하는 방안을 모색하고 있다.[34] 이것은 한 국가의 중앙은행이 발행하는 규제 통화지만 디지털 영역에만 존재한다.[35] CBDC는 전통적인 법정 통화를 보완하거나 대체할 수 있다.[36]

바하마는 CBDC를 채택한 첫 번째 국가다. 그 뒤를 잇는 다른 국가로는 나이지리아와 동카리브해 연합에 속하는 앤티가바부다, 도미니카, 그레나다, 몬세라트, 세인트키츠네비스, 세인트루시아, 세인트빈센트그레나딘 등이 있다.[37]

CBDC는 암호화폐에 비해 안정적이며 전통적인 통화와 마찬가지로 전 세계에서 통용된다. 반면 암호화폐는 변동성이 더 크고 규제가 없으며 사기에 취약하다. 또 디지털 토큰은 아직 범용성이 부족하다.[38] 그러나 암호화폐는 분산 장부에서 공개적으로 볼 수 있는 데 비해 CBDC 거래는 발신자와 수신자 그리고 은행만 알 수 있다.[39]

중국 중앙은행 디지털 화폐

중국은 디지털 화폐를 사용하는 첫 번째 주요국이다.[40] 중국은 2014년부터 이 혁신에 착수하여 기존 위안화의 하위 단위로 디지털 위안화e-CNY를 사용하고 있다. 이 둘은 서로 호환되며, 궁극적으로 유통 중인 모든 현금과 코인을 대체할 수도 있다.[41] 핀테크 전문가 리처드 투린Richard Turrin은 디지털 화폐를 국내외에 걸쳐 사용하려는 중국의 이런 행보는 향후 10년 동안 국제 무역에서 미국 달러에 중대한 도전을 제기할 것이라고 보고 있다. 나아가 다른 국가의 달러 의존도를 줄이는 결과로 이어질 수도 있다.[42]

투린은 2022년 CNBC와의 인터뷰에서 이렇게 말했다. "중국은 세계 최대 무역국으로 조만간 중국과의 무역에서 디지털 위안화가 서서히 달러를 대체하는 현상이 일어날 것입니다. 또한 중국은 달러 의존도를 100%에서 80%나 85%로 천천히 조금씩 줄이면서 위험 관리에 나서는 모습도 볼 수 있을 것입니다."[43]

디지털 위안화의 중앙 집중화는 중국 정부가 국민의 계좌를 마음대로 동결하거나 폐쇄하며 모든 금융 생활을 낱낱이 감시할 수도 있음을 의미한다. 나아가 중국 정부는 텐센트나 앤트그룹 같은 기술기업을 더욱 강력하게 통제할 수 있게 된다.[44] 그리고 디지털 위안화가 알리페이와 위챗페이 같은 전자결제 시스템을 추월하면[45] 중국 정부는 거대 기술기업이 행사하던 경제적 권력을 직접 틀어쥘 수도 있다.[46] 그렇게 되면 기술기업의 주주들은 심각한 사태에 직면하게 된다. 그러나 투린은 디지털 위안화를 이용해 각종 경제 제재를 타파하는 것이 중국의 궁극적인 목표라고 믿고 있다.[47]

중국의 경제 규모는 아직 미국에 비해 작지만, 금융기술 활용 분야에서는 이미 미국을 훨씬 앞지르고 있다. 투린은 디지털 달러 분야에서 미국이 계획과 시험 수준을 벗어나려면 아직 5년 정도는 더 기다려야 한다고 본다.[48]

미국 중앙은행 디지털 화폐

연방준비제도이사회는 CBDC에 대해 어떠한 입장도 표명하지 않는다는 방침을 확고히 지키고 있다. 그러나 조 바이든 대통령은 2022년 3월 9일 행정 명령에 서명함으로써 미국 재무부, 상무부 및 기타 주요 기관에 중앙은행 디지털 달러 창설에 따른 위험과 이익을 평가하라고 지시했다.[49] 바이든은 디지털 달러 체계가 전통적인 은행 계좌를 이용할 수 없던 미국인에게 도움이 될 수 있다고 말했다. 전자 계좌를 통한 현금 입출금이 훨씬 더 간편하다는 이유에서였다.

그러나 해밀턴 프로젝트라는 이 개념의 이면에는 그런 변화에 필요한 인프라를 평가하려는 목적이 있음이 분명하다.[50] 그 결과,

현재 MIT디지털화폐이니셔티브[51] 연구진은 중앙은행 디지털 달러의 개인 정보 보호, 속도, 안전, 감사 가능성, 프로그램 가능성 그리고 상호 운용성 등의 항목을 조사하고 있다.[52] 대통령 행정 명령 직후, 뱅크오브아메리카는 미국의 CBDC 도입이 '불가피하다'고 발표했다.[53]

물론 미국과 중국의 문화적 차이로 인해 양국 시민이 디지털 통화를 받아들이는 방식은 서로 다를 것이다. 중국이 자국민에게 CBDC를 채택하도록 밀어붙이면서 정부의 국민 통제권이 강화되는 데 비해, 미국에서는 프라이버시를 중시하는 소비자의 태도가 주요 장애 요소가 될 것이 분명하다.

버크셔해서웨이에 주어진 기회와 위험

세계 통화가 물리적 실체에서 디지털 개념으로 옮겨가는 상황은 버크셔해서웨이에 어떤 기회와 위험을 제시할까? 버크셔해서웨이는 검증된 플랫폼과 지배적인 시장 지위, 넓은 해자를 확보한 기업을 특히 유통 분야에서, 그것도 주로 미국 밖에서 계속 찾으리라고 전망한다. 또 버크셔해서웨이는 콤스와 웨슐러의 영향에 따라 블록체인 기술과 관련된 스마트 계약을 활용하리라고 본다. 멍거도 블록체인의 잠재적 미래를 인정했고, 버크셔해서웨이가 보험 분야에 핵심 역량이 있음을 생각하면 디지털 화폐 시류에 편승할 때도 주로 이쪽 분야에 주목할 것으로 생각한다.

그런가 하면 디지털 화폐는 전통적인 은행업, 더 나아가 버크서해서웨이에 심각한 결과를 초래할 수도 있다. 예를 들어 미국에 CBDC가 도입되면 상업 은행의 중개 기능이 사라질 수도 있다. 버핏이 최근에 버크서해서웨이의 금융주(골드만삭스, J.P.모건, 웰스파고, 비자, 마스터카드 등)를 대거 매각한 이유도 혹시 그 때문일지도 모른다. 버크서해서웨이는 여전히 뱅크오브아메리카와 아메리칸 익스프레스의 막대한 지분을 보유하고 있고, 버크서해서웨이 포트폴리오의 25%를 금융주로 채우고 있다. 그럼에도 전통적 은행주를 그렇게 많이 매각하는 버핏의 행동은 상당히 의미심장한 행보가 아닐 수 없다.

만약 사람들이 연준과 직접 거래를 선택한다면 중앙은행은 소비자 대출을 촉진하거나(그럴 능력이 없을지도 모른다), 새로운 신용 공급 방법을 찾아야 할 것이다. 이런 이유로 일부 전문가들은 민간 디지털 통화가 CBDC보다 더 낫다고 본다.[54]

버핏에 대한 비판

버크셔해서웨이의 실적 부진

지난 12년 동안 버크서해서웨이는 그 놀라운 명성에 비해 의외로 수익률이 S&P 500을 능가하지 못할 때가 많았다. 심상치 않은 변화가 아닐 수 없다. 이런 실적 부진은 버핏에 대한 비판의 여지를 열어주었다. 예를 들어 2019년부터 2020년까지 버크서해서웨이 수익률은 S&P500 지수를 15~20%포인트나 밑돌았다. 장기간에 걸쳐 보더라도 버크셔해서웨이는 S&P500에 비해 약간 하락했다 (표 13.1 참조).

이런 변동을 해석하는 방법은 여러 가지가 있다. 투자자들은 버핏의 현금 보유량이 너무 많다고 불평할 때가 있다. 그러나 버크셔해서웨이 정도의 규모가 되면 주식 가치의 성장이 생각처럼 빠르지 않다는 점을 고려해야 한다. 쉽게 말해 버크셔해서웨이의 몸집이 커질수록 극적인 수익을 창출할 가능성은 줄어들 수밖에 없다. 멍거는 자신이라면 언제든 S&P500 펀드보다는 버크셔해서웨이를

표 13.1 2010년부터 2021년까지 버크셔해서웨이와 S&P500 수익률 비교

연도	버크셔해서웨이 수익률(%)	S&P500 수익률(배당 포함, %)
2010	21.4	15.1
2011	(4.7)	2.1
2012	16.8	16
2013	32.7	32.4
2014	27	13.7
2015	(12.5)	1.4
2016	23.4	12
2017	21.9	21.8
2018	2.8	(4.4)
2019	11	31.5
2020	2.4	18.4
2021	29.6	28.7
평균	**14.3**	**15.7**

사겠다고 말한다. 그에 비해 버핏은 자신감이 약간 덜한 듯한 태도를 보였다. 심지어 최근 주주총회에서는 빨리 큰 수익을 추구하는 투자자는 다른 곳을 찾는 것이 좋다는 의미로 해석될 수 있는 말을 하기도 했다.

그러나 버크셔해서웨이의 최근 성과는 아주 훌륭하다. 2022년 6월 기준 버크셔해서웨이 클래스 A 주식 가격은 41만 7,202달러다. 회사의 시가총액은 6,141억 달러로 세계 7위 수준이다. 2022년 한해에 버크셔해서웨이 주식은 7.31% 하락했는데, 이는 S&P 500이 17.93% 하락한 데 비하면 꽤 선전한 셈이다. 버핏은 과거에 주가를 올리기 위해 주식을 다시 사는 것은 꼴불견이라고 말했지만, 최근에 그가 한 일이 바로 그런 행동이었다. 그리고 그것이 정말 큰 도움이 됐다. 2020년과 2021년에 버크셔해서웨이는 각각 247억 달러와 270억 달러 상당의 자사주를 매입했다.[55] 버크셔해서웨이는 2022년 1분기에도 12억 달러의 주식을 추가로 매입하며 이 기세를 이어갔다.[56] 예상할 수 있듯이 2021년 3월과 2022년 3월 사이에 버크셔해서웨이 주식은 33.76%의 수익을 올려 S&P 500의 13.99%를 크게 따돌렸다.

버핏과 멍거의 나이를 생각했을 때 월가가 버크셔해서웨이의 이후 방향을 공공연히 추측하는 것도 무리는 아니다. 주주들이 버크셔해서웨이의 새 리더를 좀 더 창의적이고 덜 보수적으로 몰아갈 가능성이 있다. 1,500억 달러라는 거액을 보유만 하지 말고 뭔가를 해보는 것은 어떨까?

버핏은 그 질문에 몇 가지 답을 내놓기 시작했다. 예를 들어 러시아가 2022년 2월에 우크라이나를 침공하자 그는 즉시 옥시덴털 페트롤리움 주식을 사기 시작했다. 버크셔해서웨이는 옥시덴털 주식 1억 3,637만 3,000주[57]를 77억 달러에 매입했다. 그 후 6월에 960만 주를 더 사들여 지분 16.3%를 확보함으로써 버크셔해서웨이에서 9번째로 큰 보유주가 되었다.[58]

2022년 3월, 버크셔해서웨이는 뉴욕에 본사를 둔 보험회사 앨러게니 코퍼레이션을 116억 달러에 인수하기로 했으며, 이는 종가 기준 25% 높은 프리미엄을 지불한 것이다.[59] 이 인수는 버크셔해서웨이 역사상 5위에 드는 규모였다.

2022년 1분기에 버크셔해서웨이는 510억 달러의 주식을 매수했다.[60] 버크셔해서웨이의 1분기 신규 주식 편입 비중을 살펴보면 휴렛팩커드[HP]가 42억 달러, 씨티그룹[C] 29억 5,000만 달러, 파라마운트글로벌[PARA] 26억 1,000만 달러, 셀라네이즈[CE] 11억 3,000만 달러, 맥케슨[MCK] 8억 9,500만 달러, 마켈[MKL] 6억 2,000만 달러, 앨리파이낸셜[ALLY] 3억 9,000만 달러 등이다. 이밖에 기존 보유주를 추가 매수했는데 애플[AAPL] 5억 5,700만 달러, 셰브론[CVX] 2억 300만 달러, 액티비전 블리자드[ATVI] 38억 6,000만 달러, 제너럴모터스[GM] 7,820만 달러, RH[RH] 1억 200만 달러, 리버티 미디어[FWONK] 4억 7,100만 달러, 플로어앤데코 홀딩스[FND] 2억 8,100만 달러 등이다.

버핏과 멍거가 떠난 후에 버크셔해서웨이 산하 기업 일부가 분사할 가능성도 있을까? 물론이다. 그러나 버크셔해서웨이의 성과가 전반적으로 훌륭했으므로 내가 보기에 그런 일이 일어날 가능성은 그리 크지 않을 것 같다.

배당으로 지급하는 것은 어떨까?《워런 버핏의 버크셔해서웨이 투자 원칙 The Complete Financial History of Berkshire Hathaway》이라는 책의 저자 애덤 미드 Adam Mead는 버크셔해서웨이가 조정 영업이익의 25%까지 매년 배당으로 지급하는 방안을 제안했다. 버핏은 그럴 돈이 있으면 다른 데 투자해서 훨씬 더 높은 이익률을 달성할 수 있다며 단호하게 반대했다. 그러나 만약 버크셔해서웨이가 자사주 매입을 중단한다거나, 인수할 다른 기업을 찾지 못하는 경우에는 가끔 특별 배당을 실시하는 것도 하나의 선택이 될 수 있다.[61]

개인에 대한 비판

억만장자를 향해 탐욕에 이끌린 자본가에 불과하다는 말로 저격하기는 쉽다. 그러나 버핏은 개인 재산의 99% 이상을 자선단체에 기부하겠다고 약속했고, 이미 수십억 달러를 실제로 기부했다. 그는 또 유언장에 상속인들이 물려받을 버크셔해서웨이 주식을 매각하지 말고 점진적으로 기부하라고 당부했다. 그는 2020년에 이렇게 말했다. "나는 임종 시점에 보유한 버크셔해서웨이 주식이 약 12년이나 15년 후에는 전량 시장에 풀릴 것으로 봅니다."[62]

버핏의 딸 수지는 아버지가 사회적 대의에 공헌한 바를 간과한 사람이 많다고 생각한다. 그녀는 나에게 이렇게 말했다. "사람들은 아버지가 사회적 불평등, 인권, 여성의 권리 그리고 시민 운동을 얼마나 많이 신경 쓰는지 잘 모릅니다."

버핏의 이런 믿음은 그가 펼치는 기부 서약 운동에서 가장 잘 드러난다. 버핏은 빌 게이츠와 함께 이 운동을 구상했다. 이 운동의 목표는 세계 최고의 부자들이 그의 모범을 따르도록 영감을 주어 생애 동안이나 사망 후에 최소한 재산의 절반을 자선사업에 기부하도록 하는 것이었다.[63] 버핏의 이런 노력은 꽤 큰 성공을 거두어 동료 억만장자인 래리 엘리슨, 사라 블레이클리, 마이클 블룸버그, 세스 클라먼, 조지 루카스George Lucas, 폴 앨런Paul Allen 그리고 패트릭 순시옹Patrick Soon-Shiong으로부터 기부 약속을 얻어냈다.

그리고 물론, 12장에서 설명했듯이 버핏은 대학생들과도 아름다운 추억도 쌓았다. 나는 운이 좋게도 그가 학생들을 가르치는 모습을 세 번이나 지켜보았고, 그것은 내 인생에도 큰 영향을 미쳤다. 나는 어려운 결정을 할 때마다 "워런이라면 어떻게 할까?"라고 자문하곤 한다.

버핏 이후의 버크셔해서웨이: 승계

2012년에 버핏은 전립선암 1기 판정을 받았다고 밝혔다.[64] 그는 이후 열린 주주총회에서 병세가 생명을 위협할 정도는 아니라며 평소대로 쾌활한 모습을 보여주었다. 2021년에 가상회의로 열린 버크셔해서웨이 주주총회에서 그는 몇 시간이나 질문을 받았다. 그가 공식적으로 은퇴할 것이라고는 생각되지 않는다.

그러나 기력이 쇠해진 것은 틀림없다. 결국 버크셔해서웨이 승계 문제가 임박했다. 무려 50년이나 버핏이 이 회사의 이사회 의장, 최고경영자 그리고 최고투자책임자로 일해왔으니 그 세 자리를 누군가로 채워야 한다. 2010년에 토드 콤즈, 2012년에 테드 웨 슐러를 고용하여 최고투자책임자 승계 문제는 해결되었다.

버핏은 이사회의 리더십에 대해서는 아들 하워드(현 버핏팜스앤드 바이오이미지 사장)가 의장직을 맡게 될 것이라고 분명히 밝혔다. 그 가 이끌 새로운 이사회 명단은 다음과 같다.

- 찰리 멍거(부회장)
- 그레그 에이블(버크셔해서웨이 비보험사업부 부회장)
- 아지트 자인Ajit Jain (버크셔해서웨이 보험사업부 부회장)
- 수잔 '수지' 버핏(워런의 딸, 수잔 톰슨 재단과 셔우드 재단 회장)
- 케네스 체놀트Kenneth I. Chenault (전 아메리칸 익스프레스 회장 겸 대표이사)
- 크리스토퍼 데이비스Christopher Davis (투자회사 데이비스셀렉트어드바 이저 회장)
- 수잔 린 데커Susan Lynne Decker (래프티의 CEO이자 야후 전 사장)
- 로널드 올슨Ronald L. Olson (멍거톨스앤드올슨 로펌 파트너)
- 데이비드 고츠먼(투자자문사 퍼스트맨해튼 설립)
- 스티븐 버크Stephen B. Burke (NBC, 컴캐스트 등 7개 기업 대표 출신)
- 샬롯 가이먼Charlotte M. Guyman (전 마이크로소프트 매니저, 비영리단체 보 드레디 공동 설립자, 기타 사회단체 리더)
- 메릴 위트머Meryl B. Witmer (이글캐피탈파트너스 총괄 파트너)

크리스토퍼 데이비스에 이어 2021년에는 수지 버핏이 버크셔 해서웨이 이사회에 합류했다. 나는 수지와 크리스가 버크셔해서웨이의 문화를 지키리라고 생각한다. 두 사람 모두 워런 버핏의 가치를 충실히 따르며 사업 감각도 탁월하다. 미래의 경영자, 이사, 주주들이 버핏의 설립 원칙에서 벗어나는 것도 상상할 수 없는 일이다.[65] 2022년에는 오마하의 바이츠인베스트먼트 창업자 월리 바이츠Wally Weitz가 톰 머피의 빈자리를 대신했다.[66]

메릴 위트머, 월리 바이츠, 크리스토퍼 데이비스의 배경을 살펴보면 세 사람 모두 사실상 비슷한 인물들로, 버크셔해서웨이 이사회에 고유한 요소를 추가할 만한 사람들로는 보이지 않는다. 이것이 바로 지배구조의 약점이다. 내 생각에 버크셔해서웨이에는 전통적인 가치투자 사고방식보다는 버핏의 후계자들에게 도전과 자극을 던져줄 젊고 혁신적이며 참신한 사고방식이 필요한 것 같다.

퍼즐의 마지막 조각이자 오랫동안 사람들이 궁금하게 여겨온 대목은 역시 버크셔해서웨이의 신임 CEO일 것이다. 이 문제는 버핏이 한 차례 힌트를 준 바 있다. 그는 2020년 연례 주주총회에서 좌중을 향해 두 이사회 부의장인 에이블과 자인이 대신 질문에 답할 것이라고 말했다. 이것이 첫 번째 힌트였고, 이후 변화가 주목되었다. 그 후 코로나19 팬데믹 기간에 버핏은 대면 회의를 취소하고 대신 야후로 회의를 스트리밍했다. 그러나 카메라가 켜졌을 때 연단에 올라 주주들을 향해 연설을 시작한 사람은 에이블이었다.

사람들은 모두 놀랐다. 버핏은 오랫동안 자인의 공로를 칭찬해왔으므로 맥킨지 임원 출신인 자인이 버핏의 가장 유력한 후계자라고 추측한 주주가 많았다. 20대에 인도에서 미국으로 이주한 자인은 1978년에 하버드에서 경영학 석사를 취득했고, 1986년에 버크서해서웨이에 합류하여 줄곧 승승장구했다. 버핏은 한때 만약 자신과 멍거, 그리고 자인이 함께 탄 배가 가라앉는다면 우선 자인을 구하는 데 최선을 다해달라고 주주들에게 당부한 바 있다.[67] 버핏은 2016년 연례 주주 서한에서 이렇게 말했다. "자인은 버크셔해서웨이 주주들에게 수백억 달러를 벌어주었습니다. 나를 자인 같은 사람과 바꿀 기회가 있다면 주저 말고 그렇게 하시기 바랍니다!"[68]

그러나 2021년 버크셔해서웨이 주주총회에서 멍거는 승계 문제가 거의 정해졌다고 말하여 에이블이 차기 최고경영자가 될 것임을 분명히 했다. 버핏은 멍거의 갑작스러운 발표에 놀라면서도 특별히 부인하지는 않았다. "이사들은 오늘 밤 만약 내게 무슨 일이 생기면 내일 아침 그레그가 그 뒤를 잇는다는 데 동의하고 있습니다."[69]

그레그 에이블

캐나다에서 태어나 학교를 마친 58세의 에이블은 버크셔해서웨이의 비보험 사업부 부회장이다. 그는 광범위한 분야에서 자본 할당 업무를 경험했고 최근 버크셔해서웨이의 여러 인수 작업을 지휘했다.[70] 그러나 에이블은 버핏처럼 부유하게 자라지 않았다. 에드먼턴의 노동자 계층 지역에서 자란 에이블은 어려서부터 기업가적이고 독립적인 면모를 드러냈다. 그의 가치관은 버핏과 비슷했다. 그는 어린 시절 집마다 다니며 광고 전단지를 배포하고 빈병을 모아 팔았다. 나중에는 임산물 회사에서 인부로 일했다.[71] 에

이블은 고등학교와 대학 시절 내내 소화기 공장에서 파트타임으로 일하며 앨버타대학을 혼자 힘으로 마쳤다.[72]

에이블은 회계학 전공으로 대학을 졸업하고 샌프란시스코에 있는 프라이스워터하우스쿠퍼스PwC에서 첫 직장 생활을 시작했다. 1992년에 칼에너지로 옮겼고 그곳에서 CEO까지 승진했다. 그러는 사이에 버크셔해서웨이는 미드아메리칸 에너지 홀딩스로 사명이 바뀐 회사의 주식을 매입하여 지배 주주가 되었고, 미드아메리칸은 2014년에 버크셔해서웨이 에너지가 되었다. 이 회사의 자산은 900억 달러가 넘으며 미국, 영국, 캐나다 그리고 필리핀에 여러 에너지 분야 회사를 거느리고 있다.[73] 2018년 1월까지 미드아메리칸 에너지의 이사회 의장이던 에이블은 현재 버크셔해서웨이의 직위와 이사회 멤버에 임명되었다(2026년 1월 기준, 은퇴한 버핏에 이어 버크셔해서웨이의 새로운 CEO가 되었다. _옮긴이).[74]

결론

전 세계인이 버핏에게서 매력을 느끼는 이유는 그의 엄청난 재정적 성공과 중·서부적인 상식, 겸손한 생활방식 그리고 자기를 낮추는 유머 감각에서 찾을 수 있다. 사람들은 그를 롤모델로 삼아 자신의 잠재력을 발견한다. 그러나 버핏의 막대한 재산보다 더 눈에 띄는 것은 그가 도덕적 나침반으로 삼는 겸손한 성품이다. 그는 틈날 때마다 물질적인 성공보다 사랑이 더 중요하다고 말한다. 나

는 다른 억만장자 중에는 그런 사람을 본 적이 없다.[75]

그럼에도 버핏의 진면목은 그의 금융 지식에서 드러난다. 그의 전문성이 너무나 소중한 나머지, CNBC는 워런 버핏 아카이브를 만들었다. 여기에는 122시간짜리 녹음 파일과 기록물까지 포함되어 원하는 사람이라면 누구나 버크셔해서웨이 연례 주주총회 전체를 볼 수 있다.[76] 최근 버크셔해서웨이도 연례 주주총회를 생중계하며 창립자의 지식을 공개하기 시작했다.

버핏의 멘토인 벤저민 그레이엄은 이렇게 말했다. "투자자의 판단은 다른 사람의 의견에 좌우되면 안 된다. 그의 판단이 옳다면 그것은 오로지 사실과 분석에 근거했기 때문이다."[77] 버핏은 언제나 기본적인 내용을 중시하며 투자에서 필요한 것은 오직 그것뿐이라고 믿는다.[78] 그리고 그는 이 방법으로 오랫동안 세계 최고의 부자로 군림해왔다. 그러나 최근에 그 순위가 약간 떨어졌다. 아마도 버핏이 재산을 부지런히 나눠주었기 때문일 것이다. 2006년 이후 그는 415억 달러가 넘는 버크셔해서웨이 주식을 여러 자선단체에 기부했다.[79] 버핏의 개인 재산은 다른 사람들에 비해 상대적으로 줄어들고 있다. 2022년 6월 24일 기준 블룸버그 억만장자 지수에 오른 순위는 다음과 같다.[80]

1. 일론 머스크(2,230억 달러)
2. 제프 베이조스(1,400억 달러)
3. 베르나르 아르노Bernard Arnault(1,310억 달러)
4. 빌 게이츠(1,160억 달러)

5. 래리 페이지(1,070억 달러)

6. 세르게이 브린(1,020억 달러)

7. 워런 버핏(968억 달러)

8. 가우탐 아다니 Gautam Adani (949억 달러)

9. 스티브 발머 Steve Ballmer (945억 달러)

10. 무케시 암바니 Mukesh Ambani (904억 달러)

그동안 미국 경제가 숱한 시장 위기를 견디고, 버크셔해서웨이가 경기 침체로 쇠퇴하는 가운데도 버핏은 여전히 최고의 낙관론자로 남아 있다. 그는 미국 경제는 항상 전진하기 때문에 주식 시장에 투자하는 사람은 누구나 앞으로 나아갈 수 있다고 말한다. 미국 기업가들은 항상 새로운 가치 창출 방법을 찾는다.

부록

— 부록1 —

2016~2021년 버크셔해서웨이 및
자회사 연결 재무상태표

(단위: 백만 달러)

기말	2021.12.31.	2020.12.31.	2019.12.31.	2018.12.31.	2017.12.31.	2016.12.31.
자산						
보험 및 기타						
현금 및 현금성자산	85,319	44,714	61,151	27,449	28,673	24,109
미 국채 단기 투자	58,535	90,300	63,822	81,506	84,371	58,322
만기 고정 증권 투자	16,434	20,410	18,685	19,898	21,353	23,432
지분 증권 투자	350,719	281,170	248,027	172,757	170,540	134,835
지분법 투자	17,375	17,303	17,505	17,325	21,024	15,345 (크래프트하인즈 투자)
외상매출채권	20,751	19,201	17,527	16,280	138,748	40,397 (채권 합계)
기타 채권	35,388	32,310	32,418	31,564	29,392	–
재고자산	20,954	19,208	19,852	19,069	17,366	15,727
부동산, 시설 및 장비	20,834	21,200	21,438	20,628	19,868	19,325
임대용 장비	14,918	14,601	15,065	14,298	10,167	9,689 (유형자산 및 임대용 자산)
영업권	47,117	47,241	57,052	56,323	56,478	55,375
기타 무형자산	28,486	29,462	31,051	31,499	32,518	33,481
이연자산-소급 재보험	10,639	12,441	13,747	14,104	15,278	8,047
기타	15,854	14,580	13,232	9,307	9,391	12,954
보험 및 기타 소계	**743,323**	**664,021**	**630,572**	**532,307**	**530,167**	**451,038**

철도, 공공, 에너지

현금 및 현금성자산	2,865	3,276	3,024	2,612	2,910	3,939
채권	4,177	3,542	3,417	3,666	3,531	–
부동산, 시설 및 장비	155,530	151,216	137,838	131,780	128,184	123,759
영업권	26,758	26,613	24,830	24,702	24,780	24,111
규제 자산	3,963	3,440	2,881	3,067	2,950	4,457
기타	22,168	21,621	15,167	9,660	9,573	13,550
철도, 공공, 에너지 소계	**215,461**	**209,708**	**187,157**	**175,487**	**171,928**	**169,816**
자산 합계	**958,784**	**873,729**	**817,729**	**707,794**	**702,095**	**620,854**

부채와 자본

보험 및 기타

미지급 손실 및 손실 조정 비용	86,664	79,854	73,019	68,458	61,122	53,379
소급 재보험 계약에 따른 미지급 손실 및 손실 조정 비용	38,256	40,966	42,441	41,834	42,937	24,972
미수 보험료	23,512	21,395	19,782	18,093	16,040	14,245
생명, 연금, 건강보험 급여	22,452	21,616	20,155	18,632	17,608	15,977
기타 보험계약자 부채	9,330	8,670	7,723	7,675	7,654	6,714
매입채무, 미지급금 및 기타 부채	30,376	30,344	27,611	25,776	24,569	23,608
파생상품 계약 부채	–	1,065	968	2,452	2,172	2,890
항공기 재구매 부채 및 임대수익 미수금	5,849	5,856	5,281	4,593	–	–
어음 및 기타 차입금	39,272	41,522	37,590	34,975	40,409	42,559
보험 및 기타 부채 소계	**255,711**	**250,223**	**234,570**	**222,488**	**212,511**	**184,344**

철도, 공공, 에너지

매입채무, 미지급금 및 기타 부채	15,696	15,224	14,708	11,410	11,334	11,434
규제 부채	7,214	7,475	7,311	7,506	7,511	3,121
어음 및 기타 차입금	74,990	75,373	65,778	62,515	62,178	59,085
철도, 공공, 에너지 부채 소계	**97,900**	**98,072**	**87,797**	**81,431**	**81,023**	**73,640**
소득세, 이연된 세금	90,243	74,098	66,799	51,375	56,607	77,442
부채 합계	**443,854**	**422,393**	**389,166**	**355,294**	**350,141**	**335,426**

자본

보통주	8	8	8	8	8	8
액면가 초과 자본	35,592	35,626	35,658	35,707	35,694	35,681
기타포괄손익누계액	(4,027)	(4,243)	(5,243)	(5,015)	58,571	37,298
이익잉여금	534,421	444,626	402,493	321,112	255,786	210,846
자기주식, 원가	(59,795)	(32,853)	(8,125)	(3,109)	(1,763)	(1,763)
버크셔해서웨이 주주 자본	506,199	443,164	424,791	348,703	348,296	262,070
비지배 지분	8,731	8,172	3,772	3,797	3,658	3,358
자본 합계	**514,930**	**451,336**	**428,563**	**352,500**	**351,954**	**285,428**
부채와 자본 총계	**958,784**	**873,729**	**817,729**	**707,794**	**702,095**	**620,854**

출처: 버크셔해서웨이 연례 보고서(https://www.berkshirehathaway.com/reports.html)

2016~2021년 버크셔해서웨이 및 자회사 연결손익 및 포괄손익

(단위: 백만 달러)

기말	2021.12.31.	2020.12.31.	2019.12.31.	2018.12.31.	2017.12.31.	2016.12.31.
매출						
보험 및 기타						
취득보험료	69,478	63,401	61,078	57,418	60,597	45,881
매출 및 서비스 수익	145,043	127,044	134,989	133,336	130,343	123,053
임대 매출	5,988	5,209	5,856	5,732	2,452	2,553
이자, 배당 및 기타 투자수익	7,465	8,092	9,240	7,678	6,536	6,180
보험 및 기타 매출 소계	**227,974**	**203,746**	**211,163**	**204,164**	**199,928**	**177,667**
철도, 공공, 에너지						
화물철도 운송 수입	23,177	20,750	23,357	23,703	21,080	19,683
에너지 영업 수익	18,891	15,540	15,353	15,555	15,155	14,621
서비스 매출 및 기타 수입	6,052	5,474	4,743	4,415	3,770	3,143
철도, 공공, 에너지 매출 소계	**48,120**	**41,764**	**43,453**	**43,673**	**40,005**	**37,447**
매출 합계	**276,094**	**245,510**	**254,616**	**247,837**	**239,933**	**215,114**
투자 및 파생상품 계약 이익	**78,542**	**40,746**	**72,607**	**-22,455**	**2,128**	**8,304**

비용 및 지출

보험 및 기타

보험 손실 및 손실 조정비	49,964	43,951	44,456	39,906	48,891	30,906
생명, 연금, 건강보험 급여	6,007	5,812	4,986	5,699	5,618	5,131
보험인수 비용	12,569	12,798	11,200	9,793	9,723	7,713
매출 및 서비스 비용	114,138	101,091	107,041	106,083	104,343	97,867
임대 비용	4,201	3,520	4,003	4,061	1,455	1,335
판매 및 일반관리비	18,843	19,809	19,226	17,856	19,189	17,973
영업권 및 무형자산 손상	–	10,671	96	382	–	–
이자 비용	1,086	1,105	1,056	1,035	1,132	1,099
보험 및 기타 비용 및 지출 소계	**206,808**	**198,757**	**192,064**	**184,815**	**189,949**	**162,024**

철도, 공공, 에너지

화물철도 운송 비용	14,477	13,120	15,436	16,045	14,031	13,134
공공 및 에너지 비용, 매출 원가 및 기타 비용	13,959	11,638	11,296	11,641	10,772	10,471
기타 비용	5,615	4,796	4,002	3,895	3,231	2,589
이자 비용	3,086	2,978	2,905	2,818	3,254	2,642
철도, 공공, 에너지 비용 및 지출 소계	**37,137**	**32,532**	**33,639**	**34,399**	**31,288**	**28,836**
비용 및 지출 합계	**243,945**	**231,289**	**225,703**	**219,214**	**221,237**	**190,860**
법인세 비용 차감 전 이익 및 지분법 이익 (손실)	110,691	54,967	101,520	6,168	20,824	32,558
지분법 이익(손실)	995	726	1,176	(2,167)	3,014	1,109
법인세 비용 차감 전 이익	111,686	55,693	102,696	4,001	23,838	33,667
법인세 비용(급여)	20,879	12,440	20,904	(321)	(21,515)	9,240

당기순이익	90,807	43,253	81,792	4,322	45,353	24,427
비지배 지분에 의한 이익	1,012	732	375	301	413	353
버크셔해서웨이 주주 귀속 순이익	89,795	42,521	81,417	4,021	44,940	24,074
클래스 A 주식 주당 평균 순이익	59,460	26,668	49,888	2,446	27,326	14,645
클래스 B 주식 주당 평균 순이익	3,964	1,778	3,322	163	1,822	976
클래스 A 주식 평균 발행 주식	1,510,180	1,594,469	1,633,946	1,643,795	1,644,615	1,643,286
클래스 B 주식 평균 발행 주식	2,265,269,867	2,391,703,454	2,450,919,020	2,465,922,368	2,466,923,163	2,465,739,654
기타 포괄손익						
고정 만기 증권 미실현 평가	(217)	74	142	(438)	29,051	7,038
적용 소득세 (고정 만기)	50	(19)	(31)	84	(10,076)	(2,459)
외화 환산	(1,011)	1,284	323	(1,531)	2,364	(1,541)
적용 소득세(외화)	(6)	3	(28)	62	(95)	66
확정급여 연금 제도	1,775	(355)	(711)	(571)	225	354
적용 소득세(연금)	(457)	74	155	143	(45)	(187)
기타 순손익	100	(42)	(48)	(12)	(9)	(17)
기타 포괄손익	234	1,019	(198)	(2,263)	21,415	3,254
포괄손익	91,041	44,272	81,594	2,059	66,768	27,681
비지배 지분에 의한 포괄손익	1,030	751	405	249	555	291
버크셔해서웨이 주주 귀속 포괄손익	90,011	43,521	81,189	1,810	66,213	27,390

출처: 버크셔해서웨이 연례 보고서(https://www.berkshirehathaway.com/reports.html)

2016~2021년 버크셔해서웨이 및
자회사 연결 현금흐름표

(단위: 백만 달러)

기말	2021.12.31.	2020.12.31.	2019.12.31.	2018.12.31.	2017.12.31.	2016.12.31.
영업활동으로 인한 현금흐름						
당기순이익	90,807	43,253	81,792	4,322	45,353	24,427
영업 현금흐름에 대한 당기순이익 조정						
투자 손실(이익)	(77,576)	(40,905)	(71,123)	22,155	(1,410)	(7,553)
감가상각 및 상각	10,718	10,596	10,064	9,779	9,188	8,901
기타, 자산 손상 비용 포함	(3,397)	11,263	(1,254)	2,957	458	(161)
영업자산 및 부채의 변동						
미지급 손실 및 손실 조정비	4,595	4,819	6,087	3,449	25,027	4,372
이연자산－소급 재보험	1,802	1,307	357	1,174	(7,231)	(360)
미수 보험료	2,306	1,587	1,707	1,794	1,761	968
미수금 및 대출 원금	(5,834)	(1,609)	(2,303)	(3,443)	(1,990)	(3,302)
기타 자산	(1,686)	(1,109)	(2,011)	(1,832)	(1,665)	(373)
기타 부채	2,389	3,376	190	2,002	1,194	1,684
소득세	15,297	7,195	15,181	(4,957)	(24,957)	4,044
영업활동으로 인한 순현금흐름	39,421	39,773	38,687	37,400	45,728	32,647
투자 활동으로 인한 현금흐름						
지분증권 매입	(8,448)	(30,161)	(18,642)	(43,210)	(20,326)	(16,508)
지분증권 매각	15,849	38,756	14,336	18,783	19,512	28,464
고정 만기 미국 국채 매입	(152,637)	(208,429)	(136,123)	(141,844)	(158,492)	(96,568)
고정 만기 미국 국채 매각	27,188	31,873	15,929	39,693	49,327	18,757
고정 만기 미국 국채 만기 상환	160,402	149,709	137,767	113,045	86,727	26,177

대출 및 금융채권 매입	(88)	(772)	(75)	(1,771)	(1,435)	(307)
대출금 및 금융채권 회수	561	393	345	342	1,702	490
기업 인수, 현금 순취득	(456)	(2,532)	(1,683)	(3,279)	(2,708)	(31,399)
부동산, 시설, 장비 및 임대용 장비 매입	(13,276)	(13,012)	(15,979)	(14,537)	(11,708)	(12,954)
기타	297	(3,582)	(1,496)	(71)	(3,608)	(377)
투자 활동으로 인한 순현금흐름	29,392	(37,757)	(5,621)	(32,849)	(41,009)	(84,225)
금융 활동으로 인한 현금흐름						
보험 및 기타 사업 차입금 수익	2,961	5,925	8,144	2,409	2,645	14,172
보험 및 기타 사업 차입금 상환	(3,032)	(2,700)	(5,095)	(7,395)	(5,465)	(2,577)
철도, 공공 및 에너지 사업 차입금 수익	3,959	8,445	5,400	7,019	3,013	3,077
철도, 공공 및 에너지 사업 차입금 상환	(4,016)	(3,761)	(2,638)	(4,213)	(3,549)	(2,123)
단기 차입금 순변동	(624)	(1,118)	266	(1,943)	2,079	130
자사주 취득	(27,061)	(24,706)	(4,850)	(1,346)	–	–
기타(금융 활동)	(695)	(429)	(497)	(343)	(121)	112
금융 활동으로 인한 순현금흐름	(28,508)	(18,344)	730	(5,812)	(1,398)	12,791
환율 변동 영향	5	92	25	(140)	248	(172)
현금, 현금성 자산 및 제한적 현금 증가(감소)	40,310	(16,236)	33,821	(1,401)	3,569	(38,959)
기초 현금, 현금성 자산 및 제한적 현금	48,396	64,362	30,811	32,212	28,643	67,602
기말 현금, 현금성 자산 및 제한적 현금	**88,706**	**48,396**	**64,632**	**30,811**	**32,212**	**28,643**
보험 및 기타	85,319	44,714	61,151	27,749	28,673	24,109
철도, 공공 및 에너지	2,865	3,276	3,024	2,612	2,910	3,939
기타 자산에 포함된 제한적 현금	522	406	457	450	629	595

출처: 버크셔해서웨이 연례 보고서(https://www.berkshirehathaway.com/reports.html)

2009년과 2011년 워런 버핏과의
질의응답 자료

─────────────────────────── 2009년

우리와 함께 이 행사에 참석한 다섯 개 학교는 일리노이대학교, 텍사스크리스천대학교, 보스턴칼리지, 토론토대학교, 사우스다코타대학교로 총 162명의 학생과 6명의 교수가 참석했다. 질의응답 시간에는 사진과 녹음이 금지되었다. 그러나 일부 자세히 기록하는 학생이 있었다.

경제 분야

Q   25년 후 미국의 세계적 위상을 어떻게 예상하십니까? 미국이 여전히 선진 경제를 유지하리라고 보십니까, 아니면 신흥국에 추월당할 것으로 예상하십니까? 만약 후자라면, 구체적으로 어느 나라가 경제 초강대국이 되리라고 생각하십니까. 그리고 그 이유를 말씀해주십시오.

"미국이 과거만큼은 아니지만 앞으로 25년 동안에도 여전히 세계 경제를 주도할 것입니다. 다른 신흥국이 우리를 따라잡겠지만, 세상

은 제로섬 게임이 아니기 때문에 그것이 꼭 나쁜 일만은 아닙니다. 다른 나라들이 좋아지면 미국은 그보다 더 좋아질 것입니다. 20세기에 미국의 생활 수준은 7배나 증가했습니다.

미국은 세계에서 가장 중요한 시장이고 회복 속도가 매우 빠르겠지만 10년 전에 비해 그 폭은 줄어들 것입니다. 중국은 마침내 경제체제가 왕성하게 작동하고 있고, 인구 면에서 성장 잠재력이 매우 큽니다. 중국을 비롯한 신흥국은 미국을 도와 세계적 문제(에너지, 생물 분야 등)를 해결하는 데 일정한 역할을 할 것입니다.

더 많은 나라가 경제적으로 발전할수록 안보 문제에도 도움이 됩니다. 세계적 부의 불평등이 심화하면 미국을 향한 핵이나 생물학 공격이 발생할 수도 있기 때문입니다."

Q 미국은 막대한 적자를 기록하고 있습니다. 미국 달러의 운명과 정부의 대처 방안에 관해 말씀해주십시오.

"20년 전만 해도 우리는 이런 문제를 겪지 않았습니다. 오늘날 미국의 적자는 1조 4,000억 달러에 달하고, 그중 4,000억 달러가 경상수지 적자입니다. 이런 부채를 누가 부담하고 있을까요? 첫째는 그 부채를 미국인에게 팔고, 둘째는 다른 나라에 팔며, 마지막으로 부채를 현금화합니다. 그렇게 되면 인플레이션이 일어납니다.

시간이 지날수록 달러의 구매력은 약화할 것입니다. 달러가 어디까지 떨어질지는 아무도 모릅니다. 이 정도 규모의 일을 겪어본 적이 없기 때문입니다.

현금을 들고 있는 것은 바보 같은 짓입니다. 장기적으로 건전한 자산이 아닙니다. 우리는 자산이 필요합니다. 달러의 운명은 의회가 쥐고 있습니다. 지금까지는 그런대로 괜찮았지만, 이대로라면 달러 가치는 계속 떨어질 것입니다."

여기서 주목할 점은 버핏이 현금은 인플레이션 때문에 장기적으로 건전한 자산이 아니라고 했다는 것이다. 그는 그렇게 생각하지만, 시장이 고평가될 때는 그 자신도 고평가된 자산보다는 현금을 선호할지도 모른다.

Q   미국의 중소기업 성장이 위축되고 있습니다. 중소기업이 더욱 성장하려면 미국은 어떻게 해야 합니까?

버핏은 성공하기 위해서는 자기가 하는 일을 정말로 사랑해야 한다고 말했다. 좋은 실적이 있는 사람이라면 소기업을 창업하고 번창하는 데 필요한 교육과 자금을 지원받을 길이 얼마든지 있다. 이런 일을 중소기업청이 하고 있지만, 최근에 버크셔해서웨이와 골드만삭스가 새로운 프로그램을 시작했다. 총 5억 달러의 자금을 조성해서 중소기업을 지원한다고 한다. 버핏은 이 문제와 관련해 매우 호소력 있는 답변을 내놓았다.

"제목은 기억나지 않는데 IQ, 학점, 출신 학교 등과 사업 성공 간의 상관관계를 다룬 논문이 있었습니다. 그 논문을 보면 성공과 상관관계가 가장 큰 요소는 사업을 시작한 시기라고 나와 있습니다. 성공을 결정하는 가장 큰 요인은 경험이라는 것입니다.

내가 성공할 수 있었던 이유는 사람들과의 관계와 결속이었습니다. 사람들과 강한 결속을 맺으면 서로 믿을 수 있고 마음이 편해지므로 공통의 목표를 향해 나아갈 수 있습니다."

투자 분야

Q   코카콜라나 질레트 같은 회사에서 BNSF(벌링턴노던산타페)나 유틸리티 같은 현금 먹는 회사로 전환하는 이유는 무엇인가요?

"나는 현금 중심 기업에서 유틸리티 및 규제 기관 비중을 키우는 방향으로 옮겼습니다. 그 이유 중에는 월스트리트 기업을 피하려는 의도도 있습니다. 그럼 나는 유틸리티 분야에서 어떤 점을 봤을까요? 추가적인 현금 자본이 거의 필요하지 않고, 수익성이 매우 크다는 점입니다. 성장 잠재력과 가격 유연성도 있습니다."

Q   살로먼브라더스 사태 후에 골드만삭스에 투자하게 된 계기는 무엇입니까?

"골드만삭스는 자신들이 살아남을 것이라는 약속이 필요했습니다. 골드만은 뱅크런이 발생할까 두려워했습니다. 개인 예금에 대해서는 연방예금보험공사FDIC가 보증해주지만, 투자은행은 아무런 구제 수단이 없었습니다."

여기서 내 의견을 덧붙이자면, 버핏은 금융 시스템을 향한 신뢰 회복을 위해 FDIC에 상응하는 역할을 자처했다. 물론 골드만삭스기 정말 그 돈이 필요했었는지는 둘째로 치더라도 말이다. 마치 대공황이 몰아닥쳤던 1929년에 J.P. 모건이 시장 유동성을 공급하기 위해 나섰던 모습을 연상케 하는 행동이었다.

이어서 버핏은 월스트리트의 고액 연봉 풍조에 자신이 얼마나 화가 났는지 이야기했다. 그는 프로 야구에 비유해 4할 타자가 고액 연봉을 받는 것은 이해하지만 2할4푼 타자까지 그러면 안 된다고 했다. 2할4푼 주제에 너무 많은 돈을 받는 타자가 넘쳐나는 것이 월스트리트의 현실이다!

Q   혹시 이 자리에서 추천하고 싶은 주식이나 뮤추얼 펀드가 있다면 말씀해주십시오.

"시간을 투자해서 종목을 조사할 의지가 있는 사람은 그렇게 해도 됩니다. 그렇지 않다면, 저가형 뮤추얼 펀드에 일정액을 꾸준히 넣는 방법을 추천합니다."

버핏은 2008년 9월에 어느 파티에서 있었던 일을 이야기했다. 평소에는 그런 자리에 가도 관심을 보이는 여성이 없었는데 그날만은 다들 그의 주변에 몰려들었다는 것이다. 그리고 과연 자기 돈이 안전할 것인지 그에게 물어봤다. 그가 아니라고 하자 여성들은 그를 떠나지 않고 계속 질문 공세를 퍼부었다.

"내가 투자를 가장 잘했던 해는 불경기였던 1954년이었습니다. 시장이 호황으로 돌아서면 이미 기회는 사라지고 맙니다."

버핏의 말은 결국 시장이 하락할 때 사야 한다는 것이다. 주가가 오를 때까지 기다리면 안 된다. 그때는 다른 사람도 모두 산다. 버핏은 이어서 이렇게 말했다.

"모든 사람이 팔 때가 바로 주식을 살 때입니다. 금융 위기일수록 그렇습니다. 너무 오래 기다리면 안 됩니다."

Q 글로벌 자선 활동은 개발 도상국의 기업과 경제 성장에 어떤 도움이 됩니까?

"나는 재단을 다섯 개 세웠고, 이 일을 나보다 더 잘할 사람에게 맡기고 있습니다. 나는 누구나 자신의 전문 분야에 집중해야 한다고 생각합니다. 나는 게이츠 재단의 전문성을 신뢰합니다. 내가 막대한 돈을 그에게 맡긴 이유도 그 때문입니다. 내가 게이츠 재단을 믿는 이유는 첫째는 빌 게이츠가 많은 시간을 이 일에 쏟고 있고, 둘째는 '지구상의 모든 사람을 돕는다'라는 목표를 공유하고 있으며, 셋째는 그가 이 일을 위해 분투하고 있기 때문입니다. 더구나 그는 자기 돈으로 그렇게 합니다!

성공은 사회의 도움 없이는 불가능하므로 성공한 사람은 사회에 환원해야 합니다. 사람은 누구나 똑같이 소중한 존재입니다."

Q 당신이 저지른 가장 큰 실수나 실패는 무엇이며, 그로부터 무엇을 배웠습니까?

"인생에서 가장 중요한 결정은 배우자를 선택하는 것입니다."
버핏은 기대치가 낮은 사람을 찾아야 한다고 농담했다.

"인생을 살다 보면 실수하게 마련이지만, 거기에만 너무 얽매일 필요는 없습니다. 그런 경험을 인격이 성숙해질 기회로 삼아야 합니다."
버핏은 사람들이 인생에서 실패하는 이유 중 하나는 역경에 굴복한 나머지 멀리 있는 해결책을 보지 못하고 눈앞의 거정거리에만 매달리기 때문이라고 말했다.

예를 들어 버핏은 예전에 무려 30억 달러를 들여 신발 회사를 샀지만, 지금 그 회사는 거의 망하고 말았다. 또 젊었을 때 싱클레어 주유소의 지분을 50% 샀는데 역시 한 푼도 남지 않았다. 당시 전 재산의 20%나 되는 돈이었다. 지금 가치로 환산하면 80억 달러를 기회비용으로 날린 셈이다. 버핏은 이렇게 말한다.

"실수하고 싶어서 하는 사람은 없겠지만, 가능하다면 실수를 피하는 것이 좋습니다. 인생에서 너무 많이 실수하지 않는 한, 제대로 된 일을 몇 가지만 하면 됩니다.

기회가 왔을 때 잡을 준비를 미리 해야 합니다. 다른 사람의 성공에 신경 쓸 필요 없습니다. 그저 자기 전문 분야에만 몰두하세요."

마이크로소프트 창업자 빌 게이츠는 언젠가 그에게 "컴퓨터에 투자해야 합니다. 그것 때문에 우리가 하는 모든 일이 달라질 거라고요"라고 말했다. 버핏은 이렇게 대답했다.

"껌 씹는 것도 달라질까요? 스피어민트 아니면 쥬시프루트 아닌가요? 음료는 코카콜라와 펩시 말고 또 다른 게 등장하나요? 그런 게 아니라면 저는 제 분야에 투자하겠습니다. 당신은 열심히 컴퓨터에 투자하세요."

그리고 이렇게 덧붙였다.

"또 다른 실수는 잠도 안 자고 일하는 겁니다. 그러다 보면 일은 일대로 안 되고 엉뚱한 결정을 내리고 말지요."

Q **기본적인 생활을 유지할 소득 수준에 오른 후에 삶과 일의 적절한 균형이란 무엇이라고 생각하십니까?**

"만족은 돈이 얼마나 많으냐가 아니라, 내가 가진 것으로 무슨 일을 하느냐에 따라 결정됩니다. 자기 일을 사랑하면 만족이 옵니다. 돈을 버는 것은 좋은 일이지만, 돈이 있다고 행복한 것은 아니라는 점을 명심해야 합니다.

사랑하고 존경하는 사람들, 또 그런 조직과 함께 일하세요. 지금 그렇지 않다면 그렇게 되기 위해 더 노력해야 합니다.

나는 업무나 투자 때문에 삶의 방식을 바꾸지는 않습니다. 영화, 식사, 여행 또는 가족 모임은 꼭 챙깁니다. 앞으로 점점 더 바빠지겠지만, 내 야망 때문에 가족과 친구와 보내는 소중한 시간을 포기하지는 않을 것입니다."

버핏은 지금도 친구와 가족이 모두 있는 오마하에 살고 있다. 그는 자신이 다녔던 바로 그 학교에 손주들도 다니고 있다는 사실이 좋다. 그는 로스앤젤레스나 뉴욕에 집이 몇 채나 있다고 해도 지금 오마하의 집에서 사는 것보다 더 행복하지는 않을 것이라고 말했다.

Q 당신의 이름을 걸고 자선 활동을 하는 것에 대해 어떻게 생각하십니까?

"나는 학교 건물에 기부하면서 꼭 내 이름을 붙일 생각은 없습니다. 나는 건물에 이름을 붙이는 사람보다 일요일마다 자선단체에 기부하는 청소부 아주머니를 더 존경합니다. 미국에는 1년에 2만 1,000 달러도 안 되는 수입으로 살아가는 가구가 20%나 됩니다.

나는 남녀평등의 권리뿐만 아니라 다른 사람을 돕는 일에도 평등의 원리를 지지합니다."

기업가 정신, 혁신, 일자리 창출 분야

Q **지금처럼 경제가 어려운 시기에 창업을 촉진하고 일자리를 늘리기 위해 미국 사회가 기업가 정신과 혁신을 장려하는 방법은 무엇이라고 생각하십니까? 이런 정책을 누가 책임져야 한다고 보십니까? 기업가 정신이 충만한 최고의 인재들이 미국에서 공부한 뒤에 고국으로 돌아가는 비율이 너무 큰 것 같습니다. 그들을 남아 있게 하려면 어떻게 해야 할까요?**

"미국의 이민 정책은 바뀌어야 합니다. 이대로라면 정말 큰일 납니다. 기업가 정신과 혁신은 1790년부터 효과를 발휘했습니다. 1790년 당시 미국은 400만 명의 사람들이 있었고 세계 생산량의 25%를 차지하고 있었습니다. 이 시스템은 효과적이며, 개인의 잠재력을 끌어냅니다.

나는 1930년에 태어났습니다. 1930년 이래 1인당 GDP는 6배 증가했습니다. 안타깝게도 세계의 다른 국가들이 우리를 따라잡았습니다. 중국은 국민의 잠재력을 끌어낼 방법을 찾아냈습니다. 지난 수천 년 동안 잠자고 있었으나 이제 깨어난 것입니다. 국민의 잠재력을 끌어내는 일은 정부의 어떤 조치나 정책보다 중요합니다. 빌 게이츠는 1995년에《미래로 가는 길 The Road Ahead》이라는 책을 썼습니다. 그 책 어디에도 인터넷이라는 말이 없습니다. 요컨대 차세대 거대시장이나 신개념이 어디서 나올지는 아무도 모릅니다."

Q **미국의 제조업이 쇠퇴하여 GDP의 10% 수준까지 내려왔습니다. 미국은 앞으로 어떻게 되는 걸까요?**

"1980년에도 그런 점을 걱정하는 사람들이 있었습니다. 1980년 이후 20년 동안 4,000만 개의 일자리가 창출되었습니다. 구글이 등장할 줄 누가 알았을까요? 마이크로소프트는 어떻습니까? 100년 전에는 농장에서 일하는 사람이 3,200만 명이었습니다. 지금은 겨우 600만에서 700만 명 정도입니다. 1970년에 미국은 GDP의 5%를 수출했습니다. 오늘날 그 비중은 12%가 되었습니다.

앞으로 10년에서 12년 후에 어떤 직업이 생길지는 알 수 없습니다. 미국인은 1인당 평균 7켤레의 신발을 가지고 있습니다. 모두 합하면 20억 켤레가 넘습니다. 그중에서 2%가 미국에서 생산됩니다만, 중국이 신발을 생산하도록 둔다고 손해가 되는 건 아닙니다."

Q **인플레이션에 대해 어떻게 생각하십니까?**

"1930년에 1달러 가격이던 물건을 지금은 6센트만 주면 살 수 있습니다. 하지만 국가는 잘 해냈습니다. 시간이 지날수록 인플레이션 때문에 통화 가치가 떨어집니다. 그래서 나 같은 사람은 좋은 기업을 소유하는 것이 중요합니다. 가장 좋은 일은 기업을 소유하거나 전문 지식(의사, 변호사 등)을 갖추는 것입니다. 여러분은 가장 중요한 자산인 재능을 소유하고 있습니다. 나라면 여러분이 벌어들일 미래 수익의 10%를 사는 데 10만 달러를 지불하겠습니다.

향후 10년간 상당한 인플레이션이 일어날 것입니다. 유럽 중앙은행은 화폐 발행 기능을 포기했습니다. 우리가 만약 그랬다가 문제가 생기면 미국 달러로 돈을 빌릴 수 없습니다. 미국은 그간 달러를 많이 발행했습니다. 그래서 인플레이션이 발생하겠지만, 그렇다고 세상이 끝나지는 않을 것입니다.

확정적 달러 투자(예금 등)는 어리석은 일입니다. 통화 시장은 인플레이션 때문에 매일 손실이 발생합니다. 가장 위험한 투자는 현금입니다. 그 나라의 통화 가치가 계속 상승하는 게 아니라면요."

Q   **지방채 채무 불이행이 일어날 가능성이 있다고 보시는지요?**

"문제는 피고용인에게 약속을 남발하고 있다는 것입니다. 문제 해결 능력은 있지만, 약속을 바꿔야 할지도 모릅니다. 미국인은 1인당 4만 8,000달러, 가구당 12만 달러의 빚을 지고 있습니다. 항상 재조정이 필요합니다. 대규모 채무 불이행 사태는 일어나지 않을 것입니다. 그러나 우리는 그 정점에 있을지도 모릅니다. 여러 결과에 따라 시기가 연기될 것입니다."

정치 분야

Q   **오늘날 미국의 정치적 상황을 어떻게 생각하십니까? 정부가 어떤 역할을 해야 한다고 생각하십니까? 현재의 결함 있는 시스템을 바꾸기 위해 우리는 무엇을 할 수 있을까요?**

"정치인은 재선을 위해 필요한 일을 할 뿐, 나라를 위해 옳은 일을 하지는 않습니다. 나는 누가 대통령이 되든 상관하지 않습니다. 어느 당이 집권하든 내가 하는 일은 똑같기 때문입니다. 우리는 여전히 좋은 회사를 적당한 가격에 살 것입니다. 우리는 주식시장을 보지 않습니다. 우리는 바보라도 운영할 수 있을 정도로 훌륭한 회사를 삽니다. 바보 같은 경영자가 나타날 가능성은 항상 존재하기 때문입니다."

Q 월가 점령 사위에 대해 어떻게 생각하십니까?

"지난 10~20년 동안 세법은 부자에게 유리하게 변했습니다. 1992년에는 상위 400명의 연평균 소득이 4,000만 달러였습니다. 2011년에는 2억 2,000만 달러로 1992년에 비해 5배 증가했습니다. 그 이후 지금까지 세율이 7% 하락했습니다. 나는 40~50년 전보다 지금 세금을 덜 냅니다."

교육 분야

Q 대학에 진학하는 것에 대해 조언을 부탁드립니다.

"열정을 품을 수 있는 일이라면 무엇이든 하기 바랍니다. 흥미가 가는 일, 그리고 존경하는 사람이나 회사에서 일하세요.

말이든 글이든 의사소통 능력을 개발하는 것을 추천합니다. 그러면 급여가 최소 50% 이상 오릅니다. 이런 능력은 경영대학에서도 배울 수 없습니다. 아무리 좋은 생각도 전달할 수 있어야 합니다. 그래야 큰 성공을 거둘 수 있습니다. 가장 좋은 투자는 자신에게 하는 투자입니다.

버크셔해서웨이에서는 올해 일자리가 5,000개 늘어났습니다. 그리고 별 어려움 없이 다 충원했습니다. 내가 본 사람 중 80%는 말로든 글로든 자기 생각을 설명하는 능력이 더 필요한 것 같았습니다. 내가 사장이라면 뽑고 싶다고 생각할 만한 사람이 되십시오. 우리가 뽑고 싶은 인재는 IQ가 높은 사람이 아니라 직업윤리와 충성심, 정직성, 신뢰를 갖춘 사람입니다."

Q **미국의 바람직한 교육 제도는 어떤 모습이라고 생각하십니까? 제도를 개선하기 위해 당장 취해야 할 조치는 무엇입니까? 대학교 졸업을 앞둔 우리가 사회와 공동체, 경제를 위해 할 수 있는 혹은 해야 할 일이 무엇이라고 생각하십니까?**

"훌륭한 공립학교 제도가 없다면 평등은 농담일 뿐입니다. 내 아이들은 모두 공립학교에 다녔습니다. 뉴욕에 사는 내 친구들은 자녀들을 사립학교에 보내더군요. 학교 시험 성적은 학교의 무상급식 횟수와 반비례합니다. 반면, 학생의 학업 성적과 직결되는 지표는 가정의 소득 수준입니다.

미국의 교육 예산은 60억 달러나 되지만, 나아지는 것은 별로 없습니다. 좋은 공립학교 제도는 한번 무너지면 되돌리기 쉽지 않습니다. 미국의 교육과 의료 시스템은 바꾸기가 어렵습니다. GDP의 4%가 교육에 쓰이고, 의료에는 17%가 쓰입니다. 의료비 세계 평균은 GDP의 10%입니다. 이것은 미국에 불리한 상황을 초래합니다.

GDP의 17%를 의료비로 쓰고 있음에도 미국은 다른 나라보다 1인당 의사, 간호사 수가 더 많지 않습니다. 우리의 교육과 의료 시스템은 미국에서 가장 나쁜 두 가지 문제고 앞으로도 그럴 것입니다. 미국은 세계에서 가장 부유한 나라이며 많은 자원을 가지고 있습니다. 20년 후에는 지금보다 사정이 나아질 것입니다. 경쟁 문제도 미국의 의료 문제에 근본 원인이 있습니다."

버핏의 가치관

Q   인생에서 어두웠던 시기나 포기하고 싶었던 순간이 혹시 있었습니까?

"내 목표는 언제나 행복해지는 것이었습니다. 아버지가 국회의원에 당선되셨을 때도 나는 오마하에서 워싱턴 D.C.로 이사 가고 싶지 않았습니다. 성공이란 원하는 것을 얻는 것이고, 행복이란 성취한 것이 마음에 드는 상태입니다.

오늘날 세계 인구는 70억 명입니다. 미국 인구는 3억 1,180만 명입니다. 복권에 비유하면 전 세계 인구에서 미국인을 뽑을 확률이 4.45%인 셈입니다. 성별이 자신과 같은 사람을 미국에서 뽑을 확률 2.225%가 됩니다. 인종과 사회 계층을 고려하면 확률이 더 내려갑니다.

미국은 세계에서 가장 부유한 나라입니다. 미국에서 태어난 것은 행운입니다. 낙관적인 사람에게 더 좋은 일이 일어납니다."

버크셔해서웨이에 관해

Q   버크셔해서웨이의 경영에 변화나 개선이 필요한 부분은 무엇입니까?

"나는 분에 넘치게도 내 회사를 설립할 기회를 누렸습니다. 마치 그림을 그리는 것과 같습니다. 내가 이루고 싶은 것과 운영 방식을 마음대로 정할 수 있지요. 보상 제도와 정책을 정할 때 제도적 장벽은 없었습니다. 버크셔해시웨이는 스톡옵션이 없는 대신 다른 방식으로 직원에게 동기를 부여합니다. 우리 회사에는 강력한 문화가 있습니다. 프랑스에 가서 일하려면 그곳의 문화를 따라야 합니다. 그들의 가치와 사명을 수용해야 합니다. 우리 회사도 마찬가지입니다."

Q **최고투자책임자에 지원한 수백 명의 후보 중에 토드 콤스를 적임 자로 선택하신 이유를 말씀해주십시오.**

"지원자들은 하나같이 똑똑한 사람들이었습니다. 그러나 나는 지능 외에 다른 면도 봅니다. 먼저 과거 경력과 현재 보여주는 모습입니다. 버크셔해서웨이의 가치에 부합하는지도 중요합니다. 다른 회사 가 아니라 굳이 우리 회사에서 일할 동기가 있는지를 유심히 봅니다. 1965년 이래 버크셔해서웨이를 떠나 다른 직업을 택한 사람이 생각 나지 않습니다. 투자와 경영 분야에서는 자기 선택 프로세스가 정립 되어 있어야 합니다. 버크셔해서웨이에서 일할 정도면 더 큰돈을 벌 기회도 있는 사람입니다. 그들은 뛰어난 사람들입니다! 훌륭한 인격 은 필수고, 이사회와 내가 좋아할 만한 사람이어야 합니다."

버핏의 투자관

Q **당신이 가장 중요하게 여기는 영업 기술은 무엇입니까?**

"나는 영업 기술을 익히지 않았습니다. 내 특기는 매입 기술입니다. 내 원칙은 기업을 적당한 가격에 산다는 것입니다. 나는 출구 전략을 세우지 않습니다. 좋은 결정은 한 번만 하면 됩니다. 한번 사면 최소 한 5년을 보유할 기업을 선택해야 합니다."

Q **기술기업이 등장하면서 가치투자 원칙에 달라진 점이 있습니까?**

"나는 일곱 살에 투자를 시작했습니다. 오마하 공공도서관에서 투자 관련 책은 모두 찾아 읽었습니다.《현명한 투자자》8장과 20장을 꼭 읽어보십시오. 투자에 관해서는 최고의 지침이라고 할 수 있습니다. 내 투자 방식은《현명한 투자자》를 처음 읽었던 열아홉 살 때나 지금이나 똑같습니다. 나는 최선을 다해 필요한 기술을 익혔습니다. 안전마진이 있는지, 저평가된 주식인지 등을 살펴보는 것입니다."

Q 사회적 기업에 대해 어떻게 생각하십니까?

"일시적인 보조금으로 운영되는 회사들이지요. 버크셔해서웨이가 그렇게 하지 않는 이유는 주주 이익을 창출할 수 없기 때문입니다. 시장 시스템으로는 사회 문제를 해결할 수 없습니다. 그것은 정부가 맡아야 할 역할입니다. 주주 이익으로 자선 활동을 한다면 혹시 사회적 기업이 가능할지도 모르지요."

Q 시장 평균보다 나은 수익을 내려면 시장 정보를 완벽하게 파악해야 합니까?

"주식시장에는 돈 벌 기회가 무궁무진하지만, 항상 변동성이 있습니다. 나는 농산물 가격처럼 1년 주기로 오르내리는 것을 좋아합니다. 그러면 저가 매수 기회가 생기니까요.

1950년 어느 날, 학교 수업을 마치고 나오는 길에 무디스 보고서를 한 권 샀습니다. 7,000~8,000페이지에 달하는 그 책을 두 번 읽었습니다. 1,433페이지에 보니 웨스턴인슈어런스시큐리티라는 회사가 수익의 절반에 불과한 헐값에 팔리고 있었습니다.

사람들이 겁에 질렸을 때 투자해야 합니다. 다른 사람들과 반대로 생각해야 합니다. 아주 똑똑하지 않아도 할 수 있는 일입니다. 다른 사람의 말에 휘둘리면 안 됩니다. 그랬다가는 조만간 배신당합니다.

찰리 멍거가 하는 말이 사람이 낭패를 보는 이유는 세 가지라고 합니다. 술, 여자, 그리고 빚입니다.

1998년에 LTCM에는 IQ가 150 넘는 사람이 200명이나 일하고 있었습니다. LTCM 직원들은 미국에서 가장 똑똑한 사람들이었습니다. 그들 모두 15~20년씩 일해온 베테랑이었고, 자기자본이 충분했으며, 훌륭한 사람들이었습니다. 그러나 그들 때문에 모든 금융 시스템이 무너졌습니다. 그들은 자신들이 구축한 모델에 너무 안주한 탓에 아시아 외환 위기 같은 대변동을 예측할 수 없었습니다. 부채는 그들을 곤경에 빠뜨렸습니다. 감정과 군중을 멀리하고, 빌린 돈에 기대지 말아야 합니다."

1장 | 워런 버핏의 배경

1. James Berman, "The Three Essential Warren Buffett Quotes to Live By,"Forbes, April 20, 2014,https://www.forbes.com/sites/jamesberman/2014/04/20/the-three-essential-warren-buffett-quotes-to-live-by/?sh=544c78aa6543.

2. Warren Buffett, 2021Berkshire HathawayAnnual Shareholder Letter(Omaha: Berkshire Hathaway), *February* 26, 2022, https://www.berkshirehathaway.com/letters/2021ltr.pdf.

3. CNBC Warren Buffett Archive, "Buffett on Meeting Lorimer Davidson," April 3, 2018, https://buffett.cnbc.com/video/2018/04/03/buffett-on-meeting-lorimer-davidson.html.

4. Alice Schroeder, "FT Series Part 1:Warren Buffett,"*Financial Times*, September 26, 2008.

5. Alice Schroeder, "How Warren Buffett Made His First Dime,"*Parade*, Sept. 7, 2008.

6. Robert Miles, *Warren Buffett Wealth: Principles and Practical Methods Used by the World's Greatest Investor* (Hoboken, NJ: Wiley, 2004), 25.

7. Alice Schroeder, *TheSnowball:Warren Buffett and theBusiness of Life*(New York: Bantam, 2009), 46.

8. Schroeder, *Snowball*, 20.

9. Schroeder, *Snowball*, 21.

10. Schroeder, *Snowball*, 5.

11. Todd Finkle, "Warren E. Buffett and Berkshire Hathaway, Inc.," *Journal of the International Academy of CaseStudies*16, no. 5(2010): 70.

12. Jesse Koltes, "2016 Berkshire Hathaway Meeting Notes: Q&A w/Charlie Munger," *The Charlieton*, May 15, 2016, http://thecharlieton.com/brk2016/.

13. Schroeder, *Snowball*, 42.

14. Schroeder, *Snowball*, 42.

15. Doris Buffett, *Giving It All Away: The Doris Buffett Story* (Sag Harbor, NY: Permanent Press, 2010).

16. *BecomingWarren Buffett*, directed by Peter Kunhardt (HBO, 2017).

17. Schroeder, *Snowball*, 116.

18. Linda Childers, "Doris Buffett: Putting the Pain in Perspective,"August 6, 2018, https://www.bphope.com/putting-the-pain-in-perspective/.

19. Schroeder, *Snowball*, 643.

20. Schroeder, *Snowball*, 643.

21. Schroeder, *Snowball*, 35.

22. Miles, *Warren Buffett Wealth*, 25.

23. Schroeder, *Snowball*, 33.

24. Schroeder, *Snowball*, 60.

25. Schroeder, *Snowball*, 106.

26. Doug Kass, "Kass: Warren and Me," *TheStreet*, May 1, 2013, https://www.thestreet.com/investing/kass-warren-and-me-11909459.

27. AndrewKilpatrick, *Of Permanent Value:TheStory of Warren Buffett* (Mountain Brook, AL: Andy Kilpatrick Publishing Empire, 2008), 62.

28. Brad Davis, "Buffett Still Big on Economy, Still Looking for Big Deal," *Omaha World Herald*, February 24, 2019.

29. Lorna Baldwin, "HereisWarren Buffett'sFirst TaxReturn, Filed at Age14,"June26, 2017, https://www.pbs.org/newshour/economy/warren-buffetts-first-tax-return-filed-age-14.

30. Zack Guzman and Mary Stevens, "Here's How Warren Buffett Hustled to Make $53,000 as a Teenager," January 31, 2017, https://www.cnbc.com/2017/01/31/heres-how-warren-buffett-hustled-to-make-53000-as-a-teenager.html.

31. Joshua Kennon, "One of the Wealthiest People in America: A Chronological History of the Oracle of Omaha: 1930–2019," *The Balance*, June 25, 2019, https://www.thebalance.com/warren-buffett-timeline-356439.

32. Miles, *Warren Buffett Wealth*, 27.

33. Miles, *Warren Buffett Wealth*, 27.

34. TimothyVick, *How toPick StocksLikeWarren Buffett* (New York:McGraw-Hill, 2000), 10.

35. Schroeder, *Snowball*, 63.

36. Lisa Du, "Warren Buffett's High School Yearbook Totally Nailed What He Would Be When He Grew Up," *Business Insider*, June 6, 2012, https://www.businessinsider.com/warren-buffetts-high-school-yearbook-foreshadowed-his-future-career-2012-6.

37. Andrew Norman, "Peter Buffett's Roots," *Hear Nebraska*, April 25, 2011, https://hearnebraska.org/feature/peter-buffetts-roots-scoop/.

38. Steve Jordon, "Omaha Benefits Despite Buffett's Philosophy on Local Giving," *Omaha World Herald*, May 5, 2013, https://www.omaha.com/news/omaha-benefits-despite-buffett-s-philosophy-on-local-giving/article_115fa215-71af-5443-9057-987d6faba31d.html.

39. "Alibaba Founder Jack Ma:'Harvard Rejected Me10 Times,'"*BusinessInsider*, September 14, 2015, https://www.businessinsider.com/jack-ma-harvard-rejected-me-10-times-2015-9?IR=T.

2장 | 어린 시절, 대학, 투자회사

1. Dale Carnegie, *How to Win Friends and Influence People* (New York: Simon and Schuster, 1964), 106.

2. Alice Schroeder, *TheSnowball:Warren Buffett and theBusiness of Life*(New York: Bantam, 2009), 57.

3. Carnegie, *How toWin Friendsand InfluencePeople*, 14.

4. Carnegie, *How toWin Friendsand InfluencePeople*, 14.

5. Carnegie, *How toWin Friendsand InfluencePeople*, 14.

6. Carnegie, *How toWin Friendsand InfluencePeople*, 14.

7. Carnegie, *How toWin Friendsand InfluencePeople*, 23.

8. Carnegie, *How toWin Friendsand InfluencePeople*, 34.

9. Carnegie, *How toWin Friendsand InfluencePeople*, 57.

10. Carnegie, *How toWin Friendsand InfluencePeople*, 69.

11. *Ground Report*, "More of an Equity Investor of Entrepreneurs,"November 14, 2012, https://www.groundreport.com/more-of-an-equity-investor-of-entrepreneurs/.

12. *BecomingWarren Buffett*, directed by Peter Kunhardt (HBO, 2017).

13. Schroeder, *Snowball*, 74.

14. Robert Hagstrom, *TheWarren Buffett Way*, 3rd ed. (Hoboken, NJ: Wiley, 2014), 22.

15. Hagstrom, *Warren Buffett Way*, 26

16. Hagstrom, *Warren Buffett Way*, xxiii.

17. Jason Fernando,"Arbitrage,"*Investopedia*,August 30,2021,https://www.investopedia.com/terms/a/arbitrage.asp.

18. Randall Lane, "The$50 Billion Decision,"*Forbes*, March 26, 2012, https://www.forbes.com/forbes-life-magazine/2012/0409/all-access-warren-buffett-omaha-graham-newman-50-billion-decision.html.

19. Lane, "$50 Billion Decision."

20. Philip Fisher, *CommonStocksandUncommonProfitsandOtherWritings*(NewYork :Harper, 1958).

21. Fisher, *Common Stocks*, 3.

22. Robert Hagstrom, *TheEssential Buffett:TimelessPrinciplesfor theNew Economy* (NewYork: Wiley, 2007), 61.

23. *BecomingWarren Buffett*, directed by Peter Kunhardt (HBO, 2017).

24. Lane, "$50 Billion Decision."

25. AndrewKilpatrick, *Of Permanent Value:TheStory of Warren Buffett* (Mountain Brook, AL: Andy Kilpatrick Publishing Empire, 2008), 89.

26. Kilpatrick, *Permanent Value*, 88.

27. Hagstrom, *Warren Buffett Way*, 10.

28. Hagstrom, *Warren Buffett Way*, 11.

29. Todd Finkle, "Warren E. Buffett &Berkshire Hathaway, Inc.,"*Journal of theInternationalAcademy for CaseStudies*16, no. 5(2010): 61–88.

30. Martin Fridson, *How toBea Billionaire*(New York: Wiley, 1999), 179.

31. Warren Buffett, Buffett Partnership Ltd. letter, January 22, 1969.

32. Warren Buffett, *Warren Buffett on Business:PrinciplesfromtheSageof Omaha*(Hoboken, NJ:Wiley, 2009), 198.

3장 | 찰리 멍거

1. Charlie Munger, *Poor Charlie'sAlmanack:TheWit andWisdomof CharlesT. Munger*, 3rd ed.,ed. Peter Kaufman (Marceline, MO: Walsworth, 2005), 6.

2. Munger, *Poor Charlie'sAlmanack*, ix.

3. "How Charlie Met Warren," CNBC Squawk Box video, May 5, 2014, https:// www.cnbc.com/video/2014/05/05/how-charlie-met-warren.html, at 1:54.

4. Charlie Munger, "A Conversation with Charlie Munger and Michigan Ross— 2017," interview by Scott DeRue, University of Michigan, YouTube video, December 20, 2017, https://www.youtube.com/watch?v=S9HgIGzOENA, at 55:39.

5. Munger, "Conversation with Charlie Munger."

6. Munger, "Conversation with Charlie Munger."

7. Munger, "Conversation with Charlie Munger."

8. Munger, "Conversation with Charlie Munger."

9. Munger, "Conversation with Charlie Munger."

10. Munger, "Conversation with Charlie Munger."

11. CharlieMunger,"InfluencersTranscript:CharlieMunger,May9,2019,"interviewb
    yAndy Serwer,Yahoo!Financevideo,May9,2019,https://sg.finance.yahoo.com/
    news/influencers-transcript-charlie-munger-105001910.html.

12. Munger, "Conversation with Charlie Munger."

13. Munger, "Conversation with Charlie Munger."

14. Munger, "Conversation with Charlie Munger."

15. Warren Buffett, "The Superinvestors of Graham and Doddsville," *Columbia
    Business School Magazine*, 1984, https://www8.gsb.columbia.edu/sites/
    valueinvesting/files/files/Buffett1984.pdf.

16. Munger, "Conversation with Charlie Munger."

17. Janet Lowe, *Damn Right! Behind the Scenes with Berkshire Hathaway
    Billionaire Charlie Munger* (Hoboken, NJ: Wiley, 2003), 78–79.

18. Munger, "Conversation with Charlie Munger."

19. Munger, *Poor Charlie's Almanack*, vi.

20. Warren Buffett, 2014 Annual Shareholder Letter (Omaha: Berkshire Hathaway),
    February 27, 2015, http://www.berkshirehathaway.com/letters/2014ltr.pdf.

21. Buffett, 2014 Shareholder Letter.

22. Munger, "Influencers Transcript."

23. Warren Buffett and CharlieMunger, 2000 Annual BerkshireHathawayShar
    eholders'Meeting(Omaha), CNBC Warren Buffett Archive, April 29, 2000,
    https://buffett.cnbc.com/video/2000/04/29/morning-session---2000-berkshire-
    hathaway-annual-meeting.html.

24. Morgan Housel,"8 oftheSmartest ThingsCharlieMunger HasEver
    Said,"TheMotleyFool, April 26, 2013, https://www.fool.com/investing/
    general/2013/04/26/8-of-the-smartest-things-charlie-munger-has-ever-s.aspx.

25. Munger, "Conversation with Charlie Munger."

26. Munger, "Influencers Transcript."

27. CharlieMunger,"CharlieMunger:FullTranscript ofDailyJournalAnnualMe
    eting2019,"ed.Richard Lewis,LatticeworkInvesting,March 3,2019,http://
    latticeworkinvesting.com /2019/03/03/charlie-munger-full-transcript-of-daily-
    journal-annual-meeting-2019/.

28. Munger, "Influencers Transcript."

29. Munger, "Daily Journal."

30. Munger, "Influencers Transcript."

31. Munger, "Daily Journal."

32. Charlie Munger, "The Psychology of Human Misjudgment" (speech, 1995),

YouTube video, October 5, 2018, https://www.YouTube.com/watch?v= 4ICaAKuAudQ, at 1:15:22.

33. Munger, "The Psychology of Human Misjudgment."

34. Munger, "The Psychology of Human Misjudgment."

35. The Swedish Investor, "Charlie Munger: Mental Models for the Rest of Your Life,"YouTube video, June 26, 2021, https://www.youtube.com/ watch?v=ywyQ_eNNCJU, at 17:53.

36. Robert Goldsborough,"TimelessInvestment LessonsfromWarrenBuffett'sBusin essPartner," Yahoo! Finance, May 2, 2014, https://finance.yahoo.com/news/ timeless-investment-lessons-warren-buffetts-110000095.html.

37. "Charlie Munger: The Lollapalooza Effect and How It Affects the Stock Market,"Guru-Focus, September 13, 2019.

38. "Lollapalooza Effect,"GuruFocus.

39. "Lollapalooza Effect,"GuruFocus.

40. "What Is the Lollapalooza Effect?,"The Motley Fool, October 19, 2016, https:// www.fool.com/knowledge-center/lollapalooza-effect.aspx.

41. "Lollapalooza Effect?,"Motley Fool.

42. Josh Funk,"Warren Buffett's$2Billion Right-Hand Man,"*ThePost andCourier*,May31,2008, https://www.postandcourier.com/business/ warren-buffett-s-billion-right-hand-man/article_82931669-1a19-5a89-81a1- b189cc2a8c6f.html.

43. Charlie Munger, "USC LawCommencement Speech,"*Genius*, May1, 2007, https://genius.com/Charlie-munger-usc-law-commencement-speech-annotated.

44. Munger, "USC Law Commencement Speech."

45. Adriana Belmonte, "Charlie Munger Explains the Best Career Strategy 'for the Great Mass of Humanity,'" Yahoo! Life. May 21, 2019, https://www.yahoo.com/ lifestyle/career-advice-charlie-munger-buffett-155842582.html.

46. Munger, "USC Law Commencement Speech."

47. Munger, "Daily Journal."

48. Munger, "USC Law Commencement Speech."

49. Munger, "Psychology of Human Misjudgment."

50. Munger, "USC Law Commencement Speech."

51. Munger, "USC Law Commencement Speech."

52. Munger, "Psychology of Human Misjudgment."

53. CharlieMunger, "Macroeconomics," YouTube video, April 16, 2021, https:// www.youtube.com/watch?v=d2yLhEsY-9Y.

54. Munger, "USC Law Commencement Speech."

55. Munger, "USC Law Commencement Speech."

56. Warren Buffett and Charlie Munger, 2019 Annual Berkshire Hathaway Shareholders' Meeting(Omaha), CNBC Warren Buffett Archive, May4, 2019, https://buffett.cnbc.com/2019-berkshire-hathaway-annual-meeting/.

57. Munger, "Daily Journal."

58. Housel, "8 of the Smartest Things Charlie Munger Has Ever Said."

59. JuliaLaRoche,"CharlieMunger Doesn't TakeaSalaryandWishesOther ExecutivesWould Do the Same," Yahoo! Finance, April 14, 2017, https://finance.yahoo.com/news/charlie-munger-doesnt-take-salary-wishes-executives-154120420.html.

60. Munger, "Daily Journal."

61. Andy Serwer, "Charlie Munger's Advice on Investing and Life Choices That Make a Person Wealthy," Yahoo! Finance, May 9, 2019, https://www.youtube.com/watch?v =RFxXl9eAWV4&t=2318s.

62. *Stanford Report*, "Mungers Donate $43.5 Million to Help Construct New Graduate Student Residence," August 26, 2004, https://news.stanford.edu/news/2004/september1/munger -91.html.

63. "Financier Munger Gives Du Bridge Lecture," California Institute of Technology, January 29, 2008, https://www.caltech.edu/about/news/financier-munger-gives-dubridge-lecture-1381.

64. Michael De La Merced, "Charles Munger, Warren Buffett's Longtime Business Partner, Makes$65Million Gift," *NewYorkTimes*, October 24, 2014, https://dealbook.nytimes.com/2014/10/24/a-billionaires-65-million-gift-to-theoretical-physics/.

65. Kelsey Brugger, "Charlie Munger to Donate $200 Million to UCSB for New Dorms," *Santa Barbara Independent*, March 24, 2016, https://web.archive.org/web/20160329041412 /http://www.independent.com/news/2016/mar/24/charlie-munger-donates-200-million-ucsb-new-dorms/.

66. Keith Hamm,"UCSBGifted LasVarasRanch:BillionaireCharlieMunger FinancesPurch of 'Coastal Jewel,'"*Santa Barbara Independent*, https://www.independent.com/2018/12/12/ucsb-gifted-las-varas-ranch/.

67. Hamm, "UCSBGifted Las Varas Ranch."

68. "Munger Gives $21 Million to Good Samaritan Hospital," *Philanthropy News Digest*, March 12, 2018, https://philanthropynewsdigest.org/news/munger-gives-21-million-to-good-samaritan-hospital.

69. "Charlie Munger,"Golden, 2020, https://golden.com/wiki/Charlie_Munger.

1. Rob Berger, "Top 100 Money Quotes of All Time," *Forbes*, April 30, 2014, https://www.forbes.com/sites/robertberger/2014/04/30/top-100-money-quotes-of-all-time/?sh =1c5541fd4998.

2. Investopedia, "WhyDid Warren Buffett Invest Heavilyin Coca-Cola in the Late 1980s?," January 16, 2021, https://www.investopedia.com/ask/answers/052615/why-did-warren-buffett-invest-heavily-cocacola-ko-late-1980s.asp.

3. Investopedia, "WhyDid Warren Buffett Invest Heavilyin Coca-Cola in the Late 1980s?"

4. Philip Fisher, *Common Stocks and Uncommon Profits and Other Writings* (Hoboken, NJ: Wiley, 1958), 46.

5. Fisher, *Common Stocks*, 46.

6. CBInsight,"28LessonsfromWarrenBuffett'sAnnualLetterstoShareholders,"March10,2021, https://www.cbinsights.com/research/buffett-berkshire-hathaway-shareholder-letters/.

7. Warren Buffett and Charlie Munger, 2008 Annual Berkshire Hathaway Shareholders' Meeting(Omaha), CNBC Warren Buffett Archive, May 3, 2008, https://buffett.cnbc.com/2008-berkshire-hathaway-annual-meeting/.

8. Buffett and Munger, 2008 Annual Berkshire Hathaway Shareholders'Meeting.

9. Fisher, *Common Stocks*, 113.

10. Lucas Downey, "Efficient Market Hypothesis (EMH)," Investopedia, February 5, 2020, https://www.investopedia.com/terms/e/efficientmarkethypothesis.asp.

11. Janet Lowe, *ValueInvestingMadeEasy* (New York: McGraw-Hill, 1996), 11.

12. Buffett, 2008 Annual Berkshire Hathaway Shareholders'Meeting.

13. Warren Buffett, 1987Berkshire HathawayAnnual Shareholder Letter (Omaha:Berkshire Hathaway), February 29, 1988, https://www.berkshirehathaway.com/letters/1987.html.

14. Warren Buffett, interview with Todd Finkle and students, November 9, 2009.

15. Berkeley Lovelace, Jr., "Warren Buffett: $10,000 Invested in an Index fund When I Bought My First Stock in 1942Would Be Worth $51Million Today,"CNBC, May 7, 2018, https://www.cnbc.com/2018/05/07/warren-buffett-10000-invested-in-an-index-fund-when-i-bought-my-first-stock-in-1942-would-be-worth-51-million-today.html.

16. "GuruFocus Tracks the Stock Picks of Gurus," GuruFocus, http://www.gurufocus.com/ListGuru.php?GuruName=Warren+Buffett.

17. Julia LaRoche, "Charlie Munger Doesn't Take a Salary and Wishes Other Executives Would Do the Same," Yahoo! Finance, April 14, 2017, https://

finance.yahoo.com/news/charlie-munger-doesnt-take-salary-wishes-executives-154120420.html.

18. LaRoche, "Charlie Munger Doesn't Take a Salary."

19. Equilar, "Equilar 100: CEO Pay at the Largest Companies by Revenue," 2020, https://www.equilar.com/reports/72-table-highest-paid-ceos-2020-equilar-100. html.

20. Dan Marcec, "Equilar 100:The Highest-Paid CEOs at the Largest U.S. Companies,"Equilar, April 20, 2021, https://www.equilar.com/reports/80-highest-paid-ceos-2021-equilar-100.html.

21. Todd A. Finkle, "Warren E. Buffett and Berkshire Hathaway, Inc.,"*Journal of theInternational Academy for CaseStudies*16, no. 5(2010): 79.

22. Warren Buffett, 1994 Annual Berkshire Hathaway Shareholders'Meeting (Omaha), CNBC Warren Buffett Archive, April 25, 1994, https://buffett.cnbc. com/video/1994/04/25/morning-session---1994-berkshire-hathaway-annual-meeting.html.

23. Buffett, 1994 Annual Berkshire Hathaway Shareholders'Meeting.

24. John Prescott, "Nebraska Furniture Mart:A Pillar in Its 80th Year," *Omaha World Herald*, February 3, 2017.

25. Find Law, "Patents, Trademarks & Copyrights," March 26, 2008, https:// corporate.findlaw.com/intellectual-property/patents-trademarks-amp-copyrights.html.

26. IFI Claims Patent Services, "2021Top 50 US Patent Assignees," January 5, 2022, https://www.ificlaims.com/rankings-top-50-2021.htm.

27. IFI Claims Patent Services, "2021Top 50 US Patent Assignees."

28. Richard Stim, "Types of Patents Available Under U.S. Law," Nolo, 2020, https:// www.nolo.com/legal-encyclopedia/types-patents.html.

29. Will Kelton, "Design Patent," Investopedia, August 20, 2019, https://www. investopedia.com/terms/d/design-patent.asp.

30. Kelton, "Design Patent."

31 Warren Buffett, 2016 Annual Berkshire Hathaway Shareholders'Meeting (Omaha), CNBC Warren Buffett Archive, April 30, 2016, https://buffett.cnbc. com/video/2016/04/30/morning-session—2016-berkshire-hathaway-annual-meeting.html.

32. Warren Buffett, 2016 Berkshire Hathaway Annual Shareholder Letter(Omaha: Berkshire Hathaway), February 25, 2017, 22, https://www.berkshirehathaway. com/letters/2016ltr.pdf.

33. Warren Buffett, 2017 Annual Berkshire Hathaway Shareholders'

Meeting(Omaha), CNBC Warren Buffett Archive, May 6, 2017, https://buffett.cnbc.com/2017-berkshire-hathaway-annual-meeting/.

34. Buffett, 2017 Annual Berkshire Hathaway Shareholders'Meeting.

35. Buffett, 2016 Shareholder Letter, 22.

36. Buffett, 2016 Shareholder Letter, 23.

37. Alex Dumortier, "Warren Buffett's 13 Greatest Quotes from Berkshire Hathaway's 2016 AnnualMeeting(Bonus:11fromCharlie)," The Motley Fool, May 11, 2016, https://www.fool.com/investing/general/2016/05/11/warren-buffetts-13-greatest-quotes-from-berkshire.aspx.

38. Erik Holm and Anupreeta Das, "Recap: The 2016 Berkshire Hathaway Annual Meeting," *Wall Street Journal*, April 30, 2016, http://blogs.wsj.com/moneybeat/2016/04/30/live-analysis-of-the-2016-berkshire-hathaway-annual-meeting/.

39. Lovelace, "Warren Buffett."

40. Lovelace, "Warren Buffett."

41. "Full Transcript: Billionaire Investor Warren Buffett Speaks with CNBC's Becky Quick on 'Squawk Box'Today," interview by Becky Quick, CNBC, February 25, 2019, https:// www.cnbc.com/2019/02/25/full-transcript-billionaire-investor-warren-buffett-speaks-with-cnbcs-becky-quick-on-squawk-box-today.html.

42. "Full Transcript."

43. "Full Transcript."

44. "Full Transcript."

45. Warren Buffett, Meeting with Seven Universities at Berkshire Hathaway's Corporate Headquarters, Omaha, 2009.

46. Buffett, Meeting with Seven Universities.

47. Kathleen Elkins, "Warren Buffett Simplifies Investing with a Baseball Analogy," CNBC, February 2, 2017, https://www.cnbc.com/2017/02/02/warren-buffett-simplifies-investing-with-a-baseball-analogy.html#:~:text=The%20lesson%20for%20investors%2C%20Buffett,!%2C%20ignore%20them.%E2%80%9D.

48. John Melloy, "Buffett Slams Wall Street 'Monkeys', Says Hedge Funds, Advisors Have Cost Clients $100 Billion," *CNBC*, February 25, 2017, https://www.cnbc.com/2017/02/25/buffett-slams-wall-street-monkeys-says-hedge-funds-cost-100-billion.html.

49. Jeff Cox, "'Peak Passive'? Money Is Gushing out of Actively Managed Funds," CNBC, January 19, 2017, http://www.cnbc.com/2017/01/19/peak-passive-money-is-gushing-out-of-actively-managed-funds.html.

50. Akhilesh Ganti, "Russell1000 Index," Investopedia, March 8, 2021, https://

www.investopedia.com/terms/r/russell_1000index.asp.

51. Warren Buffett, 2016 Annual Berkshire Hathaway Shareholders' Meeting(Omaha), CNBC Warren Buffett Archive, April 30, 2016. https://buffett. cnbc.com/2016-berkshire-hathaway-annual-meeting/.

52. 25iq, "A Dozen Things Charlie Munger Has Said about Reading," July 26, 2015, https://25iq.com/2015/07/26/a-dozen-things-charlie-munger-has-said-about-reading/.

53. 25iq, "A Dozen Things Charlie Munger Has Said about Reading."

54. Nicholas Vardy, "Why 'High Intelligence'Is a Handicap to Profitable Investing," *Seeking Alpha*, October 1, 2017, https://seekingalpha.com/article/4110909-why-high-intelligence-is-handicap-to-profitable-investing.

55. Buffett, 1994 Shareholders'Meeting.

56. Charlie Munger, *Poor Charlie's Almanack: TheWit and Wisdom of Charles T. Munger*, 3rd ed., ed. Peter Kaufman (Marceline, MO: Walsworth, 2005).

57. Johnny Hopkins, "25 Timeless Investing Lessons from Charlie Munger," *The Acquirer's Multiple*, September 11, 2017, https://acquirersmultiple. com/2017/09/25-timeless-investing-lessons-from-charles-munger/.

58. Buffett and Munger, 2008 Shareholders'Meeting.

59. Stepan Lavroukand Guru Focus, "Warren Buffett: Why Stocks Are Like Hamburgers," Yahoo!, June 8, 2019, https://www.yahoo.com/video/warren-buffett-why-stocks-hamburgers –031629347.html.

5장 | 버크셔해서웨이의 투자 방법론

1. Warren Buffett, 2007 Berkshire Hathaway Annual Shareholder Letter(Omaha:Berkshire Hathaway), February 29, 2008, https://www. berkshirehathaway.com/letters/2007ltr.pdf.

2. Warren Buffett and Charlie Munger, 2007 Annual Berkshire Hathaway Shareholders' ﹘Meeting(Omaha), CNBC Warren Buffett Archive, May 5, 2007, https://buffett.cnbc.com/video/2007/05/05/morning-session---2007-berkshire-hathaway-annual-meeting.html.

3. Zigfred Diaz,"The Three Most Important Wordsin Investing," *Business Mirror*, November 6, 2017, https://businessmirror.com.ph/2017/11/06/the-three-most-important-words-in-investing/.

4. James Chen, "Margin of Safety," Investopedia, April 21, 2021, https://www. investopedia.com/terms/m/marginofsafety.asp.

5. Chen, "Margin of Safety."

6. Investopedia, "Why Did Warren Buffett Invest Heavily in Coca-Cola in the Late

1980s?," January 16, 2021, https://www.investopedia.com/ask/answers/052615/why-did-warren-buffett-invest-heavily-cocacola-ko-late-1980s.asp.

7. Buffett, 2007 Shareholders'Meeting.

8. Buffett, 2007 Shareholders'Meeting.

9. Adam Smith, "The Modest Billionaire," *Esquire*, October 1, 1988, https://classic.esquire.com/article/1988/10/01/the-modest-billionaire.

10. Buffett, 2007 Shareholders'Meeting.

11. Warren Buffett, 2019 Berkshire Hathaway Annual Shareholder Letter(Omaha:Berkshire Hathaway), February 22, 2020, 4, https://www.berkshirehathaway.com/letters/2019ltr.pdf.

12. Buffett, 2007 Shareholder Letter, 6.

13. Buffett, 2007 Shareholder Letter, 6.

14. Buffett, 2007 Shareholder Letter, 6.

15. Buffett, 2007 Shareholder Letter, 6.

16. Warren Buffett, 1994 Annual Berkshire Hathaway Shareholders' Meeting(Omaha), CNBCWarrenBuffett Archive,April25,1994,https://buffett.cnbc.com/video/1994/04/25/morning-session---1994-berkshire-hathaway-annual-meeting.html.

17. Warren Buffett, "Buy American. I Am,"*New York Times*, October 16, 2008, https://www.nytimes.com/2008/10/17/opinion/17buffett.html.

18. J.B. Maverick, "Intrinsic Valuevs. Current Market Value: What'stheDifference?," Investopedia, 2019, https://www.investopedia.com/ask/answers/011215/what-difference-between-intrinsic-value-and-current-market-value.asp.

19. Buffett, 2019 Shareholder Letter, 10.

20. Buffett, 2019 Shareholder Letter.

21. Alicia Tuovila, "Net Tangible Assets," Investopedia, February 3, 2022, https://www.investopedia.com/terms/n/nettangibleassets.asp.

22. *Accounting Tools*, "Par Value Definition," February 15, 2022, https://www.accountingtools.com/articles/what-is-par-value.html.

23. Tuovila, "Net Tangible Assets."

24. Jason Fernando, "Return on Equity (ROE)," Investopedia, November 30, 2021, https://www.investopedia.com/terms/r/returnonequity.asp.

25. Adam Hayes, "Shareholder Equity (SE)," Investopedia, March 17, 2021, https://www.investopedia.com/terms/s/shareholdersequity.asp.

26. Hayes, "Shareholder Equity (SE)."

27. Ted Reed, "Buffett Decries Airline Investing Even Though at Worst

He Broke Even," *Forbes*, May 13, 2013, https://www.forbes.com/sites/ tedreed/2013/05/13/buffett-decries-airline-investing-even-though-at-worst-he-broke-even/?sh=4ffdb943b5e7.

28. Jason Fernando, "Debt-to-Equity(D/E) Ratio," Investopedia, February 19, 2022, https://www.investopedia.com/terms/d/debtequityratio.asp.

29. Chris Murphy, "What Is the Formula for Calculating Free Cash Flow?," Investopedia, July4, 2021, https://www.investopedia.com/ask/answers/033015/ what-formula-calculating-free-cash-flow.asp.

30. Jason Fernando, "Free Cash Flow(FCF)," Investopedia, December 4, 2021, https://www.investopedia.com/terms/f/freecashflow.asp.

31. Murphy, "What Is the Formula?"

32. Buffett, 2019 Shareholders'Meeting.

33. Theron Mohamed, "Warren Buffett's Favorite Business Is a Little Chocolate Maker with an 8000 Percent Return. Here Are 5 Reasons Why He Loves See's Candies," *Markets Insider*, December 21, 2021, https://markets.businessinsider. com/news/stocks/warren-buffett-berkshire-hathaway-dream-business-is-sees-candies-2019-7-1028348838#a-return-of-8000-1.

34. Warren Buffett, 2015 Berkshire Hathaway Annual Shareholder Letter(Omaha:Berkshire Hathaway), February 27, 2016, https://www. berkshirehathaway.com/letters/2015ltr.pdf.

35. Mohamed, "Warren Buffett's Favorite Business."

36. Warren Buffett, 2019 Annual Berkshire Hathaway Shareholders' Meeting(Omaha), CNBC Warren Buffett Archive, May 4, 2019, https://buffett. cnbc.com/2019-berkshire-hathaway-annual-meeting/.

37. Mohamed, "Warren Buffett's Favorite Business."

38. Mohamed, "Warren Buffett's Favorite Business."

39. Adam Hayes, "Dividend Payout Ratio," Investopedia, January 3, 2022, https:// www.investopedia.com/terms/d/dividendpayoutratio.asp.

40. GuruFocus, "Warren Buffett Mulls $100 Billion Berkshire Share Repurchase," April 26, 2019, https://www.forbes.com/sites/gurufocus/2019/04/26/warren-buffett-mulls-100-billion-berkshire-share-repurchase/#6651546a659b.

6장 | 사례 연구: 가이코와 애플

1. Matthew Frankel, "5 Warren Buffett Principlesto Remember in a Volatile Stock Market," The Motley Fool, June 19, 2018, https://www.fool.com/ investing/2018/06/19/5-warren-buffett-principles-to-remember-in-a-volat.aspx.

2. Wedgewood Partners, "GEICO: The 'Growth' Company that Made the 'Value'

Careers of Both Benjamin Graham and Warren Buffett," 2016 GuruFocus Value Conference, Omaha, April 28, 2016.

3. Wedgewood Partners, "GEICO."

4. Wedgewood Partners, "GEICO."

5. Wedgewood Partners, "GEICO."

6. Wedgewood Partners, "GEICO."

7. Wedgewood Partners, "GEICO."

8. Wedgewood Partners, "GEICO."

9. Wedgewood Partners, "GEICO."

10. Wedgewood Partners, "GEICO."

11. Wedgewood Partners, "GEICO."

12. Wedgewood Partners, "GEICO."

13. Wedgewood Partners, "GEICO."

14. Albert Crenshaw, "Buffett to Buy Rest of GEICO," *Washington Post*, August 26, 1995, https://www.washingtonpost.com/archive/politics/1995/08/26/buffett-to-buy-rest-of-geico/33f0eac8-3b53-4ab8-8cd4-ee8e8ea9947c/?noredirect=on&utm_term=.0f7f9430dcbc.

15. Carrier Management, "Berkshire'sGEICO Posts2021Profit but Much Lower Than 2020," February 28, 2022, https://www.carriermanagement.com/news/2022/02/28/233141.htm.

16. Warren Buffett, 2021 Berkshire Hathaway Annual Shareholder Letter(Omaha:Berkshire Hathaway), February 26, 2022, 5.

17. Greg McFarlane, "How Warren Buffett Made Berkshire Hathaway a Winner," Investopedia, May 5, 2021, https://www.investopedia.com/articles/markets/041714/how-warren-buffett-made-berkshire-hathaway-worldbeater.asp.

18. Warren Buffett, 2018 Berkshire Hathaway Annual Shareholder Letter(Omaha:Berkshire Hathaway), February 23, 2019, 9, https://www.berkshirehathaway.com/letters/2018ltr.pdf.

19. Adam Hayes, "Combined Ratio Definition," Investopedia, July 31, 2020, https://www.investopedia.com/terms/c/combinedratio.asp.

20. Robert Hagstrom, *TheW arren Buffett Way*(Hoboken, NJ: Wiley, 2014), 89.

21. Hagstrom, *Warren Buffett Way*, 91.

22. Jason Fernando, "Price-to-Earnings(P/E) Ratio," Investopedia, June 29, 2021, https://www.investopedia.com/terms/p/price-earningsratio.asp.

23. Warren Buffett, 2000 Annual Berkshire Hathaway Shareholders'

Meeting(Omaha), CNBC Warren Buffett Archive, April 29, 2000, https://buffett.cnbc.com/2000-berkshire-hathaway-annual-meeting/.

24. Warren Buffett, 1980 Berkshire HathawayAnnual Shareholder Letter(Omaha:Berkshire Hathaway), February 27, 1981, https://www.berkshirehathaway.com/letters/1980.html.

25. Buffett, 1980 Shareholder Letter.

26. Buffett, 2021Shareholder Letter, 7.

27. Yahoo! "Selling Apple Shares Was 'Probably a Mistake' and Munger Knew It: Buffett," May 1, 2021, https://news.yahoo.com/selling-apple-shares-last-year-was-probably-a-mistake-buffett-195811746.html.

28. "Here Is the Full Transcript of Billionaire Investor Warren Buffett's Interview with CNBC," interview by Becky Quick, CNBC, February 27, 2017, https://www.cnbc.com/2017/02/27/billionaire-investor-warren-buffett-speaks-with-cnbcs-becky-quick-on-squawk-box.html.

29. Natalie Walters, "A Look Back at Warren Buffett's Growing Love for Apple Stock,"The Motley Fool, October 1, 2018, https://www.fool.com/investing/2018/10/01/a-look-back-at-warren-buffetts-growing-love-for-ap.aspx.

30. Adam Shell, "Apple Buy Sign of Change at Buffett's Berkshire," *USA Today*, May 16, 2016, https://www.usatoday.com/story/money/markets/2016/05/16/analysis-buffetts-berkshire-buys-apple/84446844/.

31. Walters, "A Look Back at Warren Buffett's Growing Love for Apple Stock."

32. Matthew Belvedere, "Warren Buffett Says Berkshire Stock Managers Weschler and Combs Have Trailed the S&P 500," CNBC, February 25, 2019, https://www.cnbc.com/2019/02/25/warren-buffett-says-berkshire-stock-managers-weschler-and-combs-have-trailed-the-sp-500.html.

33. "Full Transcript of Warren Buffett's Interview With CNBC."

34. Andrew Bary,"Big5 TechS tocks Now Account for 23Percent of the S&P500," *Barron's*, July 26, 2021, https://www.barrons.com/articles/big-tech-stocks-sp-500-51627312933?tesla=y.

35. Paul La Monica,"Apple Has $246 BILLION in Cash, Nearly All Overseas," CNN Business, February 1, 2017, https://money.cnn.com/2017/02/01/investing/apple-cash-overseas/.

36. Warren Buffett, 2017 Berkshire Hathaway Annual Shareholder Letter(Omaha:Berkshire Hathaway), February 24, 2018, 9, https://www.berkshirehathaway.com/letters/2017ltr.pdf.

37. Warren Buffett, 2018 Berkshire Hathaway Annual Shareholder Letter(Omaha:Berkshire Hathaway), February 25, 2019, https://www.berkshirehathaway.com/letters/2018ltr.pdf.

38. "Warren Buffett: I Like Apple Stock So Much 'I'd Love to Own 100 Percent' of It," CNBC, May 7, 2018, https://www.cnbc.com/2018/05/07/warren-buffett-i-dont-have-to-do-a-thing-to-own-more-of-apple.html.

39. Warren Buffett, 2019 Berkshire Hathaway Annual Shareholder Letter(Omaha:Berkshire Hathaway), February 22, 2020, 10, https://www.berkshirehathaway.com/letters/2019ltr.pdf.

40. "WarrenBuffett Calls Apple 'Probably the Best Business IK now in the World," CNBC, February 24, 2020, https://www.cnbc.com/2020/02/24/warren-buffett-says-apple-is-probably-the-best-business-i-know-in-the-world.html.

41. Daniel Martins, "Buffett Sells Apple: Should Investors Worry?," The Street: The Apple Maven, February 18, 2021, https://www.thestreet.com/apple/news/buffett-sells-apple-should-investors-worry.

42. CNBC, "Warren Buffett Watch,"August 12, 2022, https://link.cnbc.com/public/28719262.

43. Adam Seesel, "Warren Buffett Used to Avoid Tech Stocks. Now He Loves Them. Here's Why,"*Money*, December 26, 2018, https://money.com/value-investing-embraces-tech/.

44. Alicia Tuovila, "Net Tangible Assets," Investopedia, February 3, 2022, https://www.investopedia.com/terms/n/nettangibleassets.asp.

45. Jason Fernando, "Debt-to-Equity (D/E) Ratio,"Investopedia, February 19, 2022, https://www.investopedia.com/terms/d/debtequityratio.asp.

46. Mike Berner, "How Warren Buffett and Charlie Munger Discount Future Cash Flows," *Medium*, November 12, 2020, https://medium.com/money-clip/how-warren-buffett-and-charlie-munger-discount-future-cash-flows-3f48c376f2fb.

47. Berner, "How Warren Buffett and Charlie Munger Discount Future Cash Flows."

48. Berner, "How Warren Buffett and Charlie Munger Discount Future Cash Flows."

49. Stephanie Yang, "The Epic Storyof Howa 'Genius'Hedge Fund Almost Caused a Global Financial Meltdown,"*Business Insider*, July 10, 2014, https://www.businessinsider.com/the-fall-of-long-term-capital-management-2014-7.

50. Warren Buffett and Charlie Munger, 2007 Annual Berkshire Hathaway Shareholders' Meeting(Omaha), CNBC Warren Buffett Archive, May 5, 2007, https://buffett.cnbc.com/video/2007/05/05/morning-session---2007-berkshire-hathaway-annual-meeting.html.

51. Warren Buffett and Charlie Munger, 2017 Annual Berkshire Hathaway Shareholders' Meeting(Omaha), CNBC Warren Buffett Archive, May6, 2017, https://buffett.cnbc.com/2017-berkshire-hathaway-annual-meeting/.

52. Buffett and Munger, 2017 Shareholders'Meeting.

53. Akhilesh Ganti, "Terminal Value (TV)," Investopedia, December 2, 2021, https://www.investopedia.com/terms/t/terminalvalue.asp.

54. Jason Fernando, "Discounted Cash Flow (DCF)," Investopedia, September 12, 2021, https://www.investopedia.com/terms/d/dcf.asp.

55. Fernando, "Discounted Cash Flow (DCF)."

56. Fernando, "Discounted Cash Flow (DCF)."

57. Fernando, "Discounted Cash Flow (DCF)."

58. Fernando, "Discounted Cash Flow (DCF)."

59. Fernando, "Discounted Cash Flow (DCF)."

60. Akhilesh Ganti, "Terminal Value(TV)," Investopedia, March 7, 2021, https://www.investopedia.com/terms/t/terminalvalue.asp.

61. Ganti, "Terminal Value (TV)."

62. Ganti, "Terminal Value (TV)."

63. Ganti, "Terminal Value (TV)."

64. Ganti, "Terminal Value (TV)."

65. Ganti, "Terminal Value (TV)."

66. Ganti, "Terminal Value (TV)."

67. Ganti, "Terminal Value (TV)."

68. Tory Segal, "Top 3 Pit falls of Discounted Cash Flow Analysis," Investopedia, April 15, 2020, https://www.investopedia.com/investing/pitfalls-of-discounted-cash-flow-analysis/.

69. David Ahern, "Calculating Intrinsic Value with a DCF Like Warren Buffett Would," *einvestingforbeginners*, September 7, 2021, https://einvestingforbeginners.com/intrinsic-value-warren-buffett-aher/.

70. Visit with Warren Buffett in Omaha, November 9, 2009.

71. Eric Rosenbaum, "As the Dow Tanks, Here Is Warren Buffett on the Biggest Puzzle for Investors: Intrinsic Value of a Stock," CNBC, December 5, 2018, https://www.cnbc.com/2018/12/05/warren-buffett-on-the-biggest-puzzle-for-investors-intrinsic-value.html.

72. Will Kenton, "Hurdle Rate, Investopedia, September 4, 2021, https://www.investopedia.com/terms/h/hurdlerate.asp.

73. Fernando, "Discounted Cash Flow(DCF)."

74. Ganti, "Terminal Value(TV)."

1. Daniel Kahneman, *Thinking Fast and Slow*(NewYork:Farrar, Straus, and Giroux, 2013), 13.

2. Kahneman, *Thinking Fast and Slow*.

3. Joshua Teitel baum and Kathryn Zeiler, eds., *Research Handbook on Behavioral Law and Economics*(Northampton, UK: Edward Algar, 2018).

4. Daniel Kahneman and Amos Tversky, "Prospect Theory:An Analysis of Decision Under Risk," *Econometrica* 47, no. 2(1979): 263.

5. CFI Institute, "What Is Behavioral Finance?," January 21, 2022, https://corporatefinanceinstitute.com/resources/knowledge/trading-investing/behavioral-finance/.

6. Peter Lazaroff, "5 Biases That Hurt Investor Returns," *Forbes*, April1, 2016, https://www.forbes.com/sites/peterlazaroff/2016/04/01/5-biases-that-hurt-investor-returns/#3bc31df1d4ac.

7. Chicago Booth, "Richard H. Thaler," https://www.chicagobooth.edu/faculty/directory/t/richard-h-thaler.

8. Richard Thaler and Cass Sunstein, *Nudge: Improving Decisions about Health, Wealth, and Happiness*(New Haven, CT: Yale University Press, 2008).

9. Richard Thaler, *Misbehaving: The Making of Behavioral Economics*(NewYork: Norton,2015), 2.

10. Thaler, *Misbehaving*, 2.

11. Thaler, *Misbehaving*, 2.

12. Alex Dumortier, "9 Quotesfrom Nobel-Winning Economist Richard Thaler to Help You Become a Better Investor,"The Motley Fool, January 5, 2018, https://nz.news.yahoo.com/9-quotes-nobel-winning-economist-193300542.html.

13. Kathleen Elkins, "Nobel Prize Winner and Hedge Fund Founder: This Is All You Need to Know to Invest Your Money," CNBC, December 13, 2017, https://www.cnbc.com/2017/12/12/richard-thaler-the-no-1-rule-to-follow-when-investing-your-money.html.

14. Vanessa Houlder, "Richard Thaler's Advice:Be a Lazy Investor—Buy and Forget," *Financial Times*, December 21, 2017, https://www.ft.com/content/90d1289e-daa9-11e7-a039-c64b1c09b482.

15. Warren Buffett, *2014 Berkshire Hathaway Annual Report*(Omaha: Berkshire Hathaway, 2015), https://www.berkshirehathaway.com/2014ar/2014ar.pdf.

16. Duke Fuqua School of Business, "Dan Ariely," https://www.fuqua.duke.edu/faculty/dan-ariely.

17. Dan Ariely, "My Irrational Life,"https://danariely.com/.

18. Dan Ariely, *Predictably Irrational: The Hidden Forces That Shape Our Decisions* (New York: Harper, 2008).

19. Dan Ariely, *The Upside of Irrationality: The Unexpected Benefits of Defying Logic*(New York: Harper, 2010).

20. Lorie Konish, "The Investing Mistakes You Want to Avoid as the Market Sinks—and What to Do Instead," CNBC, August 24, 2019, https://www.cnbc.com/2019/08/24/dan-ariely-on-portfolio-mistakes-you-want-to-avoid—during-volatility.html.

21. Lorie Konish, "Two Years Ago Stocks Dropped 12 Percent in a Single Day. Here Are Lessons Investors Learned That Can Still Apply," CNBC, March 16, 2022, https://www.cnbc.com/2022/03/16/lessons-for-investors-two-years-after-the-covid-19-market-drop-of-2020.html.

22. Jeff Cox, "It's Official: The Covid Recession Lasted Just Two Months, the Shortest in U.S. History, CNBC, July 19, 2021, https://www.cnbc.com/2021/07/19/its-official-the-covid-recession-lasted-just-two-months-the-shortest-in-us-history.html.

23. Michael Boyle and Amanda Bellucco-Chatham, "The Great Recession," Investopedia, October 23, 2020, https://www.investopedia.com/terms/g/great-recession.asp.

24. Mohit Oberoi, "Warren Buffett: Growth Stocks Look Like Dot-com Bubble," *Market Realist*, September 4, 2020, https://marketrealist.com/2020/07/warren-buffett-growth-stocks-like-dot-com-bubble/.

25. Eric Rosenbaum, "What Warren Buffett's Losing Battle Against S&P 500 Says about This Market," CNBC, January 8, 2021, https://www.cnbc.com/2021/01/08/how-warren-buffetts-uphill-battle-against-the-sp-500-is-changing.html.

26. Oberoi, "Warren Buffett: Growth Stocks."

27. Rosenbaum, "Warren Buffett's Losing Battle Against S&P 500."

28. Adam Hayes, "Dotcom Bubble," Investopedia, June 25, 2019, https://www.investopedia.com/terms/d/dotcom-bubble.asp.

29. Oberoi, "Warren Buffett: Growth Stocks."

30. Rosenbaum, "Warren Buffett's Losing Battle Against S&P 500."

31. Leslie Kramer, "What Caused the Stock Market Crash of 1929?," Investopedia, December 31, 2021, https://www.investopedia.com/ask/answers/042115/what-caused-stock-market-crash-1929-preceded-great-depression.asp.

32. Gene Smiley, "Great Depression," Econlib, https://www.econlib.org/library/Enc/Great Depression.html.

33. Will Kenton, "Moral Hazard," Investopedia, July 23, 2020, https://www. investopedia.com/terms/m/moralhazard.asp.

34. Warren Buffett, 2008 Annual Berkshire Hathaway Shareholders' Meeting(Omaha), CNBC Warren Buffett Archive, May3, 2008, https://buffett. cnbc.com/video/2008/05/03/morning-session---2008-berkshire-hathaway-annual-meeting.html.

35. Tim Parker, "4 Behavioral Biases and How to Avoid Them," Investopedia, June 25, 2019, https://www.investopedia.com/articles/investing/050813/4-behavioral-biases-and-how-avoid-them.asp.

36. Parker, "4 Behavioral Biases."

37. CFI, "Herd Mentality," 2020, https://corporatefinanceinstitute.com/resources/ knowledge/trading-investing/herd-mentality-bias/.

38. CFI, "Herd Mentality."

39. CFI, "Herd Mentality."

40. Warren Buffett, 2008 Annual Berkshire Hathaway Shareholder Letter(Omaha:Berkshire Hathaway), February 27, 2009, https://www. berkshirehathaway.com/letters/2008ltr.pdf.

41. Kahneman and Tversky, "Prospect Theory."

42. James Chen, "Prospect Theory," Investopedia, July 9, 2019, https://www. investopedia.com/terms/p/prospecttheory.asp.

43. Charlie Munger, "The Psychologyof Human Misjudgment"(speech, 1995), in James Clear, Great Speeches, https://jamesclear.com/great-speeches/ psychology-of-human-misjudgment-by-charlie-munger.

44. Alex Dumortier, "9 Quotes from Nobel-Winning Economist Richard Thaler to Help You Become a Better Investor," The Motley Fool, January 5, 2018, https:// www.fool.com/investing/2018/01/05/9-quotes-from-nobel-winning-economist-richard-thal.aspx.

45. Houlder, "Richard Thaler's Advice."

46. CFI, "Herd Mentality."

47. CFI, "Loss Aversion."

48. Helen Edwards and Dave Edwards, "How to Invest without Regrets, According to a Nobel-Winning Economist," Quartz, June 28, 2018, https:// qz.com/1312744/how-to-invest-without-regrets-according-to-a-nobel-winning-economist/.

49. Edwards and Edwards, "Invest without Regrets."

50. Edwards and Edwards, "Invest without Regrets."

51. Josh Hafner, "Shark Week:You'reWayMoreLikelyto Diefrom TheseThan

a Shark Attack," July 24, 2017, https://www.usatoday.com/story/news/nation-now/2017/07/24/shark-week-7-things-way-more-likely-kill-you-than-sharks/506115001/.

52. 25iq, "A Dozen Lessons about Investingand Money from Dan Ariely," September 1, 2017, https://25iq.com/2017/09/01/a-dozen-lessons-about-investing-and-money-from-dan-airely/.

53. Samantha Lamas, "Is Recency Bias Swaying Your Investing Decisions?," Morningstar, April 27, 2020, https://www.morningstar.com/articles/979322/is-recency-bias-swaying-your-investing-decisions.

54. Lamas, "Recency Bias."

55. Lamas, "Recency Bias."

56. Lamas, "Recency Bias."

57. Abigail Stevenson, "Cramer: What Changed Warren Buffett's Mind about the Airlines," CNBC, November 15, 2016, https://www.cnbc.com/2016/11/15/cramer-what-changed-warren-buffetts-mind-about-the-airlines.html.

58. Theron Mohamed, "Warren Buffett's Berkshire Hathaway took a $5 Billion Hit on Its Airline Stocks Last Quarter," *Markets Insider*, April 1, 2020, https://markets.businessinsider.com/news/stocks/warren-buffett-berkshire-hathaway-lost-billions-airline-stocks-quarter-coronavirus-2020-4-1029055923.

59. Gordon Scott, "Confirmation Bias," Investopedia, June 2, 2021, https://www.investopedia.com/terms/c/confirmation-bias.asp.

60. Scott, "Confirmation Bias."

61. James Chen, "Hindsight Bias," Investopedia, April 9, 2020, https://www.investopedia.com/terms/h/hindsight-bias.asp.

62. Chen, "Hindsight Bias."

63. Theron Mohamed, "'We Blew It': Warren Buffett Admitted He Messed up by Not Investing in Google," *Markets Insider*, January 27, 2020, https://markets.businessinsider.com/news/stocks/warren-buffett-berkshire-hathaway-blew-it-not-investing-google-stock-2020-1-1028845920.

64. Matthew Belvedere, "Amazon's Jeff Bezos Is 'the Most Remarkable Business Person of Our Age,'Says Warren Buffett," CNBC, May 5, 2017, https://www.cnbc.com/2017/05/05/amazons-jeff-bezos-is-the-most-remarkable-business-person-of-our-age-says-warren-buffett.html.

65. Troy Segal, "Mental Accounting," Investopedia, November 27, 2020, https://www.investopedia.com/terms/m/mentalaccounting.asp.

66. Pamela Henderson and Robert Peterson, "Mental Accounting and Categorization," *Organizational Behavior and Human Decision Processes* 51,

no. 1(February 1, 1992): 92–117.

67. Amar Cheema and Dilip Soman, "Malleable Mental Accounting: The Effect of Flexibility on the Justification of Attractive Spending and Consumption Decisions," *Journal of Consumer Psychology* 16, no. 1(January 1, 2006): 33–44.

68. Shreeta Rege, "How Can You Help Your Clients Avoid Mental Accounting Bias?,"*Cafe- Mutual*, September 18, 2018, https://cafemutual.com/news/edelweiss-insights/14489-how-can-you-help-your-clients-avoid-mental-accounting-bias.

69. Rege, "Mental Accounting Bias."

70. Segal, "Mental Accounting."

71. Segal, "Mental Accounting."

72. Segal, "Mental Accounting."

73. Segal, "Mental Accounting."

8장 | 버크셔해서웨이: 1967년부터 2009년까지

1. Warren Buffett, "Buy American. I Am,"*New York Times*, October 16, 2008, https://www.nytimes.com/2008/10/17/opinion/17buffett.html.

2. Donald Kuratko, interview by Todd Finkle(February 20, 2021).

3. Robert Armstrong, Eric Platt, and Oliver Ralph, "Warren Buffett: 'I'm Having More Fun Than Any88-Year-Old in the World,'"*Financial Times*, https://www.ft.com/content/40b9b356-661e-11e9-a79d-04f350474d62.

4. Warren Buffett, 2017 Berkshire Hathaway Shareholder Letter(Omaha:Berkshire Hathaway), February 24, 2018, https://www.berkshirehathaway.com/letters/2018.html.

5. Robert Hagstrom, *The Warren Buffett Way*, 3rd ed.(Hoboken, NJ: Wiley, 2014), 10.

6. Warren Buffett, 2004 Annual Berkshire Hathaway Shareholders' Meeting(Omaha), CNBC Warren Buffett Archive, May 1, 2004, https://buffett.cnbc.com/2004-berkshire-hathaway-annual-meeting/.

7. Matthew Frankel, "Warren Buffett and the Insurance Business: A 52-Year Love Story," The Motley Fool, February 22, 2019, https://www.fool.com/investing/2019/02/22/warren-buffett-and-the-insurance-business-a-52-yea.aspx.

8. Warren Buffett, 1983 Berkshire Hathaway Shareholder Letter(Omaha:Berkshire Hathaway), March 14, 1984, https://www.berkshirehathaway.com/letters/1983.html.

9. WarrenBuffett, 2019 Berkshire Hathaway Shareholders' Meeting(Omaha), CNBC Warren Buffett Archive, May 4, 2019, https://buffett.cnbc.com/2019-

berkshire-hathaway-annual-meeting/.

10. Warren Buffett, 1985 Berkshire Hathaway Shareholder Letter(Omaha:Berkshire Hathaway), March 4, 1986, https://www.berkshirehathaway.com/letters/1985.html.

11. Serena Ngand Keach Hagey, "Call It Berkshire Hathaway Ink.: Buffett's Conglomerate Adds 63 Newspapers, Right to Buy Stake in Media General," *WallStreet Journal*, May 17, 2012, https:// www.wsj.com/articles/SB1000142 40527023034484045774099313453708666#:~:text=%22In%20towns%20and%20 cities%20where,fall%20firmly%20in%20this%20mold.%22.

12. Warren Buffett, *2014 Berkshire Hathaway Annual Report*(Omaha: Berkshire Hathaway, 2015), https://www.berkshirehathaway.com/2014ar/2014ar.pdf.

13. Ng and Hagey, "Call It Berkshire Hathaway Ink."

14. Sam Ro, "Warren Buffett Says the Newspaper Business I 'Toast,'" Yahoo!Finance, April 19,2019,https://finance.yahoo.com/news/warren-buffett-newspapers-are-toast-exclusive -133720666.html.

15. Eugene Kim,"How Amazon CEO Jeff Bezos Reinvented the Washington Post, the 140-Year-Old Newspaper He Bought for $250 Million," *Business Insider*, May 15, 2016, https://www.businessinsider.com/how-the-washington-post-changed-after-jeff-bezos-acquisition-2016-5.

16. Warren Buffett, 1980 Berkshire Hathaway Shareholder Letter(Omaha:Berkshire Hathaway), March 4, 1981, https://www.berkshirehathaway.com/letters/1980.html.

17. Albert Crenshaw, "Buffett to Buy Rest of GEICO," *Washington Post*, August 26, 1995, https://www.washingtonpost.com/archive/politics/1995/08/26/buffett-to-buy-rest-of-geico/33f0eac8-3b53-4ab8-8cd4-ee8e8ea9947c/?noredirect=on&utm_term=.0f7f9430dcbc.

18. Max Nisen,"The Man Who Taught Warren Buffett How to Managea Company,"*QUARTZ*, October 23, 2014, https://qz.com/273797/tom-murphy-taught-warren-buffett-how-to-manage-a-company/.

19. Nisen, "The Man Who Taught Warren Buffett."

20. Minda Zetlin, "3Times When Warren Buffett Was Absolutely Dead Wrong," *Inc.*, April 30, 2019, https://www.inc.com/minda-zetlin/warren-buffett-mistakes-berkshire-hathaway-washington-post-coca-cola-gillette.html.

21. Christine Chiglinsky, "Berkshire's Tom Murphy, 96, Resigns from Board after Getting Covid," *Bloomberg*, February 14, 2022, https://www.bloomberg.com/news/articles/2022-02-14/Berkshire-s-murphy-resigns-from-board-after-covid-revelation.

22. Wayne Duggan, "This Day in Market History: Warren Buffett Buys Nebraska

Furniture Mart for 55.3M," *Benzinga*, August 30, 2021, https://www.benzinga.com/general/education/18/08/12284542/this-day-in-market-history-warren-buffett-buys-nebraska-furniture-m.

23. Theron Mohamed, "Warren Buffett Said an 89-Year-Old Carpet Seller Would 'Run Rings around' Fortune 500 CEOs. Here's the Remarkable Story of Mrs. B.," *Markets Insider*, December 14, 2019, https://markets.businessinsider.com/news/stocks/warren-buffett-berkshire-hathaway-89-mrs-b-fortune-500-ceo-2019-12-1028763487.

24. Mohamed, "The Remarkable Story of Mrs. B."

25. Carol Loomis, "Warren Buffett's Wild Ride at Salomon(Fortune, 1997)," *Fortune*, October 27, 1997, https://fortune.com/1997/10/27/warren-buffett-salomon/.

26. Loomis, "Warren Buffett's Wild Ride at Salomon."

27. Warren Buffett, Testimony before the Subcommittee on Telecommunications and Finance of the Energy and Commerce Committee of the U.S. House of Representatives, Washington, DC, 1991.

28. Buffett, "Buy American."

29. JaredBlikre,"WhyWarrenBuffett InvestedinCoca-ColaandItsLesson,"Yahoo!News, April 29, 2021, https://news.yahoo.com/why-warren-buffett-invested-in-coca-cola-165914721.html.

30. Blikre, "Why Warren Buffett Invested in Coca-Cola."

31. Investopedia, "Why Did Warren Buffett Invest Heavily in Coca-Cola (KO) in the Late 1980s?,"September 7, 2018, https://www.investopedia.com/ask/answers/052615/why-did-warren-buffett-invest-heavily-cocacola-ko-late-1980s.asp.

32. Investopedia, "Why Did Warren Buffett Invest Heavily?"

33. Anthony De Marco, "Crazy Warren Buffett to Again Sell Jewelry at Borsheims," *Forbes*, February 29, 2012, https://www.forbes.com/sites/anthonydemarco/2012/02/29/crazy-warren-buffett-to-again-sell-jewelry-at-borsheims/?sh=6c3bc3d18d9b.

34. Janice Podsada, "Warren Buffett's Pick for Borsheims CEO Took Six-Year Break on Rise to the Top," *Omaha World Herald*, February 26, 2014, https://archive.ph/20140226215931/http://www.omaha.com/article/20131007/MONEY/131008993/1697.

35. Nicole Sinclair, "The Story behind Berkshire Hathaway's Low-Priced BShares," Yahoo! Entertainment, April 20, 2016, https://www.yahoo.com/entertainment/berkshire-a-shares-b-shares-difference-high-low-price-buffett-120901246.html.

36. Warren Buffett, 1996 Berkshire Hathaway Shareholder Letter(Omaha:Berkshire Hathaway), February 28, 1997, https://www.berkshirehathaway.com/

letters/1996.html.

37. Dairy Queen, "About Us,"https://www.dairyqueen.com/en-us/about-us/.

38. "International Dairy Queen, Inc. Company History," https://www.company-histories.com/International-Dairy-Queen-Inc-Company-History.html.

39. Hermann Simon, *Hidden Champions of the Twenty-First Century: The Success Strategies of Unknown World Market Leaders*(London: Springer, 2009), 13.

40. NetJets, "NetJets History,"2009, https://web.archive.org/web/20090416085351/http://netjets.com/about_netjets/history.asp.

41. Warren Buffett, 1998 Berkshire Hathaway Shareholder Letter(Omaha:Berkshire Hathaway), March 1, 1999, https://www.berkshirehathaway.com/letters/1998htm.html.

42. Doug Gollan, "NetJets by the Numbers," March 6, 2019 (updated June 2020), https://privatejetcardcomparisons.com/2019/03/06/netjets-fleet-size-and-fast-facts/.

43. Jordan Wathen, "How Buffett Turned around a $23.5Billion Insurance Bet,"The Motley Fool,December 23,2015,https://www.fool.com/investing/general/2015/12/23/how-buffett-turned-around-a-235-billion-insurance.aspx.

44. Gen Re, "Meet Gen Re,"2019, http://www.genre.com/aboutus/meet-genre.

45. Bloomberg News, "Berkshire Hathaway and Others Plan to Buy Mid American Energy," *New York Times*, October 2, 1999, https://www.nytimes.com/1999/10/26/business/berkshire-hathaway-and-others-plan-to-buy-midamerican-energy.html.

46. Bloomberg News, "Berkshire Hathaway and Others Plan to Buy Mid American Energy."

47. Warren Buffett, 2001 Berkshire Hathaway Shareholder Letter(Omaha:Berkshire Hathaway), February 28, 2002, https://www.berkshirehathaway.com/2001ar/2001letter.html.

48. Prem Jain, *Buffett beyond Value:Why Warren Buffett Looks to Growth and Management When Investing*(Hoboken, NJ: Wiley, 2010), 140.

49. CNN Money, "Buffett Buys Fruit of the Loom," November 2, 2001,https://money.cnn.com/2001/11/02/deals/fruit_berkshire/.

50. CNN Money, "Buffett Buys Fruit of the Loom."

51. Ariel Schwartz, "Clayton Homes' i-house Combines Energy Efficiency and Modular Affordability," *Fast Company*, May 4, 2009, https://www.fastcompany.com/1277559/clayton-homes-i-house-combines-energy-efficiency-and-modular-affordability.

52. Warren Buffett, *2003 Berkshire Hathaway Annual Report*(Omaha: Berkshire

Hathaway, 2004), https://www.berkshirehathaway.com/2003ar/2003ar.pdf.

53. Clayton, "Statement: Reporting Mis characterizes Clayton Homes' Treatment of Customers and Employees," December 26, 2015, https://www.claytonhomes.com/newsroom/press-releases/Statement-Reporting-Mischaracterizes-Treatment-of-Customers-and-Employees.

54. Jonathan Stempel, "Buffett Defends Clayton Homes After CriticsFault Its Lending," Reuters, February 27, 2016, https://www.reuters.com/article/berkshire-buffett-claytonhomes/buffett-defends-clayton-homes-after-critics-fault-its-lending-idUSL2N1660FS.

55. *Wall Street Journal*, "Berkshire Hathaway Agrees to Acquire Clayton Homes," April 2, 2003, https://www.wsj.com/articles/SB104925717315163800.

56. Logotyp.us, "Brooks Sports,"https://logotyp.us/logo/brooks/.

57. Abigail Tracy, "How Brooks Reinvented Its Brand," *Inc.*, April 24, 2014, https://www.inc.com/abigail-tracy/how-brooks-running-became-an-industry-leader.html.

58. Lauren Thomas, "Brooks Running Sees Double-Digit Sales Growth Despite Unpredictability of Sports Retail," CNBC, October 30, 2017, https://www.cnbc.com/2017/10/30/brooks-running-reports-double-digit-sales-growth.html.

59. Dana Karlson, "Brooks Sprints into 2015, Holds Top Spot with Runners," *Footwear News*, January 21, 2015, https://footwearnews.com/2015/focus/athletic-outdoor/brooks-sprints-into-2015-holds-top-spot-with-runners-8738/.

60. Kate Siber, "The Front runner," November 2013, https://www.tuck.dartmouth.edu/uploads/content/tuck_today_fall_2013_upload.pdf.

61. Siber, "The Fron trunner."

62. Jim Weber, interview by Todd Finkle on February 28, 2022.

63. Siber, "The Frontrunner."

64. The Rational Walk, "Habit of Labor:Lessons from a Life of Struggleand Success,"https://rationalwalk.com/the-remarkable-iscar-story/.

65. ISCAR, "IMC Group of Companies," https://www.iscar.com/newarticles.aspx/lang/th/newarticleid/201.

66. *Jerusalem Post*, "Warren Buffett Buys Remainder of Israel's Iscar for $2.05b," May 1, 2013, https://www.jpost.com/Breaking-News/Buffett-exercising-option-to-buy-Iscar-outright-311705.

67. Bloomberg,"Bloomberg Billionaire Index," https://www.bloomberg.com/billionaires/profiles/stef-wertheimer/?sref=c7m8pueA.

68. Vikas Bajaj, "Rapidly, Buffett Secures a Deal for $4.5 Billion," *New York Times*, December 26, 2007, https://www.nytimes.com/2007/12/26/business/26deal.

html.

69. Global Restaurant Leadership, "Marmon: A Berkshire Hathaway Company," https://globalrlc.com/company/marmon-food-beverage-water-technologies-company.

70. Warren Buffett, 2013 Berkshire Hathaway Shareholder Letter(Omaha: Berkshire Hathaway), February 28, 2014, https://www.berkshirehathaway.com/letters/2013ltr.pdf.

71. *Wall Street Journal*, "NBER Makes It Official: Recession Started in December 2007," December 1, 2008, https://blogs.wsj.com/economics/2008/12/01/nber-makes-it-official-recession-started-in-december-2007/.

72. National Bureau of Economic Research(NBER), "US Business Cycle Expansions and Contractions,"December 9, 2019, https://www.nber.org/cycles/.

73. Alex Crippen, "Berkshire Hathaway Down Almost 50%from All-Time High as Stock Sinks Again," CNBC, November 21, 2008, https://www.cnbc.com/2008/11/21/berkshire-hathaway-down-almost-50-from-alltime-high-as-stock-sinks-again.html.

74. Buffett, "Buy American."

75. Tami Luhby, "Buffett's Berkshire Invests $5Bin Goldman,"CNN Money, September 24, 2008, https://money.cnn.com/2008/09/23/news/companies/goldman_berkshire/.

76. Luhby, "Buffett's Berkshire Invests $5 Bin Goldman."

77. Christine Harper, "Goldman Sachs to Pay $5.65 Billion to Redeem Buffett's Stake," Bloomberg, March 18, 2011, https://www.bloomberg.com/news/articles/2011-03-18/goldman-sachs-will-buy-back-buffett-s-5-billion-preferred-stake?sref=c7m8pueA.

78. James Brumley, "Here's How Much Warren Buffett Has Made on Goldman Sachs," The Motley Fool, December 13, 2019, https://www.fool.com/investing/2019/12/13/how-much-warren-buffett-made-goldman-sachs.aspx.

79. Theron Mohamed, "Warren Buffett's Berkshire Hathaway Raked in More Than $3 Billion From Its Goldman Sachs Bailout," Markets Insider, May 18, 2020, https://markets.businessinsider.com/news/stocks/warren-buffett-berkshire-hathaway-goldman-sachs-sale-billions-return-bailout-2020-5-1029212109.

80. *New York Times*, "Buffett to Invest $3 Billion in GE," October 1, 2008, https://dealbook.nytimes.com/2008/10/01/buffett-to-invest-3-billion-in-ge/.

81. Thomas Gryta, "How Warren Buffett Made $1.5 Billion on GE," *Wall Street Journal*, August 15, 2017, https://blogs.wsj.com/moneybeat/2017/08/15/how-warren-buffett-made-1-5-billion-on-ge/?ns=prod/accounts-wsj.

82. Brad Dorfman, "Mars, Buffett Buying Wrigley for $23 Billion," Reuters, April 28,

2008, https://www.reuters.com/article/uk-wrigley/mars-buffett-buying-wrigley-for-23-billion-idUKN2847363420080428.

83. Theron Mohamed, "Warren Buffett Spent $6.5 Billion to Help Mars Acquire Wrigley during the Financial Crisis. Here's the Story of How He Made the Candy Deal Hap- pen," *Business Insider*, July 5, 2020, https://markets.businessinsider.com/news/stocks/warren-buffett-spent-billions-help-mars-buy-wrigley-2008-crisis-2020-7-1029366581.

84. Mohamed, "Warren Buffett Spent $6.5 Billion to Help Mars Acquire Wrigley."

85. Mohamed, "Warren Buffett Spent $6.5 Billion to Help Mars Acquire Wrigley."

86. Mohamed, "Warren Buffett Spent $6.5 Billion to Help Mars Acquire Wrigley."

87. David Jolly, "Swiss Re Gets $2.6 Billion from Berkshire Hathaway," *New York Times*, February 6, 2009, https://www.nytimes.com/2009/02/06/business/worldbusiness/06swiss.html.

88. Jolly, "Swiss Re Gets $2.6 Billion from Berkshire Hathaway."

89. Jolly, "Swiss Re Gets $2.6 Billion from Berkshire Hathaway."

90. The Rational Walk, "Buffett Seizes Opportunities during Financial Crisis,"https://rationalwalk.com/buffett-seizes-opportunities-during-financial-crisis/.

91. The Rational Walk, "Buffett Seizes Opportunities during Financial Crisis."

92. Ravi Nagarajan, "Berkshire Hathaway: In Search of the 'Buffett Premium,'" The Rational Walk, LLC, March 1, 2011, https://rationalwalk.com/wp-content/uploads/2010/02/InSearchOfBuffettPremiumSample.pdf.

93. Swetha Gopinath, "Dow Chemical to Convert $4 Billion of Preferred Shares into Equity," Reuters, 2016, December 15, https://www.reuters.com/article/us-dowchemical-preferred-shares-berkshir-idUSKBN1442UX.

94. Gopinath, "Dow Chemical to Convert $4 Billion of Preferred Shares into Equity."

95. TheRational Walk, "RevisitingBerkshireHathaway'sAcquisition of BNSF,"2019, http://www.rationalwalk.com/?p=13350.

96. The Rational Walk, "Revisiting Berkshire Hathaway's Acquisition of BNSF."

97. The Rational Walk, "Revisiting Berkshire Hathaway's Acquisition of BNSF."

9장 | 버크셔해서웨이: 2010년부터 2020년까지

1. Marcel Schwantes,"Warren Buffett Says Doing Your Job This Way Is What Separates Successful People from Everyone Else," *Inc.*, August 20, 2020, https://www.inc.com/marcel-schwantes/warren-buffett-career-advice-success.html.

2. Ben Winck, "Warren Buffett's Berkshire Hathaway Made $800 Million on Snowflake's First Day of Trading as the Stock Spiked," *Business Insider*, September 17, 2020, https://markets.businessinsider.com/news/stocks/warren-buffett-berkshire-hathaway-800-million-snowflake-stock-price-ipo-2020-9-1029599049.

3. Winck, "Berkshire Hathaway Made $800 Million on Snowflake's First Day."

4. Serena Ng, Susan Pulliam, and Gregory Zuckerman, "Buffett: Combs Is a 100 Percent Fit,"*Wall Street Journal*, October 26, 2010, https://www.wsj.com/articles/SB100014240527 02303341904575576373008860754?ns=prod/accounts-wsj.

5. *Stamford Advocate*,"LocalHedgietoBecomeBerkshireInvestment Head,"October 26,2010, https://www.stamfordadvocate.com/business/article/Local-hedgie-to-become-Berkshire-investment-head-724947.php.

6. Ng, Pulliam, and Zuckerman, "Buffett."

7. Alex Crippin, "$5.3Million Dinners with Warren Buffett Lead to Dream Job for Money Manager," CNBC, September 12, 2011, https://www.cnbc.com/2011/09/12/53m-dinners-with-warren-buffett-lead-to-dream-job-for-money-manager.html.

8. Carol Loomis, "Meet Ted Weschler: Buffett Auction Winner, Berkshire's New Hire," *Fortune*, June 4, 2017, http://fortune.com/2011/09/12/meet-ted-weschler-buffett-auction-winner-berkshires-new-hire/.

9. Julia LaRoche, "Meet Ted Weschler, the Guy Who Just Got an Investing Dream from Warren Buffett," *Business Insider*, September 12, 2011, https://www.businessinsider.com/ted-weschler-2011-9.

10. *Institutional Investor*, "Warren Buffett Deputy Ted Weschler Makes His Mark," July 21, 2016, https://www.institutionalinvestor.com/article/b14z9npww3drst/warren-buffett-deputy-ted-weschler-makes-his-mark# %2F.WTQnhlKZN-U.

11. Steve Jordan, "Buffett Entrusts a Growing Role to Lieutenants Combs and Weschler," *Omaha World Herald*, April 30, 2016, https://www.omaha.com/money/buffett-entrusts-a-growing-role-to-lieutenants-combs-and-weschler/article_732e9e31-c56b-539e-983d 12ee88c375d7.html.

12. Andy Serwer, "EXCLUSIVE: Warren Buffett's Money Managers, Todd Combs and Ted Weschler, Speak," Yahoo! Finance, April 28, 2017, https://finance.yahoo.com/news/warren-buffetts-money-managers-todd-combs-ted-weschler-speak-142643892.html.

13. Helen Thomas, "Berkshire Hathaway in $9 bn Lubrizol Deal," *Financial Times*, March 11, 2011, https://www.ft.com/content/c6290078-4e30-11e0-a9fa-00144feab49a.

14. Brett Arends, "Why Warren Buffett Just Spent $10 Billion," *Wall Street Journal*, March 18, 2011, https://www.wsj.com/articles/SB100014240527487033284045 76207040639038696.

15. Louise Story and Gretchen Morgenson, "A.I.G. Sues Bank of America Over Mortgage Bonds," *New York Times*, August 8, 2011, https://www.nytimes. com/2011/08/08/business/aig-to-sue-bank-of-america-over-mortgage-bonds. html.

16. Ben Protess and Susanne Craig, "Buffett Invests$5Billion in Bank of America," *NewYork Times*, August 25, 2011, https://dealbook.nytimes.com/2011/08/25/ buffett-to-invest-5-billion-in-bank-of-america/.

17. Adam Shell, "Warren Buffett is Now Bank of America's Top Shareholder," *USA Today*, August 30, 2017, https://www.usatoday.com/story/ money/business/2017/08/29/warren-buffett-now-bank-americas-top-shareholder/614150001/.

18. Matthew Belvedere, "This Decade Saw Warren Buffett Finally Turn His Back on IBM and Jump Big Time into Apple," CNBC.com, December 31, 2019, https://www.cnbc.com/2019/12/31/this-decade-saw-warren-buffett-finally-exit-ibm-jump-big-into-apple.html.

19. Belvedere, "This Decade Saw Warren Buffett Finally Turn His Back on IBM."

20. Belvedere, "This Decade Saw Warren Buffett Finally Turn His Back on IBM."

21. Oriental Trading Company, "Mission"(2016), http://corp.orientaltrading.com.

22. Dawn McCarty, "Oriental Trading Co. Files for Bankruptcy in Delaware," Bloomberg, August 25, 2010, https://www.bloomberg.com/news/ articles/2010-08-25/oriental-trading-co-files-for-bankruptcy-with-as-much-as-1-billion-debt.

23. Michael De La Merced, "Berkshire to Buy Oriental Trading Company," *New York Times*, November 2, 2012, https://dealbook.nytimes.com/2012/11/02/ berkshire-to-buy-oriental-trading-company/.

24. Heesun Wee, "10 Top Brands Warren Buffett's Berkshire Hathaway Owns," CNBC, May 5, 2014, https://www.cnbc.com/2014/05/05/10-top-brands-warren-buffetts-berkshire-hathaway-owns.html.

25. Michael De La Merced and Andrew Ross Sorkin, "Berkshire and 3G Capital in a $23 Billion Deal for Heinz,"*New York Times*, February 14, 2013, https:// dealbook.nytimes.com/2013/02/14/berkshire-and-3g-capital-to-buy-heinz-for-23-billion/.

26. Kevin Dowd, How 3G Capital and a $50B Buyout Turned Kraft Heinz Upside Down," *Pitch Book*, May 23, 2019, https://pitchbook.com/news/articles/how-3g-capital-and-a-50b-buyout-turned-kraft-heinz-upside-down.

27. De La Merced and Sorkin, "Berkshire and 3G Capital in a $23Billion Deal for Heinz."

28. Mathew Belvedere, "Warren Buffett Gets into Auto Dealers in Big Way," CNBC, October 2, 2014, https://www.cnbc.com/2014/10/02/warren-buffett-gets-into-auto-businessbuying-big-car-dealership-group.html.

29. Belvedere, "Warren Buffett Gets into Auto Dealers in Big Way."

30. Patrick Morris and The Motley Fool, "Why Warren Buffett Just Bought Duracell," November 14, 2014, *Money*, https://money.com/warren-buffett-duracell/.

31. Morris and The Motley Fool, "Why Warren Buffett Just Bought Duracell."

32. Morris and The Motley Fool, "Why Warren Buffett Just Bought Duracell."

33. Craig Giammona and Matthew Boyle, "Kraft Will Merge with Heinz in Deal Backed by 3G and Buffett," Bloomberg, March 25, 2015, https://www.bloomberg.com/news/article/2015-03-25/3g-capital-berkshire-to-buy-kraft-foods-merge-it-with-heinz.

34. Tom Di Christopher, "Buffett's HJ Heinz to Merge with Kraft Foods," CNBC, March 25, 2015, https://www.cnbc.com/2015/03/25/kraft-foods-group-and-hj-heinz-merge-to-create-the-kraft-heinz-co.html.

35. DiChristopher, "Buffett's HJ Heinz."

36. DiChristopher, "Buffett's HJ Heinz."

37. Josh Barro, "What's Wrong at Kraft? There Are Two Theories, Both Bad for Warren Buffett," *Intelligencer*, February 28, 2019, http://nymag.com/intelligencer/2019/02/whats-wrong-at-kraft-the-answer-is-bad-for-warren-buffett.html.

38. Barro, "What's Wrong at Kraft?"

39. Fred Imbert, "Buffett, After Last Week's Stock Plunge, Says Berkshire Hathaway 'Over-paid' for Kraft," CNBC, February 25, 2019, https://www.cnbc.com/2019/02/25/buffett-says-berkshire-hathaway-overpaid-for-kraft-following-last-weeks-stock-plunge.html.

40. Jonathan Stempel, "Warren Buffett's $10 Billion Mistake: Precision Castparts," Reuters.com, February 27, 2021, https://www.reuters.com/article/us-berkshire-buffett-precision castparts/warren-buffetts-10-billion-mistake-precision-castparts-idUSKCN2AR0MZ.

41. Stempel, "Warren Buffett's $10 Billion Mistake: Precision Castparts."

42. Todd Finkle, "Warren Buffett: Entrepreneur, Investor, and Philanthropist," *Journal of Business Casesand Applications*, 19 (2018), 1–19.

43. Chelsey Dulaney, "Buffett's Berkshire to Buy Precision Castparts for $32

Billion," *Wall Street Journal*, August 10, 2015, https://www.wsj.com/articles/berkshire-hathaway-to-buy-precision-castparts-1439205293.

44. Nidhi Singh, "Guessthe Top #5 Investors of the World's Biggest Company," *Entrepreneur*, February 28, 2017, https://www.entrepreneur.com/article/289859.

45. Philip van Doorn, "Apple Is Berkshire's Largest Stock Holding, but Buffett and Co. Own a Bigger Share of These Companies," Market Watch, February 19, 2022, https://www.marketwatch.com/story/apple-is-berkshires-largest-stock-holding-but-buffett-and-co-own-a-bigger-share-of-these-companies-11644962524.

46. Warren Buffett, 2007Annual BerkshireHathawayShareholder Letter(Omaha:Berkshire Hathaway, February 2008), https://www.berkshirehathaway.com/letters/2007ltr.pdf.

47. Ted Reed, "Buffett Decries Airline Investing Even Though at Worst He Broke Even," *Forbes*, May 13, 2013, https://www.forbes.com/sites/tedreed/2013/05/13/buffett-decries-airline-investing-even-though-at-worst-he-broke-even/?sh=4ffdb943b5e7.

48. GuruFocus.com, "Why Did Warren Buffett Sell Some of Berkshire's Airline Holdings?," April 6, 2020, https://finance.yahoo.com/news/why-did-warren-buffett-sell-181224820.html.

49. NPR, "The 'Nasty, Rotten' Airline Business," *Planet Money*, December 9, 2011, https://www.npr.org/sections/money/2011/12/09/143466204/the-Friday-podcast-the-nasty-rotten-airline-business.

50. Warren Buffett and Charlie Munger, 2018 Annual Berkshire Hathaway Shareholders' Meeting(Omaha), CNBC Warren Buffett Archive, May5, 2018, https://buffett.cnbc.com/video/2018/05/05/morning-session—2018-berkshire-hathaway-annual-meeting.html.

51. Buffett and Munger, 2018 Shareholders'Meeting.

52. Buffett and Munger, 2018 Shareholders'Meeting.

53. Jen Wieczner, "Berkshire Hathaway, Amazon and JP Morgan Are Close to Hiringa CEO for Their Healthcare Venture," *Fortune*, May 5, 2018, https://fortune.com/2018/05/05/warren-buffett-berkshire-hathaway-amazon-jmorgan-healthcare/.

54. Reuters,"CEO toBeNamed Soon for Berkshire,Amazon,JP Morgan HealthcareVenture," June 7, 2018, https://www.reuters.com/article/us-berkshire-buffett-healthcare/ceo-to-be-named-soon-for-berkshire-amazon-jpmorgan-healthcare-venture-idUSKCN1J31MV.

55. Buffett and Munger, 2018 Shareholders'Meeting.

56. Becky Quick, "BerkshireHathawayHasBeen Buying Share sof Amazon: Warren Buffett," CNBC, May 2, 2019, https://www.cnbc.com/2019/05/03/berkshire-hathaway-has-been-buying-shares-of-amazon-warren-buffett.html.

57. Clifford Krauss, "Warren Buffett Backs Occidental's Bid for Anadarko with $10 Billion Investment," *New York Times*, April 0, 2019, https://www.nytimes.com/2019/04/30/business/energy-environment/warren-buffett-occidental-anadarko.html.

58. Mark Kola kowski, "Why Buffett Is Betting $10 Billion on Occidental in the Anadarko Bidding War," Investopedia, June 25, 2019, https://www.investopedia.com/why-buffett-is-betting-usd10-billion-on-occidental-in-anadarko-bidding-war-4685821.

59. Anadarko, "Anadarko Agrees to Be Acquired by Occidental," May 9, 2019, https://www.prnewswire.com/news-releases/anadarko-agrees-to-be-acquired-by-occidental -300847771.html.

60. Berkshire Hathaway, "Committed to Clean Energy," https://www.brkenergy.com/environment/renewables.aspx.

61. Rich Duprey, "Warren Buffett Acquires $549 Million Stake in Kroger,"The Motley Fool, February 18, 2020, https://www.fool.com/investing/2020/02/18/warren-buffett-acquires-549-million-stake-in-kroge.aspx.

62. Duprey, "Warren Buffett Acquires $549 Million Stake in Kroger."

63. Jim Sloan, "Reverse-Engineering Buffett's Thinking about Those Japanese Trading Companies," *Seeking Alpha*, September 8, 2020, https://seekingalpha.com/article/4373016-reverse-engineering-buffetts-thinking-those-japanese-trading-companies.

64. Yun Li and Maggie Fitzgerald, "Warren Buffett's Berkshire Hathaway Just Made a Fast $800 Million on Snowflake's Surging IPO," CNBC, September 16, 2020, https://www.cnbc.com/2020/09/16/warren-buffetts-berkshire-hathaway-just-made-a-fast-1-billion-on-snowflakes-surging-ipo.html.

65. *Irish Times*, "Warren Buffett Pulls Back on Banks and Betson Drug Makers," November 17, 2020, https://www.irishtimes.com/business/markets/warren-buffett-pulls-back-on-banks-and-bets-on-drug-makers-1.4411581.

66. David Kass, "Major Changes to Berkshire Hathaway's Stock Portfolio during Fourth Quarter of 2020," February 17, 2021, https://blog.umd.edu/davidkass/2021/02/17/major-changes-to-berkshire-hathaways-stock-portfolio-during fourth quartcr-of-2020/.

10장 | 버핏의 투자 실수

1. Aksapada, *Open Secrets of Warren Buffett: Lessonsfor Business and Personal*

Success(self-published, 2018), 42.

2. Catherine Clifford, "Warren Buffett Bought $114.75 in Stock at Age 11—Here's How Much It Would Be Worth Now If He'd Bought a Low-Cost Index Fund," CNBC, Feb- ruary 25, 2019, https://www.cnbc.com/2019/02/25/warren-buffett-bought-114point75-in-stock-at-11--what-itd-be-worth-now.html.

3. Joshua Kennon, "How Warren Buffett Became One of the Wealthiest People in America," *The Balance*, January 3, 2022, https://www.thebalance.com/warren-buffett-timeline-356439.

4. Kennon, "How Warren Buffett Became One of the Wealthiest People in America."

5. Gurufocus.com, "Warren Buffett's Biggest-Ever Loss: 20 Percent of His Net Wealth," January 16, 2020, https://finance.yahoo.com/news/warren-buffetts-biggest-ever-loss-192041138.html.

6. Noreen Malone, "Salad Oil Swindle!," *New York*, May 30, 2012, https://nymag.com/news/features/scandals/salad-oil-2012-4/.

7. Alex Crippen, "Warren Buffett: Buying Berkshire Hathaway Was $200 Billion Blunder," CNBC, October 18, 2010, http://www.cnbc.com/id/39710609.

8. Warren Buffett, "1966 Buffett Partnership. Ltd.(1966)," http://csinvesting.org/wp-content/uploads/2012/05/complete_buffett_partnership_letters-1957-70_in-sections.pdf.

9. Buffett, "1966 Partnership," 97–98.

10. Buffett, "1966 Partnership," 97–98.

11. David Shahrestani, "Investment Theory #11: Buffett's 1966 Letter," *Wiser Daily*, September 16, 2016, https://wiserdaily.wordpress.com/2016/09/02/investment-theory-11-buffetts-1966-letter/.

12. Shahrestani, "Investment Theory #11,"3.

13. Sean Williams, "3of Warren Buffett's Biggest Billion-Dollar Blunders,"The Motley Fool, April 14, 2021, https://www.fool.com/investing/2021/04/14/3-warren-buffetts-biggest-billion-dollar-blunders/.

14. Williams, "3 of Warren Buffett's Biggest Billion-Dollar Blunders."

15. Warren Buffett, 1998 Annual Berkshire Hathaway Shareholders' Meeting, CNBC Warren Buffett Archive, May 4, 2018, https://buffett.cnbc.com/1998-berkshire-hathaway-annual-meeting/.

16. Williams, "3 of Warren Buffett's Biggest Billion-Dollar Blunders."

17. Silicon Valley Historical Association, "Intel," March 24, 2022, https://www.siliconvalleyhistorical.org/intel-history.

18. Warren Buffett, 2014 Annual Berkshire Hathaway Shareholder Letter, Warren

Buffett Archive, https://www.berkshirehathaway.com/letters/2014ltr.pdf.

19. Laura Woods, "Warren Buffett's Failures: 15 Investing Mistakes He Regrets," CNBC, December 15, 2017, https://www.cnbc.com/amp/2017/12/15/warren-buffetts-failures-15-investing-mistakes-he-regrets.html.

20. Ted Reed, "Buffett Decries Airline Investing Even Though at Worst He Broke Even," *Forbes*, May 13, 2013, https://www.forbes.com/sites/tedreed/2013/05/13/buffett-decries-airline-investing-even-though-at-worst-he-broke-even/?sh=4ffdb943b5e7.

21. Reed, "Buffett Decries Airline Investing Even Though at Worst He Broke Even."

22. Reed, "Buffett Decries Airline Investing Even Though at Worst He Broke Even."

23. Reed, "Buffett Decries Airline Investing Even Though at Worst He Broke Even."

24. Reed, "Buffett Decries Airline Investing Even Though at Worst He Broke Even."

25. Carol Loomis, "Warren Buffett's Wild Ride at Salomon a Harrowing, Bizarre Tale of Misdeeds and Mistakes That Pushed Salomon to the Brink and Produced the 'Most Important Day'in Warren Buffett's Life,"CNN Money, October 27, 1997, https://money.cnn.com/magazines/fortune/fortune_archive/1997/10/27/233308/index.htm.

26. Exchange Act Release No. 34-31554, "In the Matter of John H. Gutfreund, Thomas W. Strauss, and John W. Meriwether, Respondents Administrative Proceeding," File No. 3-7930, December 3, 1992, https://www.lw.com/admin/Upload/Documents/in-re-john-gutfreund-51-sec-93-release-no-34-31554.pdf.

27. Rob Wells, "Mozer Sentenced to Four Monthsin Salomon Treasury Scandal," Associated Press, December 14, 1993, https://apnews.com/article/0d843212642571ffe244c82b0b906bd2.

28. U.S. Department of Justice, "Department of Justice and SEC Enter $290 Million Settlement with Salomon Brothers in Treasury Securities Case," May 20, 1992, https://www.justice.gov/archive/atr/public/press_releases/1992/211182.htm.

29. Wells, "Mozer Sentenced to Four Months in Salomon Treasury Scandal."

30. *Wall Street Journal*, "Buffett's 1991 Salomon Testimony," May 1, 2010, https://blogs.wsj.com/marketbeat/2010/05/01/buffetts-1991-salomon-testimony/.

31. Carol Loomis, "Warren Buffett's Wild Ride at Salomon(Fortune, 1997)," *Fortune*, October 27, 1997, https://fortune.com/1997/10/27/warren-buffett-salomon/.

32. Theron Mohamed, "Warren Buffett's 'Most Gruesome Mistake' Was Buying Dexter Shoe. Here's the Story of His $9 Billion Error,"*Markets Insider*, January 18, 2020, https://markets.businessinsider.com/news/stocks/warren-buffett-most-gruesome-mistake-dexter-shoe-9-billion-error-2020-1-1028827359.

33. Warren Buffett, 2015 Annual Berkshire Hathaway Shareholder Letter, Warren

Buffett Archive, https://www.berkshirehathaway.com/letters/2015ltr.pdf.

34. Mohamed, "Warren Buffett's 'Most Gruesome Mistake.'"

35. Woods, "Warren Buffett's Failures."

36. Warren Buffett, 2009 Annual Berkshire Hathaway Shareholders' Meeting, Warren Buffett Archive, May2, 2009, https://buffett.cnbc.com/2009-berkshire-hathaway-annual-meeting/.

37. Rupert Hargreaves,"Reviewingthe Mistakes Buffett MadeAcquiringGenRe," Gurufocus, October 9, 2020, https://www.gurufocus.com/news/1253307/a-look-back-at-warren-buffetts-gen-re-mistake.

38. Woods, "Warren Buffett's Failures."

39. Woods, "Warren Buffett's Failures."

40. Rupert Hargreaves, "Looking Back at Some of Buffett's Biggest Errors," Gurufocus, December 19, 2019, https://www.gurufocus.com/news/1003439/what-we-can-learn-from-warren-buffetts-2-10-billion-mistakes.

41. Woods, "Warren Buffett's Failures."

42. Motley Fool Staff, Leo Sun, Jordan Wathen, and Patrick Morris, "Warren Buffett's 3 Biggest Mistakes,"November 24, 2014, The Motley Fool, https://www.fool.com/investing/general/2014/11/24/warren-buffetts-3-biggest-mistakes.aspx.

43. Warren Buffett, 2004 Annual Berkshire Hathaway Shareholders'Meeting, Warren Buffett Archive, May 1, 2004, https://buffett.cnbc.com/2004-berkshire-hathaway-annual-meeting/.

44. Hargreaves, "Some of Buffett's Biggest Errors."

45. Hargreaves, "Some of Buffett's Biggest Errors."

46. Woods, "Warren Buffett's Failures."

47. Buffett, 2014 Annual Berkshire Hathaway Shareholder Letter.

48. Laura Woods, "What You Can Learn from Warren Buffett's 15 Biggest Money Mistakes," *Las Vegas Review-Journal*, April 13, 2021, https://www.reviewjournal.com/life/what-you-can-learn-from-warren-buffetts-15-biggest-money-mistakes-2327972/.

49. Ben Eisen, "Warren Buffett's Big Mistake Ends up in Bankruptcy Court," Market Watch, April 29, 2014, https://www.marketwatch.com/story/warren-buffetts-big-mistake-ends-up-in-bankruptcy-court-1398778775.

50. Alex Crippen, "What Has Warren Buffett Been Buying? 'Harold,'" CNBC, September 13, 2013, https://www.cnbc.com/2011/11/14/what-has-warren-buffett-been-buying-harold.html.

51. BeckyQuick,"Warren Buffett HasSold IBMShares,and 'Revalued'Tech Icon

Downward, Cites 'Big Strong Competitors,'"CNBC, May 4, 2017, https://www.cnbc.com/2017/05/04/warren-buffett-has-revalued-ibm-downward-cites-big-strong-competitors.html.

52. Buffett, 2008 Annual Berkshire Hathaway Shareholder Letter.

53. Eisen, "Warren Buffett's Big Mistake."

54. Warren Buffett, 2013 Annual Berkshire Hathaway Shareholder Letter, Warren Buffett Archive, https://www.berkshirehathaway.com/letters/2013ltr.pdf.

55. Craig Giammona and Matthew Boyle, "Kraft Will Merge with Heinz in Deal Backed by 3G and Buffett," Bloomberg, March 25, 2015, https://www.bloomberg.com/news/articles/2015-03-25/3g-capital-berkshire-to-buy-kraft-foods-merge-it-with-heinz.

56. Steve Watkins, "Kroger Private Brand Hits Major Milestone,"*Cincinnati Business Courier*, March 10,2021,https://www.bizjournals.com/cincinnati/news/2021/03/10/kroger-private-brand-hits-major-milestone.html.

57. Praveen Chawla, "Investor Disgust May Have Created an Opportunity in the Kraft Heinz Company," GuruFocus.com, February 25, 2019, https://www.yahoo.com/now/investor-disgust-may-created-opportunity-172150890.html.

58. Nathaniel Meyersohn and Alicia Wallace, "Costco's Kirkland and Other Store Brands Are Having a Moment," CNN.com, May 12, 2020, https://www.cnn.com/2020/05/12/business/private-label-costco-walgreens-coronavirus/index.html.

59. Fred Imbert, "Buffett, After Last Week's Stock Plunge, Says Berkshire Hathaway 'Over-paid' for Kraft," CNBC, February 25, 2019, https://www.cnbc.com/2019/02/25/buffett-says-berkshire-hathaway-overpaid-for-kraft-following-last-weeks-stock-plunge.html.

60. Jonathan Stempel, "Warren Buffett's $10 Billion Mistake: Precision Castparts," Reuters, February 27, 2021, https://www.reuters.com/article/us-berkshire-buffett-precisioncastparts/warren-buffetts-10-billion-mistake-precision-castparts-idUSKCN2AR0MZ.

61. Stempel, "Warren Buffett's $10 Billion Mistake: Precision Castparts."

62. Becky Quick, "Berkshire Hathaway Has Been Buying Shares of Amazon, Warren Buffett Says," CNBC, May 2, 2019, https://www.cnbc.com/2019/05/03/berkshire-hathaway-has-been-buying-shares-of-amazon-warren-buffett.html.

63. Benjamin Graham, *The Intelligent Investor*, revised ed.(New York: Harper Collins, 2006), viii.

11장 | 주주총회, 인생 철학, 자선사업

1. James Altucher, "8 Unusual Things I Learned from Warren Buffett," Altucher Confidential(blog), 2016, http://www.jamesaltucher.com/2011/03/8-unusual-things-i-learned-from-warren-buffett/.

2. Robert Armstrong, Eric Platt, and Oliver Ralph, "Warren Buffett: 'I'm Having More Fun Than Any 88-Year-Old in the World,'"*Financial Times*, April 24, 2019, https://www.ft.com/content/40b9b356-661e-11e9-a79d-04f350474d62.

3. Claudia Assis, "Warren Buffett Makes LessThan Twice the Typical Berkshire Employee," Market Watch, March 16, 2018, https://www.marketwatch.com/story/warren-buffett-makes-less-than-twice-the-typical-berkshire-employee-2018-03-16-1810346.

4. Todd A. Finkle, "Warren E. Buffett and Berkshire Hathaway, Inc."*Journal of the International Academy for Case Studies* 16, no. 5(January 2010): 81.

5. Peter Buffett, *Life Is What You Make It: Find Your Own Path to Fulfillment*(New York: Crown, 2011), 11.

6. P-I Staff, "Bidding Begins on Warren Buffett's Car," SeattlePI.com, September 13, 2006, https://www.seattlepi.com/business/article/Bidding-begins-on-Warren-Buffett-s-car -1214487.php.

7. Andy Kilpatrick, *Of Permanent Value: The Story of Warren Buffett* (Mountain Brook, AL: Andy Kilpatrick Publishing Empire, 2008), 16.

8. Kathleen Elkins, "Warren Buffett's Best Advice for Young People Has Nothing to Do with Business,"CNBC, January 30, 2017, https://www.cnbc.com/2017/01/30/warren-buffetts-best-advice-for-young-people.html.

9. Richard Kirkland, "Should You Leave It All to Your Children?," *Fortune*, September 29, 1986, http://archive.fortune.com/magazines/fortune/fortune_archive/1986/09/29/68098/index.htm.

10. Minda Zetlin, "How Warren Buffett's Son Spent the $90,000 of Berkshire Stock He Got at 19—Worth $200 Million Now: 'I Don't Regret It,'" CNBC, January 15, 2021, https:// www.cnbc.com/2020/05/07/warren-buffett-son-doesn't-regret-spending-berkshire-stock-he-got-at-19-worth-200-million-now.html.

11. Zetlin, "How Warren Buffett's Son Spent."

12. Buffett, *Life Is What You Make It*, 113.

13. Buffett, *Life Is What You Make It*, 124.

14. NPR.org, "Buffett's Lasting Legacy: Immaterial Wealth," May 6, 2010, https://www.npr.org/templates/story/story.php?storyId=126538348.

15. Buffett, *Life Is What You Make It*, 125.

16. NPR.org, "Buffett's Lasting Legacy."

17. Oliver Staley, "Warren Buffett Gives His Employees 'Principles of Behavior' and Trusts Them to Do theRight Thing,"*Quartz*, May8, 2017, https://qz.com/978339/warren-buffett -gives-berkshire-hathaway-brka-employees-principles-of-behavior-rather-than-rules-and-trusts-them-to-do-the-right-thing/.

18. Todd Finkle and Paul Buller, "Wisdom from Warren Buffett," *Research in Higher Education Journal* 16 (2012): 1–10.

19. Finkle and Buller, "Wisdom from Warren Buffett."

20. "Full Transcript: Billionaire Investor Warren Buffett Speaks with Becky Quick on 'Squawk Box' Today," CNBC, February 25, 2019, https://www.cnbc.com/2019/02/25/full-transcript-billionaire-investor-warren-buffett-speaks-with-cnbcs-becky-quick-on-squawk-box-today.html.

21. "Warren Buffett, the Pragmatist," *Esquire*, June 1, 1988, 159.

22. Warren Buffett, "Speech to Seven Universities at Berkshire Hathaway Corporate Head-quarters,"Omaha, November 6, 2009.

23. Natasha Bach, "Warren Buffett Just Made His Largest Donation to Date," *Fortune*, July 7, 2018, http://fortune.com/2018/07/17/warren-buffett-giving-pledge-donation-2018/.

24. *Forbes*, "America's Top Givers 2022: The 25 Most Philanthropic Billionaires," January 19, 2022, https://www.forbes.com/sites/forbeswealthteam/2022/01/19/americas-top-givers-2022-the-25-most-philanthropic-billionaires/?sh=788b26fa3a6c.

25. Investopedia, "How Does Warren Buffett Plan to Bequeath His Estate?," January 31, 2020, https://www.investopedia.com/ask/answers/021615/who-does-warren-buffett-plan-bequeath-his-estate.asp.

26. "Warren Buffett's Final Charity Lunch Draws Record $19M Bid," Associated Press, June 18, 2022, https://apnews.com/article/warren-buffett-new-york-city-omaha-5805bb cd0bacb5c7930d6d71dfaa2247.

27. Steve Jordon, "Warren Buffett's 2006 Cadillac Goes for $122,500 in Charity Auction That Benefits Girls Inc.," *Omaha World Herald*, February 20, 2015, https://www.omaha.com/money/buffett/warren-buffett-s-cadillac-goes-for-in-charity-auction-that/article_3aa310de-b89e-11e4-9948-3f28a3daea73.html.

28. Girls, Inc., "Programs," 2020, https://girlsincomaha.org/about/programs/.

29. Kilpatrick, *Of Permanent Value*, 26.

30. Kathleen Elkins, "Warren Buffett's Partner Charlie Munger Says There Are '3 Rules for a Career,'" CNBC, August 17, 2017, https://www.cnbc.com/2017/08/16/warren-buffetts-partner-charlie-munger-has-3-rules-for-a-career.html.

31. Finkle and Buller, "Wisdom from Warren Buffett."

32. wiki How, "How to Be Lovable," June 3, 2019, https://www.wikihow.com/Be-Lovable.

33. Todd A. Finkle, "Lessons Learned from 'The Oracle of Omaha' Warren Buffett," *Journal of Instructional Pedagogies* 2(March 2010), https://www.aabri.com/manuscripts/09397.pdf.

12장 | 워런 버핏과 함께한 하루

1. *Inc.*, "Warren Buffett Says What Separates Successful People from Everyone Else Really Comes Down to a Two-Letter Word," November 12, 2021, https://www.inc.com/marcel -schwantes/warren-buffett-says-what-separates-successful-people-from-everyone-else-really-comes-down-to-a-2-letter-word.html.

2. Jade Scipioni, "Warren Buffett's Diet Still Includes 5 Cans of Coke, McDonald's, and Dairy Queen,"Fox Business, April 6, 2020, https://www.foxbusiness.com/features/inside-warren-buffett-junk-food-diet-which-includes-5-cans-of-coke-mcdonalds-and-dairy-queen.

13장 | 버크셔해서웨이의 미래

1. Warren Buffett, 1996 Berkshire Hathaway Annual Shareholder Letter, February22, 1997, https://www.berkshirehathaway.com/letters/1996.html.

2. Sean Williams, "Apple Now Makes up 45Percent of Buffett's Invested Assets,"The Motley Fool, August 4, 2020, https://www.fool.com/investing/2020/08/04/apple-now-makes-up-45-of-buffetts-invested-assets.aspx.

3. Julia Kagan, "Financial Technology–Fintech," Investopedia, August 27, 2020, https://www.investopedia.com/terms/f/fintech.asp.

4. Kagan, "Financial Technology–Fintech."

5. Alex Wilhelm, "The Berserk Pace of Fintech Investing Outshines the Global VC Boom," *TechCrunch*, January 19, 2022, https://techcrunch.com/2022/01/19/the-berserk-pace-of-fintech-investing-outshines-the-global-vc-boom/.

6. Jake Frankenfield, "Cryptocurrency," Investopedia, January 11, 2022, https://www.investopedia.com/terms/c/cryptocurrency.asp.

7. Frankenfield, "Cryptocurrency."

8. Frankenfield, "Cryptocurrency."

9. Frankenfield, "Cryptocurrency."

10. Frankenfield, "Cryptocurrency."

11. Frankenfield, "Cryptocurrency."

12. PwC, "Making Sense of Bitcoin, Crypto currency and Blockchain," https://www.pwc.com/us/en/industries/financial-services/fintech/bitcoin-blockchain-cryptocurrency.html.

13. Adam Hayes, "Blockchain Explained," Investopedia, March 5, 2022, https://www.investopedia.com/terms/b/blockchain.asp.

14. PwC, "Making Sense of Bitcoin, Crypto currency and Blockchain."

15. Hayes, "Blockchain Explained."

16. IBM, "Smart Contracts Defined," March 21, 2022, https://www.ibm.com/topics/smart-contracts.

17. "Mark Cuban Explains Blockchain Game Changer," North American Bitcoin Conference, YouTube, January 17, 2022, https://www.youtube.com/watch?v=vjwBfVRQPt4, at 1:15.

18. Evan Conrad, interview by Todd Finkle, March 19, 2022.

19. Frankenfield, "Crypto currency."

20. Tae Kim, "Warren Buffett Says Bitcoin Is 'Probably Rat Poison Squared,'" CNBC, May 5, 2018, https://www.cnbc.com/2018/05/05/warren-buffett-says-bitcoin-is-probably-rat-poison-squared.html.

21. Eamon Barrett, "Even After Berkshire Hathaway Sank $1Billion into Crypto-Friendly Bank, Vice Chairman Charlie Munger Calls Coins Like Bitcoin a 'Venereal Disease,'" Fortune, February 16, 2022, https://fortune.com/2022/02/17/charlie-munger-calls-crypto-venereal-disease-bitcoin-warren-buffett-nubank/.

22. Barrett, "Berkshire Hathaway Sank $1 Billion into Crypto-Friendly Bank."

23. Luc Olinga, "Russia Wants to Ban Crypto. Here Are Countries Where Crypto Is Illegal," The Street, January 21, 2022, https://www.thestreet.com/investing/russia-wants-to-ban-crypto-these-countries-outlaw-crypto.

24. Dan B., "Crypto Hater Warren Buffett Invested $1 Billion in a Crypto-Friendly Bank," Bitcoinist, February 17, 2022, https://bitcoinist.com/warren-buffett-invested-1-billion-in-a-digital-bank/.

25. Barrett, "Berkshire Hathaway Sank $1 Billion into Crypto-Friendly Bank."

26. Holly La Fon and Guru Focus, "Warren Buffett Takes 11 Percent Stake in Stoneco," Yahoo!, November 9, 2018, https://www.yahoo.com/now/warren-buffett-takes-11-stake-232347717.html.

27. David Kass, "Did Berkshire Hathaway Sell Its Shares in Stone Co Ltd. during the Third Quarter?," University of Maryland, November 11, 2021, http://blog.umd.edu/david kass/2021/11/11/did-berkshire-hathaway-sell-its-shares-in-stoneco-ltd-during-the-third-quarter/.

28. Neha Chamaria, "Warren Buffett's Berkshire Hathaway Might Have Found an Amazon-like Opportunity in India's Paytm," The Motley Fool, August 29, 2018, https://www.fool.com/investing/2018/08/29/warren-buffets-berkshire-hathaway-might-have-found.aspx.

29. Jessica Bursztynsky, "Snowflake More Than Doubles in Market Debut, Largest Ever Software IPO," CNBC, September 16, 2020, https://www.cnbc.com/2020/09/16/snowflake-snow-opening-trading-on-the-nyse.html.

30. Snowflake, "Snowflake Launches the Financial Services Data Cloud to Accelerate Customer-Centric and Data-Driven Innovation in the Financial Services Industry," September 14, 2021, https://www.snowflake.com/news/snowflake-launches-the-financial-services-data-cloud-to-accelerate-customer-centric-and-data-driven-innovation-in-the-financial-services-industry/.

31. Bursztynsky, "Snowflake More Than Doubles in Market Debut."

32. Andres Engler, "Berkshire Hathaway Invests $1B in Brazilian Digital Bank Nubank, Reduces Mastercard, Visa Positions," Coin Desk, February 15, 2022, https://www.coindesk.com/business/2022/02/16/berkshire-hathaway-invests-1b-in-brazilian-digital-bank-nubank-reduces-mastercard-visa-positions/.

33. Dan B., "Crypto Hater Warren Buffett Invested $1Billion."

34. Ian Smith, "Central Bank Digital Currencies: Which Countries Are Using, Launching or Piloting CBDCs?," Euronews.next, March 9, 2022, https://www.euronews.com/next/2022/03/09/cbdcs-these-are-the-countries-are-using-launching-or-piloting-their-own-digital-currencies.

35. Bank of England. "Central Bank Digital Currency:Opportunities, Challenges and Design," March 12, 2020, https://www.bankofengland.co.uk/paper/2020/central-bank-digital-currency-opportunities-challenges-and-design-discussion-paper.

36. Bank of England, "Central Bank Digital Currency: Opportunities."

37. Smith, "Central Bank Digital Currencies."

38. Smith, "Central Bank Digital Currencies."

39. Smith, "Central Bank Digital Currencies."

40. James Areddy, "China Creates Its Own Digital Currency, a First for Major Economy," Wall Street Journal, April 5, 2021, https://www.wsj.com/articles/china-creates-its-own-digital-currency-a-first-for-major-economy-11617634118.

41. Christina Majaski, "Yuan vs Renminbi: What's the Difference?,"Investopedia, April 29, 2021, https://www.investopedia.com/articles/forex/061115/yuan-vs-rmb-understanding-difference.asp.

42. Jonathan Cheng, "China Rolls out Pilot Test of Digital Currency," Wall Street Journal, January 2, 2020, https://www.wsj.com/articles/china-rolls-out-pilot-

test-of-digital-currency -11587385339.

43. Eustance Huang, "China'sDigital Yuan Could Challenge the Dollar in International Trade This Decade, Fintech Expert Predicts,"CNBC, March 15, 2022, https://www.cnbc.com/2022/03/15/can-chinas-digital-yuan-reduce-the-dollars-use-in-international-trade.html.

44. Evan Freidin, "China's Digital Currency TakesS hape," The Interpreter, September 8, 2021, https://www.lowyinstitute.org/the-interpreter/china-s-digital-currency-takes-shape.

45. Freidin, "China's Digital Currency Takes Shape."

46. Freidin, "China's Digital Currency Takes Shape."

47. Huang, "China's Digital Yuan Could Challenge the Dollar."

48. Huang, "China's Digital Yuan Could Challenge the Dollar."

49. CNA, "Biden Orders Government to Study Digital Dollar, Other Crypto currency Risks," March 9, 2022, https://www.channelnewsasia.com/business/joe-biden-orders-us-government-study-digital-dollar-cryptocurrency-risks-2553071.

50. CNA, "Biden Orders Government to Study Digital Dollar."

51. Derek Anderson, "MIT, Boston Fed Give Digital Dollar CBDC a Modest Test Run," Cointelegraph, February 11, 2022, https://cointelegraph.com/news/mit-boston-fed-give-digital-dollar-cbdc-a-modest-test-run.

52. Anderson, "MIT, Boston Fe d Give Digital Dollar CBDC."

53. Anderson, "MIT, Boston Fed Give Digital Dollar CBDC."

54. Anshu Siripurapu, "Cryptocurrencies, Digital Dollars, and the Future of Money," Council on Foreign Relations, September 24, 2021, https://www.cfr.org/backgrounder/cryptocurrencies-digital-dollars-and-future-money.

55. Jonathan Stempel, "Buffett's Berkshire Posts Record Annual Profit, Extends But Slows Buybacks,"Reuters, March 21, 2022, https://www.reuters.com/business/buffetts-berkshire-posts-record-annual-profit-extends-slows-buybacks-2022-02-26/.

56. Stempel, "Buffett's Berkshire Posts Record Annual Profit."

57. Alex Crippen, "Warren Buffett Scoopsup Another $1Billion in Occidental Shares, Bringing Total Stake to $7 Billion,"CNBC, March 17, 2022, https://www.cnbc.com/2022/03/17 /warren-buffett-scoops-up-another-1-billion-in-occidental-shares-bringing-total-stake-to-7-billion.html.

58. Shubham Kalia, "Berkshire Hathaway Buys 9.6Mln More Occidental Shares, Raises Stake to Over 16%," Reuters, June 22, 2022, https://www.reuters.com/markets/deals/berkshire-hathaway-buys-96-mln-more-occidental-shares-raises-

stake-over-16-2022-06-23/.

59. Noor Zainab Hussain and Jonathan Stempel, "Buffett Ends Drought with $11.6 Billion Alleghany Purchase," Yahoo! Finance, March 21, 2022, https://finance. yahoo.com/news/berkshire-hathaway-acquire-alleghany-11-094234451.html.

60. Jonathan Stempel, "Berkshire Bought $51 Billion in Stock as Buffett Combats Supply Chain," Reuters, April 30, 2022, https://www.reuters.com/business/ buffetts-berkshire-bought-51-bln-stock-first-quarter-operating-results-flat-2022-04-30/.

61. Anderson, "MIT, Boston Fed Give Digital Dollar CBDC."

62. James Leggate, "Warren Buffett Acknowledges He Won't Live Forever," FOX Business, February 22, 2020, https://www.foxbusiness.com/money/warren-buffett-annual-letter-prepares-shareholders-death.

63. "Forty U.S. Billionaires Pledgeto Give Half Their Moneyto Charity," Xinhua NewsAgency, August 5, 2010, https://web.archive.org/web/20100811032238/ http://news.xinhuanet.com/english2010/world/2010-08/05/c_13430367.htm.

64. Scott Hensley, "What We Can Learn from Warren Buffett's Prostate Cancer,"NPR, April 18, 2012, https://www.npr.org/sections/health-shots/2012/04/18/150892066/what-we-can-learn-from-warren-buffets-prostate-cancer.

65. Lawrence Cunningham, "Berkshire Hathaway's Fate after Buffett Will Be up to Its Board Members. Are They up to the Task?," MarketWatch, November 6, 2021, https://www.marketwatch.com/amp/story/berkshire-hathaways-fate-after-buffett-will-be-up-to-its-board-members-are-they-up-to-the-task-11636013151.

66. Jonathan Stempel, "Berkshire Hathaway Nominates Wally Weitz to Fill Open Board Seat," Reuters, March 11, 2022, https://www.reuters.com/business/ berkshire-hathaway-nominates-wally-weitz-fill-open-board-seat-2022-03-11/.

67. Allen Lee, "20 Things You Didn't Know About Ajit Jain," *Money Inc.*, 2019, https://moneyinc.com/20-things-you-didnt-know-about-ajit-jain/.

68. Warren Buffett, 2016 Berkshire Hathaway Annual Shareholder Letter, February 24, 2018, https://www.berkshirehathaway.com/letters/2016ltr.pdf.

69. Becky Quick, "When Warren Buffett Eventually Is No Longer Berkshire Hathaway CEO, Greg Abel Will Succeed Him," CNBC, May 3, 2021, https:// www.cnbc.com/2021/05/03/when-warren-buffett-eventually-steps-down-as-berkshire-hathaway-ceo-greg-abel-will-succeed-him.html.

70. Adam Mead, "Berkshire Hathaway after Buffett: Who Will Be CEO, What Else Will Change—and What Won't," Market Watch, May 2, 2021, https://www. marketwatch.com/story/Berkshire-hathaway-after-buffett-who-will-be-ceo-

what-else-will-change-and-what-wont-11619179467.

71. Horatio Alger Association, member profile, 2018, https://horatioalger.org/ members/member-detail/gregory-e-abel.

72. Horatio Alger Association, "2018 Horatio Alger Award Winner Gregory E. Abel," https://horatioalger.org/members/member-detail/gregory-e-abel/.

73. Horatio Alger Association, "2018 Horatio Alger Award Winner Gregory E. Abel."

74. Tae Kim, "Warren Buffett Takes a Step Closer to Naming a Successor as Berkshire Appoints Abel and Jain to Board as Vice Chairs,"CNBC, January 10, 2018, https://www.cnbc.com/2018/01/10/berkshire-hathaways-warren-buffett-appoints-greg-abel-and-ajit-jain-as-vice-chairmen.html.

75. Marcel Schwantes, "Warren Buffett Says Your Greatest Measure of Success at the End of Your Life Comes Down to 1 Word," *Inc.*, September 13, 2018, https://www.inc.com/marcel-schwantes/warren-buffett-says-it-doesnt-matter-how-rich-you-are-without-this-1-thing-your-life-is-a-disaster.html.

76. "Annual Meetings," CNBC Warren Buffett Archive, https://buffett.cnbc.com/ annual-meetings/.

77. Benjamin Graham, *The Intelligent Investor*, revised ed.(NewYork: Harper Business, 2006), 524.

78. Robert Arffa, *Expert Financial Planning: Investment Strategies from Industry Leaders* (New York: Wiley, 2021), 110.

79. Eva Mathews and Jonathan Stempel, "Warren Buffett Resigns from Gates Foundation, Has Donated Half His Fortune," June 24, 2021, Reuters, https://www.reuters.com/business/buffett-resigns-trustee-gates-foundation-2021-06-23/.

80. Bloomberg Billionaire's Index, Bloomberg, March 28, 2022, https://www.bloomberg.com/billionaires/.

옮긴이 김동규

포스텍 신소재공학과를 졸업하고 동대학원에서 석사 학위를 받았다. 여러 기업체에서 경영기획 업무를 수행했다. 현재 번역 에이전시 엔터스코리아에서 번역가로 활동하고 있으며 옮긴 책《1초의 탄생》이 2024년 아시아태평양이론물리센터(APCTP) 선정 올해의 과학 도서로 선정되었다. 주요 역서로는《빅 퓨처》,《AI 타이탄들의 전쟁》,《아날로그의 세계》,《나의 첫 주기율표 공부》,《비트코인, 초제국의 종말》,《뻔하지 않은 생각》,《보이지 않는 확신을 팔아라》,《스케일업》,《벤 버냉키의 21세기 통화 정책》등이 있다.

워런 버핏

초판 1쇄 발행 2026년 1월 21일

© 토드 A. 핑클, 2025

지은이 토드 A. 핑클
펴낸곳 거인의 정원
출판등록 제2023-000080호(2023년 3월 3일)
주소 서울특별시 강남구 영동대로602, 6층 P257호
이메일 nam@giants-garden.com